열정이 없으면
꿈도 없다

열정이 없으면 꿈도 없다

2014년 1월 1일 1판 1쇄 발행 / 2014년 1월 15일 1판 2쇄 발행

지은이 정준 / 펴낸이 임은주
펴낸곳 도서출판 청동거울 / 출판등록 1998년 5월 14일 제406-2011-000051호
주소 (413-756) 경기도 파주시 문발동 파주출판도시 534-4 301호
전화 031) 955-1816(관리부) 031) 955-1817(편집부) / 팩스 031) 955-1819
전자우편 cheong1998@hanmail.net / 홈페이지 www.cheongstory.com
출력·인쇄 재원프린팅 | 제책 정문제책

ISBN 978-89-5749-159-1   (03320)

이 도서의 국립중앙도서관 출판시도서목록(CIP)은 서지정보유통지원시스템 홈페이지
(http://seoji.nl.go.kr)와 국가자료공동목록시스템(http://www.nl.go.kr/kolisnet)에서
이용하실 수 있습니다. (CIP제어번호: CIP2013028642)

열정이 없으면 꿈도 없다

반기문 UN사무총장에서 강석진 GE코리아 회장까지
12인의 열정 아이콘이 만드는 마법 같은 성공 신화

정준 지음

NO PASSION!
NO DREAM!

청동거울

우리 시대 최고의 문화기획자가 되기까지

곽우현

　대한민국 지자체 단체장들이 탄복하는 탁월한 이야기꾼(storyteller)이자 본인의 삶 자체가 드라마틱한 이야기로서 손색이 없는, 저의 오랜 친구 정준을 여러분들에게 소개하게 되어 참으로 기쁘고 반갑습니다.

　제 친구는 남도의 항구도시 부산 대신동에서 어린 시절부터 성경을 함께 공부하던 오랜 벗입니다. 제 기억이 틀리지 않는다면, 그는 성경 공부를 하던 우리 모임에서 가장 가난한 집 아이였습니다. 친구의 아버지는 한국전쟁 기간에 고향인 대전을 떠나 부산으로 내려온 피난민이었습니다. 전쟁 중에 적수공권으로 피난살이를 하던 친구 아버지는 35세란 늦은 나이에 결혼을 하고 세 아들과 딸 하나를 낳았습니다. 그러나 안정된 직업을 구하지 못하고 자개장 수리, 페인트공, 전복 껍데기 장사 등의 일을 전전했기 때문에 제 친구네 식구들은 해발 565미터의 구덕산 기슭에 자리 잡은 산동네 판잣집의 옹색한 단칸방에서 입에 풀칠도 제대로 하기 힘든 궁핍한 생활을 해야 했습니다. 그래서 제 친구는 부민초등학교 5학년 때부터 방과 후에 석간신문을 돌리면서 집안 살림을 돕기 시작했습니다.

　그런데 제 친구에게는 말 못할 고민이 하나 더 있었습니다. 그것은 시도 때도 없이 발병하는 어머니의 정신병이었습니다. 친구 어머니는 일본 도쿄에서 태어나 자라다가 해방이 되자 한국으로 돌아와 소설

『토지』의 무대인 하동 악양에서 살고 있었습니다. 그러다가 한국전쟁이 일어나자 가족과 함께 부산으로 피난을 나왔고 몇 년 후 중매결혼을 했습니다. 그러나 귀국 후 겪었던 문화적 충격, 고된 피난살이 중에 경험한 개인적인 아픔, 과도한 종교생활 등이 원인이 되어 심각한 정신질환을 앓고 있었습니다. 그래서 제 친구는 대신초등학교 6학년이던 열두 살 때부터 정신병원에 입원한 어머니를 대신해서 나이 어린 동생들을 돌보기 위해 밥을 짓고 빨래를 해야 했습니다.

이처럼 어렵고 힘든 상황 속에서도 시를 무척이나 좋아하는 문학소년이었던 그는, 중앙중학교 2학년 때 그만 학업을 포기해야 했습니다. 그 이유는 막내딸이 갓 태어나 식구가 여섯 명으로 늘어난 데다 새롭게 시작한 나전칠기 사업마저 지지부진했던 친구 아버지가 중학교 월사금을 더 이상 내지 못했기 때문입니다. 설상가상으로 그의 아버지는 친구가 중학교를 중퇴하던 그해 여름에 갑자기 뇌출혈로 쓰러져 세상을 하직하고 말았습니다. 결국 15세 소년이었던 제 친구는 정신질환을 앓고 있던 어머니를 대신해서 다섯 식구의 생계를 책임지는 소년가장이 되어야 했습니다.

그해 여름, 법정 전염병인 장질부사에 걸려 사경을 헤매던 제 친구는 미처 건강을 추스를 사이도 없이 구두닦이, 신문팔이, 생선장수, 간장장수, 붕어빵장수, 공장노동자, 과일행상, 학원급사 등의 직업을 숨가쁘게 전전하면서 병든 어머니를 봉양하고 어린 동생들을 돌봐야 했습니다. 미처 끝을 알 수 없는 지독한 가난과 어머니의 정신질환으로 엄청난 고통을 겪던 그는, 결국 19세 되던 해에 서울로 가출했습니다.

그리고 20년이란 세월이 훌쩍 흘러갔습니다. 고향을 떠난 그 친구와 저는 서로 연락이 두절되었고 그 친구의 소식은 전혀 알 길이 없었습니다.

새천년이 막 시작된 2001년, 그 당시 저는 대전 정부종합청사에서 철도청 공무원으로 근무하고 있었습니다. 철도청에서는 동아일보와 교보문고 후원으로 함평 나비열차를 어린이날인 5월 5일부터 닷새 동안 특별운행을 했습니다. 꽃과 나비로 아름답게 꾸며진 함평 나비열차는 소설 『나비처럼 날다』 작가의 아이디어로 만들어진 특별열차였는데, 그 작가와 함께 떠나는 문학기행을 위해 철도청 최초로 운행되는 열차였습니다. 그리고 그 열차는 철도청 역사상 가장 아름다운 열차로 소문이 자자했기 때문에 2001년 4월 하순부터 5월 4일까지 서울역에서 서울 시민들을 대상으로 특별전시까지 하였습니다.

함평 나비열차가 처음으로 전시되던 날에는 이낙연 국회의원, 함평 군수, 재경향우회, 서울역장, 철도청 관계자들이 모두 참석해서 테이프 커팅식을 성대하게 거행했습니다. 그리고 소설 『나비처럼 날다』 작가가 직접 동승해서 독자들과 함께 매일 밤마다 떠나는 그 열차는 공중파 TV 3사의 저녁뉴스에 모두 보도되고 중앙과 지역 언론에 대서특필될 정도로 큰 인기를 얻었습니다. 이러한 홍보 효과가 큰 기여를 해서 2001년에 개최된 제3회 함평 나비축제는 사상 최초로 100만 명이 넘는 관광객이 찾는 대형축제로 자리매김하게 되었습니다.

그런데 이게 웬일입니까?

함평 나비열차의 성공을 위해 이 모든 일을 총기획하고 추진한, 소설 『나비처럼 날다』의 작가이자, 제3회 함평 나비축제 공식홍보대사가, 바로 20년 전에 저와 헤어졌던 친구 징준이라는 겁니다.

그 소식을 처음 들은 저는 잠시 어안이 벙벙하고 머릿속이 혼란스러웠습니다. 왜냐하면 제 친구는 정규 학력이 고작 중학교 2학년 중퇴였습니다. 게다가 어린 시절 그가 겪어야 했던 지독한 가난과 불우한 환경, 그가 사회 밑바닥 일을 하면서 만나야 했던 주변 사람들을 돌이켜 생각해 보면, 그는 영화 〈친구〉의 등장인물들처럼 도둑이 되거나 마약을 하거나 밀수꾼 같은 범죄자가 되어 있어야 마땅했습니다. 아니면 자신이 짊어져야 했던 모든 불행을 비겁하게 가족과 이웃과 사회에 모두 떠넘기고 가슴속엔 온통 증오와 분노로 가득했던 막가파 같은 사회 불만세력으로 살고 있어야 했습니다. 어린 시절의 불우한 환경이 헤어 나오기 힘든 깊은 늪이 되어 가난이 계속 대물림되는 작금의 심각한 상황들을 곰곰이 생각해 보면, 그러한 범죄자의 길을 가는 것이 어쩌면 당연한 듯 보였습니다.

그런데 제 친구는 80년대, 90년대 계속되었던 고도성장의 혜택을 전혀 보지 못한 채 여전히 그늘진 소외계층으로 수많은 편견과 냉대를 받으며 살고 있는데도 불구하고, 봄 햇살처럼 가슴 따뜻한 미소를 얼굴 가득히 지으며 문화기획가로 묵묵히 활동하고 있는 게 아닙니까?

2001년 5월 4일, 20여 년 만에 함평 나비열차 안에서 극적으로 조우한 저는, 친구로부터 지난 20여 년 동안의 서울 생활 이야기를 밤새워 들었습니다. 부산 성심고등공민학교에서 야학수업을 받으면서 검정고시 시험을 통해 중학교 졸업장을 딴 이야기, 서울 신설동의 검정고시학원 새벽반을 고학으로 다니면서 고등학교 졸업장을 딴 이야기, 문학을 하고 싶어서 한국방송통신대학 국문학과에 입학했지만 그마저도 학비를 마련하지 못해서 공부를 포기해야 했던 사연, 그 와중에도 정신질환에 시달리는 어머니와 어린 동생들 뒷바라지를 위해 아파트 공사장 인부, 룸살롱 야간 운전수, 복덕방 직원, 예비군을 대상으로 하는 문학전집 할부장수, 지하철 행상, 포장마차 등을 전전해야 했던 눈물겨운 사연들. 그리고 초등학교를 졸업하고 술집에서 일하던 가난한 여성과의 힘겨웠던 결혼과 이혼, 지하실 단칸방을 전전하며 세 살과 다섯 살 된 두 아들을 키운 이야기, 삶의 벼랑 끝에 홀로 서서 죽음과 맞닥뜨려야 했던 절체절명의 순간에 극적으로 알게 된 조선인 노예의 일생을 3권의 역사소설 『풍류남아—안토니오 꼬레아』로 써낸 돈키호테 같은 이야기……. 저는 친구의 지난 이야기를 듣는 내내 가슴속에서 뜨거운 눈물이 솟구치는 것을 차마 억제할 수 없었습니다.

그로부터 10여 년이 또다시 흘렀습니다.

제 친구는 IMF 경제 환란 이후 거듭되는 불운 속에서도 힘겨운 문화기획가의 길을 흔들림 없이 꿋꿋하게 걸어갔습니다.

IMF 경제 환란이 절망의 먹구름을 휘몰아온 1999년에는 해남 땅끝마을에 홀로 내려가 정풍송 작곡 설운도 노래 〈땅끝에서〉를 작사하고, 희망의 땅끝정신운동과 희망의 땅끝달리기 행사를 성공적으로 진행하여, 해남 땅끝마을을 국내 유수의 관광지로 알린 공로로 〈신지식인〉에 위촉되었습니다.

그리고 교보문고 20주년 기념행사로 소설 『토지』의 무대인 하동, 『태백산맥』의 무대인 벌교, 『난중일기』의 무대인 남해안 여수를 돌아보는 남도문학기행열차 행사를 총기획했습니다.

그후 강원도 정선 4계절 관광 기획, 동해시 천년학 축제 기획, 충남 태안 해양웰빙도시 기획, 경남 하동휴양도시 기획, 전남 진도군 홍보대사 등의 활동을 열정적으로 수행하였습니다.

드디어 2007년, 제 친구 정준은 대지 위를 직립 보행하는 두 다리를 연상시키는 숫자 11이 두 번 연속되는 날짜인 '11월 11일'을 세계 걷기의 날로 정하고 국제적인 걷기 캠페인을 전개하기로 결심합니다. 그는 자신의 오랜 꿈을 실현시키기 위해 88서울올림픽 조직위원장과 2002년 한일월드컵 조직위원장을 역임한 박세직 국가원로를 찾아가 이 일을 함께 할 것을 승낙받았습니다.

그리고 2008년 5월 6일. 박세직 위원장과 함께 미국 뉴욕의 반기문 UN사무총장을 예방해서 매년 11월 11일에 친환경적인 걷기 캠페인을 전개하는 내용과 걷기를 주요 테마로 하는 국제적인 도시네트워크를 만드는 내용에 대해 심도 깊은 회의를 진행하였습니다. 그리고 지난 20년 동안 단 한 번도 기념하지 않았던 우리의 자랑스러운 역사인

88서울올림픽을 기념하기 위해, 〈88서울올림픽 20주년 기념! 국민화합 걷기 축제〉를 총기획 연출하였습니다.

2009년에는 박왕자 씨 총격사건으로 금강산 관광이 중단된 강원도 고성군을 돕기 위해 송강 정철의 관동별곡을 테마로 하는 동해안 걷기 코스인 '관동별곡 8백리 길'을 강원도 최북단인 고성에서부터 삼척 죽서루까지 개발했습니다. 또한 우리나라 최남단의 세계 슬로우 시티인 청산도의 아름다움을 국내외에 널리 알리기 위해 미국 UN본부를 방문할 때 동행했던 김종식 군수에게 〈제1회 세계 슬로우 걷기 축제〉를 개최할 것을 제안하여, 2009년 4월에 전남 완도의 신지 해수욕장과 청산도에서 본대회를 성공적으로 주관하였습니다.

2009년 10월 9일에는 경기도 고양시 킨텍스에서 전국의 시장 군수 구청장 30여 명이 참여하는 걷기와 자전거 타기 도시 대표들의 모임인 '세계 와이크시티 연맹'을 설립했습니다.

2010년에는 자신이 최초 제안한 11월 11일 '세계 걷기의 날'이 녹색교통물류기본법에 의거해서 정부의 법정기념일인 '보행자의 날'로 제정 공포되는 기쁜 일을 겪었습니다.

드디어 2011년 11월 11일 11시, 걷기를 사랑하는 수천 명의 시민들과 함께 제5회 세계 걷기의 날이자 제2회 보행자의 날 행사를 청계천에서 성대하게 진행했고, 저녁에는 세계 와이크시티연맹 서울총회를 성공적으로 개최했습니다.

그리고 수십 년 만에 찾아온 폭염이 한반도를 뜨겁게 달구는 2012년 여름, 숨이 턱턱 막히는 삼복더위도 아랑곳하지 않고 금강산 최남단 봉우리인 신선봉을 출발해 동해안 최북단 땅끝마을인 명파마을로 답사를 시작했습니다. 그것은 휴전 60주년이 되는 2013년에 금강산 관광 중단으로 인해 막대한 피해를 보고 있는 고성군 경제를 살리는 새로운 대안으로 'DMZ 남금강산권 관광코스'를 개발하기 위해서입니다.

또한 2013년에는 대한민국 역사 문화관광에 새로운 블루오션을 만들기 위해 전국의 산성과 읍성에 새로운 스토리텔링을 통해 다양한 문화콘텐츠를 개발하는 기획을 시작했습니다. 그래서 9월에 뜻을 함께하는 이완섭 서산시장과 함께 〈대한민국 성곽도시 포럼〉을 발족하였습니다. 그리고 10월에는 충북 유일의 세계 슬로우시티인 제천시 청풍호에서 최명현 제천시장의 후원으로 가수 홍민 씨와 함께 〈제2회 세계 슬로우 걷기 축제〉를 개최하였습니다.

이제 세계적인 성곽 문화관광대국인 이탈리아와 대한민국의 수교 130주년이 되는 2014년을 축하하기 위해, 양국의 문화교류를 촉진하는 대단히 중요한 소재인 '이탈리아로 팔려간 최초의 조선인'이자 16C 유럽의 명성 높은 화가인 루벤스의 그림인 〈코리언맨, 안토니오 꼬레아〉의 주인공을 스토리텔링 한 역사소설 『안토니오 꼬레아』를 출간하기 위해 열심히 글을 쓰고 있습니다.

그리고 프리허그 10주년이 되는 2014년에 세계적인 경기불황으로 힘들어 하는 많은 이웃들에게 '세상에서 가장 따뜻한 응원'인 학허그를 국내외에 널리 알리기 위해, 서울시와 한국관광공사의 도움으로 〈새해 축하 10시간 학 프리허그〉에 도전합니다.

서울 관광의 명소인 청계천 광장 소라탑 앞에서 한해의 마지막인 2013년 12월 31일 오후 2시부터 서울 종로 보신각에서 '제야의 타종식'이 열리는 자정까지 개최되는 이 행사에는, 제 친구가 직접 학탈을 쓰고 학날개 옷을 입은 모습으로 서울 시민과 국내외 관광객들을 대상으로 진행합니다.

또 2014년 1월부터 설날 연휴가 있는 2월까지 서울의 또 다른 관광명소인 인사동, 명동, 광화문 광장 등을 알리기 위해 매주 일요일마다 〈찾아가는 학허그 행사〉를 진행합니다.

독자 여러분!

저는 예순 살이 다 되어 가는 초로의 나이에도 불구하고 청년 같은 폭풍열정으로 뜨거운 나날을 보내고 있는 '열정의 아이콘'인 제 친구가 가슴속 깊이 간직해 온 삶의 비망록을 여러분 앞에 공개하고자 합니다.

　수없이 넘어지고 수없이 깨어져 엄청난 상처와 흠이 선명하게 새겨진 삶이지만, 그럼에도 불구하고 불꽃처럼 치열한 삶을 살 수밖에 없었던, 차이콥스키 교향곡 제6번 〈비창〉을 생각나게 하는 7080세대의 슬픈 자화상을 다시 한 번 바라보면서, 우리들이 미처 잊고 살았던 많은 것들을 돌이켜 생각하게 하는 소중한 시간이 되기를 바랍니다.

2013년 12월

코레일테크 사업본부장

차례

*Story*1 우리 시대 열정의 멘토들

열정이 만든 기적들

*Story*3 나의 열정을 키운 시련들

Story 4 땅끝에서 열정을 불태우다

프롤로그
나에겐 열정밖에 없었습니다

인간이 지구상에 살고 있는 다른 포유동물과 다른 점은 무엇일까요? 그것은 꿈이 있다는 것입니다. 다른 포유동물들은 그저 본능에 따라 움직일 뿐입니다. 그러나 사람은 자신의 꿈을 좇아 살아갑니다. 그래서 많은 부모들은 어린 자녀들에게 계속 질문을 던집니다.

"너 꿈이 뭐니?"

"앞으로 뭐가 되고 싶니?"

"네가 하고 싶은 게 뭐야?"

부모들은 왜 이렇게 많은 질문들을 자녀들에게 던질까요? 그것은 '자신의 꿈을 실현하는 삶이야말로 진정 행복한 삶'이라는 것을 부모들은 알고 있기 때문입니다. 사실 부모님들도 자신의 내면을 향해 끝없이 많은 질문을 던집니다.

"내 꿈은 뭐지?"

"어린 시절에 난 뭘 꿈꾸었지?"

"지금 내가 하고 있는 이 일이 정말로 내가 꿈꾸던 행복한 일일까?"

"혹시 내가 지금 잘못된 꿈을 꾸고 있는 건 아닐까?"

왜 그럴까요? 우리의 인생에는 광대무변한 우주공간에서 반짝반짝 빛나고 있는 별들만큼이나 수많은 꿈들이 있기 때문입니다. 그리고 그 수많은 꿈들 중에 과연 어느 꿈이 나와 잘 맞는지, 실현 가능한지, 내가 행복을 느낄 수 있는 꿈인지 알 수 없기 때문입니다.

그만큼 꿈을 찾는다는 것은 쉽지 않은 일이고, 또 꿈을 이룬다는 것은 더더욱 힘든 일입니다. 그래서 수많은 사람들이 지금 이 순간에도 자신의 꿈을 찾아 헤매고 있고, 자신의 꿈을 이루기 위해 엄청난 정성을 쏟고 있는 것입니다.

그렇습니다! 인생의 꿈과 행복은 쉽게 얻어지는 것이 아닙니다. 꿈을 찾는 데도, 꿈을 이루는 데도, 꿈을 성취한 기쁨을 이웃들과 나누는 데도 엄청난 열정이 필요합니다. 자신의 꿈을 이루기 위해서는 문자그대로 '열과 성'을 다 쏟지 않으면 안 됩니다.

이 세상에서 가장 멋진 사람이 누구인지 아십니까? 그것은 바로, 자신의 일에 열중하는 사람입니다. 열중이란, 곧 '열정을 갖고 집중하는 것'이죠. 그래서 갓난아기를 품에 안고 사랑의 젖을 먹이는 데 열중하고 있는 어머니는 아름답고, 부엌에서 가족의 식사를 준비하는 데 열중하는 어머니는 아름답습니다. 굵은 땀방울을 하염없이 흘리며 뜨거운 용광로 앞에서 일에 열중하는 아버지의 모습은 멋지고, 새까맣게 그을린 팔뚝을 힘차게 움직이며 싱싱한 생선이 가득한 묵직한 그물을 끌어 올리는 데 열중하는 아버지도 멋있습니다. 공부에 열중하는 학생도, 그림 그리기에 열중하는 미술가도, 연주에 열중하는 음악인도, 운동에 열중하는 스포츠맨도 모두 다 멋있고 아름다운 것입니다.

이 책에는 제가 부산 중앙중학교 2학년이던 15세 소년이었을 때 소년가장이 된 이후 환갑을 바라보는 지금까지 살아오면서 직접 만났던 수많은 분들 중에서, 제 자신이 부끄러울 정도로 저를 감동시켰던 멋있고 아름다운 '열정멘토' 열두 분의 소중한 이야기를 오롯이 담았습니다.

나이, 국적, 성별에 관계없이 마치 '폭풍 속으로 질주하는 열정열차'처럼 뜨겁게 살아가는 그분들의 감동적인 이야기를 좀 더 많은 분들과 나누고 싶습니다.

그래서 세계적인 경제위기 속에서 때로는 좌절하고, 때로는 실망하고, 또 때로는 "다시 힘을 내자!"고 외치며 마음을 추스른 우리의 많은 이웃들이 새로운 열정으로 또 다른 행복을 향해 힘차게 달려가시는 데 도움이 되기를 바랍니다.

열정, 화이팅!

행복, 화이팅 !

우리 시대 열정의 멘토들

NO PASSION!
NO DREAM!

1.

상상력과 창의력은 '열정의 바다에서 건져올리는 싱싱한 물고기'다

온통 난리다. 대한민국 각계각층의 사람들이 성공의 별(★)을 딸 수 있는 새로운 상상력과 창의력을 찾아 헤매느라 사회 곳곳을 벌집 쑤시듯이 요란하게 다니는 바람에 모두들 '개 발에 땀'이 날 지경이다. 기업은 말할 것도 없고 공직사회, 군대, 학교, 각종 사회단체까지 상상력을 개발하는 강사를 특별초빙해서 강의를 듣고 상상력 개발을 위한 수많은 테크닉을 열공하고 있다. 그리고 조직의 윗분들은 강의를 들은 임직원들에게, 그동안 배운 상상력 개발 테크닉을 최대한 활용해서 "조직의 발전을 위한 참신한 아이디어를 하루빨리 제출하라"는 긴급 지시를 연이어 내린다. 그러다 보니 아랫사람들은 머리가 지끈지끈거리고 맛있게 잘 먹은 밥도 급체할 지경이라고 한다.

그런데 과연 그러한 지시는 얼마나 큰 효과를 발휘할까? 물론 참신한 상상력과 기발한 창의력이 개인, 조직, 국가, 더 넓게는 인류의 발전과 행복을 위해 기여하는 바가 매우 크다는 사실은 길거리를 지나가는 삼척동자도 익히 잘 알고 있다.

도산 위기에 몰렸던 핀란드의 작은 게임업체인 로비오는 막판에 불과 4명의 젊은이들이 개발한 창의적인 게임 〈앵그리 버드〉 하나로 대박을 터트려 6백 명의 직원을 거느리고 10조원의 가치를 지닌 대기업으로 폭풍성장을 했다. 결국 세계적인 휴대폰 회사였던 노키아의 몰락으로 초죽음이 된 핀란드 경제의 든든한 버팀목이 되고 있다.

또 미국 헐리우드의 제임스 캐머런 감독은 "관객들의 상상력을 사로잡는 위대한 이야기"인 영화 〈아바타〉를 통해 전 세계에서 최다 관객들을 불러들이고, 한국에서도 불과 개봉 38일 만에 관객 1000만 명을 끌어 모은 초대박 행진을 터트렸다. 이렇게 세계의 영화 역사상 가장 많은 흥행 수익을 거둔 제임스 캐머런 감독은 그 여세를 몰아 10억 달러(약 1조 2천억 원)의 제작비로 영화 〈아바타〉의 2, 3, 4편을 곧 제작해서 2016년부터 개봉에 들어갈 계획이라고 한다.

애플사의 스티브 잡스는 또 어떠한가? "감성과 예술이 융합된 창의적인 디지털 기기"인 '아이폰'과 '아이패드'를 개발해 상상하기 힘들 정도의 천문학적인 수익을 거두었다. 이로 인해 그는 세계 도처에서 혁신의 아이콘으로 통하며, 그에게 열광하는 이들을 '잡스교 신자들'이라 지칭할 정도로 인기를 끌었다.

어디 이뿐인가? 정부의 보조금을 받아 힘겹게 살던 영국의 가난한 이혼녀 조엔 K 롤링도 '어른들의 잃어버린 상상력과 동심을 자극'하는 이야기를 담은 『헤리포터』 시리즈로 자신의 구질구질한 인생을 한 방에 통쾌하게 날려 버리지 않았나.

우리 한국만 해도 그렇다. 글로벌 한류스타로 일순간에 등극하는 바람에 스스로도 깜짝 놀랐다고 하는 싸이의 〈강남 스타일〉. 대한민국에서 "유일하게 군대를 두 번 다녀온 가수"인 그의 성공사례를 보면서 수많은 사람들은 "인생에는 큰 한방이 있다"는 사실에 새삼 커다란 희망과 용기를 갖는다. 게다가 영화 〈괴물〉로 1천만 관객을 불러 모은 바 있는 봉준호 감독이 "프랑스의 원작만화에 새로운 상상력을 동원하여 창조적으로 발전시킨 시나리오"를 바탕으로 글로벌 프로젝트로 제작한 영화 〈설국열차〉도 불과 7일 만에 4백만 명의 관객들을 동원하고 전 세계 166개국에 수출되어 한국영화의 위상을 유럽에서 널리 떨치고 있다.

이렇듯이 우리들은 인생에서 큰 한방과 초대박의 성공을 좌우하는 것이 바로 "참신한 상상력과 기발한 창의력"이라는 것을 그 누구보다도 잘 알고 있다. 그래서 너도나도 우리의 상상력 속에서 다이아몬드처럼 반짝반짝 빛나는 그 보물을 찾기 위해 필사의 노력을 펼치고 있다. 이제는 정부까지 나서서 '문화융성'과 '창조경제'를 국정의 주요 과제로 추진하고 있지 않은가? 지금이야 말로 우리는 남의 뒤만 졸졸 따라다니는 패스트 팔로워(FAST FOLLOWER)가 아니라, 앞에 서서 진취적이고 선도적으로 새로운 아이디어를 만들어내는 퍼스트 무버(FIRST MOVER)가 되기 위해 많은 노력을 경주해야 할 때이다. 그런데 과연 회의실에 모여 앉아 머리에 쥐가 나고 뒷목이 뻣뻣할 정도로 머릿속을 '억지 춘향'식으로 쥐어짠다고 해서, 상상력과 창의력이 금방 손쉽게 떠오르는 것일까?

상상력과 창의력은 무엇보다도 '열정'이 뒷받침되지 않으면 안 된다. 왜냐하면 상상력과 창의력은 열정의 드넓은 바다에서 자유롭게 헤엄치는 싱싱한 물고기와 같기 때문이다. 열정이 결여된 사람의 내면은 마치 '명태의 씨가 말라버린 동해어장'과 같아서 상상력과 창의력이라는 싱싱한 물고기를 결코 잡아올릴 수가 없다.

풍부한 상상력과 참신한 창의력으로 가득한 성공적인 인생, 행복한 인생을 만들고 싶은가? 그러기 위해선 무엇보다도 먼저 '열정이 가득한 사람'이 되지 않으면 안 된다. 우리의 자녀들이 대학에 들어갈 때도, 그들이 대학을 졸업하고 기업의 신입사원으로 입사할 때도, 또 직장생활을 포기하고 전문가의 길을 선택하거나 창업을 할 때도 성공을 위한 가장 중요하고도 필수적인 것은 바로 '무한하고 압도적인 열정'이다.

우리 모두가 알아야 할 사실은 아이폰의 신화를 만든 스티브 잡스도, 아바타의 전설을 만든 제임스 캐머런도, 헤리포터의 대박을 만든 조엔 K 롤링도, 말춤으로 유투부의 역사를 새로 쓴 우리의 싸이도, 페이스북으로 온 지구촌에 인적 네트워크를 만든 마크 저커버그도 모두

다 대단한 열정과 도전의식을 가진 사람들이라는 것이다. 그들 모두는 자신의 내면에 활화산처럼 활활 끓어오르는 열정으로 이처럼 위대한 업적을 만들었다.

이 책에는 그동안 필자가 국내외에서 직접 만났던 수많은 분들 중에서, 베토벤의 소나타 '열정'을 생각하게 하는 '열정 멘토' 열두 명의 감동적인 이야기가 담겨 있다. 그들은 활화산처럼 펄펄 끓고 태양처럼 이글거리는 무한 열정으로 멋지고 아름다운 인생을 살고 있다. 바로 스티브 잡스가 말한 것처럼 "항상 갈망하고 바보처럼 도전하라!(Stay hungry, Stay foolish)"는 삶을 실천하며 살아온 사람들이다.

또한 이 책에는 베이비 붐 세대인 필자가 인생 최악의 순간에서 오히려 돈키호테처럼 엉뚱한 상상력과 창의력으로 문화기획가가 되어 숨 가쁘게 달려왔던 열정의 여정을 담았다. "바닥을 치니 하늘이 울더라"라는 말처럼 나의 인생은 그야말로 그 누구도 겪어 보지 못했을 나락으로 내동댕이쳐졌다가 열정 하나로 다시 살아난 기막힌 반전으로 가득하다. 이런 나의 이야기를 통해 독자 여러분들에게 성공의 별을 딸수 있는 불꽃처럼 뜨거운 '열정 바이러스'를 전달하고자 한다.

이제 필자가 약 30년 전 서울에 처음 올라와서 최초로 만났던 '열정 바이러스'의 보유자인 아름다운 탤런트 전원주 여사 이야기부터 시작하겠다.

2.

식을 줄 모르는 아름다운 열정 바이러스

탤런트 전원주 여사와의 첫만남

내가 서울에 처음 올라온 때는 1975년 초겨울이었다.

중학교 2학년 무렵에 아버지가 갑자기 중풍으로 돌아가시고 어머니마저 극심한 정신질환으로 부산 동래정신병원에 돌연 입원하게 되는 바람에, 난데없이 부산 중앙중학교 2학년을 중퇴하고 어린 동생들 세 명을 키우는 소년가장이 되어야 했다.

15세의 까까머리 소년이었던 나는 국민학교 4학년, 1학년, 그리고 이제 갓 돌이 지난 막내 여동생의 생계를 위해 별빛이 아직 환하게 밝은 어둑새벽부터 어웅한 저녁까지 구슬 같은 땀방울을 아낌없이 흘리며 사력을 다해 일을 해야만 했다. 그리고 어머니가 퇴원한 이후에는 어머니와 함께 부산의 악명 높은(?) 가파른 산동네를 수없이 오르내리며 숯검댕이처럼 그을린 두 팔로 간장 행상, 과일 행상, 생선 행상 등의 일을 하면서 다섯 식구의 생활비를 힘겹게 벌어야 했다.

그 와중에 검정고시로 중학교 졸업장을 겨우 딴 나는 고졸 검정고시도 준비하고 좀더 나은 일자리도 찾기 위한 절박한 심정에서 서울로 홀로 올라왔다. 가진 돈이라고는 호주머니 속에 동전 몇 개만 달랑 넣고 무작정 상경한 것이다.

그 당시 나는 며칠 동안 서울역 앞에서 노숙을 하면서 밥을 굶어야 할 정도로 사정이 긴박했다. 결국 나는 정릉시장 뒤편에 있는 작은 공터의 허름한 경비초소 안에서 한뎃잠을 자면서 새로운 일을 시작했다. 새벽에는 아리랑고개 위에 있는 국민학교 앞에서 어린이신문을 팔고, 낮에는 피어리스 화장품 행상을 하고, 저녁에는 미아리고개에 위치한 조그만 공부방에서 중학교 학생들에게 영문법을 가르치기 시작한 것이다. 나는 이 세 가지 일을 모두 하루에 해내야 하는 슈퍼맨(?) 같은 생활을 해야만 했다.

그때 내가 가르치던 중학교 학생 중에 탤런트 전원주 씨 아들이 있었다. 나를 친형처럼 잘 따르던 전원주 씨 아들은 어느 날 미아리 고갯마루에 있던 자기 집에 나를 데리고 갔고, 그곳에서 나는 전원주 씨를 처음 만나게 되었다. 나의 어려운 사정을 자세하게 알게 된 전원주 씨는 "나도 고생을 많이 해봐서 아는데, 객지에서는 배고프고 몸 아플 때가 제일 서러운 거야! 그러니 우리 집에서 밥이라도 배불리 먹고 가. 내가 따뜻한 밥을 얼른 지어 줄게." 하면서, 마치 어머니처럼 나를 따뜻하게 위로해 주었다.

이렇게 해서 인연이 된 나는, 그후로 전원주 씨 집을 이따금 찾아가서 밥도 얻어먹게 되었고 전원주 씨 남편에게도 인사를 하게 되었다. 박력 있고 호기 넘치는 경상도 사나이였던 전원주 씨 남편도 "옛 어른들이 젊어서 고생은 돈 주고도 산다고 했잖아. 지금 네가 하는 고생이 나중에 성공을 위한 큰 디딤돌이 될 거다. 우짜든지 마음 단단히 묵고 열심히 살아라." 하며 많은 격려를 해주었다.

지금도 기억에 생생한 일이 하나 있다. 그날은 촬영이 없던 어느 평일이었다. 여느 때처럼 나와 함께 점심식사를 하고 난 전원주 씨는 상을 옆으로 물리고 나서 따뜻한 차 한 잔을 마시면서 도란도란 이야기를 나누었다.

"내가 지금 지지리도 못난 식모 역할만 하니까, 부모님들도 속상해하시고 아이들도 부끄러워하잖아. 하지만 나는 자신 있어. 비록 내가 팔다리가 짧고 키도 작아서 폼 나는 좋은 역할을 하지 못하지만, 나만의 개성을 살려서 전원주만이 할 수 있는 특별한 연기를 할 거야! 김지미도 할 수 없고, 윤정희도 절대 할 수 없는, 오직 전원주가 아니면 절대 할 수 없는 그런 개성 있는 연기 말이야. 얼마 전에 여운계랑 통화를 했는데, 자신이 노상 나이 많은 노인 역할만 하니까 너무 속상하다고 하더라구. 그래서 내가 여운계한테 그랬어. 아니, 우리가 TV드라마에서 받은 역할이 식모이고 노인일 뿐이지, 실제로는 우리가 그런 사람이 아니지 않느냐고. 우리는 다른 연기자들이 못 하는 우리만의 독특한 연기를 잘하지 않느냐! 그러니 절대 기죽지도 말고 속상해하지도 말라고 그랬어."

본인은 자기만의 장점을 살려서 남들이 인정해주는 개성파 배우가 되겠노라며 어금니를 뻐름뻐름 깨물던 전원주 씨는 열정이 무척이나 넘치는 여성이었다. 그 당시 공원묘지 사업을 하던 남편 내조와 아이들 교육은 물론이고, 드라마 촬영이 없는 날에는 반드시 본인 팔만큼이나 긴 배드민턴 채를 들고는 정릉시장 뒤편 언덕 위로 올라가 땀을 뻘뻘 흘리며 몇 시간씩 배드민턴을 쳤다.

그토록 자신의 건강관리를 철저하게 잘하고 의지가 뚜렷하고 인생관이 확고했기 때문에, 절대미모를 자랑하던 수많은 여성 연기자들은 어느새 텔레비전 화면에서 사라지고 없는 지금도, 70대 중반의 전원주 여사는 스케줄이 너무 많아서 오히려 조정을 해야 할 정도로 바쁜 나날을 보내고 있는 게 아닐까?

주변에 할일도 없고 건강도 좋지 못해서 긴긴 하루를 너무나 무료하게 죽이고(?) 있는 수많은 70대 중반의 노인들을 보면, 각종 텔레비전 화면과 행사장을 종행무진 누비며 '열정 바이러스'를 열심히 전파하는 전원주 여사를 보면 참으로 행복해 보인다.

전원주 여사는 행복과 성공은 인물과 재산 순이 아니라, 열정과 노력 순이라는 것을 몸소 보여주는 이 시대의 '아름다운 열정 멘토'이다.

3

꿈을 뜨겁게 껴안은 영원한 청춘

88서울올림픽 개·폐회식 총연출 표재순 교수

필자가 박세직 전 88서울올림픽 조직위원장과 함께 설립한 세계건기운동본부에는, 여든이 가까운 나이에도 불구하고 청년처럼 재기 넘치는 열정으로 자신의 꿈을 뜨겁게 껴안은 채 활기차게 살고 있는 큰형님들이 여러 분 있다. 그 중의 한 분이 바로 한국 방송계에서 전설의 왕PD로 유명한 표재순 선생이다.

대한민국을 대표하는 유명 연출가이자 문화예술 기획 전문가로서 이 시대의 살아 있는 열정 멘토인 그의 경력은 참으로 화려하다. 88서울올림픽 개·폐회식 총연출을 필두로 대전 엑스포와 한일 월드컵 대회 전야제 등의 국가적인 행사를 지휘했고, 방송국에 근무할 때는 연세대학교 사학과를 졸업한 해박한 역사 지식을 바탕으로 신봉승 작가와 함께 대하드라마인 〈조선 왕조 5백년〉을 기획했다. 그리고 여러 가지 열악한 상황 속에서도 〈윤동주〉, 〈월남 이상재〉 같은 민족의 혼을 간직한 근대 인물들을 국내외 연극무대에 지금도 계속 올리고 있는 현역이다. 그뿐 아니라 MBC에서 20여 년 동안 연출을 하고, SBS-TV 전무, SBS 프로덕션 사장, 세종문화회관 이사장을 지낸 표재순 선생은 손자와 손녀처럼 어린 후학들에게 자신의 지난 경험과 지혜를 나누어 주기 위해 대전 배재대학교에서 한류 문화산업 대학원의 석좌교수로 열심히 활동하고 있다. 게다가 얼마 전에는 '이스탄불-경주 세계문화 엑스포'의 총감독이 되어 터키 국민들의 시위가 한창 벌어지는 이스탄불의 탁심 광장을 종횡무진 누비고 돌아왔다.

2012년 초 '이스탄불-경주 세계문화엑스포' 준비를 위해 서울과 대구를 바쁘게 오가던 어느 날 오후였다. 그날 나는 금년에 진행할 여러 가지 문화 프로젝트를 의논하기 위해 마포에 있는 표재순 교수의 사무실을 방문했다. 나와 함께 차를 마시며 이런저런 이야기를 나누던 표재순 교수가 갑자기 하얀 백지 한 장을 꺼내더니 책상 위에 펼쳐 놓는 게 아닌가? 그러더니 파란색 펜을 들고는 하얀 백지 위에 유라시아 대륙의 지도를 마치 크로키 화가처럼 빠르게 그리기 시작했다. 그리고 그 지도의 양쪽 끝에 각각 출발지와 도착지를 경주와 이스탄불로 표시했다. 나는 표재순 교수의 느닷없는 행동을 사뭇 흥미로운 시선으로 쳐다보았다.

잠시 후, 지도 위의 경주와 이스탄불 사이에 녹색의 실크로드가 길게 그어지고 그 사이에 중국의 시안, 둔황, 우루무치, 중앙아시아의 타쉬켄트, 이란의 테헤란, 터키의 앙카라 같은 주요 거점이 표시되기 시작했다.

"어때? 이번 세계 문화 엑스포를 알리기 위해서 대한민국의 청년들이 현대나 기아자동차에 몸을 싣고 경주를 출발해서 중앙아시아의 둔황이나 우루무치 같은 실크로드의 거점으로 가는 거야. 한국의 최신 IT기술을 활용한 위성중계로 전 세계인들을 대상으로 하는 K-POP 공연을 알리고, 마지막에 형제의 나라인 터키 수도 이스탄불로 들어간다면 엄청난 홍보 효과를 올리지 않을까?"

"저도 동감입니다. 예전에는 실크로드를 통해 유럽과 중국의 문화를 받아들였지만, 이제는 거꾸로 세계 각국에 수출되는 한국의 자동차에 세계 최고의 IT기술을 실어서 한류를 실크로드 곳곳에 뿌려 준다는 콘셉트가 아주 신선한 것 같습니다."

놀랍지 않은가? 마치 현역처럼 국내외에서 활발히 활동하면서 새롭고 다양한 아이디어를 자유롭게 내고 있는 표재순 교수의 나이는 탤런트 전원주 여사보다 두 살이 더 많은 1937년생이다. 여든을 불과 몇

해 앞두고 있는 분이 뒷방 늙은이 신세로 처량하게 시간을 보내고 있는 것이 아니라, 끊임없이 샘물처럼 솟아오르는 아이디어를 다듬으며 지방은 물론이고 해외까지 바쁘게 오가면서 열정적으로 일하고 있다는 사실이 참으로 경이롭다.

　우리에게도 이러한 열정이 있는가? 만약 우리의 가슴속에서 이처럼 힘찬 열정의 파도가 약동하고 있다면, 우리는 영원한 청춘을 누릴 것이다. 나는 전원주 여사나 표재순 교수처럼 나이에 관계없이 열정적인 인생을 살고 계시는 이런 '열정 멘토'들을 만나게 되면, 미국의 유태계 시인인 사무엘 울만이 쓴 「청춘」이란 시가 떠오른다.

　　청춘이란 인생의 어떤 한 시기가 아니라
　　마음가짐을 뜻하나니
　　장밋빛 볼, 붉은 입술, 부드러운 무릎이 아니라
　　풍부한 상상력과 왕성한 감수성과 의지력
　　그리고 인생의 깊은 샘에서 솟아나는 신선함을 뜻하나니

　　청춘이란 두려움을 물리치는 용기
　　안이함을 뿌리치는 모험심
　　그 탁월한 정신력을 뜻하나니
　　때로는 스무 살 청년보다 예순 살 노인이 더 청춘일 수 있네
　　누구나 세월만으로 늙어가지 않고
　　이성을 잃어버릴 때 늙어가나니

　　세월은 피부의 주름을 늘리지만
　　열정을 가진 마음을 시들게 하진 못하지
　　근심과 두려움, 자신감을 잃는 것이

우리 기백을 죽이고 마음을 시들게 한다네

그대가 젊은 한
예순이건 열여섯이건
가슴속에는 경이로움을 향한 동경과
아이처럼 왕성한 탐구심과
인생에서 기쁨을 얻고자 하는 열망이 있는 법

그대와 나의 가슴속에는 이심전심의 안테나가 있어
사람들과 신으로부터
아름다움, 희망, 기쁨, 용기, 힘의 영감을 받는 한
언제까지나 청춘일 수 있네
영감이 끊기고
정신이 차가운 눈에 덮이고
비탄의 얼음에 갇힐 때
그대는 비록 스무 살이라도 늙은이가 되네
그러나 머리를 높이 들고 희망의 물결을 붙잡는 한
그대는 여든 살에도 늘 푸른 청춘이라네.

표재순 교수의 이야기는 계속 이어졌다.

"지금 외국인들은 실크로드의 동쪽 끝을 중국의 시안으로 알고 있단 말이야. 그런데 사실은 실크로드의 동쪽 끝이 신라의 경주거든! 경주 고분에 가서 그 거대한 무덤을 지키는 우람한 석상을 보면 신라인의 모습이 아니고 서역인이라고. 그리고 경주 고분 속에서 출토된 유물들 중에는 로마 양식의 유리그릇, 유리구슬, 보검이 있어. 그리고 신라의 무역항인 울산에서 전해지는 〈처용설화〉에 나오는 남자 주인공 처용의 모습을 보면 신라인이 아니고 중앙아시아 저 너머에서 건너온 서역인이잖아. 이처럼 신라는 실크로드를 통해서 끊임없이 중앙아시아와 많은 교역을 했지."

"예, 둔황에서 발견된 어느 굴속에는 신라 사신의 모습이 새겨진 벽화가 있다고 하더군요."

"그렇지! 옛날에 신라 사신들은 새깃털을 꽂은 두건형 모자인 '조우관'을 썼는데, 그 모자를 머리에 쓴 신라 사신들의 모습이 둔황의 막고굴 벽화에도 등장하고 사마르칸트 아프라시압 궁중벽화에도 등장해. 그리고 『왕오천축국전』을 쓴 신라승 혜초는 물론이고 고구려 사람인 고선지 장군도 카자흐스탄, 우즈베키스탄, 키르키즈스탄이 있는 중앙아시아 일대에 많은 흔적을 남겼잖아."

"교통이 너무나 불편했을 그 옛날에 신라인들이 중국대륙을 횡단해서 중앙아시아와 이란까지 갔다니, 참으로 대단했군요!"

"그렇지! 그 호연지기가 대단한 거야! 이제 실크로드의 역사를 새롭게 써야 해. 그래서 우리 조상들이 좁은 한반도 안에 웅크리고만 있었던 소극적이고 수동적이고 폐쇄적인 민족이 아니고, 실크로드의 서쪽 끝인 터키의 이스탄불까지 연결되는 다양한 문화를 적극적이고 능동적으로 교류한 대단히 호연지기가 넘치는 개방적인 민족이었다는 사실을 해외에도 적극적으로 알려야 해. 이런 것이 바로 문화를 활용한 공공외교가 아니겠어?"

"예, 그런 것 같습니다. 그래서 이번 경주 엑스포를 경상북도 경주에서 개최하는 것이 아니라, 터키의 수도인 이스탄불에서 개최하는 것이겠지요."

"그렇지. 이것은 완전히 역발상이야! 터키의 이스탄불은 무려 1천6백 년 동안 동로마와 오스만 제국의 수도였잖아. 그러니 그 도시가 갖고 있는 엄청난 고대유물과 유적 때문에 이스탄불은 유네스코의 세계

문화유산에 등재된 유럽의 문화 수도일 뿐 아니라, 매년 3천만 명 이상이 방문하는 국제적인 관광지거든. 그래서 실크로드의 동쪽 끝에 있는 신라의 찬란하고 화려한 문화를 알리기 위해서는 유럽인들에게 멀고 먼 경주로 오라고만 할 게 아니라, 오히려 전 세계 관광객들이 자연스럽게 모여드는 이스탄불로 용감하게 뛰어 들어가서 '경주 세계문화엑스포'를 개최하는 것이 훨씬 더 효과적이지!"

"정말 발상의 전환이군요!"

"암! 그렇지. 우리나라는 중국이나 일본에 비해서 국가 브랜드가 현저히 낮기 때문에 이러한 적극적이고 능동적인 마인드를 가지지 않으면 절대 안 되는 거야. 그래서 우리는 이번에 경주 세계문화엑스포가 열리는 한 달 동안 터키의 수도인 이스탄불 도시 전체를 경주 홍보의 무대로 아예 빌렸어. 이스탄불의 랜드마크인 소피아성당 앞 광장에서 개회식과 폐회식을 웅장하게 할 계획이고, 이스탄불의 명동인 탁심 광장에서는 우리 풍물패를 앞세운 길놀이를 하루 세 번씩 올릴 계획이야. 그리고 하루 유동인구가 2백만 명이 넘는 에미뇌뉘 광장에다 아예 불국사를 통째로 지을 거야. 그래서 그 건물을 한국의 모든 것을 보여주는 한국문화관으로 쓰려고 해. 이렇게 하면 이스탄불은 지정학적으로 유럽, 아프리카, 중동, 아시아가 연결되는 요충지이자 이슬람 문화와 기독교 문화가 서로 만나는 교류의 길목이기 때문에, 세계 각국에서 엄청나게 많은 관광객들이 이번 기회에 대한민국의 화려한 문화에 감탄하게 될 거야! 결국 이러한 창조적인 발상을 가진 적극적인 문화 마케팅이 대한민국의 국익에도 큰 도움이 되는 거지."

그날 나는 77세의 연세에도 용광로처럼 펄펄 끓어오르는 열정을 가슴속에 품고 국내외를 지칠 줄 모르고 다니는 표재순 교수의 멋진 모습을 바라보면서, 다시 한 번 한국인의 뜨거운 '열정 DNA'를 확인할 수 있었다.

4

한국 샐러리맨의 위대한 신화

휠라 코리아 윤윤수 회장

내가 휠라 코리아 윤윤수 회장을 처음 만난 것은 뉴밀레니엄이 시작된 2000년 겨울이었다. 그때 나는 '이탈리아로 팔려간 조선인 노예'였던 안토니오 꼬레아를 소재로 한 역사소설 『풍류남아 – 안토니오 꼬레아』를 발표하고, 이 소설을 원작으로 하는 다양한 문화콘텐츠를 개발하기 위해 여러 가지 기획에 부심하고 있었다.

내가 처음 이 소설을 발표했던 1994년에 여러 방송국과 영화사에서 "이 소설을 원작으로 하는 미니시리즈나 영화를 만들고 싶다"는 연락이 많이 왔다. 그러나 그들의 야심찬 기획은 경영진의 최종회의 때 모두 부결되었다. "한국, 일본, 이탈리아를 순회하는 해외 로케이션 비용과 노예수용소, 노예선, 검투장을 만들어야 하는 비용이 너무나 많이 소요되기 때문에 도저히 수익을 창출할 수가 없다"는 이유에서였다.

그런데 1998년에 강제규 감독의 영화 〈쉬리〉가 나오면서, 나는 또 다른 생각을 하게 되었다. 한국 최고의 연기파 배우들이었던 송강호, 최민식, 한석규가 출연한 그 영화는 IMF 외환 위기를 힘겹게 겪고 있던 대한민국에서 한국영화 사상 최초로 5백만 명의 관객을 동원하는 쾌거를 올렸다. 그리고 2년 후인 2000년 가을에는 박상연의 소설 『DMZ』를 원작으로 한 〈공동경비구역 JSA〉가 〈쉬리〉의 기록을 깨면서 한국영화가 새로운 부흥기를 누리기 시작했다. 이영애와 이병헌이 주연한 이 영화는 전국 관객 580만 명 이상을 동원했고, 이 영화를 소재로 하는 뮤지컬 제작까지 시도되었다. 바야흐로 탄탄한 스토리텔링의 위대함과 문화콘텐츠의 중요성이 새삼 부각되면서 원소스 멀티유즈(One Source Multi Use)의 시대가 열리고 있었던 것이다.

한석규와 김윤진이 〈쉬리〉의 엔딩 장면을 촬영했던 제주도 중문의 조선호텔 안에 있는 언덕과 〈공동경비구역 JSA〉의 주요 촬영지였던 충남 서천의 신성리 갈대밭을 직접 답사하면서 생각을 정리한 나는 역사소설 『안토니오 꼬레아』의 문화콘텐츠 개발에 대해서 강용식 전 국회의원과 심도 깊은 이야기를 많이 나누었다.

강용식 전 국회의원은 TBC 출신의 방송인으로 KBS 보도본부장과 문화부 차관을 지내고 문화관광위원으로 3선을 한 방송문화콘텐츠에 관한 전문가로, 평소에 나를 많이 아끼고 조언도 많이 해준 고마운 분이었다. 그 당시는 국회의원을 그만두고 강남에서 21C한국방송통신연구소 이사장으로 있을 때였다. 그는 나에게 "이탈리아와 관계되는 사업을 하고 있는 고등학교 후배 사업가를 소개해 줄 테니, 한번 찾아가 보게"라고 하면서, 휠라 코리아의 윤윤수 회장에게 직접 전화를 걸어 주었다.

그로부터 며칠 후, 나는 휠라 코리아 비서실로부터 연락을 받았고, 약속한 날에 강남에 있는 휠라 코리아의 회장실을 방문했다. 윤윤수 회장은 얼굴 가득 환한 미소를 지으며 나를 반갑게 맞아 주었다.

회장실 한 쪽 벽면에는 대형 TV가 한 대 놓여 있었는데, CNN 방송이 켜져 있었다. 그리고 모니터에서는 미국의 43대 대통령에 도전한 대선 주자인 부시와 엘 고어의 미 대륙 전체 개표 상황이 한창 방송되고 있었다.

"손님이 오셨는데 TV를 계속 켜놓아서 죄송합니다. 한국도 마찬가지지만 미국도 대통령이 새로 선출되면 수많은 정책들이 바뀌게 되고, 경제정책이 어떻게 바뀌느냐에 따라서 기업은 투자계획이나 영업계획에 중요한 변화가 생기기도 한답니다. 특히 휠라 코리아 같은 글로벌

기업은 미국의 경제정책이 어떤 방향으로 움직이는지에 대해 각별한 관심을 갖고 있어야 합니다. 그러니 조금 시끄럽더라도 양해해 주시기 바랍니다."

나는 윤윤수 회장을 만나면서 그의 겸손한 성품에 먼저 고개가 숙여졌다. 도대체, 윤윤수 회장이 누구던가? 우리나라가 초유의 IMF 외환위기를 맞아 은행이 부도나고 대그룹이 공중분해되는 초대형 경제위기의 상황 속에서, 수많은 직장인들이 명퇴를 당하고 수많은 자영업자들이 부도를 내고 절망 속에서 거리로 내동댕이쳐질 때 1년에 연봉을 18억이나 받는 '대한민국 최고의 샐러리맨'이 아니었던가.

우리나라가 산업화 과정을 거치면서 전국의 수많은 직장인들에게는 자기만의 롤모델로 생각하는 신화적인 기업인들이 존재해 왔다. 특히 한국의 남자 샐러리맨들이 특별한 선망의 대상으로 오랫동안 존경해 온 인물은 김우중 전 대우그룹 회장이었다.

김우중 회장은 부모님으로부터 거대한 부를 유산으로 물려받지 않았음에도 불구하고, 무역회사의 평범한 직장인으로 출발해서 남다른 노력과 능력으로 당대에 대한민국 굴지의 대우그룹을 일으키고 세계경영을 진두지휘했다. 그리고 1989년에 김우중 회장이 출간한 책 『세상은 넓고 할일은 많다』는 우리 같은 세대에게 드넓은 세상을 향해 커다란 꿈을 펼치게 하는 데 크게 기여한 책이다. 그러나 우리들이 전혀 상상할 수도 없었던 IMF 외환 위기가 창졸간에 대한민국을 덮치면서 김우중 회장이 일으킨 대우그룹이 공중분해되고, 또 김우중 회장도 해외로 도피하는 바람에 한국 샐러리맨들의 마음속 롤모델에서 '김우중'이라는 이름 석 자는 서서히 지워지고 있었다.

'역시 우리처럼 평범한 직장인들에게 큰 꿈은 무리야'라고 자조하면서 전국의 수많은 직장인들이 쓰디쓴 소주잔을 기울이며 허망한 마음을 달래던 그 시절. 우리는 새로운 롤모델을 발견하게 되었다. 직장에서 쫓겨나고 자영업은 망하고 그저 생존이 가능한지가 최대의 고민이던 IMF 외환 위기 때에 '연봉 18억의 사나이'가 불현듯 나타난 것이다. 그 당시는 콧대 높은 은행장들의 연봉도 1억 원 남짓 할 때였다. 그런데 직장인의 1년 봉급이 18억 원이라니! 이것은 한 달에 1억 5천만 원. 하루에 5백만 원. 한 시간에 62만 원을 버는 수치였다. 그가 바로 휠라 코리아의 윤윤수 회장이었다.

한국의 샐러리맨들 앞에 혜성처럼 등장한 새로운 롤모델인 윤윤수 회장은 18억 원의 연봉을 받는 만큼 직책도 많고, 또 처리하는 업무도 상상을 초월할 정도로 많았다.

이탈리아 북부에서 모직물 생산지역으로 대단히 유명한 비엘라에서 1923년에 창립한 패션회사인 휠라는 글로벌 경영을 효율적으로 하기 위해 전 세계를 유럽, 미주, 아시아 시장으로 분류해서 관리하고 있었다. 그 중에서 윤윤수 회장은 휠라 코리아의 대표일 뿐 아니라, 아시아 전체 시장을 관리하는 대표이기도 했다. 그래서 윤윤수 회장은 휠라 홍콩의 이사이며, 휠라 차이나의 부사장이며, 휠라 골프의 부사장이기도 했다. 게다가 윤윤수 회장은 전 세계에서 팔리는 휠라 신발의 기획, 생산, 판매를 책임지는 총책임자이기도 했다.

이러다 보니 윤윤수 회장은 매일 새벽 5시엔 어김없이 기상하고, 7시 반에는 출근하고, 8시엔 회의를 주재하며 1년에 반 이상은 해외를 다녀야 하는 세상에서 가장 바쁜 글로벌 기업인 중의 한 사람이다.

그처럼 바쁘게 활동하기 때문에 잠깐의 미팅조차도 마련하기도 쉽지 않은 윤윤수 회장과 마주 앉아 느긋하게 미국의 대선방송을 CNN으로 함께 보면서 두 시간 넘게 이야기할 수 있는 기회를 갖게 된 것이다.

"강 선배가 '휠라 코리아의 문화마케팅에 도움이 될 수 있는 좋은 아이디어를 들을 수 있을 것'이라고 해서 제 기대가 아주 큽니다."

윤윤수 회장이 웃음 띤 얼굴로 나를 바라보며 말했다. 그래서 나는 준비해 간 여러 가지 사진 자료, 언론의 기사들, 1994년에 출간했던 역사소설 『풍류남아 – 안토니오 꼬레아』를 탁자 위에 펼쳐 놓고는 4백여 년 전인 임진왜란 중에 이탈리아로 팔려간 조선인 안토니오 꼬레아에 대해 차분하게 설명하기 시작했다. 내 이야기를 한참 듣던 윤윤수 회장은 잠시 얼굴이 붉어지면서 이렇게 말을 했다.

"허! 안토니오 꼬레아에 대한 이야기를 듣는 순간, 제 가슴에 강한 전류가 흐르는 것 같군요. 일본인들이 우리 조상들을 마치 아프리카의 노예처럼 머나먼 유럽으로 팔았다는 사실도 충격적이고, 게다가 그 노예들 중에서 유일하게 한 사람이 '안토니오 꼬레아'라는 이름을 남겼다는 사실도 참으로 놀랍군요. 그러고 보니 강용식 선배가 나에게 정준 작가를 보낸 이유를 짐작하겠어요. 휠라 코리아의 본사가 이탈리아에 있고, 또 내가 한국 – 이탈리아 기업협회의 회장으로 있기 때문에 나에게 정준 작가를 만나 보라고 했군요."

"네, 그런 것 같습니다. 이 작품을 1994년에는 3권의 역사소설로 출간을 했습니다만, 이번에는 해외 출간까지 염두에 두고 있기 때문에 책의 내용을 더욱 재미있게 수정해서 두 권으로 출간하려고 합니다."

"그러면 책이 다시 출간될 때 꼭 연락 주십시오. 특별히 이탈리아와 관련 있는 책이니만큼 제가 도울 수 있는 일이 있으면 마다하지 않겠습니다."

그날 윤윤수 회장은 CNN방송으로 흘러나오는 미국 대선 개표방송을 함께 보면서 본인의 경영철학에 관한 소중한 이야기를 나에게 천천히 들려주기 시작했다. 비록 오랜 시간이 흘렀지만, 그날의 이야기는 나 혼자만 알고 간직하기에는 참으로 중요하고 두고두고 되새기고 싶은 이야기가 많았다.

윤윤수 회장은 경기도 화성에서 태어난 해방둥이(1945년 생)다. 태평양 전쟁을 일으킨 일제의 온갖 수탈 때문에 초근목피로 연명하던 어려운 시기에 태어난 그는 백일도 되기 전에 모친을 장티푸스로 잃고 만다. 어쩔 수 없이 그는 마치 심청이처럼 동네 아주머니들의 젖을 얻어먹으면서 목숨을 유지해야 했다. 그리고 서울고등학교 2학년 때에는 돌연 부친도 질병으로 세상을 떠난다.

이제 험한 세파를 혼자 힘으로 헤쳐 나가게 된 그는 병으로 세상을 일찍 떠난 양친부모님에 대해 남다른 애틋함과 안타까움 때문에 서울대학교 의과대학으로 진학할 결심을 한다. 그러나 서울의대로 진학하기 위해 재수와 삼수까지 했지만, 결국 뜻을 이루지 못하게 되자 하는 수 없이 한국외국어대학교 정치외교학과에 입학한다. 이렇게 해서 친구들보다 3~4년 정도 늦게 학업을 마친 그는 카튜사에 입대해서는 눈물겨운 노력을 다하며 영어공부에 매진한다.

서른이 넘은 나이에 그가 선택한 첫 직장은 현재 한진해운의 전신인 한국해운공사였다. 그는 거대한 선박을 타고 생전 처음 태평양의 검푸른 파도를 헤치며 미국을 다녀온 뒤에 한국의 상품들을 대형 콘테이너에 싣고는 전 세계 5대양 6대주에 판매하는 무역에 젊음을 바치기로 결심한다. 그 당시 지지리도 못살던 대한민국이 잘사는 나라를 만들기 위해 선택한 유일한 정책인 '무역입국'에서 자신의 비전을 찾은 것이다. 또한 나라의 발전에 조금이라도 기여할 수 있다면, 그것이야말로 애국하는 길이라는 생각을 했다고 한다.

인생의 꿈을 무역에 걸기로 굳게 결심한 그는 무엇보다도 먼저 무역회사에 취직하기 위해 30여 군데의 기업에 입사원서를 제출했다. 수없는 낙방과 퇴짜를 맞은 후에 그가 입사하게 된 곳은 미국에서 두 번째로 큰 스토어체인을 갖고 있는 대형 유통업체인 JC페니사였다.

JC페니사는 한국에서 의류와 가방과 신발을 수입해서 미국 소비자들에게 판매하는 회사였는데, 그는 1975년에 이 회사에 입사하면서 신발산업의 메카인 부산을 자주 출장 다니게 되었다. 그는 대한민국제2의 도시이자 남도의 끝자락에 있는 화려한 항구도시인 부산에서 대형 콘테이너에 실려 바다를 건너가는 신발들을 바라보면서, 신발산업의 가치와 신발의 매력에 서서히 빠져들기 시작했다.

그후 그는 37세에 부산의 유명한 신발회사인 (주)화승의 수출담당 이사로 전격 스카웃된다. 이로써 그는 신발을 해외로 수출하는 전문가의 길을 걷게 된다. 불혹의 나이가 되던 1984년에 (주)화승을 사직한 그는 곧장 이탈리아에 있는 휠라 본사를 찾아가 신발사업을 할 것을 제안한다. 그후 7년 동안 수많은 우여곡절을 겪은 끝에 1991년 드디어 휠라 코리아를 설립하게 된다.

휠라 코리아는 1992년부터 휠라 상표가 붙은 신발을 한국 시장에 야심차게 내놓았다. 결과는 대성공이었다.

휠라 신발 출시 첫해에 60억의 매출을 올리더니, 불과 4년 후인 1996년에는 두 배가 넘는 132억의 매출을 올린다. 그리고 대한민국이 IMF 외환 위기를 겪던 1998년에도 휠라 코리아는 연매출 성장율이 80%를 넘었고, 최고 매출 성장율은 300%에 육박하는 대기록을 세웠다. 그해에 휠라 그룹 전체 매출의 10%인 1억 3천만 달러를 판매해서 휠라 코리아는 미국과 유럽에 이어 세계 3위의 매출을 기록하는 대위업을 세운 것이다.

이렇게 되자 휠라 그룹의 엔리코 프레시 회장은 전 세계에 있는 휠라 임직원들에게 "휠라 코리아를 보고 배우라"는 최고의 칭송을 전한다. "휠라가 탄생한 곳은 이탈리아지만, 휠라를 활짝 꽃 피운 곳은 한국이다"라는 찬사를 들을 정도로 단기간에 최고의 성공신화를 쓴 휠라 코리아는 전 세계 휠라인들에게 영감을 주는 벤치마킹의 모델이 되었다. 그때부터 이탈리아 본사의 임직원들은 물론이고 세계 각국에 있는 휠라의 사장단들과 임직원들이 앞 다투어 한국을 방문하였고, 윤윤수 회장은 본인의 경영철학을 전 세계 휠라인들에게 전파하면서 국가 브랜드까지 높이는 놀라운 성과를 이루었다.

이처럼 휠라 코리아의 회장으로 휠라에서 생산되는 신발사업의 글로벌 경영을 선도적으로 견인하는 경이로운 업적을 이루었음에도 불구하고, 윤윤수 회장은 본인이 갖고 있는 또 하나의 직책인 라인실업에 대해 남다른 애정과 자부심을 갖고 있었다.

라인실업은 미국의 대형 유통업체인 JC페니사를 퇴사한 뒤인 1982년에 여의도의 15평 규모의 작은 사무실에 다섯 명으로 시작한 중소기업이었다. 라인실업은 요즈음 도로변에서 흔히 볼 수 있는, 장애인들이나 거동이 불편한 노인들이 거리를 이동할 때 타고 다니는 조그만 전동카트를 생산하고 있다.

윤윤수 회장은 기술과 자금이 모두 부족한 어려움 속에서도 중소제조업체로서의 온갖 역경을 다 이겨내고, 결국 일본의 혼다나 마쓰시다와 당당히 경쟁하며 해외 각국으로 수출하는 전동카트 회사를 만들었다. 휠라 코리아 회장을 하면서 어떻게 어렵고 힘들기 그지없는 중소제조기업을 설립하고 발전시켰는지 참으로 경이롭기까지 했다.

나는 IMF 외환 위기가 오기 전까지는 전국에 있는 대기업의 인재개발원이나 연수원에서 특강을 하면서 수많은 기업의 CEO들을 직접 만날 수 있었다. 거의 대부분이 60세~70세의 연령대였는데, 그들 중에서 많은 이들이 남다른 애국심을 갖고 있었다. 아마도 그들은 일제의 식민지배를 받고, 또한 6·25전쟁을 겪으면서 약소민족의 설움을 너무나 절절히 느꼈기 때문에 자연스럽게 그런 생각을 하게 된 것 같았다.

그날 나는 윤윤수 회장과 담소를 나누면서 기업인의 경제적인 측면에서의 진한 애국심을 느꼈다. 그 당시는 신발산업이 사양산업이라는 인식이 널리 퍼지면서 수많은 신발공장들이 중국이나 베트남 등으로 이전하거나, 아니면 신발공장을 문 닫고 있었다. 그래서 대한민국 신발산업의 메카였던 남도 최고의 항구도시인 부산의 경제상황도 많이 어려워지고 있었다.

그런데 휠라 코리아에서는 비록 생산은 동남아시아에서 하고 신발 디자인은 미국에서 하지만, 원단과 가죽 같은 원자재 공급만은 부산에서 하는 원칙을 지켰다. 특히 윤윤수 회장은 동양에서 가장 규모가 큰 신발 R&D 센타를 한국으로 유치해서 휠라 코리아의 전 세계 매출이 늘어나면 늘어날수록, 구조적으로 한국에서 생산한 원단과 가죽의 매출이 정비례해서 증가하여 경제적 이익이 한국에서 발생하도록 했다.

그리고 윤윤수 회장이 본인의 경영철학 중에서 겸손, 정직, 성실, 공정을 유달리 강조하고 휠라 코리아를 깨끗한 회사, 최고의 품질을 성실하게 유지하는 회사, 임직원들과 대리점 대표들이 부당한 대우를 받지 않는 공평무사한 회사를 만들기 위해 최선을 다하는 이면에는 한국인의 위대한 정신 유산인 선비정신이 있다는 것도 알게 되었다.

윤윤수 회장이 백일도 되기 전에 어머니를 장티푸스로 잃고 나자, 심청이 아버지처럼 젖을 얻어 먹이며 서울고등학교 2학년이 될 때까지 가르친 아버지는 바로 한학자였다. 50세가 넘은 나이에 얻은 아들이 어머니를 너무나도 일찍 잃게 되자, 아버지는 학교에 입학하기 전인 너댓 살 때부터 선비정신으로 조기교육을 하였다. 그것은 바로 한문을 가르치는 것이었다.

천자문으로 시작한 한문공부는 어느새 일취월장해서 학교에 입학할 무렵에는 동몽선습, 논어, 맹자까지 줄줄 읽고 외는 실력을 갖추게 되었다. 그래서 윤윤수 회장은 글로벌 기업인 휠라의 서양식 마인드를 갖추고 있으면서도 그 깊은 내면에는 한국 선비의 청렴한 정신을 갖고 있었다. 요즘처럼 융합의 시너지 효과가 강조되고, 또 애플의 스티브 잡스의 놀라운 업적에서 알 수 있듯이 인문학과 경영의 새로운 만남에 대한 중요성이 크게 부각되는 21세기에 그의 이러한 잠재능력은 더욱 더 빛을 발할 것이라는 생각을 한다.

그로부터 7년 후. 나는 언론과 방송을 통해 휠라 코리아 윤윤수 회장이 이탈리아에 있는 모기업을 인수해서 휠라 그룹 전체를 경영하는 CEO가 되었다는 낭보를 접했다. 그리고 세계 1위의 골프업체인 아큐시네트도 인수했다는 소식도 듣게 되었다. 대한민국 샐러리맨들의 새로운 롤모델인 윤윤수 회장의 화이팅에 다시 한 번 응원의 박수를 보내면서, 이제 한국인의 기업이 된 휠라그룹의 비범하고 참신한 발전을 기원한다.

5

문화기획의 열정 멘토
대한민국의 대표 지성, 이어령 교수

내가 이어령 교수님을 처음 만난 것은 2008년 6월 초였다. 2008년 5월에 UN 반기문 사무총장을 예방하고 귀국한 후, 나는 후속조치를 이행하는 문제 때문에 연일 회의를 하고 기획 서류를 만드느라 경황이 없었다.

장미꽃 향기가 아름다운 5월이 어느새 지나가고 신록이 초여름의 햇살 아래 점점 짙어가던 6월 초 어느 날이었다. 나는 박세직 총재로부터 오후 네 시에 평창동 그린 하우스 레스토랑으로 급히 오라는 연락을 받았다. 그날 나는 남한산성의 걷기 코스를 답사하느라고 경기도 광주에 나와 있었다. 그래서 나는 약속 시간에 맞추기 위해 벌봉에서 산길을 따라 급히 내려와 평창동으로 출발했다.

그 레스토랑은 낮에는 맛있는 칼국수를 파는 집으로 평창동에서 아주 유명한 곳이었는데 한가한 시간에는 커피도 마실 수 있는 곳이었다. 박세직 총재와 나는 그 레스토랑에서 이따금 만나서 회의를 하거나 식사도 했었다.

오후 네 시가 거의 다 되어 레스토랑에 도착한 나는 여직원의 안내를 받으며 안쪽에 있는 작은 방으로 들어섰다. 그런데, 이게 웬일인가? 환환 불이 켜져 있는 그 방 안에는 박세직 총재와 함께 이어령 교수가 앉아 있는 게 아닌가?

"아니, 이어령 교수님이 아니십니까?"

"어서 오게. 내가 오늘 이어령 교수를 좀 모셨어. UN에서 반기문 사무총장과 협의했던 내용들을 향후에 진행해 나가려면 아무래도 이어령 교수의 도움이 많이 필요할 것 같아서 말이야."

"자네가 사무총장이었군. 박세직 총재께서 하도 칭찬을 많이 해서 안 그래도 누군지 궁금했었는데, 자네가 박세직 총재를 모시고 있는 줄은 몰랐어."

이어령 교수는 만면에 환환 미소를 지으시며 나를 따뜻한 미소로 맞아 주셨다.

내가 이어령 교수를 알게 된 것은 내 인생에서 무척이나 힘들고 어려운 순간을 처음으로 맞이했던 중학교 2학년 시절에 그분의 책을 읽게 되면서부터였다. 1970년 여름에 아버지께서 갑작스럽게 유명을 달리하시면서 졸지에 다섯 식구의 생계를 책임지는 소년가장이 되어야 했던 나는, 그 힘든 시절에 이어령 교수의『흙 속에 저 바람 속에』를 처음 읽으면서 독자가 되었다. 벌써 45년 가까운 세월이 흘러서 자세한 내용은 다 생각이 나지 않지만은, 자동차로 상징되는 서구의 문명 앞에서 허둥거리고 갈팡질팡 대는 우리 민족의 앞날에 대한 그분의 냉철하면서도 가슴 따뜻한 시선에 무척 감동했던 기억이 지금도 새롭다. 이렇게 해서 독자가 되었던 나는 이어령 교수가 주간을 맡고 있었던 『문학사상』의 오랜 구독자가 되었다. 또 1980년대 초에 이어령 교수가 『축소지향의 일본인』을 발표했을 때는 그 책을 오랫동안 정독하기도 했다. 어머니의 출생지가 일본이라서 여러 친척들이 일본에서 살고 있었기에 일본에 대한 궁금증이 남달랐기 때문이다.

이렇게 해서 이어령 교수의 오랜 독자였던 나는 이어령 교수의 강의를 듣는 기회도 여러 번 갖게 되었다. 그리고 1999년에는 전 적십자 총재였던 서영훈 선생님을 모시고 〈희망의 땅끝 정신운동〉을 펼치면서 사회 원로들을 여러 차례 만나는 기회가 있었는데, 그때 자연스럽게 이어령 교수를 직접 뵙는 기회가 있었다. 이어령 교수를 직접 뵐 때마다 내가 감동받은 것은 지칠 줄 모르는 열정과 끊임없이 나오는 새로운 아이디어였다.

벌써 10여 년 전 일이다. 거제도 지역의 원로언론인이 나에게 연락을 해왔다. 그는 나에게 "이어령 교수님을 꼭 만나게 해달라"는 부탁을 하는 거였다. 그는 거제도에서 향토 언론인으로 활동하면서 자신의 고향에 아름다운 공원을 조성하고 있었다. 일흔이 넘은 연세에도 불구하고 일일이 수만 평의 임야 곳곳을 누비면서 야생화를 심고 돌을 옮기면서 평생의 작품이 될 만한 공원을 만들고자 했다. 그곳을 아주 독특한 문화공간으로 조성하고 싶었던 것이다. 그래서 나는 이어령 교수의 비서를 통해서 가까스로 면담시간을 잡게 되었다.

서대문의 호암아트홀에 있는 중앙일보 고문실에 마련된 이어령 교수의 방으로 들어간 나는 먼저 거제도에서 올라온 그를 소개하고 그동안 심혈을 기울여 만들고 있는 야생화공원에 대한 자료를 보여드렸다. 그분도 거제도에서 가져온 정성어린 선물을 이어령 교수에게 전달하고는 자신이 힘들게 만들고 있는 야생화공원의 향후 발전 방안에 대해 설명을 하면서 자문을 구했다. 따끈한 차를 함께 마시면서 자료를 찬찬히 살펴보던 이어령 교수가 잠시 후 입을 열었다.

"지금 조성하고 계신 야생화공원이 청마 유치환 선생의 생가 바로 옆에 위치하고 있군요!"

"아, 예. 그렇습니다. 그리고 제가 바로 그 집에서 한동안 살기도 했습니다."

"그렇습니까? 그렇다면 이번에 만드시는 야생화공원은 콘셉트를 '시인과 꽃의 만남'으로 하시면 상당히 독특한 테마를 가진 지역의 명소가 될 수 있겠군요."

이때부터 시작된 이어령 교수의 설명은 그야말로 동서고금의 시공간을 천의무봉으로 넘나드는 특강처럼 느껴질 정도로 감동적이었다. 「악의 꽃」을 쓴 프랑스의 시인 보들레르에서 이야기를 시작하더니 '내가 그의 이름을 부르자 그는 나에게 다가와 꽃이 되었다'라는 싯귀로 유명한 「꽃」의 시인 김춘수, 일본 하이쿠의 명인들, 중국의 유명한 시인들에 이르기까지 저절로 탄성이 나올 정도로 현란하면서도 감명 깊은 강의를 들었다.

애초에 우리 두 사람이 허락받은 면담시간은 20분이었지만, 이어령 교수는 "남쪽 멀리에 있는 거제도에서 여기까지 힘들게 올라오셨는데, 도움이 될 말씀을 조금이라도 더 드리고 싶다"면서 흔쾌히 한 시간을 내주었다. 이어령 교수는 국내외의 유명 시인과 야생화농장을 스토리텔링하는 방법, 한국의 우수한 IT기술을 야생화농장에 접목하는 디질로그의 방법, 국내외 관광객들을 대상으로 홍보하는 전략까지 대단히 상세하게 설명해 주셨다. 그렇게 이어령 교수님과 한 시간 동안 특별 면담을 하고 나온 그는 "이어령 교수님으로부터 뜻밖의 환대를 받았다"면서 흥분했다.

그날, 나는 이어령 교수의 열정, 쉬지 않고 솟아나오는 신선한 아이디어, 깊은 배려심과 가슴 따뜻한 인정을 직접 목격하고는 그분에 대한 존경심이 더욱 우러나왔다. 그래서 나는 그로부터 열흘 남짓 후에 따로 찾아뵙고는 내가 2005년에 중앙M&B에서 출간했던 『기적의 학춤 건강법』 책을 선물로 드리면서, 그 책에 소개된 건강학춤의 기본 동작과 기본 호흡법에 대해 차분하게 설명을 드렸다. 그것은 70대 중반이 되신 이어령 교수가 조금이라도 더 건강하게 활동하기를 바라는 나의 조그만 정성이었다.

사실 이어령 교수보다 더 일찍 내가 만났던 대한민국의 지성 중에는 조선일보에서 〈이규태 칼럼〉으로 명성을 드높이던 이규태 논설위원이 있다. 이규태 논설위원은 나와 함께 충남 태안군으로 답사여행 갔을 때, 천리포수목원 안에서 내가 한복을 입고 바로 앞에서 학춤 시연을 보이자 "정군! 내가 조금 더 젊었을 때 만났으면 얼마나 좋았겠나. 그

학춤을 내가 배워서 신선처럼 매일같이 훨훨 추면서 즐겁게 살 수 있었을 텐데.” 하면서 매우 아쉬워했다. 그처럼 나를 아껴주고 건강학춤을 높이 평가해 주던 이규태 논설위원이 그로부터 수 년 후에 작고하고 나자, 나는 그분의 바람대로 좋은 시간을 함께 보내지 못한 것이 무척이나 아쉽고 안타까웠다. 그래서 나는 존경하는 이어령 교수의 무병장수에 조금이라도 도움을 드리고 싶은 마음에서 따로 찾아뵙고 건강에 대한 이야기를 잠시 나누고 학춤 책도 선물했던 것이다.

“사무총장! 이어령 교수를 예전부터 알고 있었나?”

박세직 총재는 내가 이어령 교수와 이미 알고 지낸 것을 알고는 더욱 반가워했다.

“88서울올림픽 때 환상적인 개회식과 폐회식을 총기획하신 이어령 교수님께서 사단법인 세계걷기본부의 자문위원장을 수락해 주셨으니, 자네는 앞으로 이어령 교수님을 모시고 참신한 기획을 많이 추진하도록 해보게.”

“예! 잘 알겠습니다. 앞으로 교수님의 가르침을 잘 받도록 열심히 노력하겠습니다.”

“아닐세. 자네가 기획한 ‘11월 11일 11시’에 대한 전체적인 콘셉트가 워낙 좋고, 또 이번에 반기문 UN사무총장께서도 긍정적인 조언을 많이 해주셨다고 하니, 이번 프로젝트는 잘 발전할 것 같아. 일단, ‘11월 11일 11시’를 향후 UN과 함께 ‘평화를 위한 세계 걷기의 날’로 발전시키려는 계획은 아주 옳은 방향인 것 같군. 자네가 박세직 총재에게 보고한 자료를 보니까, 그날이 영연방 국가에서 현충일로 기념하는 중요한 날로 되어 있더군.”

“예! 그렇습니다. 그날은 제1차 세계대전 종전기념일이기 때문에 전 세계에 있는 모든 영연방국가에서 그날을 현충일로 기념하고 있을 뿐 아니라, 그날 공식행사에 ‘부산을 향하여’라는 프로그램을 진행합니다. 그 이유는 부산 대연동에 위치한 UN묘지를 향하여 묵념을 하면서 세계평화를 지키기 위해 죽음을 맞이한 UN 장병들을 추모하기 위해서입니다."

"그리고 그날이 미국에서는 미재향군인의 날이라면서?"

"그렇습니다. 마침 그날은 미국에서도 '미재향군인의 날'이기 때문에 주요 도시에서 재향군인들이 행진을 하고, 영연방국가와 마찬가지로 그곳에서도 '부산을 향하여'라는 행사를 공식 프로그램으로 진행하고 있답니다."

"아주 잘되었군. 영연방국가와 미재향군인회에 대한민국에서 박세직 위원장이 2007년 11월 11일 11시에 〈세계 걷기의 날〉을 선포한 배경과 이번에 반기문 UN사무총장을 예방하고 협의한 내용들을 잘 설명한다면, 수년 내에 국제적인 프로그램으로 발전할 수 있겠군."

그리고 그날 이어령 교수는 앞으로 강원도 동해안에 송강 정철의 「관동별곡」을 테마로 하는 걷기코스를 개발할 예정이라는 이야기를 듣고는 매우 기뻐했다. 이어령 교수가 88서울올림픽이 끝나고 나서 초대 문화부 장관이 되었을 때, 대한민국의 문화발전을 위해 매달 '이달의 문화 인물'을 선정했는데, 그때 송강 정철을 '이달의 문화 인물'로 선정한 바 있다. 그때 문화부에서 송강 정철의 기행가사인 「관동별곡」의 주요 무대이자 관동8경의 하나인 강원도 삼척의 죽서루에 〈송강가사 기념비〉를 세우도록 적극 지원했다.

이처럼 이어령 교수는 조선 최고의 가사문학가이자 한글의 아름다움을 문학작품으로 구현해낸 송강 정철에 대해 남다른 애정을 갖고 있었다. 그래서 2009년부터 송강 정철 문학의 정신을 따라가는 길인 〈관동별곡 8백 리〉 코스를 개발해 걷기대회를 개최하고, 또 그 길을 알리는 동해안 여행책인 『송강 정철과 함께 걷는 관동별곡 8백 리』를 출간할 계획에 대해 듣고는 무척 기뻐했다. 그리고 이번 프로젝트의 성공에 대해 많은 조언도 해주었다.

이어령 교수는 〈관동별곡 8백 리〉 프로젝트의 성공을 위해 필요한 여러 가지 아이디어를 앉은 자리에서 곧바로 술술 풀어내 우리를 놀라게 했다. 세계 최고를 자랑하는 대한민국의 IT기술과 〈관동별곡 8백리 길〉을 접목시키는 방법, 관동별곡의 주요 무대인 동해안의 관동8경을 홍보하는 방법, 송강의 유명한 한글시조인 「훈민가」를 통해 청소년들을 동해안으로 오게 하고, 또 청소년들의 무한한 상상력을 자극하고 참신한 창의력을 개발하는 방법 등 미처 생각지도 못했던 것들을 손쉽게 해결해 준 것이다. 그날 저녁 박세직 총재와 나는 또다시 이어령 교수의 진지하면서도 깊이 있고 재기발랄한 열강을 듣는 행운을 누렸다.

이어령 교수가 자문위원장을 수락한 것을 계기로 나는 이어령 교수를 가까이에서 뵙는 기회를 자주 갖게 되었다. 2008년은 88서울올림픽이 개최된 지 20주년이 되는 특별한 해였다. 그래서 박세직 총재와 이어령 교수는 그해 가을에 올림픽공원에서 개최하는 〈88서울올림픽 20주년 기념 국민걷기축제〉 행사 준비를 위해 여러 차례 평창동에서 회의를 가졌다. 나는 실무 책임자로서 그 회의에 참석해서 행사 진행을 위한 많은 도움과 자문을 받았다. 그때 두 분으로부터 88서울올림픽을 준비할 당시의 감동적인 비하인드 스토리를 많이 들을 수 있었다. 특히 올림픽을 거대한 체육행사로만 인식하고 있던 관료와 국민들에게 "대한민국의 유구한 역사와 신바람 나는 역동적인 문화와 예술을 전 세계에 알릴 수 있는 세계적인 문화예술축전이라는 사실"을 인식시키기 위해 온갖 아이디어를 다 짜낸 이야기는 지금 생각해도 감명 깊기만 하다.

또 2008년은 대한민국 정부 수립 60주년을 맞이하는 해였다. 이에 국가원로들의 모임을 만들기 위한 움직임이 연말에 있었다. 서영훈 전

적십자 총재, 이현재 전 국무총리, 박세직 전 88서울올림픽 조직위원
장을 비롯한 많은 원로들이 여러 차례 회합을 갖게 되었다. 이때도 이
어령 교수의 아이디어는 항상 남달랐고 보석처럼 빛이 났다.

　나중에 김남조 시인까지 참여하면서 국가원로들의 모임이 수십 명
으로 늘어나자 의견을 모으기도 쉽지 않았고, 또 회의를 하다 보면 워
낙 개성이 강한 분들이 많다 보니 이야기가 엉뚱한 방향으로 흘러가기
도 했다. 그럴 때마다 이어령 교수는 동서고금을 아우르는 해박한 지
식, 합리적인 사고, 적절한 비유로 좌중을 압도했고 회의가 올바른 방
향으로 진행되도록 큰 도움을 주었다. 행사를 준비하는 실무자였던 나
는 그 모습을 옆에서 지켜보면서 또다시 감탄하고 감동했다.

　그 이후에도 이어령 교수는 박세직 총재와 함께 추진하는 여러 일들
에 대해 바쁜 와중에도 많은 도움과 자문을 아낌없이 해주었다. 그러
나 이듬해인 2009년 7월 말에 박세직 총재가 갑자기 유명을 달리 하
게 되었다. 그 바람에 이어령 교수가 자문위원장으로서 애정을 갖고
일러준 여러 가지 계획들을 제대로 추진하는 데 많은 난관들이 있었

다. 예상치 못했던 난제들 때문에 어디서도 쉽게 얻을 수 없는 금쪽 같은 충고와 조언을 비록 제대로 이행할 수는 없었지만, 그동안 애정을 갖고 아낌없이 도와주신 그 마음은 언제나 잊지 않고 소중히 간직하고 있다.

나는 세모가 저물어 가는 2013년 12월 15일에 호암 아트홀에서 개최된 이어령 선생의 팔순 잔치에 다녀왔다. 역시 대한민국 최고의 문화기획가의 팔순 잔치답게 파격적이고 신선한 잔치였다. 우선 사회 명망가들의 행사에는 의례적으로 들어 있는 내빈 소개, 축사, 대형 얼음조각, 축하 화환, 축의금이 일체 없었다.

그 대신에 이어령 선생과 오랫동안 친분을 다져온 우리나라 최고의 문화공연인들이 모두 나와서 노래와 춤과 음악을 함께 나누는 문화와 예술의 잔치로 꾸몄다. 그리고 이어령 선생께서 평생 동안 고민해 오신 생명에 대한 깊은 사랑과 폭넓은 사유가 함축된, 금붕어로 상징되는 "생명이 자본이다"라는 커다란 화두를 우리 모두에게 새해 선물로 안겨 주셨다.

어느덧 팔순이 지난 지금도 집에 일곱 대의 컴퓨터를 책상 위에 놓고 후학들에게 새로운 발상의 전파를 위해 집필과 열강에 전념하는 모습을 보면, 이 시대 지성의 진면목을 보는 것 같아 언제나 감동스럽고 고개가 저절로 숙여진다.

6.
된장 향기가 아름다운 남자
말표 구두약 창립자 정두화 회장

　내가 인터넷 신문의 문화부장을 할 때였다. 북한강과 남한강이 함께 만나는 물 맑고 숲이 아름다운 고장 양평을 취재하다가 된장농장 '수진원'을 방문하게 되었다. 그 당시 양평군수로부터 '대한민국 최고의 된장을 만드는 친환경 농장'으로 소개 받았기 때문에 사뭇 기대를 하고 있었다.

　농장 안으로 들어서자, 80세가 넘은 할아버지께서 입가에 잔잔한 미소를 지으면서 반갑게 맞아 주었다. 그런데 그분의 명함을 찬찬히 살펴보니, '머슴 정두화'라고 되어 있는 게 아닌가? 수만 평의 농장을 갖고 있는 주인이 자신을 머슴이라고 하다니……. 그러고 보니 농장 이름도 심상치 않았다. '닦을 수(修), 진리 진(眞), 동산 원(園), 즉 진리를 닦는 동산'이었다. 또 농장 입구에서 안으로 걸어 들어오는 길가에 새겨져 있는 글귀들도 꽤 유별났다.

> 아내는 남편과 아이들을 함께 키운다.
> 향기 좋은 장미엔 반드시 가시가 있다.
> 열정은 명사가 아니라 동사이다.
> 웅변은 은이요, 침묵은 금이다.
> 인생은 참되게 살아야 한다.

　무언가 걸음을 잠시 멈추고 생각을 곱씹게 하는 글귀들이 나무에 새겨져 길가에 쭉 세워져 있었다. 아마 이곳이 된장농장이라는 설명을 미리 듣지 않았다면, 수도원이라고 해도 믿을 정도로 그곳의 분위기는 대단히 고즈넉하고 목가적이었다.

수진원 농장에 들어서면 제일 먼저 「기다리는 마음」이라는 시가 새겨진 자연석이 눈에 들어왔다. 처음에는 "일출봉에 해가 뜨면~"으로 시작하는 장일남 작곡의 가곡 가사를 새겨 놓은 줄 알았다. 그런데 가까이 다가가서 글귀를 자세히 읽어 보니 농장을 일구어 살고 있는 자신의 간절한 염원을 돌에 새긴 것이었다.

기다리는 마음

맑은 시냇물이 흐르는 동산 위에
꽃 피고 새가 노래하는 곳
수진원이라 하지요.

이곳에 사는 사람들은 농사를
천직으로 알고 흙을 공경하는
농부이지요.

얼룩진 마음과 몸을 닦으며
의리를 배워 실천하는 동방의 진인 그들을 기다리지요.

단기 4325년 머슴 정두화

농장 입구에는 작은 연못이 예쁘게 조성되어 있었고, 안쪽에는 커다란 된장 항아리들 수백 개가 정겹게 놓여 있었다. 그리고 그 옆에는 인간문화재로 '조선왕실 궁중음식 기능 보유자'였던 황혜성 선생의 가족이 드시는 장독대가 별도로 아담하게 조성되어 있었다.

장독대 뒤쪽으로 길게 이어진 오솔길을 따라 뒤편으로 걸어가니 수만 평의 넓은 밭에 콩이 심어져 있고, 콩깻묵으로 벼를 키우는 논도 있었다.

농장 주인은 수진원을 고샅고샅 안내하며 세세한 곳까지 일일이 설명을 해주었다. 그는 나를 조용한 별채 안으로 데리고 들어갔다. 노송이 운치 있게 늘어진 나지막한 언덕 위에 자리 잡은 별채는 수진원을 에두르고 흐르는 맑은 냇물과 건너편 산들이 한눈에 조망되는 아름다운 곳에 위치하고 있었다. 시원한 오미자 차로 목을 축인 나는 취재수첩을 펴놓고 대화를 시작했다.

"아까 보니까 회장님 방에 개성의 선죽교 사진이 걸려 있던데, 혹시 포은 정몽주 후손이십니까?"

"예, 그렇습니다. 제가 선죽교에서 탐욕스러운 이방원 패거리들에게 습격을 받아 돌아가신 포은 정몽주 선생의 후손입니다."

"아, 그러시군요. 그리고 안채로 들어오는 입구에 말 조각상들이 세워져 있고 안방에도 말 그림이 걸려 있던데, 회장님께서는 말과 특별한 인연이 계십니까?"

"예, 제가 말표 구두약 창립자입니다. 그러니 말과 특별한 인연이 있다고 말씀 드릴 수가 있지요."

"아니, 회장님께서 말표 구두약 창립자라고요?"

그 말을 듣는 순간 나는 깜짝 놀랐다. 말표 구두약이라면 군대를 다녀온 군인들이라면 누구나 애용하는 명품 구두약이었다. 새하얀 말그림이 그려진 그 구두약은 모든 부대에 지급되는 군납용품이었기 때문에 군인들에게는 참으로 유명한 브랜드였다. 또한 말표산업은 구두약만 생산하는 것이 아니라 가구 광택제, 자동차 광택제, 실내 광택제 등을 다양하게 생산하는 중견기업이다.

은행 부채가 없고 현금 동원력이 대단한 것으로 알려진 강소기업 말표산업의 회장님이 바로 앞에 앉아 있는 분이었다. 조금 전까지 허름한 작업복을 입고 연노란 밀짚모자를 쓴 채 땀을 뻘뻘 흘리면서 수만 평이 넘는 농장 곳곳을 구석구석 친절하게 안내해 주시며 본인을 '수진원의 머슴'이라고 하던 할아버지가 말표산업의 회장님이라니!

나는 그분의 진솔함과 겸손함에 인간적인 매력을 느끼면서 강한 호기심이 들기 시작했다.

"아니, 왜 회장님께서 이 시골에서 콩농사를 짓고 된장과 간장을 만드는 힘든 일을 하고 계시는 겁니까?"

나는 말표산업 회장이 여든이 넘은 고령의 연세임에도 불구하고 편안한 노후를 마다하고, 얼굴이 햇볕에 검게 그을리고 농사일로 두 손이 투박하게 변하는 것도 개의치 않은 채 우리나라 최고의 된장과 간장을 만들겠다는 일념으로 온종일 일하는 모습이 정말 경이로워 보였다.

'과연 나라면 저 연세에 저런 열정을 가슴속에 품고 살 수 있을까?'

나는 그날 이후로 정두화 회장에 대한 존경심과 강한 호기심을 갖게 되었다. 내가 양평에 있는 수진원을 자주 방문한 것도 그런 이유에서다. 이런 계기로 그가 지금까지 살아온 인생살이에 대해 많은 이야기들을 듣게 되었다.

양평이 고향인 그는 백범 김구 선생을 무척 존경했다고 한다. 그래서 해방이 되어 일본인들이 물러가자, 다시 되찾은 우리나라를 김구 선생의 말씀대로 부강하고 문화가 흐르는 나라로 만드는 일에 많은 관심을 갖게 되었다.

백범이 경교장에서 안두희의 흉탄에 살해되자, 그는 백범 선생의 운구행렬에 직접 참여해서 통한의 눈물을 흘릴 정도로 열혈청년이었다. 그후 6·25전쟁으로 나라가 혼란해지자, 나라의 경제를 살리는 일에 매진하기로 결심한다.

그래서 그는 변변한 공업기반과 기술이 없던 그 당시에 말표 구두약을 창립해서 오직 정직과 진실함으로 힘겹게 회사를 경영했다. 6·25전쟁 후의 우리 사회는 눈속임과 거짓과 반칙이 횡행하던 때였다. 그러한 혼란한 시기에도 결코 흔들리지 않고 정직하게 말표 구두약을 생산하고 판매했다. 이러한 올곧은 성격은 결국 그의 사업을 크게 번창하게 만든 계기가 되었다. 왜냐하면 상품의 품질과 양을 절대 속이지 않고 군대에 납품할 믿을 만한 구두약 제조업체를 찾고 있던 박태준 장교를 만났기 때문이었다.

나중에 포스코 회장으로 세계적인 철강왕이 된 박태준 회장과 정두화 회장은 첫눈에 서로의 진실한 마음을 알아봤고, 제대로 된 양질의 구두약을 군에 납품하기로 의기투합했다. 말표 구두약 창립 이후 온갖 거짓이 판을 치는 혼란 속에서 수년 동안 고전해온 그는 오직 정직한 제품을 생산하겠다는 고집을 꺾지 않았던 그 열정 때문에 오히려 승승장구 발전하기 시작한 것이다.

이렇게 해서 큰 재산을 모으게 된 그는 낙후된 농촌을 잘살게 만들겠다는 자신의 꿈을 현실화시키기로 결심한다. 그가 수진원을 세운 까닭이 바로 그것이다.

지금은 양평에서 수진원으로 들어올 때 승용차로 다리를 손쉽게 건너기만 하면 된다. 하지만 그 당시에는 아직 다리가 놓이기 전이기 때문에 작은 배를 타고 건너와야 했다. 그런데도 그는 이곳에 있는 야산을 매입했다.

처음에 이곳은 산 곳곳에 잡목과 잡초가 우거져 있고 들짐승들이 자주 출몰하는 방치된 지역이었다. 그는 직접 동네 일꾼들과 함께 일일이 온 산을 헤집고 다니면서 잡목을 제거하고, 잡초를 뽑고, 축사를 지었다.

"그러면 처음에는 축산업을 하시려는 생각이었습니까?"

"아닙니다. 오랫동안 방치된 산이었기 때문에 콩농사를 시작하려면 먼저 땅을 기름지게 만들어야 했습니다. 그래서 먼저 소를 기르면서 거기에서 나오는 분뇨와 짚단으로 두엄을 만들었습니다. 그렇게 만들어진 두엄을 수년 동안 계속 땅에 뿌려서 농사가 잘 되는 기름진 옥토로 만든 겁니다."

"아, 노고가 보통이 아니었겠습니다."

"하지만 농사를 잘 지으려면 힘들어도 반드시 해야 한답니다."

나는 그의 열정에 다시 한 번 감동할 수밖에 없었다.

"그런데 어떻게 콩농사를 지으려는 생각을 하셨습니까? 다른 작물들도 많이 있는데?"

"그 당시 한국 국민의 열악한 영양 상태 때문이지요. 지금은 우리나라도 많이 발전해서 많은 국민들이 영양 과잉 상태입니다만, 그때는 먹는 문제가 가장 큰 골칫거리라서 다들 영양 부족 상태였습니다.

요즘 젊은이들은 상상하기 어렵겠지만, 그때는 겨울 식량이 거의 다 떨어지는 봄이 되면 먹을거리가 없어서 배를 곯거나 심지어는 굶어 죽는 사람들이 전국곳곳에 태반이었습니다. 그래서 힘겨운 보릿고개라고 하는 춘궁기가 되면 지금 북한 사람들처럼 굶어 죽지 않기 위해서 너도나도 산으로 들어갔지요. 소나무 속껍질을 벗겨 오기도 하고, 산나물을 뜯기도 하고, 산짐승을 잡기도 하는 거예요.

특히나 돈이 귀한 농촌에서는 그야말로 초근목피로 근근히 목숨을 부지했답니다. 그러다 보니 대부분의 사람들이 단백질이 부족한 영양 결핍 환자들일 수밖에 없지요. 그래서 제가 안타까운 마음에 많은 학자들을 만나서 의논을 했더니 한국인의 단백질 부족을 해결하는 작물로는 콩이 최고라는 겁니다."

"그렇죠. 콩은 밭의 쇠고기라는 별칭이 있을 정도로 단백질이 풍부한 식물이니까요."

"그리고 학자들 말이 콩은 유일하게 한반도가 원산지인 곡물이고, 콩을 발효시킨 된장은 건강에 아주 좋은 항암식품이라는 겁니다. 그런데 왜놈들이 우리나라를 식민 지배했을 때 우리 국민들에게 보급한 것은 공장에서 인위적으로 급조해서 생산한 엉터리 된장과 합성간장이었습니다."

나는 점점 정두화 회장의 이야기에 매료되어 갔다.

"우리 민족은 본래 뚝배기 같은 민족이라고 하지 않습니까? 우리는 시뻘건 불이 빨갛게 이글거리는 질화로 위에서 보글보글 끓어오르는 구수한 뚝배기처럼 한결같이 훈훈하고 화끈한 것을 미덕으로 알고 살아왔습니다. 그런데 이 왜놈들이 우리의 가장 기본적인 먹거리부터 자기들의 입맛에 맞게 바꾸어 버린 거지요.

그래서 1945년에 막상 해방은 되었지만, 왜놈들이 공장에서 엉터리로 조잡하게 만든 된장과 간장을 먹는 잘못된 습관은 많이 남아 있었습니다. 저는 그때부터 가난과 질병에 시달리는 우리 국민들에게 하늘이 준 축복의 식품인 한국 전통방식의 된장과 간장을 반드시 만들어야겠다고 결심했습니다.

제가 수진원에서 단순히 된장과 간장을 만들려고 수많은 불편을 감수하고 온갖 고생 속에서 땀 흘리며 일한 것이 아닙니다. 저는 우리 국민들을 위한 최고의 보약을 만들고 싶었기 때문에 저 넓은 콩밭에 농약도 치지 않고 농사를 지었고, 또 된장도 항암성분이 가장 활성화되어 있는 2년 이상의 된장만 출고시켰고, 간장도 5년이 된 간장만 판매하도록 했습니다."

"그런데 아까 보니까 농장 곳곳에 좋은 글귀들을 세워 두셨더군요. 그건 왜 해두신 건가요?"

"그건 이 농장에 오신 분들에게는 제가 정성껏 만든 한국 최고의 된장과 간장을 드릴 테니, 여러분들은 농장 오솔길을 천천히 거닐면서

도시에서 묻어온 모든 마음의 먼지들을 털고 가시라는 의미에서 세워 놓은 것입니다. 그래서 농장 이름도 '진리를 닦는 언덕'이라는 뜻에서 수진원이라 한 거지요. 그리고 이러한 내용들을 많은 젊은이들에게 알려주고 싶어서 농장 안에 아담한 강의장을 만들어서 그동안 운영을 해오고 있습니다.

제가 농장 입구에 '민족지상! 국가지상! 정치무상! 종교무상!'이라고 돌에 새긴 이유도 젊은이들이 정치나 종교의 차이에 관계없이 오직 우리나라, 우리 민족의 번영과 평화를 위해서 매진해 달라는 바램을 전해 주기 위해서였습니다. 그리고 강의장 입구에 저희 집안의 가훈을 돌에 새긴 것도 수진원에서 교육받은 젊은이들에게 정직하고 진실하게 사는 것의 중요성을 일깨워주기 위해서입니다."

강의장 입구의 단단한 돌판 위에는 이러한 가훈이 새겨져 있다.

가마귀 싸우는 곳에 백로야 가지마라
성낸 가마귀 흰빛을 새오나니
창파에 조희 씻은 몸을 더럽힐까 하노라.

나는 자신만의 확고한 철학과 신념으로 한국 최고의 된장 농장을 운영하는 정두화 회장의 뜨거운 열정에 경이로움을 느끼면서 고개를 숙이지 않을 수 없었다. 존경심이 저절로 우러나오는 그분을 만나 뵌 지가 벌써 10여 년이 흘렀다.

그는 아흔이 다 될 때까지 오직 국민들을 위한 최고의 장류문화를 연구하다가 몇 해 전 별세했다. 농장 오른쪽 야트막한 언덕 위에 그분의 묘소가 있다. 혹시라도 경기도 양평군 대흥리에 있는 수진원을 방문할 기회가 있는 독자들은 그의 젊은 열정 앞에 존경의 묵념을 한 번 올려주기 바란다.

7.

뚝심과 열정의 CEO이자 행정의 달인

노재동 전 은평구청장, 전국시장군수구청장협의회 대표회장

나는 IMF 외환 위기가 한창이던 1999년에 전남 해남의 땅끝마을에 처음 내려가서 문화기획을 시작한 이후, 수백 명에 이르는 지방자치 단체장들을 만나는 기회가 있었다. 그들 중에서 향후에 공직자를 꿈꾸는 젊은이들에게 참다운 멘토가 될 만한 사람이 바로 노재동 구청장이다.

노재동 구청장은 남다른 역경을 딛고 일어선 인간 승리의 입지전적인 인물일 뿐 아니라, 인정이 점점 메말라가는 요즘 세태에 진정으로 서민을 위한 '복지행정'이 무엇인지를 행동으로 보여준, 인간미가 돋보이는 사람이다. 게다가 어떤 사태가 일어났을 때 그 일을 해결해 나가는 능력이 남다르고, 폭넓은 협상력과 과감한 추진력을 병행하고 있는 '행정의 달인'으로 많은 단체장들의 멘토이기도 하다.

그는 지리산 북쪽의 오지인 함양에서 태어났다. 우리나라에는 백두대간의 북쪽과 남쪽에 각각 아주 험준하고 찾아가기 힘든 오지로 유명한 곳이 네 곳이 있다. 먼저 북쪽에는 함경남도의 삼수와 갑산이다. 그래서 옛말에 "삼수갑산을 가더라도"는 "죽을 때는 죽더라도"를 의미할 정도로 삼수와 갑산은 우리나라 두메산골의 대명사였다. 삼수와 갑산만큼이나 심심산골의 오지가 바로 백두대간의 최남단인 지리산 자락에 위치한 경상남도 함양과 산청이다.

지금은 '서울~통영 고속도로'가 개통되어 서울에서 함양까지 쉽고 빠르게 갈 수 있다. 그러나 노재동 회장이 출생한 1941년에 함양은 남한 최고의 두메산골이었다. 그곳에서 그는 함양국민학교를 졸업하고 함양중학교에 입학하게 된다. 그런데 함양중학교 3학년 때 갑자기 부

친이 돌아가시는 바람에 그는 살기 곤궁한 집안의 실질적인 가장 노릇을 맡아야 했다.

어려운 환경 속에서 함양중학교를 졸업한 그는 집안을 돌보기 위해 취업이 빠른 농업고등학교에 들어가게 된다. 그러나 머리가 명석하고 타고난 노력형이었던 그는 절차탁마의 노력 끝에 고려대학교 법학과에 합격하는 사고(?)를 내 함양읍 전체를 떠들썩하게 만든다. 이렇게 해서 서울로 올라온 지리산 청년 노재동은 혹독한 생활고에 시달리면서도 열정 하나로 온갖 어려움을 이겨내고 무사히 대학을 졸업한다. 그리고 다시 지리산 남쪽에 있는 거창으로 내려가 거창중학교와 거창고등학교에서 교사 생활을 잠시 한다.

그러나 교사의 박봉으로는 어려운 집안을 제대로 건사하기조차 힘들었다. 생각다 못한 그는 교사 생활을 접고 새로운 활로를 찾기 위해 서울로 향한다. 은평구 갈현동에서 셋방살이를 하면서 해운회사에 입사해 본격적인 직장생활을 시작한다. 이후 대우전자로 자리를 옮겨 소비자 상담실장과 총무부장 업무를 훌륭하게 수행해냈다. 그는 매사에 열정적인 노력으로 탁월한 능력을 발휘해 주위 사람들의 눈길을 끌었다. 이러한 열정 덕분에 그는 한미 합작기업인 동주상사의 상무이사가 되었고, 결국 한국-덴마크 합작기업인 헴펠 코팅스 코리아의 공동대표에 취임하게 된다. 지리산의 두메산골인 함양의 청년이 한국의 경제발전을 주도하는 CEO의 길을 걷는 입지전적인 인물로 성장하게 된 것이다.

그런데 경영인의 길을 열심히 가고 있는 그에게 정치계에 입문할 것을 강력하게 권한 사람이 있었다. 그는 다름 아닌 이기택 총재였다. 4·19혁명의 핵심 인물인 이기택 총재는 부산상고 출신으로 고려대학교 경영대학원을 졸업한 뒤 정계에 투신했다. 그후에는 한국 전통 야당인 신민당 사무총장과 부총재를 지냈고, 나중에는 민주당 총재를 지낸 원로 정치인이다. 1989년에 민주당 국회의원이었던 이기택 의원이 고려대학교 시절에 함께 하숙을 했던 아끼는 후배인 노재동 CEO에게 전문 경영인으로서 그동안 쌓아온 경륜으로 정치계에 새로운 바람을 불어넣어 줄 것을 요청한 것이다. 당시는 노태우 대통령의 6·29선언 이후 찾아온 정권교체의 천재일우의 기회를 놓친 암울한 시기였다. 또한 민주세력이 정권교체를 하기 위해서는 경제를 아는 전문인들의 지혜가 많이 필요했다.

이러한 권유로 정치에 입문한 노재동 CEO는 서울특별시 제4대 의회의원으로 당선된다. 오랫동안 기업인으로 활동하면서 몸에 밴 꼼꼼함으로 재무경제위원회에서 서울시정을 성실하게 챙기던 그는 2001년 4월에 은평구청장에 당선된다. 그는 기업 CEO로서의 다양한 경험과 해박한 지식을 행정에 접목하는 탁월한 능력을 인정받아 민선 제4기 서울특별시 구청장협의회 회장을 연이어 2년 동안 하게 된다.

'낭중지추(囊中之錐)'라고 했던가? 노재동 구청장의 기업가다운 합리적인 추진력과 일을 향한 뜨거운 열정을 알게 된 전국의 지방자치 단체장들이 선거를 통해 민선 제4기 2차 연도 '전국시장군수구청장협의회' 대표회장으로 추대했다. 그후 은평구민들의 지지와 성원 속에 2001년부터 2010년까지 총 9년 동안 3선을 한 최초의 은평구청장이 된다.

중학교 3학년에 부친이 안 계신 집안의 실질적인 가장이 되어 입지전적인 CEO로 성공하는 동안 수많은 역경과 고초를 겪어야 했던 노재동 구청장은 그 누구보다도 경제적인 어려움으로 고통 받고 있는 서민들의 아픔을 잘 알고 있었다. 그래서 가난하고 힘없는 서민들이 많이 살고 있는 달동네를 찾아다니면서 그들의 아픔을 해소하고 눈물을 닦아주는 궂은일에 그 누구보다도 열정적으로 일했다.

서민들의 복지와 자립을 위해 헌신적으로 노력한 그의 여러 공적 중에서, 특히 내가 감동받았던 이야기 하나를 소개하고자 한다.

그때는 2004년 무렵이었다. 2004년은 정치적으로 대단히 혼란한 시기였다. 왜냐하면 그해 봄에 노무현 대통령이 국회에서 탄핵소추를 당하는 초유의 사태가 발생했기 때문이다. 그래서 고건 국무총리가 대통령 권한대행으로 국정을 돌보고 있었다. 그때 고건 대통령 권한대행이 김화중 보건복지부 장관을 대동하고 은평구 녹번동에 있는 국립보건원을 방문하는 행사가 있었다. 그러자 노재동 구청장은 고건 대통령 권한대행에게 은평구 구산동 일대의 달동네인 일명 '구산동 결핵인 촌'에서 눈물겹도록 비참한 삶을 이어가고 있는 주민들의 열악한 주거환경에 대해 자세히 설명한다.

그곳에 결핵인 촌이 생긴 지는 꽤 오래 전 일이다. 은평구 역촌동에서 열악한 공공의료 부문을 담당하고 있는 시립서북병원이 1960년대에는 결핵전문병원이었다. 당시는 결핵이 한국인의 생명을 위협하는 매우 전염성이 강한 무서운 질병이었다. 게다가 결핵은 영양 공급이 부실해서 면역력이 떨어지고 주거환경이 불결한 가난한 서민들에게서 발병률이 높을 수밖에 없었다. 그러다 보니 결핵병동에 입원은 하지 못한 채 치료를 계속해야 하는 결핵 환자들이 병원 근처에 하나둘 자리를 잡게 된다. 오갈 데 없는 가난한 서민들이 세상 사람들의 차가운 시선을 피해 병원에서 멀지 않은 구산동의 시유지 산비탈에 초라한 움막을 짓고 모여 살게 된 것이다. 조세희의 소설 『난쟁이가 쏘아 올린 작은 공』처럼 가난하고 병든 서민들이 50년 가까이 모여 사는 은평구 최악의 달동네 '구산동 결핵인 촌'의 주거환경은 형언하기 어려울 정도로 열악했다.

노재동 구청장은 시유지 산비탈에 다섯 평 크기의 무허가 판잣집 113채가 마치 바닷가의 바위에 다닥다닥 달라붙은 따개비들처럼 어지럽게 붙어 있는 '구산동 결핵인 촌'의 상황을 그 누구보다 잘 알고 있었다. 그는 그곳에서 힘겨운 삶을 이어 나가고 있는 가난하고 병약한 주민들의 서러운 눈물을 닦아주고 불결하기 짝이 없는 주거환경을 획기적으로 개선하기 위해 정부에서 도와줄 것을 고건 대통령 권한대행에게 간곡하게 건의한다. 이렇게 해서 고건 대통령 권한대행의 마음을 움직인 그는 김화중 보건복지부 장관의 도움을 얻어 복권기금 39억 4천만 원을 지원받아 결핵촌의 환경 개선에 나선다.

드디어 2009년 1월. 은평구 구산동 산 65번지 일대에는 봉산 도시 자연공원의 숲을 배경으로 깨끗한 영구임대아파트 147세대와 후생 복지시설이 건설되었다. 오랜 세월 동안 세상에 등을 돌린 채 비좁고 어두운 판잣집에서 미래가 안 보이는 막막한 삶을 살아온 그들에게 한 정치인의 헌신적인 노력이 새 삶의 희망을 선사해 준 것이다. 그들은 새 아파트에 입주하던 날 자기들을 위해 헌신적인 노력을 기울여 준 노재동 구청장을 끌어안고 뜨거운 기쁨의 눈물을 하염없이 흘렸다.

내가 노재동 구청장을 처음 만난 것은 2009년 경북 경주에서 개최된 '전국시장군수구청장협의회 총회'에서였다. 그 총회는 전국의 기초 지방단체장들 2백여 명이 부부 동반으로 참석한 자리였는데, 나는 헤럴드경제 서병기 부장, 스포츠월드 황용희 부장과 함께 창의적인 문화기획의 성공사례에 대해 발표를 했다.

우리나라가 IMF 외환 위기에 몰려 허덕이던 1999년에 나는 해남에 머물고 있었다. 그 무렵 나는 설운도 노래인 〈땅끝에서〉의 작사가로서 〈희망의 땅끝—보길도 문화여행〉을 기획하고 추진했다. 그후 2001년에는 함평에 머물면서 소설 『나비처럼 날다』의 작가로서 〈정준 작가와 떠나는 나비열차 문학기행〉을 기획 진행해 100만 관객이 모이는 데 크게 기여했다. 이날 총회에서 나는 단체장들에게 두 행사의 성공사례를 설명했다. 그러자 많은 지자체 단체장들이 내가 발표한 지자체 문화 마케팅의 성공사례에 대해 깊은 관심을 보이고 적극적인 토의가 벌어졌다.

이 총회를 주관한 대표회장인 노재동 구청장은 나에게 "대단히 유익한 발표"였다면서 흡족한 미소를 지었고, 이때부터 그와 자주 연락하면서 문화 마케팅에 대해 많은 의견을 나누었다. 특히 기업의 CEO를 역임한 그는 문화 마케팅에 대해 폭넓은 식견을 갖고 있었다. 어떻게 보면 엉뚱하기 짝이 없는 나의 아이디어를 잘 이해해 주었고, 또 나의 아이디어가 현실 속에서 실현되기 위해서는 어떤 부분이 부족한지에 대해서도 많은 조언을 해주었다. 지방자치단체의 행정을 모르는 나에게 그는 자연스럽게 든든한 멘토가 된 것이다.

게다가 외국어에도 능통했던 그는 지난 2008년에 UN 반기문 사무총장을 예방하기 위해 박세직 전 88서울올림픽 조직위원장을 비롯한 전국시장군수구청장협의회 대표단과 함께 뉴욕과 워싱턴을 방문했을 때도 능숙한 영어와 국제적인 감각과 매너로 주변을 압도했다. 그리고 귀국 후에는 UN 반기문 사무총장과 박세직 전 88서울올림픽 조직위원장 사이에 협의된 사항들을 지키기 위해 (사)세계걷기운동본부를 만드는 일에도 헌신적인 노력을 기울어 주었다. 그래서 박세직 위원장이 초대 총재를 맡고, 노재동 은평구청장을 초대 회장으로 하고, 이어령 전 문화부 장관을 자문위원장으로 하는 (사)세계걷기운동본부가 탄생하게 된 것이다.

그는 은평구청장 3선을 하고 물러난 지금도 은평 로타리클럽 회장과 은평 소년소녀합창단 단장을 맡아 지역사회를 위해 변함없이 봉사하는 뜨거운 열정을 불태우고 있다.

8.

영원한 88서울올림픽 조직위원장

(사)세계걷기운동본부 박세직 초대 총재

박세직 (사)세계걷기운동본부 초대 총재는 많은 이들에게 서울시장, 총무처 장관, 체육부 장관, 구미시 국회의원 등의 직책을 역임했던 사람으로 기억되고 있다. 그런데 그 중에서도 가장 많은 사람들에게 널리 알려진 것은 단연코 88서울올림픽 조직위원장이다.

흔히 어느 해의 올림픽을 거론할 때 대부분 올림픽을 개최한 도시 이름을 붙이는 게 보통이다. 예를 들면 북경올림픽, LA올림픽, 도쿄올림픽 하는 식으로 말이다. 그런데 유독 제24회 서울올림픽만은 거의 모든 사람들이 서울올림픽이라고 하지 않고, 반드시 '88'이란 숫자를 앞에 붙여서 '88서울올림픽'이라고 부른다. 아니 서울이라는 명칭도 거의 생략한다. 그냥 '88올림픽'이라고 부른다.

왜 그럴까? 그 당시 숨죽이며 올림픽을 지켜보았던 우리들의 내면에 어떤 내밀한 흐름이 있기에 우리들은 서울이라는 명칭도 쓰지 않고 그냥 '88올림픽'이라고 부르는 것일까?

이는 그 당시에 우리 한국사회가 모든 면에서 새로운 변화와 혁신의 시기에 놓여 있었기 때문이 아닌가 생각한다. 제2차 세계대전이 끝난 뒤 강대국의 식민지배에서 벗어나 새롭게 건국한 국가가 전 세계에 85개국이나 된다. 그 중의 하나인 우리나라는 1950년에 6·25전쟁이 발발하는 바람에 그나마 남아 있던 시설들마저 거의 폐허가 되어 지구상에서 가장 낙후되고 가난한 나라 중의 하나가 되고 말았다.

그후 1962년부터 '경제개발 5개년 계획' 사업이 시작되었고, 그때부터 지지리도 못사는 후진국이었던 대한민국을 개발도상국으로 올려놓기 위해 온국민이 그야말로 사력을 다해 피땀을 함께 흘렸다. 그러나 1979년 박정희 대통령의 서거 이후 혼란기를 거쳐 전두환 대통령이 정권을 잡으면서 다시 군부통치가 시작되었다. 전두환 대통령의 임기가 거의 끝나가던 1987년에 6·29선언으로 인해 국민들의 오랜 염원인 대통령 직선제가 도입되었으나, 야권 후보의 심각한 분열로 인해 군부 세력인 민정당의 노태우 후보가 다시 대통령이 되었다. 이렇게 되자 많은 국민들은 또다시 큰 실망을 하게 되었고, 진정한 민간정부의 탄생을 염원하던 한국사회는 다시 불안의 늪으로 빠져들었다.

하지만 다행히도 국민의 뜻을 일부 수용할 수밖에 없었던 노태우 대통령 시기를 거치면서 통금이 해제되고, 교복이 자율화되고, 흑백 텔레비전이 칼라로 바뀌고, 두발이 자유화되고, 경제상황도 점점 안정되기 시작했다. 물론 우리나라는 여전히 '미국경제가 재채기를 하면 한국은 독감이 걸린다'고 말할 정도로 경제구조가 취약한 개발도상국이었고, 냉혹한 냉전시대의 최전선에 위치해 '혹시 전쟁이 일어나지 않을까?' 언제나 노심초사하는 약소국에 불과했다. 그래서 박정희 대통령 시절부터 '하면 된다!'는 슬로건이 한국사회를 이끌어 왔지만, '과연, 하면 될까?' 하는 패배주의도 한국사회의 저변에 오랫동안 깔려 있었다.

독일의 바덴바덴에서 제24회 올림픽 개최 국가를 결정한다고 할 때에도 대다수의 국민들은 물론이고 정부 당국자들까지도 '우리나라는 그냥 들러리만 설 뿐이고 당연히 일본 나고야로 결정될 거'라는 깊은 패배주의에 빠져 있었다. 그런데 그 당시 현대건설 회장이었던 정주영 서울올림픽 유치위원장을 비롯한 유치위원회가 뜻밖의 결과를 만들어 내는 바람에, 많은 국민들은 얼떨결에 올림픽 유치를 알게 되었다.

일단 제24회 올림픽을 서울에서 개최한다는 사실은 결정되었으나, 수많은 국민들은 그 낭보에 마냥 기뻐할 수만은 없었다.

"과연 우리의 열악한 국력으로 천문학적인 자금이 필요하다는 국제적인 스포츠제전을 치를 수 있을까?"

"서울올림픽을 막으려고 혹시 북한에서 도발해 오지는 않을까?"

"서울올림픽을 열어봐야 우리나라는 메달도 몇 개 못 딸 텐데, 다른 나라 잔치에 우리가 돈만 낭비하는 게 아닐까?"

그 당시만 하더라도 국제적인 규모의 빅 이벤트를 해본 경험이 일천했던 우리 국민들은 별 자신감이 없었다. 그런데 88서울올림픽이 이러한 기우를 말끔히 날려버리고 대성공을 거두는 바람에 온 국민들은 막막한 가슴속에 있던 십년 묵은 체증이 시원하게 뚫리는 듯한 카타르시스를 느끼게 되었고, 우리도 하면 된다는 꿈과 열정이 다시 활활 불타오르게 되었다.

88서울올림픽이 거둔 성과는 경이로울 정도로 대단했다. 1980년에 개최된 제22회 소련의 모스크바올림픽은 자유진영 국가들이 불참한 반쪽 올림픽으로 치뤄졌다. 그리고 1984년의 제23회 미국의 LA올림픽도 공산진영 국가들이 보이콧을 선언한 반쪽 올림픽이었다. 그런데 동서냉전의 기류가 가장 첨예하게 부딪치고 있는 분단국가 대한민국 수도 서울에서 열린 88서울올림픽에는 자유진영과 공산진영 국가들 대부분이 참가하는 이변이 일어났다. 무려 159개국에서 8,391명의 젊은 선수들이 참여하여 사상과 이념을 초월하여 페어플레이를 통해 올림픽 정신을 구현하는 기적이 일어난 것이다.

약소국가인 대한민국에서 만든 88서울올림픽의 모토인 '화합과 전진'과 '벽을 넘어서'라는 주제가 바야흐로 전 세계인의 공감을 샀고, 드넓은 잠실의 메인 스타디움에서 그룹 코리아나의 노래 〈손에 손잡고(Hand in Hand)〉가 텔레비전 화면을 타고 전 세계에 울려 퍼질 때 수많은 한국인과 해외동포들은 큰 감동을 느꼈다. 이태리 출신인 조르조 모르더가 작곡하고 남녀 혼성 4인조 그룹인 코리아나가 88서울올림픽

공식 주제가로 부른 이 노래는 전 세계에서 무려 1천 7백만 장이 팔리는 공전의 히트곡이 되었다.

88서울올림픽에서 거둔 한국 선수단의 성적도 괄목할 정도로 대단했다. 모두 23개 종목에 237개 경기가 열린 88서울올림픽에서 금메달 12, 은메달 10, 동메달 11개로 대한민국 스포츠 역사상 최초로 감격적인 세계 4위를 기록했다. 게다가 이어령 장관과 표재순 총감독이 기획 연출한 다양한 문화 이벤트를 통해 5천년 역사를 자랑하는 대한민국의 영롱한 문화와 예술과 역사가 전 세계에서 온 해외의 언론과 방송을 통해 온 지구촌에 연일 알려졌다. 동아시아라고 하면 중국과 일본만 존재하는 것으로 알았던 전 세계인들에게 대한민국의 존재를 강하게 각인시켰고, 또 이것으로 인해 한국 상품은 물론이고 문화 수출에도 비약적인 발전이 일어나는 큰 계기가 되었다.

제24회 서울올림픽은 그야말로 오랫동안 패배주의에 빠져 있고 의기소침해 있던 한국인들의 가슴에 다시 한 번 뜨거운 열정의 불을 지피고 우리 민족 특유의 신바람을 활활 타오르게 만들었다. 그래서 88년의 그 감격은 지금도 생생히 살아 있고, 올림픽하면 88년이 먼저 떠오르는 탓에 서울올림픽은 88이라는 숫자와 함께 오랫동안 각인되어 있는 것이다.

그런데 88서울올림픽이 이처럼 경이로운 결과를 만들어낼 수 있도록 혼을 바친 열정으로 이 모든 일들을 최선두에서 총지휘한 사람이 바로 박세직 88서울올림픽 조직위원장이었다.

박세직 체육부 장관은 1986년 초에 '86아세안 게임'과 '88서울올림픽'의 조직위원장으로 취임했다. 그러나 '88서울올림픽'을 1년 앞둔 1987년의 정국은 대단히 혼란스러웠다. 먼저 "탁! 하고 치니, 억! 하고 죽었다"라는 말로 회자되던 서울대학교 박종철 군 사망사건 때문에 온 나라가 마치 벌집을 쑤신 것처럼 어수선했다. 게다가 신촌에서 연세대학교 박한열 군이 최루탄에 맞아 사망하는 사건이 불길에 휘발유를 부은 격이 되어 정국은 미증유의 혼돈 속으로 거침없이 빠져들어 갔다. 그리고 6·29선언으로 인해 '대통령 직선제와 정권교체'를 향한 국민들의 오랜 꿈이 현실화되기 시작하자, 1987년 여름부터 우리 사회는 대통령 선거의 열풍으로 후끈 달아올랐다. 게다가 1983년 버마에서 발생한 아웅산 테러, 1986년 김포공항 테러, 1987년 대한항공 폭파테러 등으로 인해 대한민국이 매우 불안정한 나라라는 부정적인 뉴스들이 전 세계로 퍼져나갔다. 이렇게 되자 공산권의 국가들은 말할 것도 없고 자유진영의 우방국가들까지도 "세계의 화약고처럼 불안한 한국에서 올림픽을 열 수는 없다"는 이야기들이 흘러 나왔고, 급기야 제24회 올림픽을 세계적인 분단국가인 대한민국의 서울에서 개최하기로 결정한 것을 후회하는 IOC 위원들까지 생겨나기 시작했다.

이처럼 경황없고 힘겨운 와중에도 박세직 조직위원장은 열정의 리더십과 강력한 추진력으로 사회 원로, 문화 예술 기획가, 스포츠 전문가를 비롯한 각계각층의 국민들과 끊임없이 소통하면서 88서울올림픽을 착실하게 준비해 나갔다. 그리고 공산진영 국가와 적극적인 교류를 추진함으로써 88서울올림픽에 참가하는 것은 물론 향후 대한민국의 UN 가입과 공산권 국가와 외교관계를 맺는 데도 긍정적인 기여를 하게 되었다.

또한 그는 대한민국 건국 이후 최초로 개최되는 국제적인 스포츠 제전인 88서울올림픽을 통해 국가 브랜드를 크게 높일 수 있는 랜드마크를 건설하려고 했다. 그 당시 그의 심중에는 프랑스 파리의 랜드마크인 '에펠탑'과 미국 뉴욕의 랜드마크인 '자유의 여신상'이 들어 있었다. 그래서 88서울올림픽 공원 입구에 세워지는 '평화의 문'을 현재 서 있는 크기보다 3배 이상 더 큰 형태로 만들고자 했다. 그리고 그 안에는 관광용 케이블카를 설치해서 대한민국 수도인 서울을 방문하는 국내외 관광객들에게 프랑스의 에펠탑을 오르는 것과 다를 바 없는 감동을 주려고 마음먹었다.

만약 그의 애초 구상대로 위례백제의 수도였던 송파구 몽촌토성 옆에 남한산성을 배경으로 한 웅대한 '평화의 문'이 만들어지고, 그 안쪽으로 그리스의 파르테논 신전의 기둥을 연상시키는 거대한 '평화의 기둥'이 세워지고, 그곳에 하늘과 땅을 연결하는 홍익인간의 사상과 우리의 장엄한 고대사가 화려한 벽화로 채색되었다면, 과연 어떻게 되었을까? 아마도 전 세계의 관광객들이 파리의 에펠탑 앞으로 몰려가고 뉴욕의 자유의 여신상으로 몰려가듯이 한국을 기억하는 수많은 한류 관광객들이 서울의 평화의 문으로 몰려오지 않았을까? 아마도 한류에 열광하는 전 세계의 수많은 관광객들로 인해 평화의 문은 한국의 랜드마크로 자리 잡을 수 있었을 것이다.

그러나 그 당시 주요 공직자들의 집요한 반대에 부딪혀 결국 자신의 창의적인 구상을 접어야 했다. 그들은 "위원장님! 이 정도 크기도 엄청나게 큰 겁니다."라며 반대했다고 한다. 과연 그런가? 지금 우리들이 직접 눈으로 보고 느끼는 서울올림픽 공원의 '평화의 문'은 오히려 주변의 아파트나 고층 빌딩들에 묻혀 아주 초라해 보일 지경이다.

"아무튼 변화를 싫어하는 공직자들의 안이한 타성 때문에 서울의 모든 건축물을 압도할 국가적인 랜드마크를 만들 기회를 아깝게 놓쳤다"면서 돌아가시기 전까지도 많은 아쉬움을 토로하던 그 모습이 지금도 눈에 선하다. 비록 그는 고인이 되었지만, 수많은 혼란 속에서 패배주의에 빠지고 의기소침해 있던 우리 국민에게 새로운 기운을 팔팔(88)나게 하는 '88서울올림픽'을 성공시키는 데 앞장선 불멸의 조직위원장으로 역사 속에서 영원히 기억될 것이다.

9

이 시대의 최고령 열정 멘토

서영훈 전 적십자 총재

내가 서영훈 전 적십자 총재를 처음 만난 것은 그가 시민단체인 '신사회 공동선 운동연합' 상임대표를 맡고 있던 1990년대 중반이었다.

서영훈 선생은 젊은 시절에 조선민족청년단의 중앙 훈련소에서 해방 후 혼란기에 나라를 지탱해 나갈 젊은 청년들을 교육하는 업무를 담당했다. 조선민족청년단은 광복군 참모장으로 유명한, '청산리 전투'에서 김좌진 장군과 함께 큰 공을 세우고 해방 후에는 초대 국무총리와 국방부 장관을 역임한 철기 이범석 장군이 1946년에 창설한 청년 단체이다.

평안남도 덕천이 고향인 서영훈 선생은 1920년생으로 그 당시 혈기 왕성한 20대 중반이었다. 대전에서 태어난 필자의 부친은 서영훈 선생보다 한 살 나이가 어린 1921년생이었는데, 그 무렵 조선민족청년단에서 희곡을 쓰고 전국 각지를 돌아다니면서 홍보 활동을 하는 업무에 종사하고 있었다. 그래서 그 당시 대동청년단에서 활동한 임일 장군(나중에 충청도에서 기독교 목회자가 되었음)을 통해 젊은 시절에 선친과 인연이 있었다는 서영훈 선생을 만나게 되었다.

임일 장군은 상해임시정부의 광복군 총사령관이었던 지청천 장군이 창설한 청년단체인 대동청년단 소속이었지만, 해방 후에 선친의 집이 있던 대전 유성에서 한동안 신세를 진 인연 때문에 나를 각별하게 생각했던 어른이다. 임일 장군을 통해 선친의 이야기를 모두 전해들은 서영훈 선생은 "어린 나이에 부친과 사별했으니, 홀어머니와 어린 동생들과 함께 사느라 얼마나 고생이 많았느냐!" 하면서 따뜻한 위로를 아끼지 않았다. 그리고 "나를 아버지라고 생각하고 어렵고 힘든 일이 있을 때엔 언제나 연락을 하도록 해라." 하면서 의기소침해 있는 내 어깨를 토닥여 주었다.

그날 임일 장군과 함께 서영훈 선생을 처음 만난 나는 너무도 감동 스러웠다. 왜냐하면 서영훈 선생은 화려한 이력을 자랑하는 국가원로 였다. 젊은 시절에는 청소년 적십자 사무총장을 시작으로, 흥사단 이 사장, KBS 방송국 사장, 새천년 민주당 대표, 대한 적십자 총재 등을 역임한 사회 저명 인사였다. 그처럼 바쁘고 중요한 일을 하는 국가원 로가 보잘것없고 초라하기 짝이 없는 나에게 그처럼 따뜻하게 대해 준 다는 것은 생각지도 못한 일이었다. 그후 서영훈 선생은 연말 송년회 에도 나를 초청해서 사회단체에서 열심히 활동하는 사람들과의 교류 를 열어 주면서 많은 자극을 받도록 배려해 주었다.

이렇게 해서 수 년이 흐른 뒤, 나는 서영훈 선생을 만나기 위해 종로 의 기독교회관에 있는 사무실로 향했다. 그것은 IMF 외환 위기로 인 해 온나라가 깊은 절망감에 사로잡혀 있는 이때, 국민들의 사기를 일 깨울 수 있는 문화운동을 시작하자는 제안을 하기 위해서였다. 이 문 화운동의 요점은 "절망의 땅끝에서 결코 좌절하지 말고 재기의 희망 을 갖고 힘차게 다시 뛰자"는 메세지를 온 국민들에게 전하는 것이었 다. 서영훈 선생은 나의 브리핑을 듣고는 선뜻 고문을 맡아 주었고, 회 의실에 신사회 공동선 운동연합의 임직원들을 모두 모아놓고는 "오늘 정군이 좋은 사회를 만들기 위해 참신한 아이디어를 갖고 왔으니, 여 러분들도 잘 듣고 열심히 도와주라"고 말했다. 이렇게 해서 서영훈 선 생의 전폭적인 지원 속에 '희망의 땅끝 정신운동'이 매 주말마다 해남 땅끝마을에서 시작되었다.

그런데 서영훈 선생이 '희망의 땅끝 정신운동' 고문으로 이 일을 시 작한 지 얼마 되지 않아 정부로부터 중요한 연락이 왔다. 그가 제2의 건국 범국민 추진위원회 상임대표로 임명된 것이다.

그해 봄. 서영훈 선생은 제2의 건국 범국민 추진 위원회 상임대표 자격으로 먼 해남의 땅끝마을까지 내려왔다. 그리고 전국에서 모인 수천 명의 참가자들이 보는 가운데 나를 무대 위로 올라오게 하더니, "지금 여기에 올라온 정준 본부장은 이 어려운 IMF 외환 위기로 고통받는 수많은 국민들에게 희망의 메세지를 전하겠다는 뜨거운 열정 하나로 매주 이곳 땅끝에서 주말마다 희망의 마라톤을 진행하고 있습니다. 비록 지금 우리의 경제상황은 대단히 어렵고 힘들지만, 이곳에서 시작된 열정의 불꽃이 전국으로 퍼져나갈 때 우리는 반드시 다시 일어서게 될 겁니다. 앞으로 1년 동안 매 주말마다 서울 송파구에서 이곳 땅끝마을까지 내려와서 이 모든 일을 직접 진행할 정준 본부장을 많이 도와주시기 바랍니다."라는 격려의 연설을 해주었다.

그리고 그해 여름, 교보문고 후원으로 '희망의 땅끝―보길도 문학여행'을 한창 진행할 때도 신사회 공동선 운동연합의 회원들 백여 명을 인솔하고 내려와서 2박 3일 동안 함께 지내면서 큰 도움을 주었다. 그때 나는 70대 후반의 고령에도 불구하고 청춘의 기백으로 머나먼 해남의 땅끝마을은 물론이고 배를 타고 완도군 보길도까지 내려와서 모든 프로그램이 끝날 때까지 참여하는 그 열정을 보고 참으로 많은 감명을 받았다.

또한 2천년 봄에는 내가 매 주말마다 땅끝마을에서 '희망의 땅끝 정신운동'을 진행하고, 정풍송 작곡 설운도 노래 〈땅끝에서〉를 작사해서, 영호남 화합과 희망 살리기에 노력한 공로를 정부에 알려서 '신지식인'으로 위촉되도록 도와주었다.

그로부터 7년 후인 2007년 겨울. 이제 80대 후반의 고령이 된 서영훈 선생에게 연말 인사를 드리려고 마포에 있는 신사회 공동선 운동연합 사무실을 방문했을 때였다. 언제나 변함없이 기백이 넘치는 모습으로 나를 반갑게 맞이해준 서영훈 선생은 "이제 IMF도 다 지나갔고 내년에는 새로운 정부도 들어서는데, 국민화합을 위한 좋은 아이디어가 없을까?"라고 말했다. 제법 추운 날씨에 따끈한 차로 메마른 목을 적시던 나는 80대 후반의 고령에도 변함없이 나라를 걱정하는 서영훈 선생의 뜨거운 열정에 다시 한 번 고개가 숙여졌다. 잠시 침묵을 지키던 나는 가슴속에 생각하고 있던 내용을 천천히 말했다.

"저, 선생님. 내년이면 대한민국이라는 국호가 만들어지고 정부가 만들어진 지 60년이 되지 않습니까?"

"그렇지. 1948년에 정부가 수립되었으니 벌써 그렇게 되었군."

해방 후에 서울에서 생활하면서 혼란 속에서 대한민국 의회가 세워지고 정부가 수립되는 모든 과정을 직접 두 눈으로 목격한 서영훈 선생은 감회 어린 표정을 지었다.

"그래서 제 생각에는 환갑을 맞이한 대한민국의 지난 60년을 되짚어 보고 앞으로 나아갈 60년에 대한 올바른 방향을 다시 한 번 생각하는 프로그램을 원로들께서 새정부에 제안하시는 것이 필요하지 않을까 하는 생각을 갖고 있습니다."

"그거 괜찮은 생각이구먼. 우리 동양에서는 환갑이 되는 60년은 대단히 중요한 의미가 있는 해가 되지. 요즘처럼 국민들이 분열되고 힘들 때는, 대한민국 건국 60주년을 맞이해서 새로운 출발과 화합을 위한 국가적인 프로젝트가 반드시 필요해."

그 순간 나는 서영훈 선생의 두 눈에서 열정과 의욕으로 가득한 안광이 빛나는 것을 보았다.

며칠 후, 이 문제를 좀더 심도 깊게 의논하기 위해 박세직 총재와 함께 서영훈 선생의 목동 아파트에서 만났다. 그날 오후, 서영훈 선생의 서재에 우리 세 사람이 함께 앉았다. 우리 세 사람은 함께 따끈한 녹차를 마시면서 건국 60주년을 맞이해서 함께 참여할 국가원로들의 명단, 정부에 건의할 사항, 추진 순서 등에 관해 차분하게 이야기를 나누었다.

한창 토의가 달아오르고 있을 때 거실에 있는 전화기의 벨이 요란하게 울렸다. 그러자 서영훈 선생이 잠시 전화를 받겠다면서 거실로 나갔다. 그러자 박세직 총재가 나지막한 음성으로 물었다.

"서영훈 회장님 연세가 어떻게 되시지?"

"87세입니다."

"정말 대단하시군! 어떻게 아흔을 바라보는 저 연세에 이렇게 열정적으로 활동을 하시는지. 참으로 감탄스럽네!"

그때 나는 여든을 바라보는 박세직 총재와 아흔을 바라보는 서영훈 선생 두 사람이 추운 한겨울 날씨를 마다하지 않고 국가와 사회에 진정으로 도움이 되는 일을 만들기 위해 연일 회의를 하고, 보고를 받고, 열심히 자료를 검토하는 모습을 바라보면서, 그들의 지칠 줄 모르는 열정에 그저 고개가 숙여졌다.

'과연 나는 이 어른들의 연세가 되었을 때, 저렇게 뜨거운 가슴으로 열정적으로 일할 수 있을까?'

그날 나는 '50대 중반의 나이로 이분들의 열정에 비하면 너무 나태하게 살고 있는 것은 아닐까?' 하는 자문자답을 수없이 되풀이해야 했다.

그날 두 사람 사이에 심도 깊은 회의가 있은 후, 나는 서영훈 선생의 지시로 강남구 수서동에 있는 필경제에서 국가원로 몇 사람이 더 참석하는 오찬회의를 준비했다. 그리고 또 며칠 후에는 이어령 전 문화부장관과 신봉승 작가까지 포함하는 오찬회의를 압구정동의 한식당에서 한 번 더 열었다. 이렇게 해서 중지를 모은 서영훈 선생은 국가원로들 20여 명을 참석하게 하는 확대회의를 청와대 부근의 한정식 집에서 만찬 형태로 준비하라고 말했다. 그날은 김남조 시인을 비롯한 각계각층의 원로들께서 많이 참석했다. 이처럼 세 차례의 회의를 통해 '건국

60주년을 기념해서 국가원로 모임의 구성과 출범이 필요하다'는 결론을 내린 서영훈 선생님은 크리스마스를 하루 앞둔 12월 24일에 나를 불렀다.

"자네 그동안 수고가 많았네. 그런데 청와대 수석이 대통령에게 이런 내용을 보고하려면 좀더 중요한 국가 원로들의 동의가 더 필요하다네. 그러니 자네가 수고스럽더라도 조금 더 애를 써야겠어."

그러면서 그는 김수환 추기경, 안병욱 교수, 송월주 조계정 총무원장을 비롯한 사회 원로 10여 명의 연락처를 내게 건네주었다. 나는 그 원로들을 직접 방문해서 취지문에 서명을 받아오기로 했다. 이렇게 해서 나는 크리스마스 캐롤이 거리에 울려 퍼지는 12월 하순에 함박눈이 펑펑 내리는 서울 거리 곳곳을 구석구석 다니면서 사회 원로들을 일일이 찾아가 직접 서명을 다 받았다.

지금도 기억에 생생한 것은, 김수환 추기경이 혜화동 성당에서 불편한 몸으로 누워 있기 때문에 거의 접견을 받지 못하는 상황임에도 불구하고 "의미 깊은 일에 동참하겠다"면서 직접 서명을 해준 것이다. 그리고 한강이 내려다보이는 광진구의 쉐라톤 워커힐 아파트에서 살고 있는 고령의 안병욱 교수도 악화된 건강 상태를 아랑곳하지 않고, 내가 가져간 취지문을 연필로 일일이 줄을 쳐가면서 다 읽어 보고 조금이라도 미심쩍거나 궁금한 내용이 있으면 물어보고 확인을 한 후에 서명을 하면서 따뜻한 격려의 말씀을 전해 주었다.

나는 그해 연말까지 사회 원로 10여 명의 친필 서명이 들어간 자료를 서영훈 선생에게 전달했고, 이듬해인 2008년 초에 청와대에서는 서영훈 선생이 제안한 '건국 60주년 기념 사업회'를 발족시켰다. 그리고 김남조 시인이 위원장으로 임명되었다.

10.
열정의 순천 촌놈
선교사 유진벨 후손 인요한 박사

내가 신촌에 위치한 연세 세브란스병원 국제진료센타 소장으로 근무 중인 인요한 박사를 만난 것은 2012년 봄이었다. 정전협정 60주년을 맞이해 동해안 최북단의 유일한 분단군인 강원도 고성군의 특별한 관광자원들을 국민들에게 널리 알리기 위한 "남금강산권 관광프로젝트"를 한창 수행할 때였다.

나는 금강산 관광 중단 이후 경제적으로 많은 어려움을 겪고 있는 고성군의 중요 관광 콘텐츠에 대한 스토리텔링 작업을 하던 중에 '김일성 별장'에 대해 특별히 관심을 갖고 있었다. 왜냐하면 흔히 '김일성 별장'이라고 부르는 그 건물은, 내가 30여 년 전에 화진포에서 군복무를 할 때 그곳에 사는 교회 신자로부터 일제시대부터 내려오는 서양인 선교사의 별장이라는 설명을 들었기 때문이다. 그래서 나는 2013년 4월 23일 서울프레스센타에서 있는 〈DMZ 최북단 고성군 문화관광포럼과 기자회견〉에 그 문제도 함께 발표하기 위해 서양인 선교사 후손인 인요한 박사를 찾아갔다.

인요한 박사는 1959년에 전북 전주에서 출생한 뒤에 전남 순천에서 초중고를 모두 나오고 서울에서 연세대학교 의과대학을 졸업했다. 그가 한국과 인연을 맺게 된 것은, 구한말인 1895년 전라도에 와서 학교를 세우고 병원을 지으면서 많은 의료봉사 활동을 한 외종조부 유진벨 선교사의 후손이기 때문이다. 미국 조지아공대를 수석 졸업한 그의 할아버지도 일제시대인 1921년 목포에 들어와 많은 봉사활동을 하였고, 특히 대전에 있는 한남대학교의 전신인 대전 기독학관을 설립했다.

이렇게 한국에서 4대를 이어가며 다양한 의료봉사사업을 하는 인요한 박사는 1993년에는 한국형 구급차를 직접 개발해서 119구급체계를 확립하는 데 큰 공훈을 세웠다. 그리고 지리산 왕시루봉에서 폐허가 된 채 사람들의 기억 속에서 점점 잊혀져가는 일제시대 서양인 선교사들의 여름별장 건물들을 근대문화유산으로 보존하게 하는 뜻깊은 일도 직접 추진했다. 인요한 박사는 우리나라에 기여한 공로를 인정받아 대한민국 국적을 취득한 특별 귀화자이며, 2005년에는 국민훈장 목련장을 수여받았다.

이처럼 바쁘게 사는 분이기 때문에 전화통화를 한번 하는 것도 매우 어려웠다. 어렵게 전화가 연결되었을 때, 나는 "동해안 최북단 호수인 화진포에 위치한 서양인 선교사 닥터 셔우드 홀 별장의 제대로 된 역사를 한국인들에게 알리는 일을 도와"달라고 부탁했다. 그때 나는 "이분이 거절하면 어떡하지?" 하는 우려를 하고 있었다. 왜냐하면 기자회견 날짜가 불과 한 달도 남지 않은 상황이었고, 또 전화를 연결해주는 여성분으로부터 "인요한 소장님의 일정이 너무 빡빡해서 앞으로 몇 달간은 아예 새로운 스케줄을 잡을 수 없을 것"이라는 이야기를 미리 들었기 때문이다.

그런데 생각과는 달리 일이 순조롭게 풀렸다. "다른 일정을 취소하더라도 그 이야기를 함께 나누겠다"면서 최대한 빠른 시일 안에 만나겠다는 약속을 해주는 게 아닌가? 참으로 고마운 일이었다. 그래서 나는 3일 후에 신촌에 있는 세브란스병원에 있는 국제진료센타를 방문했다. '가는 날이 장날'이라고 마침 그날 내부공사를 하는 날이어서 병원은 어수선하기 짝이 없었다.

잠시 후, 새하얀 가운을 걸치고 방으로 들어온 인요한 박사는 "공사 때문에 방이 어수선해서 정말 미안하다"면서 나에게 악수를 청했다. 외국인들 진료를 위해 러시아인 간호사들 서너 명이 연신 진료카드를 들고 작은 방을 들락날락하는 속에서 우리 두 사람은 마주 앉았다. 인요한 박사는 특유의 호방한 표정을 지으면서 나에게 말을 건넸다.

"아니, 어떻게 닥터 셔우드 홀에 대해서 그렇게 많은 관심을 갖고 계십니까? 기독교 역사에 웬만한 관심이 있는 분이 아니면 그분에 대해서 알 수가 없는데."

"제가 30여 년 전에 그분의 별장이 있는 화진포에서 군생활을 했습니다. 그래서 이렇게 인연이 닿은 것 같습니다."

"하하! 좌우지간 대단히 반갑습니다. 구한말에서 일제시대까지 우리 한국인들은 참으로 많은 어려움을 겪는 약소국이었지 않습니까? 세계열강들은 말할 것도 없고, 특히 일본인들로부터 많은 수탈을 당한 세계 최빈국 중 하나였죠. 그때 열악하기 짝이 없는 세계 속의 오지였던 한반도로 건너온 서양인 선교사들이 한국인들을 위해 많은 일들을 했죠. 그 중에는 선교를 목표로 한 분들도 있고, 인도적인 차원에서 의료봉사를 더 우선시 한 분들도 계신답니다. 저의 외종조부이신 유진벨 선교사도 불우한 환경 속에서 온갖 질병에 고생하는 한국인들을 위해서 인도주의적인 의료봉사와 교육에 많은 치중을 하셨습니다. 그래서 저희 유진벨 가문에서는 그 당시 대단히 열악한 환경에 노출되어 있던 전라도 일대에 학교를 세우고 병원을 지었던 겁니다. 그리고 순천에는 결핵 요양원과 결핵 진료소를 설립했습니다."

"아, 그렇군요."

"그런 면에서 캐나다에서 온 닥터 셔우드 홀 가문의 의료봉사와 교육사업은 대단했습니다. 그분들은 한국 최초의 여의사인 박 에스더를 배출했고, 한국 최초의 맹인용 점자교육을 시켰고, 한국 최초의 크리스마스 실을 만들었고, 특히 한국 최초의 결핵 요양원을 북한 해주에 건립했습니다. 그래서 북한을 수십 차례나 왕래하면서 북한의 결핵 환자들을 돕는 일을 하고 있는 우리 유진벨재단에서는 그분에 대해 상세하게 알고 있답니다."

"유진벨 재단이 유진벨 가문에서 운영하시는 거군요."

"현재 제 형님이신 인세반 회장께서 유진벨재단을 운영하고 계시는데, 다음 주에는 북한 주민들에게 전달할 결핵약을 배에 싣고 출발할 계획입니다."

사실 유진벨 가문에 대해서 잘 몰랐던 나는 유진벨재단이 '행운의 종을 만들어 보급하는 재단'인 줄로만 막연히 생각하고 있었다. 무식의 소치였다.

"제가 닥터 홀 가문과 직접 관련이 있는 것은 아니지만, 우리 유진벨 가문처럼 한국인들의 결핵치료를 위해서 많은 봉사를 한 가문이기 때문에 제가 도와드릴 일이 있으면 적극 도와 드리겠습니다."

그날 나는 인요한 박사의 겸손함과 솔직함, 그리고 뜨거운 열정을 느낄 수 있었다. 그는 자신의 형인 인세반 유진벨재단 회장에게도 직접 전화를 걸어서 시간을 내서 나와 만나 주도록 주선해 주었다. 이렇게 해서 나는 이틀 후에 인세반 유진벨재단 회장을 직접 만나게 되었다.

인세반 회장도 곧 대규모의 결핵약을 북한으로 전달하는 업무 때문에 너무 바쁘고 경황이 없었다. 그런 중에도 특별히 시간을 내서 나를 만나 주었다. 겸손하면서도 차분한 인세반 유진벨 회장은 나에게 북한 결핵 환자들의 비참한 실태에 대해 상세히 설명해 주었다.

"북한의 결핵 환자들은 대단히 곤혹스러운 상황에 처해 있답니다. 결핵 환자들은 약을 지속적으로 복용하면서 좋은 영양 상태를 유지해야 하는데, 일단 만성적으로 영양 공급이 충분하지 못한 상황이다 보니 참으로 힘들죠. 게다가 결핵 환자들 중에서 일반적인 결핵약으로는 치료가 되지 않는 중증 환자들이 점점 증가하고 있습니다. 이 사람들을 '다제내성 결핵 환자'라고 부르는데, 이 사람들은 여러 종류의 결핵약에 대해 이미 내성을 갖고 있기 때문에 치료에 많은 어려움을 겪고 있답니다. 그러니 우리들이 지금 당장 북한의 결핵 환자들을 돕지 않으면 많은 환자들이 죽음에 그대로 방치되는 심각한 상황이 발생할지도 모릅니다."

"네, 그렇군요."

"일반 결핵 환자들은 완치율이 90% 이상입니다. 그런데 이 같은 중증 환자들은 완치율이 50~60%로 뚝 떨어져 버린답니다. 세계보건기구인 WHO에서 최근에 발표한 자료를 보면, 북한에는 약 10만 명 정도의 결핵 환자들이 있다고 합니다. 제가 그동안 북한을 30여 차례 방문하면서 25만 명 정도의 환자들을 위한 결핵약과 의료장비를 지원했습니다. 이번에도 며칠 후에 평택항에서 약 7억 원 정도의 결핵약을 싣고 출항할 계획입니다만은, 중증 환자들의 생명을 구하려면 반드시 우리 유진벨 재단에서 1년에 두 번은 북한을 방문해서 결핵약을 지원해야 합니다. 그런데 남북관계가 정치적인 이유로 교류가 단절되고 왕래가 중단되면 피가 마를 정도로 마음이 안타깝습니다."

나는 인세반 유진벨 재단 회장의 말을 들으면서 어쩌면 '한국인보다 더 우리 민족을 사랑하는 그 열정'에 나 자신이 부끄러워지고 말았다.

연세대학교에서 동양철학을 전공한 인세반 회장은 1989년에 「남북한 윤리 및 도덕교과서에 관한 비교 연구」로 미국 콜럼비아 대학교에서 박사학위를 받았다. 그리고 자신의 외종조부가 한국땅에 의료선교를 온 지 100주년이 되는 1995년에 유진벨 재단을 설립하고 북한의 식량지원을 도왔다. 그후 1997년부터 북한의 요청으로 식량지원 대신에 결핵퇴치사업을 지원하고 있으며, 현재 국내외 후원자들의 기부로 결핵약을 북한에 보내고 있다. 인세반 회장은 이러한 공로를 인정받아 2000년에 만해평화상을, 2011년에는 DMZ평화상을 수상했다.

드디어 4월 23일. 서울프레스센터 20층 국제회의실에서 정전협정 60주년을 기념해서 대한민국 최북단에 위치한 강원도 고성군의 〈남금강산권 문화관광 포럼〉이 개최되었다. 그날 수백 명의 참가자들이 넓은 회의실 안을 가득 메워 일부는 복도에 서서 들어야 할 정도로 행사가 성황리에 시작되었다. 연단에서는 최문순 강원도지사, 황종국 고성군수, 이원창 한국 방송광고진흥공사 사장의 축사가 이어졌다.

인요한 박사도 바쁜 일정을 조정해서 내빈석에 참석했고, 연단에 올라와서 남북한의 결핵 환자들을 치료하기 위해 진정한 사랑과 봉사를 실천한 닥터 셔우드 홀의 별장인

서울프레스센타에서 개최된 'DMZ 최북단 고성 관광포럼'에서 축사를 하는 인요한 박사.

'화진포의 성(김일성 별장)'에 대한 감동적인 이야기를 열정적으로 들려주었다.

이렇게 해서 나는 또 한 분의 뜨거운 열정 멘토를 만나는 행복한 경험을 하게 되었다. 그리고 인세반 유진벨 재단 회장은 5월 11일부터 22일까지 북한을 방문하고 경색된 남북 상황 속에서도 인도주의 정신을 실천하는 의료지원사업으로 남북 소통의 푸른 오솔길을 만들고 돌아왔다.

11.
송강 정철의 열정을 이어가는 송강의 대표 후손
정일 선생님

내가 송강 정철 종친회에서 대종회장을 지낸 정일 회장을 만난 것은 매우 뜻깊고 유쾌한 일이었다. 왜냐하면 내가 송강 정철을 테마로 하는 〈관동별곡 8백리〉 길 코스를 동해안(강원도 고성~경북 울진)에 한창 만들고 있을 때, 나를 송강 정철의 후손으로 오해한 많은 분들이 반갑게 연락을 해왔기 때문이다.

나는 단지 송강의 예술적 감성과 문학을 향한 열정이 무척이나 좋아서 (사)세계걷기운동본부의 주요 사업으로 〈관동별곡 8백리〉 길을 만들 것을 박세직 초대 총재와 노재동 회장에게 건의했을 뿐이다. 그렇기 때문에 내가 송강에 대한 공부는 열심히 했지만 정작 송강 문중에 대해서는 전혀 알지 못했다. 그런데 '뜻이 있으면 길이 있다'는 옛 말이 하나도 틀리지 않았다. 송강 정철의 직계 후손이자 명성 높은 연예부 기자 1호로서, 여든이 거의 다 된 연세에도 불구하고 지금도 종편의 텔레비전 화면을 마치 안방처럼 활개치고 다니는 정홍택 원로기자를 만나게 된 것이다.

때는 2009년이었다. 그해 7월 말에 박세직 총재가 갑자기 별세하고 게다가 오른팔처럼 나를 도와주던 사무국장까지 체포되어 감옥에 가는 내우외환으로 한창 힘겨워할 때, 희망의 구원투수로 나타난 사람이 바로 정홍택 원로기자였다. 그 당시 한국콘텐츠진흥원에 있는 한국저작권단체연합회 이사장을 맡고 있던 그는 "송강 후손들이 해야 할 일을 당신이 해 주니, 내가 머리 숙여 고맙다는 말이 저절로 나오는구려" 하면서 우리들이 추진하는 여러 가지 일들을 적극적으로 도와주었다.

그를 통해서 나는 수많은 송강 문중의 어른들을 만나게 되고, 송강의 삶에 대해 좀더 상세하게 알 수 있게 되었다. 이에 대한 보답으로 나는 강원도 황종국 고성 군수의 도움을 받아 전국에 거주하는 송강 문중 어른들을 가사작품 「관동별곡」의 무대인 동해안으로 1박 2일 동안 초청하는 행사를 진행하게 되었다.

그런데 2010년 가을에 개최한 〈제2회 관동별곡 8백리 걷기 축제〉 행사 때, 나는 뜻밖에도 또 한 분의 반가운 분을 만나게 되었다. 다름 아닌 송강 종친회의 대종회 회장을 지낸 팔순의 정일 회장이었다. 그 당시 정일 회장은 의사인 부인과 함께 미국 시카고에서 거주하고 있었다. 그는 학술자문위원장이며, 『송강 정철 평전』의 저자인 강릉 원주대 박영주 교수로부터 한국에서 진행되는 일에 대한 소식을 들었다고 했다. 미국이 결코 가까운 거리가 아님에도 불구하고 우리들이 진행하는 일정에 맞추어 강원도 고성의 행사장까지 직접 방문한 것이다.

여든이 훨씬 넘은 연세에도 기골이 장대하고 활력이 넘치는 정일 회장은 〈관동별곡 8백리〉 코스에 포함된 산길, 해변길, 호반길을 1박 2일에 걸쳐 모두 다 직접 걸었다. 그리고 많은 격려를 해주고 돌아간 정일 회장은 그후로도 나와 자주 통화를 하면서 많은 자문을 해주었다.

정일 회장은 아주 특별한 열정의 소유자였다. 그는 송강 종친회 대종회 회장을 맡고 있을 때는 물론이고, 현역에서 은퇴한 후에도 송강 정철에 관한 다양한 자료들을 정리해서 젊은 세대들에게 무료로 보급하는 힘든 일을 계속하고 있었다. 그리고 송강을 열심히 연구하는 학자들과도 활발한 교류를 하면서 여러 가지 도움을 주고 있었다.

"이제 그런 일들은 종친회에 계시는 후배들이나 젊은 후학들에게 시키셔야 하지 않겠습니까?"

나는 고령의 연세에 너무 많은 일들을 직접 한다는 게 적이 염려가 되었다.

"아닐세! 어떤 일이든지 그 일이 성공하려면 열정을 가진 사람이 직접 해야 해! 아무런 열정이 없는 사람에게 중요한 업무를 맡겼다가는 제대로 된 성과를 기대하기가 어려운 법이거든."

"그 말씀에는 저도 동감합니다만은, 아무래도 너무 과로하시는 게 아닐까 하는 염려가 됩니다."

"만약 이 나이에 일하다가 과로로 숨진다면 그것은 행복한 거라네. 사람이 은퇴 후에 나이가 일흔이 넘어가고 팔순이 넘어간다고 해서 아무 할 일이 없이 마냥 고사목처럼 무료하게 있는 사람들이 얼마나 많은 줄 아는가? 지금 이 순간에도 건강을 잃고 일을 할 기력도 없어서 요양병원이나 양로원에 누워서 그저 시간만 무의미하게 보내는 노인들이 무척 많지 않은가. 그런 분들에 비하면 나는 참으로 행복한 사람이야. 할 일이 너무 많아서 오히려 하루가 짧으니 말이야."

여든이 훨씬 넘은 그의 뜨거운 열정이야말로 감탄할 수밖에 없었다. '과연 나는 저 나이가 되었을 때 저런 열정이 내 가슴속에 남아 있을까?' 스스로 자문하지 않을 수 없었다.

"정 사무총장은 내가 송강에 관한 서적을 즐간하고, 또 이 서적들을 많은 분들에게 무료로 배포하는 일을 열정적으로 하는 이유를 알겠는가?"

"글쎄, 잘 모르겠습니다만……."

"그건 지금 한창 자라나고 있는 젊은이들 때문이지. 사실 우리 세대는 젊은 시절에 조상들로부터 남의 나라 식민지로 전락한 이 지구상에서 가장 형편없는 불량한 나라를 유산으로 물려받았지 않나. 집으로 말하면, 빨간 압류딱지가 곳곳에 붙은 쓸모없는 가구들로 가득한 부도난 집을 부모로부터 물려받은 거나 다름없는 거야. 그 당시 우리나라는 국제적으로 따지면 파산이 난 신용불량국가보다도 못한 처지였지.

아예 나라도 없는 꼴 아닌가. 왜놈들의 식민지인 데다, 무엇하나 자급자족이 안 되는, 세계에서 가장 가난한 민족이었잖아. 그런데 그 최악의 상황 속에서 우리들은 잃어버린 나라를 되찾았고, 6·25동란으로 모든 것이 파괴된 폐허 위에서 재건의 의지를 불태웠고, 전 세계인들이 놀라워하는 '한강의 기적'을 만든 '아시아의 4용'이 되었네. 집으로 말하면, 정말 사력을 다해 열심히 일해서 부채를 다 갚고 부도로 인해 잃어버렸던 집과 가구도 되찾은 거지."

"네, 정말 우리 선배세대들은 고생을 많이 하셨죠. 일본의 식민치하에서 많은 고통을 받았고, 또 생지옥 같은 전쟁을 직접 겪었으니까요."

"그런데 그처럼 앞만 바라보고 열심히 살다 보니, 어느덧 우리들이 할아버지와 할머니가 되었어. 그만큼 세월이 흘러가 버린 것이지. 그러다 보니 우리가 저 세상으로 가기 전에 손자 같고 손녀 같은 우리 젊은이들에게 좀더 의미 있는 것을 하나라도 더 남겨주고 싶은 거야. 지금은 세상이 무척 많이 변했잖아? 우리 세대에는 아예 상상도 할 수 없었던 '한류'가 전 세계 사람들에게 큰 영향을 미치는 문화의 시대가 된 거잖아. 나는 이러한 시대에 송강의 예술혼과 문화적 감성이 우리 젊은이들에게 반드시 좋은 영감을 줄 수 있다고 확신한다네. 더군다나 송강이 불과 열 살의 어린 나이 때부터 겪어야 했던 엄청난 역경과 고난, 그리고 기나긴 인고의 세월을 엄청난 땀과 눈물로 인내하면서 풍비박산난 가문을 다시 일으키고 입신양명한 이야기야말로 요즘 젊은이들에게 좋은 귀감이 될 거라 믿네. 고생을 해보지 않아서 정신적으로 나약하고 참을성이 부족한 젊은이들이 인생의 꿈을 이룰 수 있는 살아 있는 교훈과 뜨거운 열정을 생생하게 배울 수 있을 거야."

정일 회장은 이듬해인 2011년 경북 울진에서 개최된 〈제3회 관동별곡 8백리 걷기 축제〉에도 참석했다. 그해에는 전국 곳곳에서 살고 있는 송강 문중 어른들을 관광버스에 탑승하게 해서 경북 울진의 관동8경인 '망양정'과 '월송정'을 걷기 위해 함께 내려온 것이다.

이제는 비록 고인이 되셨지만 젊은 청춘보다 더 뜨겁게 살았던 그의 열정은 지금 이 순간에도 내 심장을 뛰게 하고 있다. 그리고 나도 "우리 젊은 후배들에게 하나라도 더 의미 있는 것을 주고 싶다"고 말씀하신 그의 정신을 뒤따르고 싶다.

12

열정의 글로벌 리더

반기문 UN사무총장

　내가 반기문 UN사무총장을 만나기 위해 미국 뉴욕으로 떠날 준비를 시작한 것은 2007년 겨울 무렵이었다. 2007년 11월 11일에 서울 월드컵 공원에서 박세직 총재와 함께 〈제1회 세계 걷기의 날〉 행사를 성공적으로 끝낸 뒤, 매년 11월11일에 세계적인 평화 걷기 프로그램을 진행하기 위해서는 UN의 긴밀한 협조를 받는 게 매우 중요하다고 생각했다. 그래서 박세직 총재와 많은 협의를 한 끝에 박세직 총재 서명이 들어간 친필 서신을 반기문 UN사무총장에게 보내기로 결정했다.

　결국 2007년 연말에 박세직 총재의 서한이 반기문 UN사무총장에게 발송되었고, 나는 겨우내 반기문 UN사무총장을 모시고 있는 직원들과 긴밀한 연락을 주고받았다. 이번 방문이 워낙 중요하고 또 함께 떠나는 인원도 수십 명이었기 때문에, UN본부의 직원들과 주고받는 이메일로만 모든 내용을 일일이 협의한다는 것은 불가능했다. UN본부로 전화를 해서 직접 통화를 하면서 처리해야 할 일들이 상당히 많았다. 그런데 UN본부 직원들이 원하는 시간에 전화를 하다 보니, 12시간 시차가 나는 뉴욕의 근무시간에 맞추기 위해 새벽 2~3시에 일어나서 통화를 해야 하는 일이 비일비재했다.

　드디어 2008년 5월 4일. 우리 일행은 뉴욕 행 비행기에 몸을 실었다. 12시간의 비행 끝에 뉴욕 케네디 공항에 도착한 우리들은 여장을 풀자마자 UN주재 대표부 김현종 대사 일행과 만찬 준비가 되어 있는 행사장으로 갔다. 그곳에서 나는 김현종 대사를 비롯한 UN주재 대표부의 여러 외교관들과 반갑게 만났다.

"반기문 사무총장님을 만나신다니 대단하십니다. 한국에서 오시는 분들 중에 반기문 사무총장님을 꼭 한번 예방하게 해달라고 청탁하는 분들이 하도 많아서, UN본부 직원들은 그 부탁을 웬만하면 거절합니다. 그런데 내일 공관에서 만나신다니 참으로 행운입니다."

"그동안에 UN본부 직원들과 까다로운 협의를 하느라고 무척 힘들었습니다."

"그 정도는 아무것도 아닙니다. 모레 만나시게 되면 반기문 사무총장님께서 상당히 까다로운 질문을 많이 하실 겁니다. 오히려 그때 잘하셔야 합니다. 진짜 시험은 그날 보는 거나 마찬가지니까요."

그날 그들의 말에 의하면, 반기문 UN사무총장은 이미 외교부에서 대단히 유명한 외교관이었다고 했다.

"반기문 사무총장님은 언제부터 외교관이 되셨습니까?"

"반 총장님은 1970년 외무고시에 합격해서 외무부로 들어오셨습니다. 그때 전체 2위로 합격했는데, 연수교육을 마칠 때는 1등으로 졸업했답니다. 그리고 외무부에 들어와서도 남들이 원하는 미국을 선택하지 않고 외교관들이 모두 기피하는 곳인 인도 파견을 자원했답니다. 외무부에 들어올 때부터 남다른 열정과 사명감이 있었던 것이죠."

"그렇군요. 그런 일은 아무나 못하는 일인데요."

"허지만 그분은 정말 아이러니하게도 남들이 기피하는 인도로 자원해서 가시는 바람에 인생의 큰 멘토를 만나게 됩니다. 그 당시 인도 총영사관에는 노신영 전 총리께서 총영사로 계셨는데 그분도 외무부에서 대단한 분이셨거든요. 그런데 그곳에서 외무부 초년생인 반 총장께서 워낙 열의를 갖고 맡겨진 업무를 빈틈없이 잘 처리하시는 바람에, 노신영 총영사가 '인도에는 나하고 반기문 두 사람만 있으면 된다'라고 말씀하실 정도로 큰 칭찬을 받았다는 일화가 전해질 정도랍니다. 반 총장님이 얼마나 열정적인 분인가 하면, 1979년에 UN본부에서 1

등 서기관으로 근무할 때에 잠자는 시간까지 아껴 가면서 프랑스어를 열심히 공부해서 결국 프랑스어 최상급 자격증을 따내지 않았습니까. 우리들이 지금 UN대표부에서 근무를 하고 있기 때문에 더욱 실감이 납니다마는, 세계 외교의 전쟁터인 뉴욕의 UN본부에서는 주어진 업무를 처리하는 것만 해도 24시간이 짧을 정도랍니다. 그런데 다른 공부를 한다는 것은 감히 상상하기 어려울 정도로 힘든 일이죠. 게다가 2000년에 외교부 차관하실 때는 365일 동안 단 하루도 쉬지 않고 꼬박 일할 정도로 외교업무에 대한 열정이 대단하신 분이셨습니다. 국무총리를 모시고 해외순방 하실 때면 반드시 국무총리 바로 앞자리에 앉아서 장장 십여 시간이 넘는 비행시간 내내 꼿꼿이 앉아서 가실 정도니, 저희들은 그분의 열정을 감히 흉내도 내기 어렵답니다."

"정말 대단하신 분이시군요!"

내 입에서는 저절로 감탄사가 흘러 나왔다. 그러한 그에게도 좌절의 시기가 있었다. 그가 외교부 차관의 중책을 맡고 있던 2001년이었다.

그해 2월 26일부터 28일까지 러시아의 블라디미르 푸틴 대통령이 김대중 대통령 초청으로 대한민국을 국빈 방문했다. 방문 기간 중인 2월 27일에 한-러 공동성명을 발표하게 된다. 한국과 러시아 두 정상이 발표한 공동성명에는 러시아의 세계무역기구(WTO) 가입, 한반도 비핵화, 핵무기와 전략무기 감축처럼 국제사회에서 상당히 민감한 문제가 포함되어 있었다. 그런데 그런 민감한 부분들을 한국 정부가 공동성명이라는 제목으로 러시아와 함께 발표한 것을 미국 정부가 정식으로 문제 제기를 해왔다.

이렇게 되자 한국 정부가 러시아와 미국 사이에서 외교적으로 대단히 난처한 입장에 처하게 된다. 결국 그는 담당 외교부 차관으로서의 책임감을 회피할 수가 없었다. 오랜 시간 동안 불면의 밤을 보내며 고민에 고민을 거듭하던 끝에 결국 외교부 차관 직에서 물러나기로 결심한다. 출처가 분명했던 옛 선비들처럼 외교부의 오랜 공직자 생활을 스스로 그만둔 그는 생전 처음 직장이 없는 야인으로 돌아간다.

30여 년 동안 열정적으로 일해 온 공직생활을 갑자기 마감하고 텅빈 공허감을 느끼던 그는 인생의 멘토인 노신영 전 총리를 비롯한 주변의 지인들과 많은 대화를 나누며 생각을 가다듬어 나갔다. 그는 새로운 시각으로 외교에 관한 공부를 시작하기로 결심하고 서초동에 있는 외교 안보연구원으로 들어간다. 지난 30여 년 동안 앞만 바라보며 열정의 급행열차처럼 질주해 왔던 외교관 인생에서 잠시 하차해서 자신의 지난 삶을 차분하게 되돌아보기 위해, 우면산 아래에 자리 잡은 외교 안보연구원에서 사색도 하고 독서도 하면서 재충전의 시간을 보내기로 한 것이다. 그러나 그 당시 대한민국의 외교 상황은 반기문 같은 외교 인재를 초야에 묻혀서 세상을 관조하며 살도록 허락할 만큼 한가하지 않았다. 한승수 외교통상부 장관이 UN총회 의장을 맡게 되면서 그를 다시 부른 것이다.

우리나라와 UN은 1945년 이후 남다른 특별한 인연을 계속 이어왔다. 일본 제국주의자들로부터 해방된 후 한반도는 미증유의 혼란기를 겪고 있었다. 거의 2년 가까이 진행되던 지독한 혼란을 종식시키고 지금의 대한민국의 기틀을 잡은 최초의 행사가 1947년 5월 10일에 진행된 총선거였다. 그러나 난생 처음 실시하는 민주주의 선거였기 때문에 엄청난 혼란이 예상되었다. 이에 UN에서 5·10 총선거를 성공적으로 관리하기 위해 '한국 임시 위원단(UNTCOK)'을 파견해서 총선거가 원만하게 진행되도록 도와주었다. 그리고 1948년 12월 12일에 프랑스 파리에서 열린 제3차 UN총회에서 찬성 41, 반대6, 기권 1로 대한민국의 탄생을 의결했다. 그리고 1950년에 북한의 침략으로 6·25전쟁이 발발하자, 주한 UN사령부(UNC)를 창설해서 대한민국을 지켜 주었다. 그로부터 41년 후인 1991년에 우리나라는 오랜 숙원이던 UN 가

입의 꿈을 이루었다.

2001년은 대한민국의 UN 가입 10주년이 되는 해였는데, 마침 UN 총회 의장을 한승수 외교통상부 장관이 맡는 대경사가 일어났다. 이에 한승수 장관은 대한민국 외교의 열정맨인 반기문 전 차관을 다시 찾을 수밖에 없었다. 한승수 UN총회 의장의 비서실장 자격으로 미국 뉴욕으로 들어가 또다시 세계 외교 무대에 서게 된 것이다. 그는 남들이 감히 흉내내기 어려울 정도로 뜨거운 열정과 추진력으로 다양한 업적을 쌓아나갔다. 이를 토대로 2004년 노무현 대통령 시절에는 대한민국 외교의 수장인 외교통상부 장관에 임명된다.

그런데 그가 외교통상부 장관으로 재직하던 그 무렵, UN에서 새로운 변화의 기운이 막 태동하고 있었다. 바로 새로운 UN사무총장에 대한 내용이었다. UN은 1946년에 노르웨이의 트리그브 할브린리 외무부 장관이 초대 사무총장을 맡은 후 2대 사무총장까지는 유럽인들이 임무를 수행했고, 3대는 아시아, 4대는 다시 유럽, 5대는 미주, 6대 ~7대는 아프리카에서 사무총장을 맡았다. 그런데 그때는 아프리카 가나 출신의 코피 아난 사무총장이 임기가 끝나면 대륙별 순환 순서에 따라 아시아인이 UN사무총장에 입후보할 수 있는 좋은 기회가 찾아온 것이다.

이에 노무현 정부에서도 한국인을 UN사무총장 후보로 내기 위해 여러 가지 고민을 하던 중이었다. 그런데 그때 반기문 외교통상부 장관에게 또다시 큰 시련이 찾아온다. 이라크에서 한국인 김선일 씨 피살사건이 발생한 것이다.

노무현 정부에서는 2003년부터 서희부대, 제마부대, 자이툰부대를 이라크로 파병했다. 이에 불만을 품은 이라크 저항세력이 이라크에서 근무 중인 가나무역 직원 김선일 씨를 납치한 것이다. 그들은 납치한 김선일 씨를 참수하겠다고 협박해 왔다. 이렇게 되자 한국 정부에서는 비상이 걸렸고, 그를 구하기 위해 백방으로 노력했다.

반기문 장관은 알 자지라 방송에 직접 출연해서 그를 석방해 줄 것을 간곡히 호소할 정도로 많은 노력을 기울였지만, 결국 모든 노력이 수포로 돌아가고 말았다. 그가 납치된 지 22일이 되는 2004년 6월 23일에 이라크의 극단주의자들에 의해 그만 참수되고 말았던 것이다. 이러한 불상사가 발생하자 모든 여론은 외교부의 정보 부재와 무능력을 질타하면서 총체적 외교 부실에 대해 혹독한 책임추궁을 했다.

반기문 장관은 다시 위기에 몰렸지만, 뚝심과 열정으로 이를 이겨냈다. 그리고는 2006년 한국인 최초로 UN사무총장 예비후보로 등록된다. 그런데 쟁쟁한 후보들이 4명이나 출마한 그때, 반기문 외교통상부 장관은 미처 선거운동을 제대로 할 수 없을 정도로 바쁜 나날을 보내야 했다. 대통령 임기의 중반에 접어든 노무현 대통령은 그 당시 바쁜 외교 일정을 보내고 있었다. 2006년 9월 3일부터 16일까지 13박 14일 동안 지구를 한 바퀴 도는 빠듯한 일정의 해외순방이었다. 그래서 반기문 장관도 모든 선거운동을 중단하고 대통령을 수행해서 그리스, 루마니아, 제6회 아셈 정상회의가 열리는 북유럽의 핀란드, 한미 정상회담이 개최되는 미국까지 모든 일정에 동행했다. 이처럼 숨 가쁜 해외 출장을 마치고 나서야 미처 숨 돌릴 틈도 없이 뉴욕으로 곧장 날아가 선거운동에 매진할 정도였다.

드디어 운명의 날이 다가왔다. 2006년 10월 9일. 찬성 14표, 반대 0표, 기권 1표의 압도적인 투표로 반기문 UN사무총장이 탄생한 것이다. 일본 제국주의의 식민지인 조선의 궁벽한 시골에서 태어나 동족상잔의 아픔을 겪고, 지금도 분단과 이산의 고통을 뼈저리게 겪고 있는 대한민국에서 세계의 대통령인 UN사무총장을 배출한 것이다. 뉴욕에서 생활하고 있는 외교관, 언론인, 한인사회 관계자들로부터 반기문 UN사무총장에 대해 이야기를 듣기만 해도 나는 가슴이 뿌듯하고 마음이 설레었다.

드디어 그를 만나기로 한 날이 되었다. 5월 6일 오후에 UN사무총장 공관으로 출발했다. 이 방문에는 전국광역지자체단체장 대표인 김진선 강원도지사가 국제협력대사와 동석했고, 전국시장군수구청장협의회 대표회장인 노재동 은평구청장이 김휘동 안동시장과 김종식 완도군수와 정현옥 부산 동구청장을 비롯한 회장단과 함께 출발했다. 그리고 전국광역의회의장단 대표인 서울시의회 박주웅 의장과 전국기초의회의장단 대표인 서울 송파구의회 정동석 의장도 함께 출발했고, 실무책임자인 전국시장군수구청장협의회 김한걸 사무처장이 나와 함께 차를 탔다.

잠시 후, 우리 일행을 태운 차량 행렬은 맨하탄 동쪽 끝에 자리 잡은 57번가와 뉴욕 애버뉴가 만나는 곳에 위치한 붉은색 4층 건물 앞에 도착했다. 그곳엔 유서 깊은 UN사무총장의 공관이 자랑스럽게 서 있었다.

우리들은 UN 직원들의 안내를 받으며 우람한 덩치의 흑인 경비원들이 총을 찬 채 매서운 눈길을 보내고 있는 2층의 접견실로 올라갔다. UN 직원들로부터 "바쁜 일정 때문에 반기문 사무총장님께서 잠시 늦는다"는 보고를 들은 우리들은, 접견실 소파에 모여 앉아서 오늘 협의할 내용이 인쇄되어 있는 서류들을 다시 한 번 챙기고 있었다.

그런데 무언가 이상한 일이 하나 발생했다. 나와 함께 이번 UN 방문의 공동 실무 책임자인 김한걸 사무처장이 보이지 않는 것이었다. 당황한 나는 주변에 있는 UN 직원들에게 김한걸 사무처장의 부재를 알렸다. 그랬더니 UN 직원들이 김한걸 사무처장의 출입을 막았다는 게 아닌가? 영문을 알 수 없었던 나는 그들에게 김한걸 사무처장이 실무책임자라는 사실을 통보하고, "오늘 회의에 꼭 참석해야 하는 중요한 분"이라고 말했다. 그런데도 그들은 아주 고압적인 자세를 보이며, 이 자리에는 "박세직 총재, 도지사, 시장군수구청장 대표들만 참석할 수 있다"면서 내 설명을 완전히 무시하는 게 아닌가? 나는 적지않게 당황스러웠지만, 총을 찬 경호원들이 지키고 있는 접견실에서 나는 더 이상 어떻게 할 도리가 없어서 그저 전전긍긍할 따름이었다.

그런데 잠시 후에 대반전이 일어났다. 반기문 UN사무총장께서 환한 미소를 얼굴 가득히 지으면서 김한걸 사무처장을 대동하고 접견실 안으로 들어오는 게 아닌가? 나는 그 광경에 깜짝 놀랐다. 접견이 다 끝나고 나서 나중에 알고 보니, 약속시간보다 조금 늦게 공관에 도착한 반기문 사무총장이 공관 앞 길가에 허망하게 서 있는 김한걸 사무처장의 하소연을 듣고는 2층 접견실로 데리고 들어왔다는 것이다. 나는 반기문 사무총장의 따뜻한 사려 깊음과 친절한 배려심에 가득한 행동을 직접 목격하고는 진한 감동을 느꼈다.

전 세계에서 매일 수백 통의 이메일을 받고, 해외 각국을 마치 안방처럼 다녀야 하고, 24시간을 분 단위로 쪼개 사용해야 할 정도로 바쁜 그가, 어떻게 해서 경호원들의 살벌한 경호를 뿌리치고 맨하탄의 길가에 허망한 표정으로 서 있는 일면식도 없는 사람의 이야기를 경청할

회의를 마친 후 반기문 사무총장과 함께 찍은 기념 사진.

수 있었을까? 반기문 사무총장은 일에 대한 열정만 가득한 마초가 아니라, 어려움에 처한 사람의 입장과 심정을 십분 헤아릴 줄 아는 디테일에도 강한 따뜻한 리더십의 소유자임에 틀림없다.

우리는 그날 반기문 사무총장과 화기애애한 분위기 속에서 회의를 끝내고 귀국했다. 그리고 나는 이듬해인 2009년 봄에 그가 한국을 방문했을 때 환영조찬 모임에서 또다시 그를 만나는 기회를 가질 수 있었다.

나는 반기문 사무총장을 만날 때마다 그의 일에 대한 조용하면서도 뜨거운 열정을 마음 깊숙이 느낄 수 있었다. 그래서 나는 그에 대해 좀 더 많은 것을 알고 싶어서 그의 생가가 있는 충북 음성군 원남면 상치 1리의 행치마을을 방문했다.

행치마을은 보덕산 아래에 있는 작은 마을인데, 수백 년 된 은행나무가 있었다고 한다. 그곳에는 그가 어린 시절을 보낸 조그맣고 정감어린 초가가 잘 복원되어 있었고, 생가 옆에는 그와 관련된 자료를 모아 놓은 기념관이 세워져 있었다. 그리고 생가 우측에는 그를 기리는 작은 공원인 반기문 평화랜드가 아담하게 조성되어 있었다.

그는 식민지 시대인 1944년 6월 14일에 아버지 반명환 씨와 어머니 신현순 씨 사이에서 3남 2녀의 장남으로 탄생했다. 6·25전쟁 직후에 열악한 천막학교에서 공부를 시작해 청주농고를 수석 졸업할 정도로, 한시를 좋아했던 아버지의 영향으로 공부에 상당한 소질을 보였다. 그는 어린 시절부터 외교관에 대해 흥미를 갖게 되는 여러 가지 일들을 겪게 된다.

첫번째 인연은 그가 국민학교 5학년이던 1955년에 변영태 외무부 장관이 충주의 교현국민학교를 방문하게 된다. 변영태 장관은 제네바 회담 수석대표, 제3대 외무부 장관, 제5대 국무총리를 지낸 입지전적인 인물로서 독도 문제로 시비를 거는 일본 정부를 향해 "독도는 단순한 몇 개의 바위덩어리가 아니라 우리 겨레의 영예의 닻이다. 이것을 잃고서야 어찌 독립을 이야기할 수 있겠는가. 일본이 독도 탈취를 꾀하는 것은 대한민국 재침략을 의미하는 것이다."는 공식문서를 통해 독도에 대한 우리의 입장을 명쾌하게 정리한 탁월한 외교관이었다. 이처럼 한국 외교의 수반의 연설을 직접 듣는 행운을 누린 그는 외교관이라는 멋진 직업이 존재한다는 사실을 그때 처음으로 알게 되었다.

둘째는 그가 국민학교 6학년이던 1956년에 다그 함마르셀드 제2대 UN사무총장에게 보내는 편지를 본인이 직접 쓰고 낭독하게 된 것이다. 그 당시는 동서냉전 시대였기 때문에 소련이 헝가리를 식민지배하고 있었다. 그런데 1953년에 스탈린이 사망하자 수많은 헝가리 국민들이 수도인 부다페스트에 모여 헝가리의 자유독립을 외치며 봉기했다. 이에 소련 정부는 11월 4일 소련군 17개 사단의 15만 명의 중무장한 군인들과 1000대의 탱크를 동원해 헝가리 국민들을 무자비하게 진압했고, 이때 아름다운 도나우 강변의 유서 깊은 도시인 부다페스트에서는 수많은 민간인들이 생명을 잃고 20만여 명의 헝가리 국민들이 해외로 탈출하는 긴급사태가 발생했다.

그날의 참상은 김춘수 시인이 쓴 시 「부다페스트의 소녀의 죽음」에 너무도 생생하게 표현되어 있다. 소련 군인들의 무차별 난사로 인해 부다페스트 광장에 참혹하게 쓰러진 13세의 헝가리 소녀의 주검이 찍힌 사진은 외신뉴스를 통해 전 세계로 알려졌다. 김춘수 시인이 시를 쓸 정도로 너무나 유명했던 그 사건을 접하게 된 국민학교 6학년의 반기문은 스웨덴 출신의 UN사무총장에게 보내는 탄원서를 직접 썼다고 한다. 그리고 이를 전교생들 앞에서 낭독하게 된 것이다.

셋째는 충주중학교와 충주고등학교 시절에 영어에 완전히 심취한 것이다. 특히 충주고등학교 시절에는 직접 녹음기를 들고 충주 비료공장에 근무하는 외국인과 그 가족들을 만나서 그들과의 대화를 일일이 녹음해서 발음을 공부할 정도로 영어공부를 열심히 했다. 그는 그토록 영어공부에 매진한 결과, 미국의 케네디 대통령을 위싱턴의 백악관에서 직접 만나는 커다란 행운을 얻게 된다. 그 당시 미국의 청소년 적십자 본부에는 전 세계의 우수한 청소년들에게 미국 연수를 시키는 비스타(VISTA) 프로그램이 있었다. 충주고 3학년이었던 그가 영어발표회에서 1등을 해 대한민국 학생 대표로 미국을 방문하게 된 것이다. 1962년 반기문은 전 세계 43개국에서 온 117명의 학생들과 함께 생애 최초로 백악관에서 케네디 대통령을 직접 대면하고 감명 깊은 연설을 듣게 된다.

이렇게 해서 그는 외교관을 향한 자신의 꿈에 대해 깊은 애정과 뜨거운 열정을 갖게 되었다. 그리고 의사가 되어 안정적인 생활을 하라는 부친의 권유를 뿌리치고 서울대학교 외교학과에 입학한다. 결국 일제 식민지 시대에 충북 음성의 조그만 초가집에서 태어난 그는 그 누구도 감히 상상할 수 없었던 글로벌 리더인 UN사무총장이 되었고, 2011년에는 UN 회원국 192개국 대표들의 만장일치로 재선되는 기쁨을 누리게 되었다.

충북 음성에 있는 반기문 사무총장 생가.

13.

'경영의 신' 잭 웰치 회장을 감동시킨 열정의 CEO

전 GE코리아 강석진 회장

우리나라가 중진국의 오랜 답보 상태를 하루빨리 극복하고 선진국으로 도약하기 위해 간절히 요구되는 인재는 과연 어떤 사람일까? 그것은 "르네상스 형 인재"일 것이다.

14~16세기 유럽을 뒤흔든 르네상스 시대의 대표적 인재는 레오나르도 다빈치이다. 알다시피 레오나르도 다빈치는 뛰어난 화가일 뿐 아니라 탁월한 과학자이자 건축가이기도 했다. 그와 같이 과학과 예술, 혹은 기술과 인문학의 높은 벽을 창의적으로 허물고 참신한 시각으로 소통하고 융합하는 능력을 가진 르네상스 형 인재는 기존 사회의 새로운 발전과 도약에 있어 매우 중요한 역할을 수행한다. 왜냐하면 그런 인재들은 뜨거운 열정과 지칠 줄 모르는 도전정신으로 일반인들이 생각하지 못하는 부분을 탐구해서 새로운 블루오션을 창조하고 풍부한 상상력으로 세상을 혁신시키기 때문이다.

필자가 그러한 왕성한 탐구정신과 문화적 창의력으로 세상을 혁신시켰던 르네상스 형 인재를 생각할 때면 늘 떠오르는 사람이 있다. 그는 왕성하게 미술활동을 하는 프로 화가이자, 문학상을 수상한 시인이며, 대학에서 강의를 하는 교수이자, 다국적기업의 전문경영인을 최장수로 역임한 기업인이다. 그는 바로 '전설적인 발명왕' 토머스 에디슨이 설립한 세계 최고의 다국적기업 GE그룹에서 '경영의 신'으로 추앙받은 잭 웰치(Jack Welch) 회장과 21년을 함께 근무하면서 GE의 발전은 물론이고, 대한민국 기업의 선진화와 세계화에도 크게 기여한 글로벌 경영자인 GE코리아의 강석진 회장이다.

다국적기업 GE(General Electric)는 토마스 에디슨이 설립한 전기회사를 모태로 발전을 거듭해 현재는 세계 유수의 발전설비, 항공기엔진, 첨단 의료영상장비, 가전산업, 금융, 방송미디어, 에너지 등 다양한 산업분야에서 세계 최고를 리드하고 있다. 그러한 GE의 전설적인 CEO인 잭 웰치 전 회장과 함께 혁신과 열정의 창조적인 리더십을 보여준 전 GE코리아 강석진 회장의 눈부시게 활기찬 인생을 바라보면서, 필자는 "인간의 열정은 나이와 전혀 무관하다"는 진리를 다시 한 번 확인할 수 있었다. 특히 그가 GE코리아의 CEO로 취임하던 1981년 1월, 미국 플로리다의 보카라톤에서 개최된 GE그룹의 새해 경영회의에서 잭 웰치 신임 회장과 처음 만나자마자 벌였던 불꽃 튀는 격론은 마치 한편의 감동적인 기업드라마를 방불케 한다.

도대체 잭 웰치 회장이 어떤 사람인가?

그는 1981년 41세의 젊은 나이에 GE그룹의 회장에 취임한 후 "고쳐라! 매각하라! 아니면 폐쇄하라!"를 소리 높여 외치며 170여 개나 되는 기존의 다양한 분야의 GE 사업을 핵심역량 사업 중심으로 재구축 구조조정을 하면서 무려 110개의 사업을 매각처분했다. 그리고 70여 개의 새로운 미래성장 사업의 인수합병을 주도하면서 전체 인원을 40만 명에서 30만 명으로 감축시킴으로써 경영혁신과 구조조정을 성공적으로 완수했다. 이에 '중성자탄 잭(Neutron Jack)'이라는 별명까지 얻을 정도로 카리스마 가득한 경영의 신으로 불리고 있다.

혁신을 뛰어넘는 위대한 혁명가였던 잭 웰치 회장은 GE의 당시 잘나가던 에어컨사업부와 전기다리미사업부, 광산사업 등 GE의 주요 사업들을 과감하게 처분했다. 그리고 그 자금으로 다방면의 미래형 금융산업을 인수하고, 미국의 최고 방송사 네트워크 NBC그룹을 인수하였으며, 빌 게이츠의 마이크로소프트사와 합작회사 MS-NBC사를 설립하였다. 또 유럽으로 건너가 이태리 최대의 에너지회사인 누보피

농을 전격 인수하였고, GE의 TV가전 부문 사업부와 프랑스 톰슨사의 첨단의료기기 사업부를 맞교환하는 등 그는 "경영혁신의 귀재"답게 GE그룹의 체질과 조작문화를 근본적으로 바꿔 버렸다.

잭 웰치 회장은 이러한 노력의 결과, GE 회장에 취임한 지 정확하게 10년 후인 1991년에 GE를 "미국에서 가장 가치 있는 기업"의 반열에 올려놓게 된다. 또한 회장 취임 15년 후인 1996년에는 세계적인 포춘지가 선정하는 '세계에서 가장 존경받는 경영인(The most admired CEO of the world)'으로 선정되었으며, 또한 GE는 세계에서 가장 존경받는 기업으로 선정되었다. 그는 본인이 회장에 처음 취임했던 1981년 당시 120억 달러의 매출을 갖고 있던 GE를 무려 40배 증가한 4500달러의 매출을 자랑하는 초우량기업으로 발전시킨 것이다.

이처럼 세계적인 전설의 CEO인 잭 웰치가 회장으로 취임하던 1981년 새해 경영회의에 참석한 강석진 회장은 GE의 아시아지역 전략기획 담당이사로 근무하다가 GE코리아의 대표로 막 취임한 신참 CEO였다. 그러나 강석진 대표의 가슴속엔 아시아지역 전략기획 담당이사로 근무할 때부터 지니고 있던 GE의 세계화 전략과 그 실천방안에 대한 열정으로 가득 차 있었다.

강석진 대표가 GE의 이사로 근무를 하던 1978~1980년은 우리 경제가 커다란 위기를 맞이하던 힘든 시기였다. 당시 사우디아라비아와 함께 막대한 원유 수출 대금으로 급속한 경제발전을 이루고 있던 이란에서 1979년 이란 혁명이 일어났다. 이슬람 시아파의 종교지도자인 호메이니가 팔레비 왕정을 무너뜨리고 정권을 장악한 것이다. 서구식 개혁을 추진하던 입헌군주국가에서 이슬람의 신정일치국가로 변모한 이란은 미국과 단교를 결행하고 원유 수출마저 중단해 버렸다. 게다가 1980년에는 이란과 이라크 사이에 전쟁이 일어나는 바람에 전 세계 유가는 급격히 상승곡선을 그리기 시작했고, 급기야 유가가 3배나 뛰어 올랐다. 이러한 "제2차 오일쇼크"의 여파로 우리나라는 국가 경제가 뿌리부터 흔들리며 크게 휘청거리게 되었다. 이런 와중에 대내적으로는 1979년 10월 26일 박정희 대통령 서거로 인해 사회 전체가 미증유의 혼란 상태로 빠져들었다. 이렇게 되자 후진국에서 힘들게 개발도상국으로 진입한 우리나라는 "국가부채를 갚을 돈이 없어서 국가부도를 선언할지도 모른다"는 국제적인 우려를 받게 되었다.

이러한 혼란을 참담한 심정으로 지켜보고 있어야 했던 GE의 강석진 이사는 '대한민국 경제의 세계화'를 위한 뜻밖의 구상을 준비하기 시작한다. 그 당시 정치·경제·사회적으로 엄청난 혼란을 겪으면서 가격이 급등하는 원유를 도입하기 위해 필요한 외자까지 부족했던 우리나라는 해외기업의 한국투자가 매우 절실한 실정이었다. 그러나 대한민국은 북한의 전쟁 도발 위험이 상존하는 나라였고 정치조차 안정되지 않은 상태였기 때문에 해외의 우수한 기업을 한국에 유치한다는 것은 참으로 어렵고 힘든 현실이었다.

그러나 강석진 이사는 '위기 속에서 새로운 기회를 포착하는 지혜'를 가지고 있었다. 한국과 GE가 전략적 동반자로서 상호 원원할 수 있는 장기전략 기획서를 만든 것이다. 이는 "대한민국의 외자유치에 크게 도움이 될 뿐 아니라 세계적인 다국적기업인 GE로부터 자본투자와 선진경영기법과 첨단산업기술을 한꺼번에 전수받을 수 있고, 미국의 대표적인 기업인 GE는 글로벌 경영을 통해 세계적인 기업으로 새롭게 비상할 수 있는 계기"를 마련하는 것이었다. 강석진 이사는 이처럼 혁신적이고 도전적인 글로벌 경영 계획을 GE의 경영회의에서 제안하였으나, 당시의 GE 경영자들은 이러한 세계화 전략계획을 이해하지 못하였으며 받아들이지 않았다.

그 당시에는 '세계화'라는 경영용어가 생소하던 때였으며, 이러한 세계화 전략을 본격적으로 추진한 선진기업의 사례도 없었다. 그래서 그 당시 GE의 이사진들은 "GE 같은 세계적인 대기업이 극동의 저개발국가에 왜 소중한 자본과 기술을 투자해야 하는가?"라는 의문을 제시했다. 그러나 강석진 전략계획 담당이사는 경영회의에서 채택되지 못한 자신의 글로벌경영 계획을 결코 포기하지 않고, 이러한 의문과 문제점들에 대한 대책을 끊임없이 보완하면서 경영회의 때마다 경영진들을 꾸준히 설득하였다. 그 결과 GE의 경영진들이 세계화 전략에 동의하고 받아들이는 데에 약 1년 반의 시간이 걸렸다.

그러나 GE뿐만 아니라 미국의 선진기업들이 아직 해보지 않았던 이러한 장기적인 세계화 전략을 추진하기 위해 GE의 경영진들은 "최초 제안자인 강석진 이사가 GE의 한국사업을 총책임지고 한국에서 GE의 세계화 성공모델을 우선적으로 만드는 것"을 전제조건으로 강석진 세계화 전략계획을 수용하였다. 이러한 이유로 강석진 회장은 1980년부터 2001년까지 21년간 GE코리아의 경영을 책임지게 되었다.

그때는 점잖은 영국 신사이자 미국 대통령의 해외통상 자문위원장이기도 한 레지날드 존스 회장이 GE의 CEO였을 때였다. 그 당시 잭 웰치는 GE의 차기 회장으로 선임되어, 다음 해인 1981년에 존스 회장의 뒤를 물려받아 GE의 회장으로 취임하였으며 그후 20년간 GE를 경영하게 된다.

1981년 1월 미국의 유명한 휴양지인 플로리다의 보카라톤에서 개최된 새해 경영회의 때 퇴임을 앞둔 레지날드 존스 회장이 자신의 후임으로 선정된 잭 웰치 회장에게 강석진 GE코리아 대표를 직접 데리고 가 소개했다. GE의 핵심 경영인들이 차기 회장과 대화를 나누고 있는 장소로 강석진 대표를 데리고 간 레지날드 존스 회장은 잭 웰치 회장에게 "This is Crazy Korean"이라고 소개했다. 존스 회장의 눈에 강석진 대표는 '미쳤다'고 표현하지 않으면 안 될 정도로 자기의 의지가 확고하며 뜨거운 열정으로 가득한 사람이었던 것이다.

일에 관한 열정이라면 그 누구에게도 뒤처지지 않았던 잭 웰치 GE 회장은 존스 회장으로부터 소개받은 '크레이지 코리안' 강석진 대표와 처음 만나 악수를 하자마자, 의례적인 인사도 아예 생략한 채 당시 강석진 회장이 추진하고 있던 GE와 삼성과의 첨단의료기기 합작회사 프로젝트에 대해 속사포 같은 질문을 연이어 쏟아내기 시작했다.

"한국에서 의료기기 사업을 하려는 이유는 뭡니까?"

"그 사업이 GE에 어떤 이익을 갖고 오나요?"

"그 사업이 정말로 돈을 벌 수 있는 사업이 맞나요?"

"왜 삼성과 합작하려고 합니까?"

"삼성은 도대체 어떤 회사입니까?"

그러나 강석진 대표는 잭 웰치 GE 회장 앞에서 전혀 주눅 들지 않고 오히려 속사포처럼 쏟아내는 모든 질문에 대해 당당하게 설명을 하면서 대화를 주도해 나갔다.

잭 웰치는 "첨단의료기기 기술은 가장 중요한 회사 자산인데 합작투자사업을 할 경우 최첨단기술을 어떻게 보호할 수 있습니까?"라고 가장 중요한 질문을 했다. 그러자 강석진 회장은 직설적으로 대답을 했다.

"그러한 걱정은 할 필요가 전혀 없습니다. 만약 잭 당신이 그 사업계획서를 제대로 읽어 보았다면 이런 질문은 결코 하지 않았을 겁니다. 그 계획서 안에는 사업을 1단계, 2단계, 3단계로 추진하기로 되어 있고 잭이 걱정하는 최첨단 사업은 3단계에 포함되어 있으므로 1, 2단계에서 상호간의 신뢰가 다 검증이 될 것입니다."

그때 두 사람의 주변에 있던 GE의 부회장들과 수석 임원들은 두 사람의 거침없는 난상토론을 흥미롭게 지켜보고 있었다.

잭 웰치 회장은 자신의 공격적인 질문에도 조금도 흔들림없이 자신 있게 답을 하는 강석진 대표의 자신감과 열정에 신뢰감을 가지기 시작했다. 그는 "경영회의 오기 직전에 보고 받았기 때문에 강석진 대표가 작성한 의료기기 합작사업 기획서 내용을 전부 다 검토할 시간이 없었다."고 설명하면서, 의료기기 사업부 책임자의 구체적 설명도 미처 듣지 않은 상황이었지만 잭 웰치는 강 회장에게 다시 악수를 청했다.

"당신의 의견에 동의합니다. 당신의 제안을 받아들이고 사업 추진을 승인하겠습니다. 그 일을 당장 추진합시다!"라고 즉석에서 최종 결정을 내렸다. 이 모든 상황을 옆에서 숨죽이며 지켜 본 주변의 임원들은 모두들 큰 박수를 치고 환호를 하면서 두 사람의 의기투합을 축하해 주었고, 잭 웰치와의 즉석 난상토론에서 상대방을 설득한 강석진 대표와 앞다투어 명함을 교환하며 자기소개를 했다.

이것이 잭 웰치 신임 GE 회장과 강석진 GE코리아 회장이 GE에서 함께한 20년간의 신뢰와 동반자 관계의 시발점이었으며, 그 인간관계는 지금도 지속되고 있다. 그날 잭 웰치 회장은 GE의 경영 조직 안에 자신의 일에 소신과 열정을 가지고 자기를 감동시킬 수 있는 뜨거운 열정의 소유자 '크레이지 코리언'이 있다는 사실을 알게 되었다. 이때 잭 웰치 회장은 매년 한국을 방문하기로 약속했으며 이를 위해 강석진 회장은 GE 회장이 직접 결정에 참여할 만큼 중요한 사업 프로젝트를 매년 만들 것을 굳게 약속했다. 그리고 그 약속은 그후 20년간 지켜졌다.

이렇게 해서 잭 웰치 회장과의 상호 신뢰관계를 구축한 강석진 GE코리아 회장은 한국경제를 이끌어가는 주요 산업분야와 GE의 주요 핵심사업간에 투자와 기술협력을 바탕으로 한 전략적 제휴를 통한 장기적 동반자 관계 구축에 자신의 모든 열정을 쏟기 시작했다.

강석진 회장은 삼성과 GE가 합작투자한 첨단의료기기 사업을 설립하고, OCI(동양화학)와 실리콘기술을 제휴한 합작회사를 설립해서 현재 OCI가 태양광 소재인 폴리실리콘 제조분야에서 세계 2, 3위권의 위치를 구축할 수 있는 초석을 만들었다. 또 한국중공업(현 두산중공업)과 GE와 세계 최첨단 발전설비 기술제휴를 하게 해서, 현재 두산중공업이 세계적인 발전설비회사로 성공할 수 있는 기술기반을 만들게 했다. 그리고 GE가 보유한 세계 최첨단의 항공기 제트엔진 기술을 '타사에 제공한 유일한 기술제휴 계약'을 통해 현재 삼성테크윈이 항공기 제트엔진을 만드는 기업으로 비상할 수 있게 만들었으며, 한국이 훈련용 전투기를 생산 수출하는 국가가 되는 기초를 만들었다. 또한 강석진 회장은 세계의 가장 존경받는 기업이며 성공한 경영혁신의 모델인 GE의 첨단 경영 노하우를 한국의 경영계에 전파하는 데 엄청난 열정을 쏟아 부었고, 그 결과 한국 기업경영의 세계화와 선진화에 큰 기여를 하였다.

당시 개발도상국을 면치 못하고 있었던 한국 경제는 산업의 지속가능한 발전을 위해 한국 기업의 기술선진화와 함께 하루빨리 글로벌 기업으로 성장하는 것이 무엇보다도 중요했다. 강석진 회장은 GE와 한국기업이 합작회사를 설립할 때는 자본 제휴만이 아니라 기술 제휴를 통해 GE의 선진산업기술을 한국기업에 전수하게 했다. 또한 첨단산업 분야에서 GE와 한국 기업 간에 기술 제휴를 바탕으로 한 세계시장 동반 진출을 위한 장기적인 전략적 제휴를 구축하도록 전략을 세웠다. 이를 통해 그는 한국경제의 비약적인 발전에 크게 기여하는 성장 동력을 창출하는 일의 최선두에 서서 엄청난 열정을 기울인 것이다. 그래서 GE가 전 세계 어느 나라에도 제공하지 않았던 항공기 제트엔진 제작 기술, 발전설비기술과 첨단 의료기기 생산기술, 첨단 소재산업기술들을 한국의 기업들과 기술 제휴를 통해 전수하도록 추진해 나갔다. 그 결과 선진국인 일본도 아직 만들지 못하는 전투기 제트엔진을 한국은 생산하는 국가가 되었으며, 대한민국 군수산업의 도약과 훈련용 전투기 해외수출의 교두보를 확보할 수 있게 되었다.

이러한 강석진 회장의 뜨거운 열정과 강력한 추진력은 대한민국 경제의 글로벌화에도 크게 기여했을 뿐 아니라, 본인이 대표로 있는 GE 코리아의 경이로운 발전과 도약을 이루게 했다. 강석진 회장이 1980

년에 GE코리아 대표로 취임할 때는 1년 매출액이 240억 원 정도였고 근무하는 직원도 20명 내외였다. 그러나 강석진 회장이 은퇴할 당시인 2001년에는 GE코리아는 17개의 계열사, 1300여 명의 임직원, 1년 매출액 4조 원이 되는 대기업으로 폭풍성장시켰다. 또한 모기업인 GE도 대한민국의 글로벌 경영인인 강석진 회장이 주도한 GE코리아의 성공사례를 기본 모델로 해서 세계화 경영전략을 본격적으로 추진하기 시작했다.

이렇게 되자 GE 세계화 경영의 자랑스러운 성공 모델을 만든 강석진 회장은 GE내에서 일약 스타 경영인이 되었고, GE의 경영회의에서는 "GE의 세계화 경영의 빠른 추진을 위해 한국의 징기스칸인 강석진 회장을 복사해야 한다"는 농담까지 나오게 되었다. 또한 잭 웰치 GE 회장은 GE코리아의 성공 모델을 GE 전체의 세계화 모델로 하였으며, GE가 한국경제와 장기적인 동반자 관계를 구축한 것처럼 GE가 진출한 세계의 모든 나라들과도 장기적인 동반자 관계를 구축하는 것을 GE 세계화의 기본정신으로 하게 되었다.

잭 웰치 파울로 프레스코 GE 회장 부부와 강석진 전 GE코리아 회장(맨 오른쪽).

14

위대한 열정은 위대한 꿈을 만든다

강석진 회장과 대한전선

 이처럼 1970년대 후반부터 새로운 밀레니엄이 열리던 2천년대 초반까지 한국경제의 중심에 서서 국내 기업의 세계화와 사업 고도화에 큰 기여를 한 강석진 전 GE코리아 회장을 내가 처음 만난 것은 2009년 가을이었다.

 그 당시 나는 박세직 전 서울올림픽 조직 위원장이 반기문 UN사무총장과 협의한 사항인 '친환경생활운동에 걷기뿐 아니라 자전거도 포함시키는 문제'를 실행시키기 위해, '걷기와 자전거 타기에 좋은 그린 시티'에 관심이 높은 지자체 단체장들과 함께 포럼을 준비하고 있었다. 그 포럼은 바로 〈세계 와이크시티 연맹〉(와이크시티: 워킹 & 바이크 시티) 창립 행사였는데, 이는 경기도, 고양시, 전국 시장 군수 구청장협의회의 후원으로 킨텍스에서 개최되었다. 이때 나는 강석진 회장에게 특별강의를 요청했다.

 이렇게 해서 인연을 맺은 강석진 회장은 전국 지자체 단체장 40명으로 이루어진 〈세계 와이크시티 연맹〉의 이사장에 2012년 취임해서 현재도 걷기와 자전거 문화의 확산을 위해서 많은 노력을 기울이고 있다. 나는 이분을 옆에서 모시면서 도무지 연세를 가늠할 수 없을 정도로 국내외를 넘나들며 활발하게 추진하는 열정적인 활동에 존경을 넘어 경이로움을 느끼기도 한다.

 자전거 100년의 고장인 경북 상주가 고향인 강석진 회장은 일찍이 중앙대학교 경제학과를 졸업하고, 나중에 연세대학교 경영대학원을 졸업하고, 미국 하버드대학교 경영대학원을 수료했다. 학창시절부터 열악한 농촌의 경제문제에 관심이 많았던 그는 대학시절 '농촌문제 연구회'를 결성하고 초대 회장이 되어 농촌계몽활동을 활발히 벌이기도 했다.

그는 1964년 졸업 무렵 앞으로의 진로를 결정해야 하는 중대한 기로에 서게 된다. 서울 저동에 있는 현대건설과, 부산에 공장과 본사를 두고 생산품 전량을 수출하는 중견기업인 쌍미섬유 중에서 하나를 선택해야 했던 것이다. 그때는 박정희 전 대통령이 제1차 경제개발 5개년 계획(1962년~1966년)을 추진하면서 수출입국에 그야말로 목숨을 걸던 시절이었다. 야망으로 불타던 청년 강석진은 국민소득이 불과 69달러로 전 세계에서 두 번째로 못사는 나라인 대한민국이 지독한 가난을 하루빨리 청산하기 위해서는 무엇보다 세계 시장 개척이 급선무라고 생각했다. 그래서 "섬유와 의류를 제조해서 국외로 수출하는 쌍미섬유에서 열심히 무역을 배워야겠다"고 결심한다.

서울의 중심인 명동에 있는 쌍미섬유 무역부에 입사한 그는 외국인 바이어 면담, 수주, 원자재 수입, 수출 선적, 무역 관련 외환업무 등의 무역업무 전반을 맡아 밤낮을 가리지 않고 열정적으로 일을 배워 나간다. 신용장 개설과 외환업무를 위해 신세계 백화점 건너편에 있는 한국은행 외국부를 문턱이 닳도록 출입해야 했다. 그 무렵 그곳에서 김우중 전 대우그룹 회장을 만난 것은 그에게 행운이나 다를 바 없었다. 김우중 회장은 당시 한성실업의 부장으로 무역의 장인으로 불리고 있었다. 그런 그에게 무역 실무의 많은 부분에 대해 직접 멘토를 받으며 무역의 전문가로 폭풍성장할 수 있었던 것이다.

그렇게 자신의 청춘을 걸고 미친 듯한 열정으로 무역 업무에 매진하던 어느 날, 강석진 회장은 쌍미섬유 지홍구 회장의 지시로 이용구 호남제분 회장을 만나게 된다. 지홍구 회장과 이용구 회장은 평소 친분이 두터웠던 사이였다. 그런 이 회장이 무역에 뜻을 품고 수출업체인 원미섬유를 세우기 위해 지 회장에게 도움을 청해 오자, 그를 도울 창립 멤버로 청년 강석진을 추천한 것이다.

이렇게 해서 미도파 백화점 옆에 있는 원미섬유로 특채된 그는 새로 설립된 무역회사의 무역업 등록, 대전시 도마동에 건설하게 된 수출품 생산공장에 필요한 첨단 섬유생산 기계설비를 독일 등으로부터 수입, 해외 바이어로부터 수출 주문 수주, 생산에 필요한 원자재 수입 등 모든 수출입 업무를 마치 슈퍼맨처럼 1인 다역으로 맡아 일사불란하게 처리한다. 그 덕분에 원미섬유는 회사 설립시부터 흑자경영으로 시작하였고, 급기야는 무역부의 직원이 백여 명으로 늘어나는 중견 수출기업으로 급성장한다.

강석진 회장은 외국 기업인들을 상대로 무역 업무를 해오면서 항상 더 넓은 세계로 나갈 꿈을 키워 왔다. 그가 나이 서른 살을 앞둔 어느 날, '수출입국을 통한 부강한 조국건설'이란 자신의 큰 뜻을 이루기 위해 더 넓은 세상으로 직접 나가서 견문을 키우기로 결심한다. 그는 미국에서 유학하기로 결심하고 달랑 2백 불을 손에 쥔 채 아는 사람 하나 없는 워싱턴의 케네디 공항에 혼자 내린다. 우선은 숙박료가 싼 YMCA에 가서 방을 얻고 아르바이트 자리를 구해 일을 하면서 대학원을 다닐 결심으로 미국으로 온 것이다.

그런데 이게 웬일인가? 연고가 전혀 없는 케네디 공항에 생면부지의 신사가 자신을 마중 나와 있는 게 아닌가? 행운의 여신은 열정을 가진 사람에게 미소를 짓는 법인가 보다. 40대의 그 신사는 그 당시 워싱턴 교민회 스텐리 리 회장이 보낸 사람이었다.

자초지종은 이렇다. 스텐리 리 교민회 회장은 워싱턴에서 사업을 크게 하고 있었다. 그가 사업을 확장하면서 한국에서 무역회사를 경영하는 동창에게 "무역에 경험이 많고 무슨 일이든 맡기면 열정을 갖고 최선을 다하는 최고의 젊은 인재를 소개"해달라고 부탁을 했다. 그랬더니 그 동창이 청년 강석진을 추천한 것이다. 그는 수소문 끝에 강석진이 워싱턴으로 유학을 떠났다는 사실을 알게 되었고, 결국 여행사의 도움으로 강석진이 탑승한 항공기 편을 알아내 사람을 공항으로 급히 내보낸 것이다.

이렇게 해서 강석진을 만난 스텐리 리 교민회장은 그에게 무역 업무를 맡겼다. 대신 자기 집이 있는 워싱턴 교외 매릴랜드의 행글리 파크에 아파트를 얻어주고 대학의 석사과정 입학에도 스폰서로서 보증을 서주었다. 전혀 예기치 않았던 스텐리 리 회장의 스폰서 덕분에 그의 미국 유학생활은 처음 미국으로 떠날 때 생각했던 것과는 달리 아주 순조롭게 시작되었다.

그로부터 10개월 후. 그에게 또다시 예기치 못한 일이 찾아왔다. 뉴욕의 미국 투자금융회사의 유진 스코우런 회장으로부터 한밤중에 전화 한 통을 받게 된 것이다.

"미스터 강, 나를 기억합니까? 작년에 박정희 대통령 초청으로 한국을 방문했을 때 일주일간 함께 했던 스코우런입니다. 나는 당신이 워싱턴에 와 있는 줄도 모르고 한국 정부의 도움까지 받아가며 지난 몇 개월 동안 당신을 찾았습니다. 방금 전에 당신 아파트 전화번호를 알게 되어 급히 전화한 겁니다."

유진 스코우런 회장은 박정희 대통령이 사활을 걸고 추진했던 외자유치사업을 위해 1년 전 한국으로 초대했던 미국의 거물 금융인이었다. 당시 경제기획원에서는 무역 분야에서 활발하게 활동하고 있었던 강석진에게 대통령 초청으로 방한 중인 유진 스코우런 회장을 1주일 동안 밀착 보좌해 줄 것을 부탁했다.

유진 스코우런 회장은 한국에 머무는 1주일 동안 정부의 외자 유치를 돕기 위해 진심으로 자신을 보좌하면서 한국에 투자하도록 자기를 열심히 설득하던 청년 강석진의 뜨거운 열정에 강한 인상을 받았다. 그는 강석진으로부터 한국경제의 발전계획과 미래 성장 가능성, 외자 투자에 대한 정부의 적극적인 정책 지원 등에 대해 논리적이면서 열정 적인 브리핑과 설명을 들었다. 그때 그는 가난한 나라지만 열정으로 가득 찬 젊은이를 보면서 "만약 내가 추후에 아시아에 투자를 본격적 으로 추진한다면 꼭 이 젊은이에게 일을 맡겨야 되겠다"는 결심을 했 다. 그래서 아시아지역에 새로운 투자사업을 추진하기로 결정이 되자, 새로운 사업부를 만들기 의해 강석진을 미국으로 초청하려 했으나, 그 때는 이미 강석진이 미국으로 떠난 뒤였다. 결국 한국 정부의 도움으 로 워싱턴에 있는 강석진의 아파트 전화번호를 가까스로 찾을 수 있게 된 것이다.

그날 전화를 통해 아시아지역 담당 부사장으로 일해 줄 것을 전격 제의한 그는 며칠 후 뉴욕에 있는 자신의 사무실에서 스텐리 리 워싱 턴 교민회장과 강석진을 함께 만났다. 그러나 강석진은 "저는 한국에 서 무역 전문가로 일했습니다. 그래서 금융은 경험이 없는 분야이며 전문지식이 없습니다. 그리고 공부를 하기 위해 미국에 왔기 때문에 대학원 과정을 먼저 마쳐야 되겠습니다"라면서 고사를 했다. 그러자 그는 "우리 회사에는 모두가 금융 전문가들입니다. 당신의 뜨거운 열 정이면 앞으로 6개월만 배워도 충분히 금융전문가가 될 수 있습니다. 그리고 내가 시작하려는 이 사업은 당신이 대학원을 마치는 2년이 지 나갈 때까지 결코 기다릴 수가 없습니다."라면서 강석진에게 자신이 새롭게 시작하는 아시아지역 투자금융 사업부의 부사장을 맡아 줄 것 을 강력히 요구했다. 이렇게 되자 동석했던 스텐리 리 교민회장도 유 진 스코우런 회장의 제안을 받아들일 것을 권유했다. 이렇게 해서 달 랑 2백 불을 가지고 유학 온 그에게 갑자기 뉴욕의 미국금융회사에 최연소 부사장으로 전격 스카우트되는 마법 같은 일이 일어나게 된 것이다.

1970년대 초 그의 부사장 취임은 아시아지역, 특히 한국에 대한 미국 금융의 투자에 있어 중요한 의미를 지닌다. 국가 주요정책으로 추진하고 있는 경제개발과 산업화의 현실적 어려움을 타개하기 위한 그의 역할이 절실했기 때문이다.

특히 1973년은 대한민국이 제3차 경제개발계획(1972년~1976년)이 적극적으로 추진되면서 산업육성정책, 특히 첨단기술산업과 중공업 육성 정책이 적극적으로 추진될 때였다. 그래서 허허벌판이었던 동해의 영일만에 포항제철이 세워지고, 울산의 조그만 어촌에 현대 조선소가 세워지고 울산공업지구에 정유단지가 가동되던 시기였다. 그런데 1973년에 세계의 화약고였던 중동에서 제4차 중동전쟁이 일어나는 바람에 아랍석유수출기구(OPEC)에서 원유가격을 대폭 인상시켰다. 그러자 서방 선진국들도 마이너스 성장을 할 정도로 전 세계의 경제상황이 급격히 악화되고 인플레이션이 가속화되었다. 이렇게 되자 원유 한 방울 솟아나지 않는 우리나라에도 비상이 걸렸다. 특히 수출로 먹고사는 나라인 우리나라는 원유 확보가 무엇보다도 시급한 과제였다.

이러한 상황을 그 누구보다도 잘 알고 있는 강석진 부사장은, "원유 한 방울 나지 않는 한국이 하루빨리 가난을 벗어나고 국제수지를 개선시키기 위해서는 부가가치가 높은 최첨단 기술을 가진 나라로 경제 체질을 일대 혁신시키는 것이 긴요하다"고 판단했다. 그래서 세계경제의 중심인 뉴욕에서 세계경제의 흐름을 꿰뚫고 있던 강석진 부사장은 한국에 투자할 사업 분야 선정을 위한 많은 연구와 고심 끝에 놀랍게도 당시 최첨단 미래산업인 '반도체 산업'을 선택한다.

그 당시 반도체는 주로 군수산업에만 사용되고 있었기 때문에 민간기업들은 반도체에 관한 기술에 아예 접근 자체가 불가능했다. 뿐만 아니라 국내 기업은 말할 것도 없고 해외의 기업들도 반도체에 대해 잘 알지 못할 때였다. 전 세계에서 반도체 관련 기업은 많지 않았다. 미국의 경우 모토롤라와 시그넥스, 실바니아 전기 등 극소수 기업뿐이었다. 그러나 반도체 산업의 현황과 미래에 대해 많은 정보를 수집한 강석진 부사장은 부강한 조국을 위해서는 '첨단 반도체산업의 육성'이 반드시 필요하다는 결론을 내렸다.

강석진 부사장은 미국의 유명 전자회사인 실바니아의 반도체 사업부가 있는 보스톤을 직접 방문하여 실바니아와 그가 근무하던 금융회사가 공동합작투자 사업으로 반도체 생산공장을 한국에 건설하자고 대담한 제안을 한다. 이때부터 강석진 부사장의 열정 DNA가 뜨겁게 가동되기 시작한다. 그러나 실바니아의 경영진들은 대단히 냉담한 반응을 보인다.

"아니, 우리가 왜? 극동의 개발도상국인 한국에 세계최첨단 기술이 집약된 반도체 칩 생산공장을 세워야 하는가?"

그러나 강석진 부사장은 확고한 신념과 뜨거운 열정으로, 계란으로 바위를 깨뜨리는 것처럼 무모하다 할지도 모를 기획을 저돌적으로 밀어붙였다. 그러나 젊은 나이의 코리언인 그가 실바니아의 경영진을 설득하는 데는 한계가 있었다.

고민을 거듭하던 강석진 부사장은 수소문 끝에 미국 보스톤대학에 근무하는 한국계 교수가 있다는 사실을 파악하고 그를 찾아간다. 그리고는 "가난한 조국의 장래를 위해 실바니아 전자회사 경영진을 함께 설득해 한국에 반도체 생산 공장을 세울 수 있도록 도와 달라"고 도움을 요청한다. 강석진 부사장은 미국의 기업경영자들은 대학교수들의 의견을 대단히 존중한다는 사실을 알고는 보스톤대학의 한국계 교수의 도움을 부탁한 것이다.

지성이면 감천이라 했던가? 힘들고 어려운 각고의 노력 끝에 그와 보스톤 대학 교수는 결국 실바니아의 완고한 경영진을 설득할 수가 있었다. 실바니아 전자회사와 강석진 부사장이 근무하는 월스트리트의 투자금융회사는 각각 50%씩 지분을 가진 반도체 회사 다트마우스 전자회사를 미국에 설립하고 그 회사가 한국에 100% 외자를 투자하여 다트마우스 코리아를 설립하기로 결정한다.

이 소식을 듣고 뛸 듯이 기뻐한 것은 한국 정부였다. 세계 최고를 자랑하는 미국 군수산업에서 활용하는 최첨단 부품산업인 반도체 생산 기술이 아시아 최초로 개발도상국인 한국에 들어오게 되었기 때문이다. 이러한 놀라운 사실은 즉각 대통령에게 보고되었고, 주무부처인 경제기획원에서는 차화준 외자유치국장(추후에 울산지역 국회의원 역임)이 즉각 담당 사무관을 강석진 부사장이 체류하던 호텔로 파견하여 외자도입 신청에 필요한 사업계획서 등 필요한 모든 서류를 대신 작성해 주고 경제기획원의 외자도입 최종승인까지 모든 절차를 1주일 이내에 완료해 주었다. 이것은 한국 정부 최초의 원스톱 서비스였다.

이렇게 해서 '한국 최초의 반도체 기업'인 다트머스 일렉트로닉스 부사장으로 취임한 강석진 씨는, 한국과 미국을 부지런히 오가면서 '반도체 산업 입국'의 뜨거운 의지를 불사른다. 그는 서울에서 가까운 기흥에 부지를 마련하고 아시아 최초의 반도체 칩을 생산하는 공장을 짓기 위해 동분서주한다.

그러나 당시 미국의 군수산업은 이미 1975년에 패전한 월남전쟁의 여파로 침체기에 들어서고 있었다. 월남전의 종결로 거대한 시장이 사라지게 되자, 큰 타격을 입을 수밖에 없었던 것이다. 결국 군수산업에만 의존하던 반도체 시장도 함께 장기 침체에 들어가게 된다. 이에 실바니아 전자의 경영진들은 이사회에서 반도체 산업의 미래가 불확실하다는 결론을 내리고, 반도체 관련 사업 전체를 중단하기로 결정하고 만다.

"그때 실바니아 전자회사 경영진들은 참으로 어리석은 판단을 했던 겁니다. 군수산업을 뛰어넘어 소비재 전자산업과 통신산업 등 미래 첨단산업에서 반도체가 가장 중요한 핵심 역할을 할 것이라는 예측을 하지 못했던 것입니다.

지금도 너무나 아쉬운 것은 만약 그때 실바니아 전자회사의 이사진들이 반도체가 군수산업 이외에도 활용될 것이라는 예측만 했더라도 그들의 중요한 반도체 사업부를 폐쇄하지 않았을 것이며, 대한민국 최초의 반도체 사업 투자는 예정대로 추진이 되었을 것입니다. 그때의 다트마우스 전자회사는 한국 최초의 반도체 회사로 남아 있을 것이고, 한국은 지금보다 훨씬 빨리 세계의 반도체 시장을 장악할 수 있었을 겁니다. 그리고 한국의 기업들은 세계최첨단의 기술력을 바탕으로 더욱 빨리 선진화와 글로벌화가 되었을 것이며, 아마 지금쯤이면 GDP가 3만 달러를 넘는 선진국에 진입했을 겁니다.

또한 우리의 우수하고 총명한 젊은이들이 자기의 적성도 따지지 않고 너도나도 의사나 법조인이 되겠다고 대학으로 몰려 가는 것이 아니라, 미국의 실리콘밸리에 있는 젊은이들처럼 뛰어난 상상력과 창의력으로 창업을 하기 위해 연구와 토론을 하는 기업가 정신이 넘치는 사회풍토가 조성되었을 겁니다. 지금도 그 생각을 하면 그때 일이 참으로 애석합니다."

강석진 회장은 지금도 당시 일을 떠올리면 이렇게 아쉬움을 토로하곤 한다. 그 당시 자신의 꿈이 좌절되자, 크게 실망한 강석진 부사장은 반도체 합작회사 사업 프로젝트를 정리하고 미국 본사로 돌아가 새로운 투자 프로젝트를 개발하기로 결심했다.

한국을 떠나기 전 그는 설경동 대한전선 회장을 찾아갔다. 1970년대 초에는 금성사(현 LG전자)가 한국에서는 가장 매출을 많이 올리는 가전회사였고, 그 다음이 대한전선(나중에 대우전자)이었다. 삼성전자가 생기기도 전 일이었다. 대한전선의 설경동 회장은 강석진 부사장이 진행하는 반도체 사업에 깊은 관심을 갖고 있었다. 만약 한국의 반도체 칩 공장이 가동되면 대한전선이 한국측 파트너가 될 예정이었다. 그런 이유로 강석진 부사장은 작별 인사차 대한전선의 설경동 회장을 방문하여 그간의 프로젝트 진행 경위를 설명해 주었다. 그리고 미국으로 다시 돌아가 다른 사업 프로젝트를 추진할 것이라고 설명했다.

그런데 이날 설경동 회장은 강석진 부사장에게 뜻밖의 제안을 내놓았다. 즉 대한전선에서 생산하는 가전제품의 해외수출을 총괄하는 총책임을 맡아 달라는 것이었다. 그 당시 한국정부는 수출을 촉진하기 위해 대기업의 경우 국내시장 판매량을 수출 실적과 연계시킨 링크제를 실시하고 있었다. 국내에서 가전제품과 전자제품을 생산 판매하는 회사는 금성사와 대한전선 두 회사뿐이었다.

대한전선은 전자제품 수출이 부진하여 국내에서 판매를 할 수 있는 수량을 늘리지 못하는 구조적인 제약을 받고 있었다. 수출을 늘리지 못하면 국내 판매를 늘리지 못하도록 강제적으로 제한한 것이다. 따라서 대한전선은 수출 문제 해결이 회사의 가장 시급하고 중요한 과제였다. 그래서 설경동 회장은 이 중요한 책임을 강석진 부사장에게 맡아 줄 것을 간곡히 부탁했다.

그 당시 해외 가전 수출시장은 일본의 소니, 산요, 파나소닉 등 일본 회사들이 미국 회사들 다음으로 세계시장을 거의 장악하고 있었다. 그래서 금성사와 대한전선을 비롯한 한국 회사들이 생산한 전자제품은 해외 수출이 지지부진할 수밖에 없었다. 이런 이유로 설경동 회장은 해외 경험이 풍부한 강석진 부사장의 도움이 필요한 것이었다.

강석진 부사장은 "만약 스코우론 회장이 동의한다면 2년 동안 전자제품 해외수출을 책임지고 최선을 다하겠다"고 설경동 회장에게 이야기했다. 그리고 그날 저녁 뉴욕에 있는 스코우론 회장에게 전화를 걸었다. 그리고 "앞으로 아시아지역 투자사업 프로젝트는 전자산업 분야가 전망이 좋으니까 유망한 한국기업에서 2년간만 경영 경험을 쌓고 돌아오는 것도 좋겠다"는 스코우론 회장의 승락을 받았다.

이렇게 해서 대한전선의 해외 수출을 총책임지게 된 강석진 이사는 가장 먼저 해외 시장개척을 위해 당시 대한전선이 생산하고 있던 전자제품들부터 하나씩 조사하기 시작했다. '지피지기면 백전백승'이 아니던가? 그런데 대한전선에서 생산한 제품들을 찬찬히 살펴보고는 놀라지 않을 수 없었다.

당시 대한전선의 제품들은 일본 기업들이 여러 해 동안 판매해 오다 이제는 신제품으로 교체한 구닥다리 모델들 일색이었다. 그 시절의 한국의 전자회사들은 독자 모델 개발 능력이 없었기 때문에 일본 기업들과의 기술 제휴에 의존하고 있었다. 그러다 보니 일본 기업들은 자신들의 주력 제품 목록에서 제외된 구형 모델들만 그들과 협력하는 한국 기업에 보내 생산 판매하도록 했었다. 이러한 구형 모델로는 해외 시장에서 일본 제품과는 아예 경쟁조차 할 수 없었다.

강석진 이사는 무엇보다도 해외 소비자들에게 통하지 않는 구형 모델로는 해외 수출을 획기적으로 늘일 수 없다고 판단했다. 그래서 그는 "해외 시장개척을 위해서는 새로운 디자인과 고품질의 경쟁력 있는 독자 모델 제품을 자체 내에서 개발하여 수출시장을 개척해야겠다"고 결심한다. 그의 가슴속에 들어 있는 뜨거운 열정의 게이지가 점점 속도를 높이기 시작한 것이다. 그는 이러한 문제점을 설경동 회장에게 직접 설명하고 대안으로 자체 모델 개발안을 제시했다. 설 회장은 이를 즉시 받아들여 자체 모델 개발사업을 적극 지원하기로 했다.

강석진 이사는 즉시 유럽과 일본으로 날아가서 세계 최고 브랜드의 최신 가전제품들을 모두 구입해서 가져왔다. 이렇게 구입한 세계 최고의 전자제품을 샘플로 하는 리버스-엔지니어링 방식을 통해 자체 모델을 개발할 생각이었다. 이를 위해 설 회장의 적극적인 지원을 받으면서 한국 최초로 자체의 독자모델 전자제품을 개발하는 사내 개발연구소를 만들었다. 이것은 전기전자산업 분야의 기업에서 독자적인 기술로 자체 모델을 개발하는 "한국 최초의 사내 R&D센터"였다. 그리고 그는 새로 개발된 신제품이 생산에 들어가기도 전에 외형 디자인 샘플 사진으로 만든 제품 카탈로그를 들고 프랑스 등 유럽 나라들과 남아프리카 요하네스버그까지 날아가 해외 마케팅을 시작했다.

이러한 열정적인 노력 끝에 새로 개발한 제품이 생산에 들어가기도 전임에도 불구하고 미리 수출 주문을 받는 데 성공해 수출신용장까지 받아들고 돌아왔다. 이는 외국 기업 경영자들로부터 얻은 깊은 신뢰를 바탕으로 한 놀라운 마케팅이 아닐 수 없다.

"아니, 만약에 그 카탈로그에 소개된 것과 똑같은 성능의 제품이 생산되지 않으면 낭패가 아닙니까?"

"지금은 잘 이해가 되지 않겠지만 그때 우리들은 그만큼 수출이 절실했답니다. 또 우리 개발실에서 밤을 새우며 신제품 개발에 몰두하고 있는 연구원들의 사명감과 능력을 굳게 믿었죠. 그 당시 신제품 개발연구소를 책임진 서울공대 전자과 출신 원재혁 실장의 실력을 믿었기 때문이에요. 만약 그런 신뢰가 없었다면 나도 그처럼 무모한 일을 하지는 못했을 겁니다."

70년대 초반인 당시 신제품 개발실에서는 AM과 FM방송, 원거리의 SW단파방송을 모두 수신할 수 있으며 카세트 녹음기능까지 갖춘 최첨단 라디오 카셋 - 프레이어 전자제품 개발에 성공을 했으며 곧바로 생산에 들어갔다. 이것은 한국 전자산업 역사상 '최초로 한국의 자체기술에 의한 독자모델 개발'이었으며, 원재혁 연구실장과 연구팀들이 밤낮을 가리지 않고 수많은 시행착오를 겪으면서도 좌절하거나 포기하지 않고 끝까지 노력한 결과였다. 또한 먼 미래를 바라보며 실패의 위험을 무릅쓰고 적극적으로 추진한 강석진 이사의 모험 정신과, 사람에 대한 신뢰를 바탕으로 끝까지 약속을 지키고 전폭적인 지원을 아끼지 않은 설경동 회장의 혜안과 결단의 합작품이었다.

이 제품은 곧바로 프랑스 파리와 남아프리카의 요하네스버그로 첫 수출이 되었고, 아프리카에 수출된 한국 전자제품으로서는 최초가 된다. 이렇게 되자 대한전선은 독자 모델 전자제품으로 해외 수출이 급성장했다.

그러나 기쁨도 잠시였다. 남아프리카 요하네스버그로 수출된 제품이 단파 라디오방송 SW수신 부분이 유럽에서 방송되는 단파방송을 수신하지 못하는 바람에 수입업자가 거액의 클레임을 걸어온 것이다. 영국과 네델란드의 식민지였던 남아프리카에서는 백인이 사회의 지배층이었다. 그들로서는 유럽 방송 청취가 필수적이었다.

자칫하면 머나먼 아프리카로 수출된 상품을 모두 한국으로 회수해야 할지도 모를 일이었다. 그러나 강석진 이사는 침착하고 신속하게 움직였다. 연구개발 실장을 대동하고 실험용 장비와 각종 전자부품을 싣고 요하네스버그로 쏜살같이 날아간 것이다. "해결책은 언제나 현장에 있다"는 평소의 생각에서였다.

강석진 이사는 연구실장과 함께 현지에서 제품 시험을 해보고 수리 방법 연구에 몰두했다. 결국 일부 부품의 교체만 하면 유럽의 단파방송을 남아프리카에서도 수신할 수 있는 방법을 찾아내는 데 성공했다. 이에 강석진 이사는 즉시 요하네스버그 현지에 '대한민국 최초의 해외 애프터 서비스 센타'를 설립하고, 독일계 현지인 전자 기술자를 중심으로 에프터 서비스팀을 구성하여 수출한 전자제품 전체를 리콜해 수리해 주었다.

이렇게 되자 해외 거래처로부터 온 대형 클레임으로 노심초사하고 있던 서울의 본사 경영진들은 회심의 미소를 지었고, 당시 대한전선의 민중기 사장과 설경동 회장의 아들 설원량 전무(추후 대한전선 그룹 회장직을 승계함)는 남아프리카에서 돌아오는 강석진 이사를 일본 동경에서 만나 환영하는 축하파티를 성대하게 열어 주었다.

이와 같은 수입국 현지의 문제점에 대해 현장으로 출동하는 신속한 대응전략과 실행은 오히려 한국의 대한전선 전자제품에 대한 신뢰도를 급상승시켰으며, 일본과 유럽의 전자제품과 대등하게 경쟁할 수 있는 기회가 되었다. 그후 남아프리카 현지를 깊이 이해한 그와 원재혁 개발실장은 흑인 원주민들의 생활방식과 그들의 문화에 적합한 대형 스피커가 장착된 '아프리카 맞춤형 라디오 음향기기'를 개발해서 대히트를 치게 된다.

남아프리카 문제를 극적으로 해결한 강석진 이사는 미처 숨을 돌릴 틈도 없이 곧장 일본 동경과 미국행 비행기를 탄다. 미국을 대표하는 토마스 에디슨이 창업한 가장 오래된 전자회사인 GE를 설득하여 GE 브랜드의 전자제품을 대한전선에서 OEM방식으로 한국에서 생산해 미국으로 수출하기 위해서였다. 미국에 거주하는 동안 그 누구보다도 GE의 브랜드 파워를 잘 알고 있던 그는, 약 반년 동안 GE와 끈질기게 접촉 설득한 끝에 한국기업 최초로 GE 전자제품을 OEM방식으로 한국에서 생산하여 미국으로 수출하게 된다. 강석진 이사의 열정을 신뢰한 GE는 70년대 당시에는 미처 상상도 할 수 없는 2년간의 장기수출계약을 체결해 주었고 대한전선의 최대 고객이 되었다.

이처럼 수출을 위해 아프리카의 머나먼 오지부터 북미대륙까지 비행기로 날아가 시차를 미처 느낄 사이도 없이 불철주야로 노력한 결과, 그가 수출을 책임진 2년 후 12월 '수출의 날'에 대한전선은 전자제품 분야 수출 1위를 달성한 공로로 대통령 표창을 받을 정도가 되었다. 이제 한국의 대표적인 전자제품 수출 기업으로 도약한 것이다. 이에 강석진 이사는 설경동 회장에게 "이제 2년의 약속이 끝났으니 저를 기다리는 뉴욕의 미국 금융회사로 다시 돌아가겠습니다"라고 이야기 했다. 그러나 강석진 이사가 절실히 필요했던 설 회장은 "자신은 그런 약속을 한 적이 없으며 전혀 기억에 없다"며 완강히 부인한다.

그리고 나서 얼마 후. 강석진 이사의 열정, 끈기, 왕성한 추진력을 그동안 눈여겨 지켜보고 있었던 GE 본사에서 새로운 제안을 해온다. 그것은 GE가 신설하는 "아시아지역 사업부의 경영을 강석진 이사가 전적으로 맡아 달라"는 것이었다.

가장 큰 고객인 GE로부터 공식제안을 받은 설 회장은 고민에 고민을 거듭한다. 강석진 이사가 대한전선을 떠나는 것을 도저히 받아들일 수 없었기 때문이었다. 결국 대한전선 최대 고객인 GE의 부탁을 뿌리칠 수 없었던 설경동 회장은 고심 끝에 강석진을 GE에 2년 동안 파견 근무하게 하는 묘안을 제시한다. 소속은 대한전선에 그대로 두고 근무는 GE에서 하는 세계 경영 역사상 최초의 '경영자를 임대하는 계약'을 양사간에 하게 된 것이다.

이때부터 GE의 아시아지역 전략담당 이사로 위탁근무하게 된 강석진 이사는 당시엔 자신이 GE에서 32년이나 근무하게 될 줄은 미처 몰랐다. 이로 인해 강석진 이사는 자신을 처음으로 금융사업에 스카웃했던 뉴욕의 투자금융회사 유진 스코우론 회장에게로 돌아갈 수 없었다.

"처음에는 대한전선에서 생산하는 가전제품을 미국으로 수출하기 위해 GE를 설득했는데, 이것이 인연이 되어 1974년에는 GE의 아시아 구매사업부의 경영을 맡게 되었으며 결국 1978년에는 GE의 아시아지역 경영 전략담당 임원이 되고 그로부터 3년 후인 1981년에는 GE의 한국사업을 총괄하는 GE코리아의 CEO가 되셨군요."

"예, 그래요. 대한민국을 잘사는 수출강국의 나라로 만들겠다는 일념으로 열심히 수출전선에서 오직 앞만 바라보며 부지런히 달리다 보니까, 나도 모르는 사이에 어느새 GE코리아의 CEO가 되어 있었고,

또 잭 웰치 회장을 만나서 그분과 함께 20년간 세계화와 글로벌 경영이란 새로운 길을 개척하게 된 것이죠."

그후 강석진 이사를 사이에 두고 GE와 대한전선 간에 이루어진 계약기간이 훌쩍 지나갔지만, 아무도 이를 문제삼지는 않았다. 이로 인해 두 회사 간의 사업이 확대되고 양사가 모두 만족한 결과가 나오자, 계약기간이 지나간 것을 까맣게 잊은 채 강석진의 경영 인생에서 가장 보람이 있었던 32년의 세월을 GE에서 보내게 된 것이다.

열정이 만든 기적들

NO PASSION!
NO DREAM!

1.
11월 11일 11시의 기적

2007년. 베이비 붐 세대인 내가 지천명의 나이인 쉰을 훌쩍 넘은 그해에, 내 인생에서 뜻밖의 일이 하나 발생했다. 내가 유명 언론사의 전략기획실에 객원 기획위원으로 초빙된 것이다. 비록 객원이라는 신분이었기 때문에 아무 봉급도 받지 못하는 명예직이었지만, 나는 무척이나 감격스러웠다. 그것은 고졸 검정고시 출신으로 학력도 많이 부족하고, 나이도 상당히 많은 편에 속해서 부적격이었지만, 학력과 나이를 따지지 않고 오직 능력과 가능성만 평가한 경영진에 의해 직접 발탁되었기 때문이다.

언론사로부터 첫 출근을 연락 받은 날, 나는 가슴이 설레어 밤늦도록 잠을 이루지 못했다. 그동안 온갖 역경 속에서 내가 진행했던 〈해남 땅끝축제〉와 〈함평 나비축제〉에 대한 기획력과 추진력을 인정받았다고 생각하니, 참으로 가슴이 뿌듯하고 영광스럽기까지 했다.

'아! 어린 시절에 부산 시내 골목을 구석구석 뛰어 다니며 신문을 팔고 구두를 닦던 내가, 언론사의 전략기획실에서 업무를 보는 전략기획위원이 되다니…….'

설레는 가슴을 누르지 못하고 어둑새벽에 일찍 잠이 깬 나는 여느 때처럼 운동복으로 갈아입고 남한산성 숲속으로 뛰어 올라갔다. 남한산성 아래 학마을에 살고 있는 나는 숲속에 들어가 건강학춤으로 수련을 하면서 남한산성의 맑은 기운으로 온몸을 가득 채웠다. 그리고 굵은 땀방울이 쉴새없이 흘러내리는 몸을 맑은 계곡물에 시원하게 담그고 정신이 번쩍나게 목욕재계 했다.

나는 지하철을 타고 출근하는 내내 '정말로 열심히 해서, 나를 뽑아준 경영진의 기대에 반드시 부응하고 회사에도 공을 세우자'고 마음속으로 결심하고 또 결심했다. 그러나 이러한 나의 기대와 생각은 출근하는 첫날부터 산산이 깨졌다. 전략기획실에서 진행된 첫 회의에서 내 의견이 악의적으로 무시되고 빈정거림의 대상이 되는 것을 보고 너무나 당혹스러웠다. 특히 전략기획실의 일부 담당자들은 강한 적대감을 가지고 내 의견을 철저하게 무시하는 태도를 보였다.

"아니! 그게 도대체 헛소리입니까? 마사이족을 초청해서 걷기 캠페인을 하자니요?"

"맞습니다! 그건 말할 가치도 없습니다. 그 뚱뚱하고 비계덩어리 가득한 마사이족을 데려와서 무슨 걷기 캠페인을 합니까? 이건 지나가는 똥개도 웃을 일입니다."

나는 아프리카의 마사이족과 뉴질랜드의 마오리족조차 구분하지 못하는 그들의 무지한 발언을 들으면서 마음이 착잡하고 서글프기까지 했다.

그날 회의는 치열한 경쟁을 벌이고 있는 요즘의 언론 상황에서 언론사의 브랜드 파워를 획기적으로 높이고 수익을 다변화하기 위한 새로운 아이디어를 발표하는 회의였다. 그래서 나는 IMF 경제 위기 이후에 한국 사회에 불기 시작한 '걷기 열풍'을 언론사가 여러 부문에서 주목할 필요가 있다고 생각했다. 그리고 고령화 사회에 접어든 대한민국에서 건강의 가장 기본운동인 '걷기'가 대중적인 생활운동으로 꾸준하게 인기를 누릴 것으로 판단했다. 때마침 '마사이 워킹 신발'이 국민들 사이에 널리 알려지고 있었기 때문에, 나는 '마사이 워킹'의 모델인 마사이족을 한국으로 직접 초청해서 걷기대회를 만들면 독자들에게 신선한 감동을 안겨줄 수 있을 것이라는 생각이 들었다.

그런데 회의에 참석한 일부 담당자들은 내 의견을 막무가내로 뭉개

버리면서 아예 발언조차 못하게 하는 분위기로 몰아갔던 것이다. 결국 나는 마음의 상처를 크게 받고는 깊은 자괴감에 빠졌다.

그후, 전략기획회의에 몇 차례 더 참석하였으나 그들의 조직적인 텃세 때문에 상황은 조금도 나아지지 않았다. 삼인 성호(三人 成虎)라고 했던가? 세 사람이 힘을 모으면 없는 호랑이도 만든다고 했는데…… 그들이 서로 짜고 나를 따돌리고 왕따를 시키니 내가 능력을 발휘하기에는 참으로 어려운 지경이었다. 하는 수 없이 나는 말이 아니라 행동으로 내 능력을 보여주겠다고 마음속으로 단단히 결심했다.

그러던 어느 날, 나는 아침 출근길에 조간신문을 읽다가 어느 신발회사의 광고를 보고는 지하철 안에서 벌떡 일어섰다. 그 광고는 기능성 신발을 생산하는 회사가 낸 광고였는데 마사이 워킹에 관한 홍보 문구가 크게 적혀 있었다.

몇 년 전만 하더라도 마사이 워킹에 대한 광고를 낸 신발회사는 단한 곳밖에 없었다. 이 회사는 후발업체인 것 같았다. 지하철역에서 급히 내려서 공중전화를 걸어 보니 회사가 지하철 2호선 역삼역 부근에 있다고 했다. 나는 무작정 그 회사를 찾아가 비서실 여비서에게 사장님을 좀 만나게 해달라고 간절히 부탁했다.

"마사이족을 아프리카에서 초청해 전국 대도시를 순회하면서 아프리카 어린이 돕기 걷기대회를 개최하자고요?"

"예! 그렇습니다. 그동안 홍보 문안으로 마사이 워킹을 사용하면서 신발을 판매했지만, 실제로 아프리카 마사이족의 걷는 모습을 보여준 적은 단 한 번도 없지 않습니까? 그래서 아프리카 마사이족을 국내 최초로 초청해서 대도시를 순회하는 걷기대회를 개최하게 되면 기업 홍보에 아주 큰 효과가 있을 겁니다."

40대 중반쯤 되어 보이는 신발회사 사장은 내 제안에 상당히 긍정적인 반응을 보였다.

"그러면 마사이족을 아프리카 어느 나라에서 데리고 오는 겁니까?"

"마사이족은 주로 케냐와 탄자니아에 흩어져 살고 있습니다. 그런데 케냐에 살고 있는 마사이족은 도시에서 많이 살고 있습니다. 그러나 탄자니아에 사는 마사이족은 아직 시골에서 유목을 하면서 살고 있기 때문에 옛 모습과 문화를 그대로 간직하고 있습니다."

"그러면 탄자니아에서 마사이족을 데리고 와야겠군요."

"그렇죠! 탄자니아에서 실제로 유목생활을 하는 마사이족을 초청해야 좀더 큰 홍보 효과를 거둘 수 있을 겁니다."

이렇게 해서 신발회사 사장으로부터 협찬 약속을 받아낸 나는, 다음 날 아침 전략기획회의 때 이 내용을 자신 있게 보고했다. 그러자 전략 기획실의 책임자가 두 눈에 쌍심지를 돋우며 언성을 드높인다.

"아니! 무슨 일을 그렇게 독단적으로 합니까? 우리 허락도 받지 않고 본인 마음대로 기업 협찬을 받아오면 되는 겁니까?"

그러자 옆에 있던 담당자가 맞장구를 치며 목청을 함께 돋웠다.

"그럼요! 이건 말도 안 되는 일입니다. 만약 일이 잘못되면 모든 책임이 우리에게 돌아올 텐데, 어떻게 자기 마음대로 이런 일을 저지르는 겁니까?"

그래서 나는 이번 일의 중요성에 대해 차근차근 설명하기 시작했다.

"그동안 한국 사회에 마사이 워킹이 많이 알려지고, 또 마사이 워킹을 표방하는 신발이 많이 판매되었습니다. 그러나 실제로 아프리카 마사이족이 걷는 모습을 본 한국인들은 거의 없습니다. 왜냐하면 머나먼 아프리카에까지 가야만이 비로소 마사이족을 볼 수 있기 때문입니다. 그래서 이번 기회에 마사이족을 한국으로 직접 초청해서 아프리카 어린이 돕기 자선걷기 대회를 개최한다면 대단히 큰 반향을 불러일으킬 수 있을 겁니다."

"아니! 대학도 안 나온 사람이 도대체 얼마나 안다고 그 따위 소리를 함부로 늘어놓는 겁니까?"

상대방의 그 말을 듣는 순간, 나는 그만 할 말을 잃어버렸다. 그들이 나를 집단 따돌림하고 무시하는 진짜 이유를 그때 비로소 확실하게 알 수 있었기 때문이었다.

'아! 그랬구나. 아! 그것이었구나. 당신들이 생각하는 학력과 학연이 나에게는 없기 때문에 나와 대화하기를 그토록 거부했구나……. 열정을 갖고 진취적인 일을 새롭게 시작하는데 학력과 학연이 그토록 큰 장애물이라는 건가……. 대학을 나오지 않으면, 새로운 아이디어를 낼 자격조차도 없단 말인가? 비록 나는 대학을 졸업하지는 못했지만, 대학에서 가르쳐주지 못하는 다양한 경험을 지난 수십 년 동안 치열하게 쌓아왔는데…….'

결국 나는 그들의 조직적인 왕따 전략에 못 이겨 3개월여 만에 언론사 전략기획실을 쓸쓸하게 그만두어야 했다. 그러나 나는 '마사이족 초청! 아프리카 어린이 돕기 자선 걷기대회' 아이디어를 혼자라도 기어코 추진하고 싶었다. 왜냐하면 마사이족의 걷는 모습을 실제 눈앞에서 보여주는 것이, '마사이 워킹'에 열광하는 한국 사회의 많은 사람들에게 크게 도움이 되는 좋은 일이라는 굳은 확신이 들었기 때문이었다.

다행히 마사이 워킹 신발회사로부터 행사에 필요한 모든 경비를 협찬받게 되어, 나는 걷기대회를 별다른 차질 없이 준비할 수 있었다. 행사의 총기획을 맡은 나는 이번 행사를 잘 진행할 수 있는 이벤트 기획사 한 곳을 후배로부터 소개받았다. 나는 신촌에 있는 K이벤트사를 찾아갔다. 청기와 주유소 뒤쪽에 있는 K이벤트사 문을 열고 들어서는 순간 깜짝 놀랐다.

"아니, 형님!"

"아니, 자네가?"

우리는 반가움에 서로 얼싸 안으며 어쩔 줄 몰랐다.

내가 그 형님을 만난 것은 IMF 외환 위기 이전인 1996년 가을이었다. 그때 나는 케이블 TV협회의 초청으로 한국방송광고공사 남한강 연수원에서 '건강학춤'에 대한 특강을 하게 되었다. 그날 전국에서 모인 케이블 TV 대표들을 대상으로 진행하던 건강학춤 특강이 거의 끝나갈 무렵에, 나는 임진왜란 때 일본인들에 의해 머나먼 이탈리아로 팔려간 조선인 노예인 '안토니오 꼬레아'에 대한 이야기를 잠시 언급했다.

그런데 강의가 끝나자마자 무대 위로 올라와 내 두 손을 반갑게 잡는 사람이 있었다. 그는 진로그룹이 운영하던 여성전용 케이블 TV인 G－TV의 이성수 사장이었다. 알고 보니 이성수 사장은 이탈리아의 알비마을에 살고 있는 안토니오 꼬레아의 후손들을 국내 최초로 취재한 KBS PD였다. 이성수 사장은 자신이 취재했던 내용을 보고 라벨르 잡지의 김수근 기자가 특집 기사를 썼고, 또 그 특집 기사를 보고 내가 『풍류남아―안토니오 꼬레아』 소설 3권을 썼다는 사실을 알고는 반가운 마음에 무대 위로 뛰어 올라온 것이다.

이렇게 해서 나와 의형제를 맺은 이성수 사장은 IMF 경제 위기 때 진로그룹이 어려움을 겪게 되자 G－TV를 그만두게 된다. 그후 그는 앙드레 김이 만든 언더우드 패션 회사의 초대대표를 맡았다. 그러다 IMF 이후에 내가 땅끝마을과 함평 나비축제를 알리는 문화기획가로 변신하면서 수 년째 연락이 끊기게 되었다. 그런데 뜻밖에도 이성수 사장이 K이벤트사의 회장이라는 게 아닌가?

나는 이번 일을 K이벤트사에 맡기기로 결정했다. 이성수 회장은 나에게 K이벤트사의 강 사장을 비롯한 직원들을 모두 소개해 주었다. 나는 K이벤트사의 직원들에게 아프리카 마사이족을 최초로 초청하는 '아프리카 어린이 돕기 자선 걷기대회'의 중요성과 의의에 대해 자세히 설명해 주었다. 그리고 모든 행사를 차질 없이 준비해 줄 것을 신신

당부했다. 무엇보다도 이성수 회장과 재회하게 된 것이 무척이나 기뻤던 나는 K이벤트사 직원들에 대한 깊은 신뢰를 갖고 본격적으로 행사 준비에 들어갔다.

드디어 10월 초순. 나는 서울올림픽공원에서 첫 행사를 치뤘다.

마사이족 문화사절단의 인기는 참으로 대단했다. 키가 1m 90cm에 이르는 건장한 마사이족 청년 다섯 명이 창과 칼과 방패를 들고 아프리카 밀림 속에서 금방 튀어나온 듯한 야성적인 모습으로 행사장에 들어서자, 사람들의 시선이 일시에 그들에게 집중되었다. 걷기행사가 끝난 후에는 참가자들이 마사이족 청년들과 기념사진을 서로 먼저 찍기 위해 줄을 길게 서는 진풍경도 벌어졌다. 또 마사이족 청년들이 행사 홍보를 위해 명동과 강남에 나타나자 지나가는 행인들이 순식간에 모여들어 사진을 찍고 인터넷에 올렸다.

서울 행사를 모두 끝낸 나는 다음 행사를 위해 부산으로 내려갔다. 그것은 내 고향 사람들에게 마사이족과 함께 걷는 걷기대회를 보여주고 싶었기 때문이다. 나는 마사이족 초청 걷기대회를 해운대 백사장에서 개최하기 위해 부산 시청을 찾아갔다. 허남식 부산 시장님의 따뜻한 배려로 부산시에서 많은 협조를 받을 수 있었다. 그리고 부산 MBC, 부산 KBS, 부산일보, 국제신문에서도 기사와 방송을 통한 홍보를 약속해 주었다.

한동안 부산에 머물면서 행사 준비를 열심히 하고 있던 어느 날, 고향 선배의 권유로 체육인들의 회의에 초청받게 되었다. 그 회의는 국내외 체육인들의 교류를 협의하기 위해 해운대에서 개최된 행사였다. 그날 회의에 참가해서 여러 체육인들의 발표를 듣고 있는데, 갑자기 사회자가 나를 호명하면서 발표를 하라는 게 아닌가? 이때 나를 초청한 선배가 마이크를 잡더니 지난 IMF 경제 위기 때 희망의 땅끝축제와 함평 나비축제를 성공시킨 경력을 소개하면서, 나를 박수로 환영하도록 했다.

얼떨결에 마이크를 잡게 된 나는 생활체육의 가장 기본인 걷기를 활성화시키고 싶다는 의사를 차분하게 이야기했다. 그리고 대지 위를 직립 보행하는 두 다리를 연상시키는 숫자 11이 두 번 겹치는 '11월 11일'을 '세계 걷기의 날'로 선포하고 세계 각국이 이 캠페인에 참여하도록 전개하면 좋겠다는 아이디어를 발표했다.

내 발표가 끝나자마자 많은 체육인들이 좋은 아이디어라면서, 당장 금년 11월에 그 행사를 진행하는 것이 좋겠다는 의견까지 제시했다. 한 시간 남짓 지루하게 이어지던 회의가 갑자기 열띤 토론의 장으로 변한 것이다. 이렇게 되자 회의를 주관하는 좌장 역할을 하던 분이 며칠 후 서울올림픽공원에서 개최되는 회의에도 꼭 참석해 달라고 부탁을 했다.

며칠 후, 부산 해운대에서 '마사이족 초청! 아프리카 어린이 돕기 걷기행사'를 성공적으로 끝냈다.

주말의 가을 날씨가 쾌청해서 수천 명의 부산 시민들이 마사이족과 함께 해운대 바닷가를 걸으면서 좋은 시간을 보냈다. 바다를 난생 처음 본다는 마사이족 청년들도 에메랄드빛 바다와 새파란 가을 하늘을 바라보면서 즐거운 시간을 만끽했다. 허남식 부산 시장님도 직접 참석해서 축사도 하고 마사이족과 함께 해운대 백사장을 걸으면서 많은 격려를 해주셨다.

모든 행사를 끝내고 홀가분한 마음으로 서울행 기차에 몸을 실은 나는 긴장이 풀리면서 그동안 쌓인 피로가 한꺼번에 밀려와 잠을 청했다. 그런데 기차가 삼랑진을 막 지나갈 무렵에 한 통의 전화가 걸려 왔다. 서울에 있는 K이벤트사의 강 사장이었다.

"뭐, 뭐라고요? 행사 비용이 마이너스가 났다고요?"

"예! 그렇습니다. 저희들이 계산 착오가 있어서 행사를 다 끝내고 나니 수천만 원이 적자가 났습니다."

아니, 이게 도대체 무슨 뚱딴지 같은 말인가? 나는 마사이족을 초청해서 서울과 부산에서 걷기대회를 개최하는 데 필요한 경비 전액을 신발회사에서 협찬받아 지원해 주었다. 그런데 모든 행사가 다 끝난 지금에 와서 행사 비용을 잘못 계산하는 바람에 적자가 났다니……

"그, 그러면 어떻게 해야 하나요?"

"신발회사 사장님에게 잘 말씀드려서 적자난 돈을 더 받아 주시면 좋겠습니다."

"아니! 그게 도대체 말이 되는 소리예요? K이벤트사와 신발회사가 정식 계약을 체결하고 예산을 지원받았는데, 행사가 모두 끝난 마당에 계약에도 없는 돈을 더 달라고 하면 누가 주겠어요?"

나는 너무나 속상하고 어이가 없었다. 일단 전화를 끊고 고민을 하던 나는 기차가 서울역에 도착하자마자 신촌에 있는 K이벤트사로 갔다. 나는 이번 행사를 통해 적자가 난 부분을 다시 메꾸려면, 새로운 행사를 하나 더 기획하는 수밖에 없다고 생각했다. 그것은 바로 며칠 전에 국내외 체육인들의 회의에서 발표했던 '11월 11일 세계 걷기의 날 선포 행사'였다.

나는 아프리카 탄자니아에서 힘들게 초청한 마사이족 문화사절단이 한국 국민들에게 어느 정도 알려진 이때, 그들과 함께 '11월 11일 세계 걷기의 날 선포 행사'를 한다면 기업협찬을 또다시 받을 수 있을 것이라고 생각했다. 그래서 K이벤트사 강사장에게 '11월 11일 세계 걷기의 날 선포 행사'를 후원해 줄 기업을 물색해 보자고 제안했다.

"그것은 좀 어렵겠습니다."

"아니, 왜요?"

"벌써 10월 중순이 지났지 않습니까? 11월 11일이면 이제 겨우 20일도 채 남지 않았는데…… 그렇게 짧은 시간 안에 어떻게 기업협찬을 얻어낸다는 말입니까?"

나는 아무런 시도도 해보지 않고 일단 부정적인 이야기만 하는 강 사장에게 실망한 채 밖으로 나왔다. 밖으로 나온 나는 길 건너 홍익대학교 부근에 사무실이 있는 후배를 찾아갔다.

"영우야! 잘 있었니?"

"아, 선배님! 언제 올라 오셨어요? 부산에서 걷기대회 한다는 소식은 언론기사로 봤어요."

가수 매니저인 영우는 얼마 전에 홍익대학교 인근에 기획사 사무실을 내고 바쁘게 일하고 있는 후배였다.

나는 영우에게 그동안의 일들을 모두 설명해 주었다. 그리고 마사이족 문화사절단이 아직 한국에 있을 때 '11월 11일 세계 걷기의 날 선포식'을 꼭 하고 싶다고 이야기했다. 그러자 영우는 자신도 이번에 나와 함께 의미 있는 일을 한번 해보고 싶다고 했다. 이렇게 해서 나와 의기투합한 영우는 비록 20일도 채 남지 않은 짧은 기간이지만 기업 협찬을 알아보기 위해 열심히 노력하기로 했다. 나도 국내외 체육인들의 서울 회의에 참석해서 이번 행사를 함께 힘을 모아 개최하자는 제안을 해야겠다고 마음먹었다.

다음날 오전 열 시, 나는 서울올림픽공원 안에 있는 회의실 건물로 들어갔다. 지난번 부산에서 만났던 책임자가 나를 반갑게 맞아 주었다. 그리고 이번에는 나를 앞에 있는 연단에 서서 참석자들을 대상으로 정식 발표를 하도록 배려해 주었다. 나에게 배정된 시간도 30분이나 되었고, 필요하면 시간을 더 써도 좋다고 귀띔해 주었다.

그날 나는 국내외 체육인들을 대상으로 걷기의 중요성과 의의에 대해 설명했다. 그리고 금년 11월 11일 11시에 '세계 걷기의 날'을 선포하고, 이를 기념하는 걷기대회를 아프리카 마사이족 문화사절단과 함께 개최하자고 제안했다.

30여 분에 걸친 내 발표가 끝나자마자 회의실 안은 뜨거운 환호와 박수로 가득 찼다. 그리고 여러 명의 원로 체육인들이 이번 회의에서 가장 멋진 발표였다면서 이번 제안을 만장일치로 찬성하자고 제의했다. 그날 회의에서 체육인들의 의사를 확인한 책임자는 매우 흡족한 표정을 지으면서 이번 일을 나와 함께 의논해서 잘 추진하겠다고 이야기했다. 그날 우호적인 분위기 속에서 회의를 모두 끝낸 책임자는 저녁에 자신의 숙소인 팔레스 호텔에서 다시 만나자고 제안했다. 그래서 체육인들의 뜨거운 반응에 더욱 고무된 나는 그날 저녁에 약속 장소인 팔레스 호텔로 나갔다.

저녁 일곱 시. 파란색 조명이 은은하게 비치는 와인바로 들어서니 그 책임자가 파안대소하면서 나를 반갑게 맞이했다.

"11월 11일을 세계 걷기의 날로 선포하자는 아이디어는 정말 좋았어요. 우리 함께 잘 준비해서 세상 사람들을 깜짝 놀라게 합시다."

"감사합니다! 저도 반응이 그렇게 좋을 줄은 몰랐습니다. 이렇게 적극적으로 도와주시니 정말 감사합니다."

"나도 우리 회원들의 반응이 그렇게 뜨거운 걸 보고는 참으로 기뻤어요. 역시 참신한 아이디어는 사람들을 감동시키는 것 같아요."

"그런데 이번 행사를 성공시키려면 정말 바쁘게 움직여야 할 것 같습니다. 선포식 날짜가 불과 보름 남짓밖에 남지 않았습니다. 그래서 행사를 추진하기 위해서는 한시바삐 예산도 배정해야 하고 인력도 보강해야 합니다."

"아! 그렇지……. 예산이 필요하겠군. 행사를 진행하려면 예산이 얼마나 있어야 하나요?"

"예, 어림잡아서 5천만 원은 필요할 것 같습니다."

"그, 그래요? 알았어요. 내가 지시해 놓을 테니 실무는 허 실장하고 의논하도록 하세요."

그날 늦은 밤, 호텔 와인바에서 나온 나는 기분이 무척 좋았다. 갈색 낙엽이 뒹구는 시원한 밤공기를 가슴 가득히 마시면서 길을 걷던 나는 큰 소리로 노래를 부르고 흥겹게 춤도 추고 싶을 정도로 기뻤다. 아! 내가 '세계 걷기의 날'을 만들게 되다니……. 나는 금년 봄에 전략기획실의 반대와 방해에도 불구하고 굳은 신념을 갖고 추진했던 마사이족 초청 걷기 행사가 드디어 '세계 걷기의 날 선포 행사'로 발전하게 된 것이 참으로 대견스럽고 가슴 뿌듯했다.

다음날, 나는 출근시간에 맞추어 허 실장에게 전화를 했다. 그런데 이게 웬일인가? 허 실장이 바쁜 일이 있다면서 나와 만나는 날짜를 차일피일 뒤로 미루는 게 아닌가? 행사 날짜가 보름 정도밖에 남지 않았기 때문에 하루라도 빨리 만나야 하는데, 계속 만날 날짜를 연기하다니. 나는 도무지 이해가 가지 않았다. 결국 나는 3일 후에 허 실장이 근무하는 사무실로 무작정 찾아갈 수밖에 없었다.

"예? 그, 그게 무슨 말입니까? 행, 행사를 개최하기가 어렵다니요."

"미안하지만 어쩔 수가 없네요. 그런 큰 행사를 개최하려면 많은 예산과 인력이 필요한데, 보름 남짓 정도 되는 짧은 기간에 그런 예산과 인력을 확보할 수가 없어요. 그러니 이번 일은 없던 일로 합시다!"

"없던 일로 하자고요? 그러면 책임자는 지금 어디 계십니까?"

"미국 출장 갔습니다."

그 순간 나는 머릿속이 혼란스러웠다. 분명히 그는 이번 일을 허 실장과 함께 진행하라고 했는데, 허 실장은 이번 일을 예산이 없어서 할 수 없다고 하고, 정작 본인은 나에게 일언반구도 없이 미국으로 출장을 떠났다니……. 사람이 이렇게 무책임할 수가 있단 말인가? 나는 조롱을 당했다는 느낌이 들어서 몹시 불쾌했다.

그러나 그것도 잠시, 나는 당장 발등에 떨어진 불부터 꺼야 하는 다급한 상황이었다. 왜냐하면 11월 11일에 세계 걷기의 날 선포식을 개최하려면 지금 당장이라도 협찬을 얻어야 하기 때문이었다. 그래서 후배의 사무실로 급히 달려갔다. 그러나 영우의 입에서 나오는 것은 낙심의 큰 한숨소리뿐이었다.

"선배님! 아무래도 이번 일은 포기하셔야 될 것 같아요. 이제 보름도 미처 남지 않았는데, 도대체 어디에서 예산 협찬을 해주겠어요? 저도 그동안 수십 곳이나 되는 기업에 협찬 제안서를 보내고 찾아가 보았지만, 모두 다 거절당했어요. 선배님의 뜨거운 열정은 충분히 이해하지만, 날짜가 촉박해서 아무리 생각해도 이번 행사는 불가능할 것 같습니다. 이제 그만 포기하세요."

그러나 나는 결코 포기할 수가 없었다. 수많은 난관을 뚫고 어렵게 초청한 마사이족을 이번에 탄자니아로 귀국시키면, 언제 또다시 초청할 수 있을지 도무지 기약할 수가 없었기 때문이다.

'안 돼! 절대 안 돼! 마사이족을 이렇게 허무하게 돌려보낼 수는 없어! 마사이족이 서울에 있을 때 반드시 세계 걷기의 날 선포 행사를 개최해야 돼. 반드시!'

나는 영우에게 실망하지 말고 계속해서 기업협찬을 알아보라고 부탁했다. 그리고 나도 그날 오후부터 기업협찬을 얻기 위해 협찬 제안서를 들고 서울 거리를 쉴새없이 뛰어다니며 입에 단내가 나도록 열심히 설명을 했다.

또다시 일주일이 지났다. 행사 날짜는 불과 일주일도 남지 않았는데 나는 행사를 치룰 예산을 단 한 푼도 확보하지 못했다. 행사를 치룰 예산은 고사하고 가족들 생활비도 거의 떨어진 나는 금방이라도 울음이 터져 나올 것처럼 참담한 심정이었다.

모든 것을 포기하고 싶을 정도로 심신이 지쳐가던 그때, 나는 벼랑 끝에 두 발을 디디고 선 마지막 심정으로 마사이 워킹 신발회사를 다시 찾아가기로 결심했다. 이미 그 회사와는 계약했던 모든 행사가 한 달 전에 다 끝났다. 그래서 11월 11일 세계 걷기의 날 선포 행사는 그 회사가 전혀 모르고 있는 일이었다. 그러나 참으로 힘겹게 초청한 마사이족을 이대로 허무하게 귀국시키지 말고, 마지막으로 한 번만 더 예산을 확보해서 의미 깊은 세계 걷기 캠페인을 개최하자는 제안을 해야겠다고 생각했다.

다음날 아침, 나는 이른 새벽에 남한산성에 올라가 건강학춤 수련을 하고 계곡의 찬물로 목욕재계를 하며 마음속으로 기도를 올렸다. 그리고 역삼동으로 곧장 내려가 신발회사 대표를 다시 만났다. 신발회사 대표는 처음에는 마뜩찮은 표정을 지어보였다. 이미 많은 예산을 투입해서 서울과 부산에서 큰 대회를 두 번이나 했는데, 새삼스럽게 11월 11일에 서울에서 또 걷기 행사를 할 필요가 또 있느냐며 고개를 갸우뚱했다.

그러나 나는 결코 포기하지 않았다. 11월 11일에 반드시 '세계 걷기의 날'을 선포해야 하는 이유와 효과, 그리고 앞으로 발전계획에 대해 자세히 설명했다. 나는 말하는 내내 입 안에 침이 마르고 가슴이 바싹바싹 타들어 가는 느낌이었다.

얼마나 시간이 흘렀을까? 한참을 망설이던 대표가 결국 결단을 내렸다.

"아, 내가 졌습니다! 예산을 배정해 드릴 테니 행사가 차질 없이 진행되도록 잘해 주십시오."

지성이면 감천이라고 했던가. 결국 기적이 일어나고야 말았다. 나는 행사 개최를 불과 5일 앞둔 11월 6일에, 드디어 예산을 확보하게 된 것이다.

2.

박세직 88서울올림픽 조직위원장과의 첫만남

행사를 진행하는 데 무엇보다도 중요한 예산이 확보되자 행사 준비는 초스피드로 진행되기 시작했다. 깜짝 놀란 사람은 영우였다. "이게 꿈은 아니겠지요"라면서 두 눈이 휘둥그레진 영우는 기뻐서 어쩔 줄 몰라 했다.

영우가 직원들을 데리고 거의 밤을 새우다시피 하면서 행사 준비를 하는 동안, 나는 새로운 고민을 하고 있었다. 그것은 '세계 걷기의 날' 추진위원장을 모시는 일이었다. 11월 11일을 세계적인 걷기 캠페인을 전개하는 상징적인 날로 만들고, 또 앞으로 세계 각국의 참여를 확대하기 위해서는 사회적으로 신망이 높은 국가원로를 추진위원장으로 모셔야 했다. 나는 어떤 분을 추진위원장으로 모시는 것이 좋을지 오랫동안 고심하다가, 문득 오래전부터 존경해 왔던 박세직 88서울올림픽 조직위원장을 머릿속에 떠올렸다.

'그래! 대한민국이란 이름을 최초로 전 세계에 자랑스럽게 알린 88 서울올림픽을 성공시켰고, 2002년 한일 월드컵 조직위원장을 맡았던 박세직 위원장께서 대표를 맡아 주시기만 한다면, 이번 행사는 틀림없이 잘 될 거야……'

나는 주변의 여러 사람들을 수소문해서 그의 연락처를 알게 되었다. 휴대전화 번호로 전화를 했더니 비서가 전화를 받았다. 나는 비서에게 용건을 간략히 설명하고 박세직 위원장님에게 꼭 말씀을 전해 달라고 신신당부를 했다.

다음날 아침, 휴대폰 벨이 울려서 전화를 받았다. 아니, 이게 웬일인가? 박세직 위원장께서 직접 전화를 걸어온 게 아닌가.

"어제 비서한테서 보고를 받았습니다. 내가 그 문제에 대해 깊은 관심이 있으니 내일 열 시까지 내 사무실로 올 수 있어요?"

나는 전화를 끊고 난 뒤에 국민들이 존경하는 국가원로를 직접 만난다는 사실에 가슴이 두근두근거렸다.

다음날, 나는 설레는 마음을 안고 잠실에 있는 박세직 위원장의 사무실로 향했다. 비서의 안내를 받아 그의 사무실로 들어갔다. 나는 넓은 원탁 테이블이 중앙에 놓여 있는 방 안으로 들어가 마주보는 의자에 천천히 앉았다.

"비서에게 보고를 받으니 1988년에 나하고 인연이 있었다고 하던데……."

"제가 쓴 첫 번째 소설이 1988년에 출간되었습니다."

"소설 제목이 뭐였지요?"

"『반환점 없는 마라톤』이었습니다."

"어떤 내용이었습니까?"

"88서울올림픽 마라톤 선수로 출전한 한국 대표가 경기를 하면서 자신의 지나온 삶을 회상하는 내용으로 구성되어 있습니다. 마지막 장면은 악착같이 따라붙는 일본 선수를 결국 이기고 우승하는 내용으로 마무리지었습니다."

"그때 그 책을 올림픽 조직위원회에도 보냈다면서요?"

"예, 그렇습니다."

"제목이 왜 『반환점 없는 마라톤』이죠?"

"마라톤은 반환점이 있어서 다시 되돌아올 수 있지만, 우리 인생은 반환점이 없어서 두 번 다시 되돌아오지 못하지 않습니까? 그래서 두 번 다시 되돌릴 수 없는 인생을 좀더 열심히 후회 없이 살아야겠다는 의미로 그 제목을 짓게 되었습니다."

"아, 그래요? 내가 그 책을 한번 읽어 보고 싶은데…….”

"제가 집에 기념으로 보관하고 있는 책이 한 권 있습니다. 내일 비서실로 보내드리겠습니다.”

"내가 읽고 나서 다시 돌려 드릴게.”

"예, 알겠습니다.”

"자, 이제는 나에게 상의하고 싶다는 용건을 한번 들어봅시다.”

"저희들이 이번에 아프리카 마사이족을 초청해서 세계 걷기의 날을 선포하고 아프리카 어린이 돕기 걷기 대회를 개최하려고 합니다. 그래서 위원장님께서 이번 행사를 대표하는 조직위원장 직을 수락해 주시면 감사하겠습니다.”

"세계 걷기의 날을 선포한다고?”

"그렇습니다. 걷기는 우리 인류 역사에 대단히 중요한 문화적 행위였다고 생각합니다.”

"그렇게 생각하는 근거가 도대체 뭐죠?”

"우리 인간들이 지금처럼 화려한 문명을 건설하고 아름다운 문화를 이룩할 수 있었던 것은 바로, 두 손의 자유가 있었기 때문입니다. 그런데 인간이 두 손의 자유를 얻게 된 것은 결국 네 발로 걷는 다른 포유동물과는 달리 두 발로 걷는 직립보행이 가능했기 때문이라고 생각합니다. 그래서 인간의 직립보행은 인류의 역사에서 대단히 중요한 문화적 행위라고 생각합니다. 우리가 대지 위를 직립보행하는 두 다리를 뒤에서 가만히 바라보면 숫자 '11'이 연상됩니다. 그래서 땅 위를 걸어가는 두 다리를 연상시키는 숫자 11이 연속되는 '11월 11일 11시'에 세계 걷기의 날을 선포하려고 하는 겁니다.”

"세계 걷기의 날을 선포한다면, 이날을 다른 나라 사람들도 기념하게 하겠다는 말입니까?”

"환경을 살리고 건강을 지키는 걷기의 중요성을 사람들에게 널리 알리고 동참시키기 위해서는 세계 각국이 매년 11월 11일을 세계 걷기의 날로 기념하게 만드는 것이 꼭 필요하다고 생각하고 있습니다."

"그것 참 멋있는 아이디어군. 매년 11월 11일을 세계 걷기의 날로 정하면 사람들이 그날을 쉽게 기억할 수 있겠군요. 또 그날의 의미도 쉽게 전달할 수 있고……."

"그렇습니다. 외국인들이 설혹 한글을 모르고 한국말을 할 줄 모른다고 하더라도 누구나 아라비아 숫자는 알고 있지 않습니까? 그러니 11이라는 숫자가 대지 위를 직립보행하는 사람의 두 다리를 연상시키기 때문에 11월 11일을 세계 걷기의 날로 정했다고 설명하면, 누구나 쉽게 이해하고 잊지 않을 겁니다."

"그래요! 숫자에 의미를 부여하면 사람들이 쉽게 기억할 수 있죠. 20년 전에 대한민국에서 최초로 개최했던 88올림픽도 사실은 정식 명칭이 제24회 서울올림픽이잖습니까? 그런데 그해가 1988년이었기 때문에 지금도 많은 사람들은 88올림픽으로 부르고 있거든요. 내년에 중국에서 개최되는 베이징 올림픽도 2008년 8월 8일 8시에 개막식을 하는 이유도 중국인들이 대단히 선호하는 숫자인 8이 연속되는 날이기 때문이죠. 또 세계 각국 사람들이 기억하기도 쉽고. 11월 11일 11시라……. 그것 참 발상이 좋군."

박세직 위원장은 11이 연속되는 날인 금년 11월 11일 11시에 세계 걷기의 날을 선포하는 것이 대단히 좋은 발상이라면서 칭찬을 아끼지 않았다. 게다가 박세직 위원장은 대단한 걷기 마니아였다.

"내가 88올림픽 조직위원장을 할 때 내 사무실이 올림픽공원 안에 13층에 있었어요. 나는 13층까지 매일 걸어서 출근할 정도로 생활 속에서 걷기를 실천한 사람입니다. 그리고 우리 직원들도 아침에 출근하면 올림픽공원 안을 한 바퀴 걷도록 했어요."

"아, 네……."

"한 번은 여의도 63빌딩 51층에서, 외국에서 방한한 손님들과 만나기로 약속이 되어 있었는데, 내가 51층까지 걸어서 올라갔어요. 그런데 막상 51층에 도착했는데 복도로 들어가는 문이 잠겨서 열리지 않는 겁니다. 그래서 1층까지 다시 걸어서 내려온 적도 있었죠. 또 한 번은 내가 아파트에 살고 있을 때 일입니다. 내가 저녁 퇴근 시간에 계단을 걸어서 집으로 올라가고 있는데, 엘리베이터 속에서 어느 여학생이 살려 달라고 고함을 치는 거예요. 그래서 급하게 경비실에 연락해서 멈춰선 엘리베이터 속에 갇혀 있는 여학생을 구조했는데, 아니 그 속에 있는 여학생이 내 딸이었어요!"

"어떻게 그런 일이……."

"지금 잠실에 있는 이 사무실도 11층인데, 요새도 매일 아침에 이곳까지 걸어서 출근합니다."

나는 일흔이 훨씬 넘은 박세직 위원장이 요즘도 11층까지 걸어서 출근한다는 말에 적이 놀랐다.

"그리고 퇴근 후에는 매일같이 집에서 키우는 강아지를 데리고 동네를 한 바퀴 걸으면서 운동을 해요."

"대단한 걷기 마니아시군요."

"그러니 정말 나를 잘 찾아온 겁니다."

이렇게 해서 평생 동안 생활 속에서 걷기를 실천해 온 박세직 위원장은 '세계 걷기의 날' 조직위원회 위원장을 맡기로 수락했고, 내가 회장을 맡게 되었다. 20년 전의 작은 인연이 계기가 되어 만나게 된 우리 두 사람은 걷기를 통해 쉽게 의기투합했고, 향후 계획에 대해 많은 이야기를 나누었다.

박세직 위원장과 헤어진 나는 또 하나의 고민을 해결하기 위해 월드컵공원으로 향했다. 내가 갖고 있던 고민 중의 하나는 행사 홍보였다. 이번 행사가 성공하기 위해서는 사전 홍보와 시민들의 참여가 필수적이었다. 물론 그날 행사에 참여할 2천여 명의 시민들은 어느 정도 확보되어 있었다. 전국시장군수구청장협의회 대표회장인 노재동 은평구청장이 걷기를 좋아하는 은평 구민 천여 명과 함께 참여하겠다고 연락을 해왔다. 또 서울시 체육회 이만재 부회장과 이이제 사무총장도 많은 체육인들과 함께 참석하기로 약속했고, 마포구청장도 마포 구민들과 함께 오겠다는 연락이 왔고, 허남식 부산 시장님도 부산 시민들이 버스를 타고 서울로 올라와 뜻 깊은 행사에 참석할 거라는 연락을 해주었다.

그런데 나는 이번 행사의 취지와 의미가 좀더 제대로 전달되어 많은 사람들로부터 호응을 얻기 위해서는 색다른 홍보 수단이 필요하다고 생각했다. 그러나 행사 날짜가 불과 닷새밖에 남지 않은 짧은 기간에 우리가 홍보할 수 있는 방법은 극히 제한되어 있었다. 좀더 색다른 홍보 방법을 찾기 위해 고민에 고민을 거듭하던 나는 결국 패리스 힐튼과 가수 비욘세를 머릿속에 떠올렸다. 왜냐하면 그때 마침 두 사람이 서로 경쟁이나 하듯이 거의 동시에 서울을 방문했기 때문이었다. 패리

행사를 마치고 나서 박세직 조직위원장과 함께한 저자.

스 힐튼은 필라(FILA)의 초청으로 의류 홍보를 위해 남산 하얏트 호텔에 머물렀고, 비욘세는 현대카드 초청으로 올림픽공원에서 공연을 하기 위해 쉐라톤 워커힐 호텔에 머물고 있었다. 만약 비욘세나 패리스 힐튼이 '세계 걷기의 날' 글로벌 홍보대사를 수락해 준다면? 그때 나는 비욘세와 패리스 힐튼이 언론과 인터뷰했던 기사에서 '아프리카 어린이들을 돕기 위해 봉사활동을 하고 싶다'는 내용을 기억해냈다.

'그래! 가자. 비록 무모한 계획이지만, 일단 가서 한번 부딪혀 보자! 만약 두 사람 중에 한 사람이라도 이번 행사의 글로벌 홍보대사를 수락해 준다면 그 효과는 참으로 어마 어마할 것이다. 지금은 홍보가 대단히 중요한 세상이 아닌가? 마침 두 사람 모두 서울에 와 있으니, 이 기회를 놓치지 말고 그들을 한번 만나 보자.'

그래서 나는 무모하지만 비욘세의 공연이 벌어지고 있는 서울올림픽공원으로 가기로 결심했다. 일단 그곳에 가서 비욘세를 초청한 현대카드 관계자들을 만나야겠다고 생각한 것이다.

서울올림픽공원에 도착하니 이미 시계가 저녁 8시를 가리켰다. 공연장 안에서 비욘세 노랫소리가 초대형 스피커를 타고 바깥에까지 쩌렁쩌렁 울렸다. 공연장에 들어가지 못한 사람들이 길게 줄을 서서 웅성거리고 있었다. 나는 엄청나게 많은 인파 사이를 황급하게 헤치며 현대카드 관계자들을 찾아 다녔다. 두 귀가 멍멍할 정도로 커다란 노랫소리 때문에 옆 사람과의 대화조차 불가능한 그곳에서 인산인해를 이룬 군중들 사이를 이리저리 헤집고 다니다 보니, 온몸엔 굵은 땀방울이 줄줄 흘러내렸다.

잠시 후, 힘겹게 현대카드 관계자들을 만났다. 그런데 그들은 비욘세를 직접 초청한 기획사가 따로 있으니 그 사람들을 만나 보라고 했다. 그래서 현대카드 직원의 소개로 기획사 직원을 만났다. 그랬더니 기획사 직원은 자기들은 비욘세의 스케줄 관리에 대해 아무런 권한이 없다면서 미국인 매니저와 상의해 보라면서 휴대폰 번호를 가르쳐 주었다. 그래서 나는 그 번호로 급하게 전화를 했다. 그러나 그 휴대폰은 아예 꺼져 있는 게 아닌가? 결국 허탕을 친 나는 그날 밤늦게 온몸이 파김치가 되어 집으로 돌아와야 했다.

'휴……. 어떻게 해야 하나? 이대로 포기해야 한단 말인가? 아니야! 이대로 물러설 수는 없어! 다시 도전해 보는 거야. 다시……'

다음날 어둑새벽에 눈을 뜬 나는 곧장 남산에 있는 하얏트 호텔로 향했다. 오늘은 패리스 힐튼 매니저를 만나야겠다고 결심한 것이다. 어제 밤늦게까지 아는 기자들에게 일일이 수소문을 한 나는, 패리스 힐튼에게 한국인 여자 매니저가 있다는 사실을 알게 되었다. 그리고 그 여자 매니저의 휴대폰 번호를 어렵게 알아내고는 패리스 힐튼 일행이 묵고 있는 하얏트 호텔로 무조건 출발했다.

하얏트 호텔에 도착하니 시계가 새벽 다섯 시를 가리켰다. 남산의 숲은 아직 깊은 잠에 빠져 있고 남쪽 창 밖으로 바라보이는 한강도 짙은 어둠 속에 잠겨 적막하기만 했다. 어두컴컴한 호텔 로비의 구석에 자리잡고 앉은 나는 엘리베이터 쪽을 응시하며 깊은 상념에 잠겼다.

'아침 몇 시에 패리스 힐튼 일행이 식사를 하러 내려올까? 과연 한국인 여자 매니저가 내 이야기를 경청해 줄까? 그리고 나의 용건을 패리스 힐튼에게 제대로 전달해 줄까?'

짙은 어둠 속에 앉아 불안한 마음을 추스르며 깊은 상념에 빠져 있는 동안 시간은 하염없이 흘러갔다. 어느새 날은 훤하게 밝았고 아침 식사를 하기 위해 1층 레스토랑으로 향하는 사람들의 발길이 부쩍 많아졌다.

그런데 이게 웬일인가? 아침 식사를 꼬박 굶은 채 오전 열 시가 넘도록 지켜보아도 패리스 힐튼 일행이 전혀 보이지 않았다. 그래서 호텔 직원들을 만나서 물어보았지만 패리스 힐튼에 대한 정보는 아무것도 줄 수 없다면서 모두 다 입을 굳게 다물었다. 패리스 힐튼의 여자 매니저에게 전화를 해도 일체 받지 않았다.

나는 또다시 평소에 알고 지내던 기자들에게 이리저리 수소문해서 패리스 힐튼의 행방을 열심히 알아보았다. 그랬더니 패리스 힐튼 일행이 밤새도록 강남의 클럽에서 놀고 오늘 새벽에 호텔로 들어왔다는 사실을 알게 되었다.

결국 나는 패리스 힐튼 여자 매니저에게 음성 메시지를 남기기로 하고 전화를 걸었다. 그런데 여자 매니저가 내 전화를 받는 게 아닌가? 무척이나 반가운 마음이 든 나는 오늘 새벽에 이곳에 왔던 이야기와 만나려고 하는 용건을 급하게 말했다. 그러자 이은영이라는 한국인 여자 매니저는 지금 커피숍으로 내려갈 테니 잠시 기다려 달라고 했다. 잠시 후, 1층 커피숍으로 그 여자가 내려왔다.

그녀가 정신없이 바쁜 와중에 이렇게 관심을 갖고 커피숍까지 내려와 준 것이 참으로 고마웠다. 나는 준비해 온 몇 가지 자료와 서류들을 보여주면서 패리스 힐튼이 '세계 걷기의 날'과 '아프리카 어린이 돕기 걷기 행사'의 글로벌 홍보대사를 맡아줄 것을 부탁했다. 그러자 이은영 씨는 상당한 관심을 보이면서 나에게 몇 가지 자료들을 자신의 이메일로 더 보내달라고 했다. 그리고 자기도 같은 한국인으로서 이번에 '세계 걷기의 날' 선포식 행사가 좀더 잘 될 수 있도록 패리스 힐튼과 상의해 보겠다고 했다. 나는 패리스 힐튼의 숙소로 이른 새벽에 무작정 찾아간 작전이 조금이라도 성공한 것 같아 무척 기뻤다. 그래서 나는 기쁜 마음으로 사무실에 돌아온 즉시 부탁한 자료들을 보내주었다.

그날 오후, 홍대입구에 있는 영우 사무실로 돌아온 나는 그동안 많은 도움을 준 이성수 형님에게 전화를 했다. 내 이야기를 들은 그는 자기 일처럼 좋아하면서 많은 격려를 해주었다. 그리고 이수성 전 국무총리를 고문으로 모실 수 있도록 도와주겠다고 약속했다. 전화를 끊은 나는 곧이어 서울시 체육회 이이제 사무처장과 전화 통화를 했다. 그는 이번 행사에 '아시아의 인어'로 유명했던 최윤희 수영선수와 아세안 게임 육상 경기에서 금메달리스트였던 장재근 선수가 홍보대사를 맡게 되었다는 소식을 전해줬다. 그리고 옆에 있다가 전화를 바꿔 받은 이만재 부회장도 권투선수 장정구 씨와 '축구하는 가수' 김흥국 씨를 비롯한 국내 체육인들이 많이 참석하게 되었다며 흥분된 목소리로 이야기했다. 모두들 참으로 고마운 사람들이었다. 무에서 유를 창조하는 이번 문화행사 성공을 위해 많은 힘이 되어주고 따뜻한 격려까지 해주다니…….

'이제 이틀 후면 11월 11일이다! 만약 패리스 힐튼이 글로벌 홍보대사만 수락해 주는 기적만 일어난다면 이번 행사는 그야말로 즐거운 팡파레를 크게 울리면서 화려하게 시작할 수 있을 텐데. 나로서는 힘든 상황 속에서도 절망하지 않고 최선을 다 했으니 이제 기도하는 마음으로 기다리는 수밖에 없다.'

다음날, 이제 행사가 불과 하루밖에 남지 않았다. 나는 이은영 씨로부터 패리스 힐튼에 대한 답변이 오기만을 학수고대하면서 마지막 행사 준비에 경황없는 시간을 보냈다. 행사장인 마포 월드컵공원 평화의 광장으로 가서 무대 공사를 지켜보고, 음향 장비와 인력을 점검하고, 예행연습을 시행했다. 미처 점심을 먹을 시간도 없이 바쁘게 일하다 보니 어느새 저녁 일곱 시가 거의 다 되어 갔다. 나는 직원들과 급하게 저녁식사를 하면서도 연신 두 눈은 휴대폰으로 향했다. 그것은 이은영 씨가 '오늘 저녁 일곱 시까지 답변을 드릴께요.'라는 문자 메시지를 낮에 보내왔기 때문이었다.

그러나 저녁 일곱 시까지 보내준다던 그녀의 전화는 밤 열한 시가 될 때까지 아무런 연락이 없었다. 초조한 심정으로 그녀의 전화를 간절히 기다렸지만 자정이 훨씬 넘을 때까지 아무런 연락도 받을 수 없었다.

어느새 내가 깜빡 졸았는지, 눈을 떠 보니 시계가 새벽 세 시를 가리켰다. 나는 이른 새벽에 눈을 뜨자마자 머리맡에 놓여 있던 휴대폰부터 확인했다. 그러나 휴대폰에는 아무런 메시지가 없었다. 나는 휴대폰을 오른손에 꼭 쥔 채로 잠자리에 누웠다. 그녀로부터 연락을 받는 것이 참으로 간절했던 나는 이리저리 잠을 뒤척이며 설핏 선잠이 들었다가 깨어나기를 수없이 반복했다.

얼마나 시간이 흘렀을까? 언뜻 눈을 떠 보니 어느새 날이 훤하게 밝아오고 있었다. 나는 눈을 뜨자마자 반사적으로 휴대폰부터 확인했다. 그녀로부터 문자 메시지가 와 있었다.

'정말 미안해요. 패리스 힐튼이 홍보대사를 하고 싶어 했지만 미국인 스탭이 강력하게 반대를 해서 결국 못 하게 됐어요. 우리도 오늘 미국으로 돌아갑니다. 오늘 행사 성공하시길 빌어요.'

나는 잠시 머릿속이 멍해졌다. 그러나 그것도 잠시, 시계가 8시를 향하는 것을 본 나는 자리를 박차고 일어나 황급히 옷을 갈아입고 행사장인 마포 월드컵 경기장으로 부리나케 향했다.

잠시 후, 마포의 월드컵 경기장에서 바라본 하늘은 무척이나 맑고 푸르렀다. 평화의 광장 동쪽에 세워진 대형 무대에는 '11월 11일 11시 세계 걷기의 날 선포식'이란 글씨가 선명하게 씌어 있었다.

오전 10시가 조금 넘자 참가자들이 서서히 모여들기 시작했다. 전국시장군수구청장협의회 대표회장인 노재동 은평구청장이 천여 명의 은평구 주민들과 함께 불광천을 따라서 걸어 내려왔다. 마포 구민들과 관광버스를 타고 올라온 부산 시민들도 행사장으로 들어왔고 체육인들도 단체로 입장했다.

드디어 11시 정각. 방송인 박수홍 씨의 소개로 이번에 고문을 맡은 이수성 전 국무총리가 단상에 올라와 축사를 해주었다. 그리고 이만재 서울시 체육회 부회장과 노재동 전국시장군수구청장협의회 대표회장의 격려사가 이어졌다. 세계 걷기의 날 조직위원장 자격으로 참석한 박세직 88서울올림픽 조직위원장이 단상에 올라와 최윤희 수영선수, 장재근 육상선수, 가수 파란에게 홍보대사 위촉패를 증정했다. 박세직 총재는 특유의 굵은 음성으로 '11월 11일을 세계 걷기의 날로 선포하고 함께 기념하자'는 연설을 했다.

그리고 잠시 후, 3천여 명의 참가자들은 아프리카에서 온 마사이족 문화사절단과 함께 걷기 행사를 시작했다. 나도 감개무량한 표정을 지으며 월드컵공원의 걷기 코스를 함께 걸었다.

이때 내 휴대폰에서 새로운 문자 메시지가 들어오는 소리가 들렸다. 잠시 걷기를 멈추고 문자 메시지를 확인했더니 이은영 씨였다.

'지금 인천공항으로 향하는 리무진 버스가 올림픽대로를 지나고 있어요. 저 멀리 월드컵 경기장 건물이 보이네요. 아마 지금쯤 행사가 한창 진행되고 있겠네요. 성공하시기를 바래요. 이은영.'

2007년 11월 11일 11시 제1회 세계걷기의 날 선포 기념 걷기 행사에서 박세직 조직위원장이 마사이 전사들과 함께 걷고 있다.

3.

반기문 UN사무총장과 뜻깊은 만남

"사람들이 걷기에 그토록 관심이 많다니. 나는 정말 놀랐네. 어제 저녁 9시 뉴스시간에 보도된 내용을 보고 전국에서 수많은 전화가 걸려왔어. 그리고 오늘 아침 신문에 보도된 기사를 보고는 해외에서까지 나에게 전화가 왔어. 전화가 하도 많이 와서 오늘 낮에는 휴대폰을 아예 꺼버렸지. 그랬더니 문자 메시지가 백여 개가 넘게 들어오더군."

오후 늦게 잠실 사무실로 나를 급히 부른 박세직 총재는 무척 기분이 좋아 보였다. 어제 월드컵 공원에서 개최한 '세계 걷기의 날' 선포식 행사가 TV 저녁 뉴스는 물론이고 인터넷을 통해 순식간에 알려졌고, 오늘 아침 신문에는 박세직 총재가 마사이족 문화사절단과 함께 월드컵공원을 걷는 칼라 사진이 기사와 함께 큼지막하게 실렸다.

나도 오늘 아침부터 지인들로부터 수십 통의 격려 전화를 받았다. 그러니 국가원로인 박세직 총재는 국내외의 지인들로부터 훨씬 더 많은 연락을 받았던 것이다.

"정 회장! 이제 우리들이 사회가 주목하는 큰일을 시작했으니 제대로 잘 진행해야 하네."

"명심하고 있습니다."

"그러면 다음 계획은 무언가?"

"UN을 방문해서 반기문 사무총장과 만나시는 겁니다."

"반기문 사무총장을 만나야 한다고?"

"그렇습니다! 매년 11월 11일을 환경을 살리고 지구를 지키기 위해 세계 각국이 걷기에 동참하는 세계적인 걷기 캠페인의 날로 만들기 위해서는 UN의 협조가 크게 도움이 될 것 같습니다."

"알겠네. 반기문 UN사무총장이야 나하고도 아주 잘 아는 사이야. 내가 안기부에서 해외 파트를 맡고 있을 때 반기문 씨는 청와대에서 외교 관련 비서관을 하고 있었어. 그래서 해외 업무 관련된 일로 나하고도 자주 만났지. 그러면 내가 반기문 UN사무총장에게 전화를 해놓을 테니, 자네가 실무자들하고 연락해서 UN 방문 날짜를 정하도록 하게."

"저, 총재님! 전화를 직접 하시는 것도 좋습니다만, 그전에 반기문 UN사무총장님에게 친서를 하나 보내는 것이 더 좋을 것 같습니다."

"아, 그런가?"

"그렇습니다. 어제 개최한 행사의 취지와 의미에 대해서도 충분히 설명하고 향후 협의할 내용에 대해서도 자세한 정보를 드리기 위해서는 아무래도 친서를 보내는 것이 좋을 것 같습니다."

"알겠네. 그러면 내가 편지를 써줄 테니 UN으로 발송하고 실무자들과 의논해서 내년 상반기에 반기문 사무총장과 만나는 일정을 협의하도록 하게."

이렇게 해서 2007년 겨울내내 나는 반기문 UN사무총장을 모시고 있는 실무자들과 이메일을 주고받고, 세계화재단 뉴욕 사무소의 박동훈 소장과 긴밀하게 연락하고, 또 외교통상부의 공무원들과 만나면서 UN 방문 준비에 여념이 없었다.

2008년 봄. 나는 UN으로부터 반기문 사무총장 예방일자를 통보받았다. 방문일자는 5월 6일이었다. 그리고 이번 방문은 지방자치단체 4대 협의체가 공동으로 추진하는 공식행사로 격상되었다. 그래서 전국시도지사협의회 회장인 김진선 강원도지사, 전국시장군수구청장협의회 회장인 노재동 은평구청장과 회장단 일행, 전국시도의장협의회 회장인 박주웅 서울시의회 의장, 전국시군구의장협의회 회장인 정동수 송파구의회 의장과 함께 반기문 UN사무총장을 예방하기로 결정되었다.

이처럼 행사가 훨씬 커지다 보니 준비해야 할 사항도 대폭 늘어났고 UN 본부의 실무자들과 사전에 조율할 내용도 훨씬 많아졌다. 그래서 뉴욕의 UN 본부 실무자들이 근무하는 시간에 맞춰 통화를 하기 위해 새벽 2~3시에 잠에서 깨어나 전화기를 드는 날이 점점 많아졌다.

UN 방문 준비 때문에 휴일도 없이 연일 바쁘게 일하던 4월 중순. 나는 박세직 총재의 연락을 받아 잠실 사무실을 방문했다.

"UN 방문 준비는 잘하고 있지?"

"차질 없이 잘 준비하고 있습니다."

"그런데 내가 오늘 오전에 알아 보니 아직 자네 비자가 안 나왔다면서?"

나는 박 총재로부터 미국 비자 이야기가 나오자 얼굴이 화끈거렸다. 사실 나는 미국 비자를 발급받기가 어려운 상황이었다. 미국 비자를 발급받으려면 먼저 자기 집이 있어야 하고 은행 예금도 충분히 있어야 하고 재산세를 낸 서류도 있어야 했다. 그러나 나는 그 조건들을 하나도 충족시킬 수가 없는 처지였다. 지난 1998년 말에 해남 땅끝마을로 내려간 것이 인연이 되어 문화기획가로 변신했지만, 나의 경제적인 상황은 전혀 나아지지 않았기 때문이다. 집은 여전히 남한산성 아랫마을에서 월셋방을 사는 처지였고, 은행에는 잔고는커녕 마이너스 통장이었고, 집을 소유하지 못했으니 당연히 토지와 주택에 따라붙는 재산세를 낼 수가 없었다. 그러나 이런 창피한 이야기를 박세직 총재에게 말할 수는 없는 노릇이었다.

"내가 내일 미국 대사에게 전화를 해놓을 테니 신속히 비자 신청을 하게!"

"비자 문제로 심려를 끼쳐서 죄송합니다."

"아닐세. 가난한 게 무슨 죄가 되나. 다만 자네가 미국 출장을 가는

데 지장을 받으니 내가 한번 알아 본 걸세."

박세직 총재는 내가 경제적 어려움 때문에 비자 발급이 어렵다는 사실을 이미 알고는 나를 돕기 위해 조치를 취해 주었다. 이렇게 해서 박세직 총재의 도움으로 미국 비자 문제는 쉽게 해결이 되었다.

그런데 나에게는 또 하나의 고민이 있었다. 그것은 미국 방문 경비였다. 열흘 정도 일정으로 뉴욕과 워싱턴을 방문하기 위해서는 수백만 원의 출장 비용이 필요했다. 그러나 병든 홀어머니를 모시고 대학생이 된 두 아들과 함께 한 달 한 달 근근이 살고 있는 내 형편으로는 미국 출장 비용을 마련하는 것이 불가능했다. 그래서 미국 출발 날짜가 하루하루 다가올수록 나는 말 못할 고민에 휩싸여 머리가 지끈거렸다. 그런데 출발을 불과 1주일 앞두고 이 문제도 해결되었다. 반기문 UN 사무총장을 만나서 반드시 좋은 결과를 거두고 돌아오라며 후원회장이 모든 출장 비용을 지원해 주는 게 아닌가? 나는 박세직 총재와 4대 지방자치단체협의회 회장단과 함께 홀가분한 심정으로 뉴욕행 비행기를 탈 수 있었다.

뉴욕에 도착하자 다른 일행들은 모두 다 호텔로 들어갔다. 그러나 한 푼이라도 출장비를 아껴야 하는 나는 UN 본부 인근에 있는 저렴한 가격의 여행자 숙소로 들어갔다. 그리고 간단한 취사도구가 준비되어 있는 여행자 숙소에서 경비를 아끼기 위해 라면으로 끼니를 해결하고 잠을 잤다.

5월 4일 뉴욕에 도착한 우리들은 다음날인 5월 5일에 뉴욕 UN 대표부 김현종 대사를 면담하고, 뉴욕에 주재하는 언론방송인들과도 만나는 시간을 가졌다. 그리고 드디어 5월 6일, 우리 일행은 반기문 UN 사무총장의 공관으로 들어갔다.

회의는 우호적인 분위기 속에서 잘 진행되었다. 특히 반기문 사무총장은 세계 걷기의 날을 11월 11일로 정한 것에 대해 아주 좋은 아이디어라며, "옛날에 우리들이 데이트할 때는 돈이 없으니깐 11호 자가용을 함께 타자고 했는데, 그게 바로 함께 걷자라는 이야기"였다면서 숫자 11과 걷기에 얽힌 이야기를 해주었다. 또 이러한 취지에 동감하는 국내외 시장들과 함께 세계걷기도시연맹을 만든다는 내용을 듣더니 "걷기 도시만 하지 말고 자전거 도시도 함께 모임을 갖는 게 좋겠다"는 조언도 해주었다. 그러면서 "유럽에 가보니 친환경운동으로 걷기뿐만 아니라 자전거 타기도 대단히 활성화되어 있더라"는 이야기를 해주었다. 그리고 "걷기를 상징하는 숫자인 11이 들어가는 유일한 해인 2011년 11월 11일 11시에 세계적인 걷기캠페인을 시작하겠다"는 내용을 듣고는 자신의 임기 마지막 해인 2011년에 "한국에서 그처럼 뜻 깊은 행사가 잘되도록 돕겠다."는 말도 했다. 또한 자신이 UN사무총장에 취임한 이후에 UN이 해결해야 할 시급한 과제들을 조사해 봤더니 가장 중요한 것이 환경문제라고 이야기했다.

반기문 UN사무총장과 회의하는 장면.

"현재 UN 새천년 개발목표에도 지속 가능한 환경개발이 포함되어 있습니다만은 UN의 글로벌 핵심 아젠다는 무엇보다도 지구 온난화 방지 대책입니다. 만약 지구 온난화가 계속되어 급격한 기후 변화가 일어나면 엄청난 환경재앙이 발생하게 됩니다. 그러면 대규모 환경난민이 발생하게 되고 새로운 기아와 빈곤 같은 문제들을 연쇄적으로 일으키게 되죠. 어쩌면 환경전쟁이 일어날 수도 있습니다. 그래서 한국에서 만든 11월 11일 세계 걷기의 날이 이처럼 UN의 지구 온난화 방지 정책을 적극적으로 지원하는 친환경 걷기 캠페인을 전개하는 날이 되면 좋겠습니다."

그날 반기문 UN사무총장과 회의가 끝난 후 저녁에는 뉴욕의 교포들과도 함께 만나면서 많은 의견을 교환했다.

다음날에는 중앙일보 남정효 특파원이 박세직 총재와 인터뷰를 하고 싶다고 연락이 왔다. 다음날에는 뉴욕 주재 한국대사관 직원들과 만나고 스미스니온 자연사 박물관에서 개최되는 '한국도자기 특별전' 개막식에도 참석했다. 뉴욕에서 바쁜 일정을 모두 마친 우리들은 볼티모어를 거쳐 워싱턴으로 향했다.

워싱턴에서는 미국시장협회 관계자들과 만나서 상호교류문제를 협의했고, 많은 지방자치단체와 지방의회 관계자들을 만났다. 이렇게 해서 열흘 남짓 되는 미국 출장을 성공적으로 마치고 귀국한 나는 박세직 조직위원장으로부터 '세계 걷기의 날' 조직위원회를 본인을 총재로 하는 사단법인으로 만들라는 지시를 받았다. 그래서 나는 노재동 구청장을 찾아가서 이번에 새로 발족하는 사단법인 세계걷기운동본부의 회장으로 모시고 싶다는 의사를 전했다. 그러자 평소에 내가 하는 일에 적극적인 후원을 아끼지 않았던 그는 회장직을 흔쾌히 수락했다. 그리고 이성수 형님은 부회장이 되어 새로 생기는 사단법인 업무를 적극 지원하게 되었다. 나는 사무총장이란 직책으로 근무하기로 결정했다.

4.
88서울올림픽 20주년 기념 걷기 대회

박세직 총재로부터 집으로 오라는 급한 연락을 받았다. 그래서 그날 늦은 오후에 평창동에 있는 박세직 총재 자택을 방문했다. 그런데 집 안으로 들어가니 분위기가 심상치 않았다. 아무도 없는 응접실에 불을 끈 채로 박세직 총재 혼자 앉아 있었다. 게다가 어두컴컴한 실내에서 짙은 색깔의 선글라스를 쓴 채로 팔짱을 끼고는 입을 한 일자로 굳게 다물고 있는 게 아닌가?

내가 인사를 하고 자리에 앉았는데도 아무 말 없이 한참 동안 침묵을 지키던 박세직 총재가 잠시 후 천천히 선글라스를 벗었다. 그러더니 미동도 없이 굳게 다물고 있던 입을 천천히 열며 특유의 굵은 음성으로 나에게 질문을 던졌다.

"자네, 88올림픽에 대해 어떻게 생각하나?"

88서울올림픽…….그때만 생각하면 가슴이 설레고 마음이 뭉클해진다. 특히 6·25전쟁 직후에 태어난 우리 베이비 붐 세대들에게 88서울올림픽은 잊을 수 없는 큰 추억이자 대단한 자부심이었다.

6·25전쟁 직후에 우리는 지구상 최악의 후진국이었다. 그후 전쟁의 폐허를 딛고 1960년 이후 '경제개발 5개년 계획'이 시작되었다. 그러나 여전히 우리는 외국의 원조 없이는 자립이 불가능한 가난한 나라의 국민이었다. 우리는 일제 식민지의 나쁜 기억과 동족상잔의 폐허를 안고 수십 년간 계속된 빈곤으로 잔뜩 주눅 들어 있었다. 그런 우리들이 실로 오랜만에 기를 펴고 우리의 가능성과 저력을 확인했던 최초의 순간이 바로 88서울올림픽이었다. 2차 세계대전 이후 일제의 식민지에

서 해방된 우리나라가 대한민국이란 이름을 정말 자랑스럽게 국제사회에 널리 알린 최초의 국제행사도 바로 88서울올림픽이었다.

나는 박세직 총재에게 88서울올림픽에 대한 나의 의견을 진술하게 말했다. 내 이야기를 다 들은 박세직 총재가 잠시 침묵을 지키더니 다시 한마디 꺼냈다.

"그런데 왜 대한민국은 그동안 88서울올림픽을 단 한 번도 기념하지 않은 거지?"

나는 그 말을 듣는 순간 잠시 머릿속이 멍해졌다. 그랬다. 우리는 88서울올림픽을 지난 20년 동안 단 한 번도 기념한 적이 없었던 것이다. 그 순간 나는 박세직 총재의 두 눈에 고인 슬픈 눈물을 얼핏 보았다.

'이분의 슬픔이 이것이었구나. 이것이 이분의 가슴속에 쌓여 있는 한이었구나.'

나는 지금까지 우리들이 88서울올림픽을 당연히 잘 기념하고 있다고 생각하고 있었다. 그런데 가만히 돌이켜 보니 한국 사회는 88서울올림픽을 기념한 적이 단 한 번도 없었다. 왜 그랬을까? 왜…….

박세직 총재는 천천히 입을 떼며 자신의 어린 시절에 대한 이야기부터 하기 시작했다.

"사실 많은 사람들이 내가 경북 구미에서 태어나서 자란 줄로 알고 있는데, 내가 태어난 곳은 구미가 맞지만 자란 곳은 자네 고향인 부산이야. 나는 부산에서 수정초등학교를 나오고 부산서중을 졸업했지. 어린 시절 내 꿈은 학교 선생님이었어. 일제로부터 해방된 내 조국 대한민국에서 훌륭한 교육자가 되어서 많은 학생들을 잘 교육시키고 싶었어. 그래서 나는 부산 사범대학 영어학과를 들어갔지. 그런데 6·25동란이 터지는 바람에 나는 나라를 지키기 위해 교육자의 오랜 꿈을 포기하고 군대에 입대하게 되었어. 우리 세대는 어린 시절에 일본의 식민지였던 한반도에서 태어나 일본인들로부터 많은 차별을 당하며 자랐고, 또 해방 이후에는 민족상잔의 비극인 6·25동란을 거치면서 처절한 전쟁과 최악의 가난을 체험하면서 자네들은 상상도 하지 못할 많은 한을 간직하고 있어. 우리는 언제나 3등 국민이었고, 우리는 언제나 힘없고 가난한 나라의 백성이었어. 자네도 잘 알다시피 대한민국은 불과 40~50년 전만 하더라도 미국에서 보내주는 밀가루, 옥수수가루, 우유가루가 없으면 굶어죽는 사람들이 생기는 지구상 가장 가난한 나라의 하나였지 않은가? 그처럼 가난하고 후진국이었던 우리나라가 60년대에 경제개발 5개년 계획이 진행되고 억척같이 노력한 결과 대한민국이 개발도상국으로 한 단계 진보한 거지. 그런데 개발도상국인 대한민국이 중진국으로 한 단계 더 도약하기 위해서는, 국민들로 하여금 그동안의 업적에 대한 자부심과 자긍심을 느끼게 하고 세계 속에서 대한민국의 위치와 능력을 재점검하게 하는 커다란 기폭제가 필요했어. 국민들이 그런 것을 느끼고 깨달아야만 우리의 에너지를 한곳으로 모으고 더 나은 미래를 향해 더욱 노력할 것이 아닌가? 또 해외수출이 경제성장에 큰 비중을 차지하고 있는 대한민국으로서는 대한민국이란 국호를 세계 각국에 널리 알려야 할 이유가 정말 절실했어. 특히 그때는 동서냉전 중이라서 공산주의 국가들은 대한민국에 대해 무지할 정도로 몰랐고, 자유주의 진영 국가들도 일본이나 중국은 알아도 대한민국에 대해서는 거의 관심도 없었지. 그래서 우리는 두 가지 목적을 달성하기 위해 서울올림픽 유치 계획을 세웠고, 결국 독일의 바덴바덴에서 일본 나고야를 통쾌하게 이기고 서울올림픽을 유치하게 된 거야. 그러자 노태우 선배가 서울올림픽 조직위원장으로 취임해서 직무를 수행하게 되었는데, 대권에 꿈이 있던 노태우 선배가 정치권으로 가는 바람에 내가 서울올림픽 조직위원장이 된 거지."

나는 1988년 서울올림픽이 열리던 감격스러운 순간을 잠시 회상하면서 박세직 총재의 생생한 말을 경청했다.

"88서울올림픽의 성과는 대단했어. 세계 각국의 수많은 사람들이 88서울올림픽을 통해서 이 지구상에 대한민국이라는 국가가 있다는 사실을 처음으로 알게 되었으니까, 그 성과는 정말 대단한 거지. 전 세계의 수많은 사람들은 한국의 발전된 모습, 유구한 역사, 찬란한 문화, 근면한 한국인의 진면목을 88서울올림픽을 통해 처음으로 알게 되었고, 세계사에서 한국의 자랑스러운 위치와 능력을 확인한 우리 국민들은 대단한 긍지와 자부심을 느꼈지. 88서울올림픽은 말 그대로 한국인의 능력과 힘을 '팔팔하게 보여준 올림픽'이었어. 그래서 국민들은 지금도 제24회 서울올림픽이라는 공식 명칭보다 '88올림픽'이란 명칭으로 기억하고 있는 거야. 게다가 88서울올림픽은 우리의 외교에도 엄청난 영향을 끼쳤지. 그전에 있었던 미국의 LA 올림픽이나 소련의 모스크바 올림픽은 자유주의 국가와 공산주의 국가가 각각 자기들끼리 개최한 반쪽짜리 올림픽이었지 않은가? 그 당시는 동서냉전의 냉기류가 최고도로 흐르던 때였기 때문에 그런 거지. 그렇게 두 차례나 손상된 올림픽 정신을 올바로 구현하기 위해 지구촌의 모든 국가들이 이념을 초월해서 함께 모인 화합의 올림픽이 바로 88서울올림픽이었지. 지구상에서 동서냉전 최고의 피해자이자 분단국가인 대한민국이 아이러니하게도 자유진영과 공산진영의 화합과 평화를 위한 최고의 올림픽을 개최한 거야. 그렇기 때문에 우리는 공산주의 국가들과 올림픽 참가 준비를 위해 사상 처음으로 얼굴을 맞대고 대화를 나눌 수 있었어. 그리고 그때 이미 공산주의 국가들과 수교하는 북방외교가 시작되었고, 나중에 소련 및 중국과 외교관계를 정상화하는 일로 연결되었지. 그런데 그처럼 훌륭한 업적을 쌓은 88서울올림픽을 대한민국은 지난 20년 동안 단 한 번도 기념하지 않았네. 노태우, YS, DJ, 노무현, 이명박 대통령에 이르기까지 모두의 무관심 속에서 무심한 세월만 속절없이 흘러가 버렸어……."

그날 밤, 나는 깊은 회한에 잠긴 박세직 총재의 모습을 생각하면서 밤늦도록 잠을 이루지 못했다. 다음날 아침, 나는 잠실의 박세직 총재에게 전화를 걸었다.

"자네가 유인촌 문화부 장관을 만나겠다고?"

"금년이 2008년 아닙니까? 88올림픽이 개최된 지 20년이 되는 뜻 깊은 해입니다. 총재님께서 허락해 주신다면 제가 이성수 부회장과 함께 유인촌 장관을 만나서 금년에 88올림픽 20주년 기념 행사가 개최되도록 도움을 청해 보겠습니다. 게다가 이명박 대통령은, 총재님께서 88서울올림픽 조직위원장 직을 수행하실 때에 수영연맹 회장을 하신 분이 아닙니까? 그러니 이번 일은 이명박 대통령에게 보고를 해서라도 진행되도록 해야 할 것 같습니다."

이렇게 해서 나는 며칠 후에 문화부 장관실에서 유인촌 장관을 만나게 되었다.

"아니, 박세직 위원장님이 아직도 그렇게 활발하게 활동하신단 말입니까? 야! 정말 대단하시네요. 내가 그 연세가 되면 그렇게 활발하게 활동할 수 있을까요……."

유인촌 장관은 박세직 총재가 70대 중반의 나이에도 불구하고 '세계 걷기의 날'을 선포하고 반기문 UN사무총장을 만나면서 열정적으로 걷기문화운동에 앞장서고 있다는 말을 듣고는 상당히 놀라는 표정을 지었다. 나는 박세직 총재가 금년에 '88서울올림픽 20주년 기념 국민화합걷기 축제'를 서울올림픽공원에서 개최하기를 원한다는 말을 전달했다.

"그 문제는 염려하지 마세요. 박세직 위원장님은 체육부 장관과 총무처 장관으로 재직하신 제 선배 장관님 아닙니까? 그리고 88올림픽을 성공시켜 국민들에게 커다란 희망을 심어주셨던 국가원로가 아닙니까? 그런 분이 이런 뜻 깊은 행사를 하시겠다니 당연히 우리 문화부

88서울올림픽 20주년 기념 걷기축제 기자회견 장면.

가 돕도록 하겠습니다."

이렇게 해서 2008년 가을, 우리는 유인촌 문화체육부 장관의 전폭적인 지원 덕택에 서울올림픽공원에서 '88서울올림픽 20주년'을 기념하는 걷기 행사와 축하의 밤 행사를 개최할 수 있었다. 그리고 이 행사는 88올림픽 때 서울시청 앞에서 비를 맞으면서 〈서울의 찬가〉를 열창했던 가수 패티김, 탤런트 이순재 선생, 방송인 신동엽 씨, 베이징 올림픽의 펜싱 은메달리스트 남현희 선수 등이 홍보대사로 수고해 주었다. 또 그날 낮에 올림픽공원에서 개최된 걷기 행사 때는 엄청난 소나기가 쏟아지는데도 불구하고 유인촌 문화부 장관이 함께 참여하여 걸었고, 이어령 전 문화부 장관도 자문위원장이 되어 많은 자문을 해주었다.

그리고 그해 11월에 개최된 〈제2회 세계 걷기의 날 행사〉는 '대한민국 경제 살리기 국민걷기 축제'란 타이틀로 명동에서 개최되었고, 이 행사에는 전국 16개 지방자치단체가 함께 참여하였다. 그리고 그날 명동에서 진행된 걷기 행사에는 박세직 총재의 지시로 내가 창안한 '건강학춤'이 사단법인 세계걷기운동본부가 보급하는 공식 건강체조로 선정되어 발표회를 개최하였다.

5.

한국 산악자전거의 역사를 쓴 영원한 청춘

세시봉의 막내가수 김세환

2007년에 박세직 전 88서울올림픽 조직위원장과 함께 '세계 걷기의 날' 조직위원회를 처음 결성하고 지난 6년 동안 활동하는 동안 많은 연예인과 스포츠 스타들이 공식 홍보대사로 열심히 도와주었다. '세계 걷기의 날'을 최초로 선포하고 '아프리카 어린이 돕기 걷기 대회'를 개최하던 2007년에는 가수 윤희상 씨의 아내인 수영 스타 최윤희, 장거리 육상 스타인 장재근, 가수 파란 등이 수고해 주었다. 그리고 88서울올림픽 20주년이던 2008년에는 가수 패티김, 방송인 신동엽, 펜싱 선수 남연희 등이 함께 기자회견을 하면서 적극적으로 '88서울올림픽 20주년 기념 걷기대회' 홍보에 큰 도움을 주었다.

2009년에는 걷기뿐만 아니라 자전거 타기 캠페인을 시작하면서 세시봉의 막내인 김세환 씨를 만나게 되었다. 김세환 씨를 처음 만났을 때, 나는 적지않게 놀랐다. 왜냐하면 1948년 생으로 60세가 훨씬 넘은 김세환 씨가 헬멧을 쓰고 몸에 착 달라붙는 라이딩용 검은 타이츠를 입고 산악자전거를 탄 채 기자회견장에 나타났기 때문이다.

우리 베이비 붐 세대에게 김세환 씨는 대단한 스타였다. 유명한 연극배우이자 120여 편의 영화에 출연한 김동원 선생의 아들인 김세환 씨는 미소년 같은 동안에 아이스크림처럼 부드러운 음성으로 사춘기 청소년들의 감성을 어루만져 주던 유명한 포크 싱어이자, 당대의 인기 배우였던 신영일과 신일용을 비롯한 여배우들과 함께 영화에도 출연한 청춘 스타였다. 조영남, 송창식, 윤형주, 이장희 등과 함께 세시봉의 유명 가수로서 〈길가에 앉아서〉〈좋은걸 어떡해〉〈사랑하는 마음〉

등의 노래로 뭇 청춘들의 마음을 사로잡던 김세환 씨가 우리나라 '산악자전거의 살아 있는 역사'라는 사실은 정말 신선한 충격이었다.

방송 프로그램을 통해 30대의 건강나이를 유지하고 있다고 판정받은 바 있는 김세환 씨는 자신이 "이처럼 열정적으로 활동하고 있는 데에는 MTB(산악자전거)의 역할이 크다"고 했다. 60대 중반이라고는 전혀 믿을 수 없는 탄탄한 꿀벅지와 20대 청년의 몸매를 갖고 있는 김세환 씨의 모습을 보면서, 나는 텔레비전 화면이나 공연장에서 보여주는 부드러운 이미지 속에 들어 있는 강한 열정과 깊은 내공을 느낄 수 있었다.

우리나라에 스키장이 몇 개 없던 시절부터 진부령 스키장과 용평 스키장을 즐겨 다녔던 스키 1세대인 김세환 씨가 한 번은 미국의 스키장을 가게 되었다. 그때 김세환 씨는 난생 처음 산 위에서 가파른 스키 코스를 따라 자전거가 쏜살같이 내려오는 것을 보고는 탄성을 내질렀다고 한다. 이렇게 해서 산악자전거를 처음 접하게 된 김세환 씨는 즉시 MTB를 구입했다.

그런데 이때 문제가 발생했다. 그 당시는 산악자전거의 존재 자체도 모르는 한국으로 MTB를 갖고 들여오는 것이 가능하지 않았기 때문이다. 결국 그는 자신이 '목화 씨앗을 붓뚜껑에 숨겨 들여온 문익점'이 되기로 결심했다. 그래서 MTB를 하나하나 분해한 다음에 또 그것을 일일이 포장해서 자전거가 아닌 것처럼 꾸며 국내로 갖고 들어왔다. 그리고 집에 도착한 후에 그 부품들을 다시 하나하나 조립해서 드디어 대한민국 최초의 산악자전거를 국민들에게 소개하게 되었다.

그때부터 김세환 씨는 자전거로 대자연과 하나가 될 수 있는 호연지기 넘치는 멋진 스포츠인 MTB문화를 한국 사회에 널리 보급하기로 결심했다. 이렇게 해서 김세환 씨는 한국 MTB계의 살아 있는 역사가 되었고, 60대 중반인 지금까지도 열심히 산악자전거 타는 것을 멈추지 않고 있다.

내가 김세환 씨에게 감사한 것은 2009년 10월 10일부터 일주일 동안 '한강~낙동강 종주 행사'를 진행할 때에 자전거 도착지인 부산 영도구 태종대까지 내려가서 축하공연을 해주고, 또 그 공연이 끝나자마자 승용차로 동해안 최북단의 강원도 고성까지 곧장 올라와서 피곤한 기색 하나 없이 금강산 콘도 야외무대에 모인 전국의 걷기와 자전거 동호인들에게 멋진 공연을 열정적으로 해준 것이다.

그뿐 아니라 세시봉의 높은 인기 때문에 바쁜 와중에도 강원도 고성 진부령의 가파른 임도를 본인의 산악자전거로 직접 달리면서 〈제1회 관동별곡 8백리 걷기 축제〉의 특별 행사로 치뤄진 산악자전거 행사를 적극 지원해 주었다. 그리고 2010년에는 충남 금산군 산꽃마을에서 개최한 〈산꽃마을 걷기 대회〉를 지원해 주기 위해 서울과 금산의 자전거 동호인들과 함께 험준한 코스 전체를 MTB로 직접 달리면서 많은 홍보를 해주었다. 또 전국에 많은 자전거 길이 생겨나고 수많은 자전거 동호회들이 결성되자 김세환 가수는 올바른 MTB문화를 보급하기 위해 강원도 속초에서 개최된 전국시장군수구청장협의회 총회에 참석해서 열강을 해주었다.

홍보대사로 위촉된 가수 김세환 씨.

국내외 공연 때문에 스케줄이 불규칙하고 정신없을 정도로 바쁘게 돌아가는 연예계 생활 속에서도 토요일 오후 한 시 반이면 어김없이 산악자전거를 타는 라이딩 모임인 '한 시 반 클럽'의 고문으로 열심히 살고 있는 김세환 가수의 뜨거운 열정에 큰 박수를 보낸다.

6

송강 정철을 스토리텔링하다

2009년 새해가 되자 박세직 총재와 노재동 회장과 이성수 부회장을 만나서 꼭 해결해야 할 일이 하나 있었다. 그것은 바로 사무실 문제였다. 나는 2007년부터 지난 2년 동안 세계 걷기의 날 조직위원회를 구성하고, 또 사단법인 세계걷기운동본부를 만들고 사무총장 직책으로 국내외에서 열심히 일을 해왔다. 그러나 경제적인 상황이 좋지 못해 제대로 된 사무실도 하나 없이 '동가숙 서가식' 하면서 일을 하다 보니 실무책임자인 나로서는 여간 애로사항이 많은 게 아니었다. 게다가 월급도 제대로 받지 못하면서 이 일에만 전념하다 보니, 기업체나 공무원 연수원에서 이따금 들어오던 건강학춤 특강도 거의 끊어져 버려 경제적으로도 대단히 힘든 상황이었다.

그래서 나는 박세직 총재와 노재동 회장에게 보고를 해서 서울 세종문화회관 뒤의 용비어천가 오피스텔을 임대해서 제대로 일할 수 있는 정식 사무실을 개소했다. 그리고 직원들도 채용해서 열심히 일할 수 있는 기본 준비를 마쳤다. 특히 수년 전에 부산국제영화제와 관련된 사단법인에서 사무국장을 했다는 박 실장은 40대 중반이었는데, 경험이 상당히 풍부해서 내가 기획하는 일을 잘 받쳐주었다.

11월 11일 세계 걷기의 날 행사를 준비한 지 거의 2년 만에 제대로 사무기구가 갖추어진 사무실에서 직원들과 함께 근무하게 된 나는 새로운 일에 대한 의욕이 가득 차 있었다. 그때 나는 이성수 부회장과 함께 박세직 총재를 만나서 새로운 기획서를 제출했다.

"한국에도 스페인의 '산티아고 가는 길'처럼 테마가 있는 장거리 도 보여행 코스를 만들자고?"

"그렇습니다. 작년에 반기문 UN사무총장님이 11월 11일이 세계적인 걷기의 날로 발전하기 위해서는 우리가 말이 아니라 행동으로 보여주는 많은 업적을 쌓아야 한다고 말씀하셨지 않습니까? 그렇게 하기 위해서는 우리 사단법인이 주도적으로 테마가 있는 장거리 걷기 코스를 개발해야 될 것 같습니다."

"그렇다면 테마는 무엇으로 정하고, 또 코스는 어느 곳에 정하는 게 좋겠는가?"

"스페인의 '산티아고 순례길'은 테마가 기독교입니다. 그리고 이웃 나라인 일본에는 1200km나 되는 '88 사찰 순례길'이라는 장거리 여행 코스가 있는데, 그 길은 테마가 불교입니다. 그런데 우리나라에는 유럽이나 일본에는 없는 우리만의 독특한 테마가 있습니다. 그것은 바로 화랑과 선비입니다."

"화랑과 선비라고?"

"우리나라 동해안에 가면 1500년 전인 신라시대부터 화랑들이 국토를 순례했던 길이 있습니다. 그런데 나중에는 이 길이 고려와 조선시대를 거치면서 선비들이 걷던 길이 되었습니다."

"그 길이 어디지?"

"강원도 최북단 고성에서 경북 울진으로 이어지는 동해안 길입니다. 원래 화랑들이 걷던 코스는 신라의 수도였던 경주를 출발해서 금강산까지 올라가던 동해안 길이었습니다. 그런데 신라가 망하고 고려와 조선으로 이어지면서 선비들은 주로 관동8경이 세워져 있던 고성에서 울진 사이의 동해안 길을 선호하게 되었습니다. 특히 조선시대에는 고성에서 울진에 이르는 동해안 길은 선비들의 교양 필수 과목이라고 해도 과언이 아닐 정도로 인기 높은 길이 되었습니다. 그래서 그 길은 조선의 선비들이 그들의 풍류와 낭만을 즐기고 자신의 예술 세계를 표현하는 문화 창조의 길로 발전되었습니다. 그 길을 거쳐간 수많은 선비들 중에 단연 군계일학 같은 분이 바로 송강 정철입니다."

"아! 송강……. 그분은 정말 유명한 분이지. 내가 부산 사범대학교 영어학과를 다니던 시절에 그분의 시를 외국에 소개하고 싶어서 번역을 한 적도 있었어. 지금도 외국의 유명 대학에서는 송강을 '한국의 셰익스피어'라고 하면서 높이 평가하는 학자들이 있지."

"그렇습니다. 『이탈리아 여행기』를 쓴 독일의 괴테나 영어의 아름다움을 문학작품을 통해 널리 알린 영국의 셰익스피어와 비교되기도 하는 송강 정철이 남긴 동해안 기행가사가 바로 「관동별곡」이지 않습니까? 그래서 송강이 4백여 년 전에 「관동별곡」을 쓰기 위해 답사했던 코스를 잘 이으면 테마가 있는 장거리 여행 코스가 나올 것 같습니다."

"그래 정말 좋은 생각이군. 송강의 한글시조와 가사 작품은 전국의 중고등학생들이 국어 시간에 배우는 작품이니, 나중에 학부모와 자녀들이 함께 걷는 길로 개발해도 좋을 것 같군. 즉시 추진해 보게."

이렇게 해서 2009년 3월 4일에 박세직 총재는 명동에서 강원도 고성군수와 고성 군민들과 함께 송강 정철의 「관동별곡」에 나오는 옛길

〈관동별곡 8백리 길〉을 알리기 위해 '자전거 탄 학'이 되어 홍보하는 저자.

을 새로운 걷기 코스로 개발하겠다는 공식 기자회견을 열었다. 그날 탤런트 이정길 씨가 홍보대사로 참석했고, 나는 오지철 한국관광공사 사장으로부터 '관동별곡 8백리 답사단장'으로 위촉받았다.

그해 봄, 나는 자전거에 지도를 싣고는 강원도 최북단 고성을 출발해서 속초, 양양, 강릉, 동해, 삼척 죽서루까지 3백여 킬로미터가 넘는 해안 길을 일일이 답사하면서 걷기 코스를 만들었다. 고성에서 삼척에 이르는 기나긴 해안길을 때로는 걷고 때로는 자전거를 타면서 일일이 코스를 조사하는 것이 여간 힘들지 않았다. 그러나 나는 30여 년 전에 동해안 최북단 강원도 고성의 '동해안 경비사령부'에서 군 복무할 때 가슴속에 품었던 작은 꿈이 드디어 이루어진다는 생각에 감개무량했다.

그리고 2009년 4월 18일.

나는 세계걷기본부 이사들과 함께 한반도에서 가장 남쪽에 있는 세계슬로우 시티인 완도로 내려갔다. 그것은 2008년에 반기문 UN사무총장을 예방하기 위해 미국 뉴욕을 방문했을 때 김종식 완도 군수에게 제안했던 〈제1

제1회 세계슬로우 걷기축제 모습(위)과 홍보대사로 위촉된 가수 신지 씨.

회 세계슬로우 걷기축제〉에 참석하기 위해서였다.

날씨도 아주 쾌청했고 바닷가에 바람도 심하게 불지 않아, 4월 18일부터 19일까지 이틀 동안 신지 해수욕장과 청산도에서 진행된 프로그램을 모두 성공적으로 마쳤다.

다시 서울로 올라온 나는 7월에 3백여 킬로미터에 이르는 걷기 코스를 모두 확정한 다음 박세직 총재와 노재동 회장에게 그 결과를 보고했다. 그리고는 박세직 총재와 반기문 UN사무총장이 2008년에 협의한 내용인 '세계 걷기 & 자전거 도시 연맹'을 발족시킬 준비에 들어갔다.

제1회 세계슬로우 걷기축제에서 사회를 보는 저자.

'세계 걷기 & 자전거 도시 연맹'을 걷기인 워킹(Walking)과 자전거인 바이크(Bike)를 새롭게 합성해서 '세계 와이크시티 연맹'이라고 명명한 우리들은, 7월 말에 서울 프레스센터에서 기자회견을 개최할 준비를 열심히 진행했다.

여러 가지 행사 준비로 정신없이 바쁜 나날을 보내던 어느 날. 나는 박세직 총재의 부름을 받아 평창동 언덕 위에 있는 그린 하우스 레스토랑으로 들어갔다. 그곳은 칼국수를 파는 곳이었는데 한가한 낮에는 커피도 판매하는, 평창동에서 꽤 유명한 레스토랑이었다. 1층에 있는 작은 룸으로 들어간 우리 두 사람은 따뜻한 차로 목을 축였다.

어느새 초여름이 지나고 한창 무더위가 극성을 부리는 한여름인데도 박세직 총재는 간간이 마른기침을 했다. 걱정스러운 마음에 물어보니, "차 안에서 에어컨을 켠 채로 장거리 이동을 많이 해서 그런 것 같아. 그런데 그렇게 많이 심하지는 않으니 별로 걱정 안 해도 될 것 같아."라고 말했다. 박세직 총재가 워낙 기골이 장대한 데다 평소에도 건강 관리를 잘하기 때문에 나도 대수롭지 않을 것으로 생각했다. 박세직 총재는 따뜻한 차를 마시면서 한참 동안 무엇인가를 골똘히 생각하시는 모습이었다.

잠시 후, 박세직 총재는 천천히 말을 시작했다.

"어때? 행사 준비는 잘되고 있는가?"

"4월 18일~19일에 〈제1회 세계 슬로우 걷기 축제〉를 성공적으로 주관했습니다. 그리고 7월 말에 '세계 와이크시티 연맹' 발족에 관한 기자회견을 개최할 계획입니다. 그리고 10월 9일에는 경기도 고양시 킨텍스에서 '세계 와이크시티 연맹 발족식'을 국내 지자체 단체장 30여 명이 참여한 가운데 개최하게 됩니다. 다음날인 10월 10일에는 '세계 자전거의 날' 선포식을 하고 일주일 동안 한강에서 낙동강 하구인 부산시 사하구까지 자전거 코스를 답사할 계획입니다.

또 10월 17일에는 강원도 고성에서 '제1회 관동별곡 8백리 걷기 행사'를 개최하고 일주일 동안 삼척 죽서루까지 내려가면서 저희들이 개발한 코스를 국민들에게 소개할 계획입니다. 금년 11월 11일에는 서울시 어린이 대공원에서 광진구청의 후원으로 '제3회 세계 걷기의 날 행사'가 개최되고, 이 행사에는 전국 6개 지방 자치단체가 함께 참여하게 됩니다.

그리고 작년에 UN을 방문하셨을 때 반기문 사무총장님과 약속하신 2011년 11월 11일에 개최하는 '세계 와이크시티 연맹 서울 총회 행사'는 아직 2년의 시간적 여유가 있기 때문에 심사숙고해서 최고의 행사가 될 수 있도록 열심히 준비하겠습니다. 또 금년에 지식경제부에서 점점 사라지는 창업정신을 확산시키기 위해 최초로 개최하는 〈제1회 창업가 정신 주간〉 행사에도 저희들이 참가하기로 했습니다. 그래서 금년 10월에 명동에서 〈대한민국 경제 살리기 걷기 축제〉를 진행하고,

또 대학생들을 대상으로 〈경제 살리기 아이디어 경진대회〉도 개최할 계획입니다."

나는 보고서를 탁자 위에 올려놓고는 금년도 행사 일정을 자세히 보고했다.

"음. 준비가 잘되고 있군……."

박세직 총재는 입가에 엷은 미소를 지으면서 보고서를 천천히 읽었다.

"사무총장! 그동안 힘든 일도 많았지?"

"힘든 일도 많았지만 총재님께서 많이 도와주셔서 큰 도움이 되었습니다. 그리고 보람도 컸습니다."

"나도 보람을 많이 느꼈네. 내가 평소에 쭉 실천해 왔던 걷기 운동이 자네와 인연이 되는 바람에 '세계 걷기의 날'을 만들게 되고, 또 반기문 UN사무총장의 조언으로 '세계 와이크시티 연맹'도 발족하게 되고, 또 송강 정철의 관동별곡을 배경으로 하는 '관동별곡 8백리 길' 코스도 개발하게 되었으니 나도 많이 기쁘고 보람도 크다네."

"저도 많이 감사합니다."

"사실 자네가 작년 봄에 UN 방문을 추진할 때, 자네를 데리고 가지 말자고 건의한 몇몇 사람들이 있었네."

"네? 저를…… 아니, 이유가……?"

"자네가 아이디어가 좋고 기획력도 있지만 너무 가난하다는 거야. 그때만 해도 나는 자네가 월셋방에서 홀어머니를 모시고 가난하게 살면서 이런 큰 일을 추진하는 줄 잘 몰랐어. 그런데 내가 자네와 자주 만나고 함께 일을 시작하니까, 주변에서 자네에 대해 이런저런 이야기가 많이 들어왔어. 그 중에 가장 많은 이야기가 자네가 돈이 없는 가난한 사람이라는 것이었어. 또 중학교를 중퇴한 검정고시 출신이라는 이야기도 있었지. 그리고 아내 없이 혼자 살면서 두 아들을 키운다는 이야기도 들려왔어. 그래서 어떤 사람은 자네를 내보내고 자기가 사무총장하겠다는 말도 했고, 또 어떤 사람은 자기가 걷기 행사 전문가라고 하면서 나에게 두툼한 기획서를 보낸 사람도 있었어. 예전에 내가 1988년에 자네가 썼던 중편소설 『반환점 없는 마라톤』을 읽어 보고 싶다고 했지?"

"네, 기억납니다."

"그때 나는 자네가 전해 준 색이 누렇게 바랜 그 소설을 다 읽고는 많은 생각을 했었네. '이토록 어려운 환경 속에서 이렇게 뜨거운 열정과 굳은 신념을 갖고 살아온 사람이라면, 가난이나 학력은 아무런 문제가 되지 않는다'고 결론을 내렸네. 그리고 '이렇게 노력하는 사람이 성공하지 못한다면 도대체 누가 성공해야 한단 말인가?' 하는 생각도 했었네. 그래서 여러 사람들의 만류를 뿌리치고 지난 2년 동안 자네와 함께 일을 진행한 걸세."

박세직 총재의 말이 모두 사실이었기 때문에 나는 그냥 얼굴만 붉힌 채 고개를 숙였다.

"지난번에 이명박 정부가 들어섰을 때 대한민국 정부 수립 60주년을 기념하는 국가원로회의가 만들어진 것도, 사실은 자네 아이디어였잖아. 자네가 처음 아이디어를 내는 바람에 2007년 겨울에 서영훈 선생과 내가 목동의 아파트에서 함께 만났고, 또 그해 연말에 자네가 일일이 김수환 추기경과 송월주 스님을 비롯한 수많은 국가원로들을 찾아다니면서 서명을 다 받아내고……. 결국 자네의 그런 노력 때문에 김남조 시인을 대표로 하는 국가원로회의가 청와대로부터 인정을 받아 공식 출범하게 되었잖아. 그런데 자네가 그런 공을 세우고도 아무런 인정을 받지 못한 것도, 결국은 자네의 학력과 가난과 이혼을 들먹이며 자네를 중상모략했던 소인배들 때문이었지. 나도 20여 년 전에 공직을 맡을 때에 많은 중상모략을 당하기도 하고 억울하게 누명을 쓰기도 했어. 하지만 사필귀정이야. 결국 진실은 드러나는 법이더군.

옛 글에 보면 '명예에는 시기와 질투가 따른다'고 했네. 사람들이 지나가는 거지를 보고 시기하거나 질투하지는 않아. 그러나 명예가 높아지는 사람이 생기면 시기와 질투를 하고 그 사람을 낮추기 위해 온갖 중상모략을 하기도 한다네. '사촌이 논을 사면 배가 아프다'는 속담에 나오는 그런 사람들이 우리들 주변에 상당히 많이 존재하고 있지. 자네도 나와 만나기 전에는 시기하거나 질투하는 사람이 별로 없었을 거야. 그런데 이제 나하고 좀더 명예로운 일을 하면 할수록 그런 소인배들이 점점 더 생겨나게 될 거야. 그러니 마음을 더욱 굳건히 하고 담대하게 행동하도록 하게.

그리고 자네가 20년 전에 출간했던 중편소설 「반환점 없는 마라톤」을 장편으로 개작해서 다시 출판하도록 하게. 자네가 15세에 소년가장이 된 후 수많은 역경과 고난을 집념과 열정으로 극복해 온 삶의 이야기는 오히려 이 시대를 살고 있는 많은 젊은이들에게 진한 감동을 안겨 줄 걸세……. 특히 역사소설 『안토니오 꼬레아』 출판 문제를 자네와 각별한 사이인 이성수 부회장과 잘 상의하도록 하게. 책을 통해 자네의 뜻이 독자들에게 알려지면 자네가 그토록 바라던 역사소설 『안토니오 꼬레아』도 재발간할 수 있을 거야. 알겠는가?"

"네! 오늘 말씀 정말 감사합니다. 저도 그동안 앞만 보고 열심히 뛰느라고 아무런 경황이 없이 살았습니다. 이제부터라도 오랫동안 마음속에 품어 왔던 문학에 대한 꿈을 다시 펼쳐 보겠습니다."

"나는 곧 미국 출장을 가게 되네. 내가 다녀와서 다시 보도록 하세."

"예, 알겠습니다. 편안하게 잘 다녀오십시오."

2009년 7월 말. 나는 사무실 직원들과 함께 '세계 와이크시티 연맹' 발족 기자회견을 준비하느라고 경황없는 시간을 보내고 있었다. 이번에는 개그맨 박준영 씨와 최국 씨가 아나운서 김성경 씨와 함께 홍보대사를 맡아 주었고, 세시봉의 막내 가수이자 대한민국 산악자전거 타기의 원조인 김세환 씨도 자전거 홍보대사를 흔쾌히 수락해 주었다. 또 추진위원장은 전국시장군수구청장협의회 대표회장인 하계열 부산 진구청장께서 맡게 되었다.

각 언론사에 보낸 보도자료를 점검하고 다음날 서울프레스센터에서의 업무를 맡은 직원들과 마지막 점검회의를 끝마쳤다. 이제 기자회견이 단 하루밖에 남지 않았다. 나는 저녁 늦게까지 내일 진행될 행사에 대한 서류를 모두 검토한 후에 퇴근길에 올랐다.

늦은 저녁을 먹고 막 잠자리에 들려는데, 한 통의 전화가 급하게 걸려왔다.

"저…… 박, 박세직 총재님께서…… 돌, 돌아가셨습니다!"

나는 잠자리에서 벌떡 일어나며 외마디 비명을 질렀다.

"도대체 이게 무슨 변고란 말인가? 그토록 건강하시던 총재님이 갑자기 돌아가시다니!"

잠시 후, 아연실색한 내가 황망한 표정으로 아산병원 영안실로 들어가니, 2층에 박세직 총재의 영정이 걸려 있었다. 그 자리에 우뚝 서버린 나는 믿을 수 없는 현실 앞에서 그만 말문이 탁 막혀 버렸다.

'도, 도대체…… 이럴 수가! 이럴 수가……!'

커다란 영정 앞에 두 무릎을 꿇고 온몸을 엎드린 나는 너무나 큰 충격에 온몸을 부르르르 떨며 흐느껴 울었다. 너무나 슬피 울었다.

새벽녘에 탈진한 모습으로 집에 돌아온 나는 급히 미국 뉴욕에 있는 UN본부로 전화를 걸었다. 그리고 윤여철 국장과 통화가 된 나는, '반기문 UN사무총장님에게 박세직 총재의 사망 소식을 빨리 보고해 달라'고 이야기했다. 그리고 '큰 슬픔에 젖어 있을 사모님과 가족들에게 반기문 UN사무총장 명의의 애도전문을 보내주면 좋겠다'고 부탁했다.

전화를 끝낸 나는 피곤이 온몸을 엄습해 오면서 그만 깊은 잠 속으로 빠져들었다.

7

눈물로 탄생한 '관동별곡 8백리' 길

다음날 오전, 무거운 마음으로 기자회견을 끝낸 후 사무국 모든 직원들과 긴급회의를 가졌다. 박세직 총재가 돌아가시고 없는 비상상황에 어떻게 대처하고 향후 어떤 방향으로 일을 추진할 것인가에 대해 긴급토론을 벌였다. 회의에 참석한 모든 사람들의 일치된 의견은 금년에 예정된 모든 행사를 일체 중단해야 된다는 것이었다.

그날 밤늦게 집으로 돌아온 나는 새벽녘이 되도록 잠을 이룰 수가 없었다. 박세직 총재가 없는 이 조직을 어떻게 이끌고 가야 할지, 또 앞으로 해야 할 일들을 어떻게 진행해야 할지 참으로 머리가 복잡했다.

다음날 오후에 나는 또다시 황당한 일을 당했다. 그것은 철석처럼 믿고 함께 일하던 박 실장이 갑자기 경찰에 체포되어 구속되는 사건이 발생한 것이다. 그날 나는 점심 식사 후에 행안부 공무원과 회의가 있어서 기획실장인 박 실장을 대동하고 행안부로 들어갔다. 행안부 사무실에서 30여 분 정도 회의를 하고 막 나오는데 경찰관 두 명이 다가오더니 갑자기 박 실장 손목에 수갑을 채우고는 무작정 끌고 가는 게 아닌가?

"아, 아니? 박, 박 실장!"

"사무총장님! 죄, 죄송해요……."

너무나 황당하고 기가 막힌 일을 당한 나는 수소문 끝에 박 실장이 체포되어 있는 서초 경찰서를 급히 찾아갔다. 그랬더니 박 실장이 여러 해 전에 어느 사업가와 채권 채무관계가 있어서 기소중지자로 전국 경찰서에 수배되어 있는 상황이었다는 것이다.

이렇게 되자, 우리 사무실은 발칵 뒤집혔다. 박세직 총재는 돌아가시고, 기획실장은 구속되고…… 말 그대로 내우외환이었다. 나는 깊은 절망에 빠졌다. 며칠 동안 잠을 이루지 못하고 뜬눈으로 밤을 새우는 극심한 불면의 밤을 보내야 했다. 뜻밖의 일이 안팎에서 연이어 일어나자 혼비백산한 직원들은 심하게 동요했다. 미래에 대한 불안 때문에 다른 직장을 급히 알아보는 사람도 생기기 시작했다.

나는 또다시 백척간두의 끝없는 벼랑 끝에 서 있는 느낌이었다. 박세직 총재가 돌아가시자 노재동 회장도 도의적 책임을 지고 명예회장으로 물러났기 때문이다. 나는 급히 이성수 부회장을 찾아갔다.

"형님! 이 일을 어떡하면 좋겠습니까? 박세직 총재가 돌아가시자 모든 협찬이 일시에 중단되었습니다. 게다가 박 실장까지 유죄 판결을 받고 교도소에서 실형을 살게 되었으니……. 다른 이사들도 의욕이 없고 사무국 직원들도 이직할 생각만 하고 있는 형편이니, 정말 큰일났습니다."

"나도 너무나 황당하고 기가 막혀서 아예 말이 나오지 않는구나. 어떻게 이럴 수가 있니? 우리가 2007년 가을에 박세직 총재와 함께 세계 걷기의 날 조직위원회를 만들고, 그동안 얼마나 열심히 일해 왔니? 정말 무에서 유를 만들어 왔잖아……. 특히 박세직 총재와 반기문 UN 사무총장 두 분이 맺은 약속을 지키기 위해 완도 김종식 군수와 함께 〈제1회 완도 청산도 세계 슬로우 걷기축제〉를 개최하고, 송강 정철을 테마로 하는 '관동별곡 8백리 걷기 코스'를 만들기 위해 동해안 최북단 고성에서 삼척 죽서루까지 3백 킬로미터가 넘는 길을 일일이 다 답사하고, 우리가 처음으로 '88서울올림픽 20주년을 기념하는 국민화합 걷기대회'를 만들고…… 정말로 앞만 바라보고 열심히 뛰어왔잖니?"

"그래요 형님! 지난 2008년 미국 뉴욕에 있는 UN공관에서 두 분이 하신 약속을 이행하기 위해 단 하루의 공휴일도 없이 불철주야로 열심히 일했지 않습니까? 금년 가을에 전국의 지자체 단체장들과 함께 '세계 와이크시티 연맹'을 창설하고, 2011년 11월 11일에 '세계 와이크시티연맹 국제 총회'를 개최하고, 또 그날 〈제5회 세계 걷기의 날 행사〉를 성공적으로 개최하면, 우리의 임무는 완수되는 게 아닙니까?"

"맞아! 준아. 우리 아무리 힘들고 어려워도 두 분간에 맺은 소중한 약속을 반드시 지키도록 하자. 박세직 총재와 반기문 UN사무총장 두 분이 맺은 약속은 단순히 사적인 약속이 아니라, 공적인 약속이잖아. 우리가 지난 2007년에 세계 걷기의 날 조직위원회를 만들 때의 초심을 절대로 잊지 말고, 그분은 비록 돌아가셨지만 국가원로였던 박세직 총재와 반기문 UN사무총장 두 분이 맺은 약속을 지키기 위해 최선을 다하자!"

"잘 알겠습니다, 형님!"

며칠 후, 나는 고심 끝에 마지막 결론을 내리기 위해 직원들을 모두 한자리에 모았다.

온갖 어려움을 이겨내고 개최한 〈세계 와이크시티연맹 서울 포럼〉에서 사회를 보는 저자.

"여러분들, 그동안 마음 고생이 많았습니다. 저도 오랜 시간 동안 이번 사태에 대해 깊은 생각을 많이 했습니다. 저의 결론은 금년에 예정된 모든 일을 진행하는 것으로 결정 내렸습니다. 왜냐하면 10월 9일에 예정된 '세계 와이크시티 연맹 설립'은 고인이 되신 박세직 총재와 반기문 UN사무총장께서 서로 약속하신 내용으로 반드시 지켜야 한다고 생각합니다. 또 10월 17일부터 시작하는 '관동별곡 8백리 걷기 행사'도 박세직 총재께서 금년 봄에 명동에서 기자회견을 통해 국민과 하신 공적인 약속입니다. 그래서 저는 우리들이 합심해서 그분들의 약속을 지키게 해드리는 것이 남아 있는 우리들의 의무이자 도리라고 생각합니다. 그러니 여러 가지 힘든 일이 많겠지만 그 약속을 실천하기 위해 모두들 최선을 다 해주시기 바랍니다."

나는 직원들에게 이렇게 결론을 내릴 수밖에 없는 이유를 간곡하게 설명했다. 그리고 다음날부터 군대에서 막 제대한 둘째 아들도 사무실로 급히 출근시켜 함께 일하도록 했다. 그러나 그해 가을은 참으로 힘들고 외로웠다. 박세직 총재가 돌아가시자 벌써 행사를 도와주던 여러 지자체와 단체에서도 슬슬 발을 빼기 시작했다. 게다가 협찬을 철썩처럼 약속했던 기업들도 아예 전화를 안 받는 게 아닌가? 나는 침통한 심정으로 두 행사를 모두 진두지휘해야 했다.

〈제1회 관동별곡 8백리 걷기 축제〉가 개최되는 행사장인 화진포의 넓은 광장에, 높이가 5미터나 되는 자연석에 '관동별곡 8백리 답사 일번지—고성'이라고 큰 글씨로 새긴 이정표를 황종국 고성군수님과 함께 세우는 제막식을 거행했다. 그리고 화진포에서 출발해서 속초, 양양, 강릉, 동해, 삼척의 죽서루까지 6박 7일 동안 따라 걸으며 '관동별곡 8백리 코스'를 알리는 행사도 성공적으로 끝냈다. 부대 행사로 자전거 타기와 백일장 행사도 진행했는데, 행사 기간 내내 날씨도 무척 쾌청했다. 그리고 1960년대의 히트곡이었던 〈화진포에서 맺은 사랑〉

을 부른 여성 트리오 가수 이시스터즈를 수소문한 끝에 막내인 김상미 씨와 역시 가수로 활동 중인 따님을 함께 초청해서 공연을 올렸다. 또 세시봉의 막내 가수인 김세환 씨도 변함없는 미성으로 행사장을 찾은 수천 명의 관광객들과 '걷기와 자전거 동호인'들을 감동시켰다.

행사는 대성공이었다. 금강산 관광을 하던 박왕자 씨가 뜻하지 않게 사망하는 바람에

화진포에 세워진 '관동별곡 8백리 답사 일번지 – 고성' 이정표 제막식(위)과 제1회 관동별곡 8백리 걷기 축제에서 참가자들과 강릉 경포대에 도착한 저자(아래).

금강산 관광이 일시에 중단되어 힘들어 하는 고성군에서는 '걷기관광'이라는 새로운 시장을 개척하게 된 것이다.

10월 25일. 나는 모든 행사를 무사히 치르고 파김치가 된 지친 모습으로 서울 사무실로 기다시피 해서 올라왔다. 그러나 결과는 너무나 참담했다. 박세직 총재와 반기문 UN사무총장 사이에 맺은 두 분의 약

속을 지키기 위해 두 개의 큰 행사를 무리해서 모두 치르고 나니, 우리는 수천만 원이나 되는 큰 빚을 지게 되었고, 당장 사무실 월세 낼 돈도 없게 되었다.

결국 그해 겨울. 나는 직원들이 모두 나가고 없는 텅 빈 사무실에서 혼자 짐 정리를 해야 했다. 그리고 그동안 밀린 사무실 월세와 밀린 직원들 봉급을 모두 제하고 나니, 수중에는 빈 먼지만 남았다. 작은 아들이 돈을 벌기 위해 일본으로 떠난 며칠 후. 나는 혼자서 사무실에 있는 모든 짐을 남한산성 아래에서 월세로 살고 있는 2층집의 작은 옥탑방 안으로 모두 옮겼다.

나는 또다시 혼자가 되었다. 모든 동료들과 직원들이 떠나고 내 곁에 아무도 없는 혼자가 되었다. 지난 3년 동안의 일들이 마치 꿈결같이 느껴졌다. 아무도 없는 비좁고 작은 옥탑방 안에 홀로 앉아, 남한산성에 하염없이 내리는 하얀 눈과 삭막하게 불어오는 소소리 바람을 바라보면서 끝을 알 수 없는 막막함과 쓸쓸함에 얼마나 울었는지 모른다.

그리고 아버지가 돌연 임종하시고 어머니가 정신병원에 입원하면서 까까머리 15세 소년가장이 되어 다섯 식구의 생계를 책임져야 했던, 1970년의 그 무덥던 여름날의 슬픈 추억을 가슴속에 떠올리기 시작했다.

Story 3

나의 열정을 키운 시련들

NO PASSION!
NO DREAM!

1.
15세 까까머리 부산소년

내 나이 15세. 부산 중앙중학교 2학년을 중퇴해야 했다. 학교에서 한창 공부에 열중할 나이지만 그보다 집안일을 돕는 게 급선무라서 어쩔 수 없는 선택이었다. 비록 힘겹고 가난한 생활이었지만, 나는 여전히 밝고 활기찬 날들을 보내고 있었다.

열심히 살고 있는 아버지와 어머니, 그리고 착하게 자라나는 어린 동생들을 보노라면 괜시리 가슴이 뿌듯하고 기분이 좋았다. 웃음 많고 장난기 가득했던 15세의 평범한 소년이었던 나는 그때까지만 해도 커다란 절망의 먹구름이 우리 가정을 풍비박산내기 위해 그토록 신속하게 몰려올 줄은 감히 상상조차 할 수 없었다. 그때 내가 인생에 대해 알고 있는 것이라고는 '인생은 영롱한 무지갯빛으로 반짝거리는 눈부신 보석 같다'는 근거 없는 희망과 낭만으로 가득한 생각뿐이었다.

대전에서 태어난 아버지는 6·25전쟁 때 부산으로 피난 와서 나전칠기 사업을 시작했다. 그러나 얼마 안 가서 아버지의 사업은 부도가 났고 우리 식구들은 낙동강의 을숙도가 한눈에 내려다보이는 구덕산 산동네의 낡고 허름한 단칸방에서 힘들게 살아야 했다. 크게 낙심한 아버지는 다시 일어서기 위해 꼭두새벽부터 밤이 이슥해질 때까지 숨 가쁠 정도로 열심히 일에 매달렸다. 그러나 '끈 떨어진 뒤웅박'처럼 아무런 연고가 없는 타향 땅 부산에 홀로 내려온 피난민이 맨손으로 다시 일어선다는 것은 너무나 힘든 일이었다.

어금니를 벼름벼름 깨물면서 재기의 의욕을 불태우던 아버지가 오랜 시행착오 끝에 결국 선택한 것은, 나전칠기에 쓰이는 자개의 원료가 되는 전복 껍데기와 소라 껍데기를 사다가 자개공장에 파는 일이었다. 결국 학비를 내지 못해 학업을 포기해야 했던 나는 아버지 뒤를 따라 부산 시내 곳곳에 흩어져 있는 고물상과 해수욕장의 일식집을 일일이 찾아다니면서 그 일을 조금씩 배우기 시작했다.

그런데 봄이 지나고 여름이 다가오자 아버지가 새로운 일을 하나 더 시작하셨다. 그것은 자개 공장에서 사용하는 커다란 붓을 직접 만들어 전국에 산재되어 있는 나전칠기 공장에 내다 파는 일이었다. 이렇게 되자 부산 시내를 돌아다니면서 전복 껍데기와 소라 껍데기를 사다가 보수동에 있는 자개 공장에 내다 파는 일은 결국 내 차지가 되고 말았다.

그날도 나는 평소와 다름없이 전복 껍데기와 소라 껍데기로 가득 채워질 빈 마대를 삐걱거리는 자전거 뒷 칸에 꽁꽁 묶고는 이른 아침에 집을 나섰다. 이른 아침부터 무척 더울 무렵이었다. 연일 계속되는 삼복더위 때문에 이웃집 닭장에서는 어린 닭들이 줄줄이 죽어 나가고 산 아래 낙동강에서도 민물고기들이 허연 배를 거꾸로 드러낸 채 동동 떠올랐다.

나는 푹푹 찌는 한낮의 무더위가 오기 전에 더 많은 일을 하기 위해 송도 앞바다 너머로 붉은 해가 막 떠오르기 시작하는 이른 아침에 집을 나선 것이다. 그런데도 페달을 몇 번 밟기 시작하자, 지난 며칠 동안의 삼복더위로 시뻘겋게 달아오른 땅에서는 뜨거운 지열이 훅훅 올라와 순식간에 온몸이 땀으로 범벅이 되며 숨쉬기조차 힘들어진다. 염천더위 때문에 더욱 긴장한 나는 목에 걸친 수건으로 연신 땀을 닦으며 언덕길을 힘차게 달렸다.

구덕산의 가파른 산길을 쏜살같이 내려간 나는 어느새 전차 종점을 지나 대티고개로 향했다. 전차 종점에서 신평과 장림과 하단을 거쳐 다대포까지 굽이굽이 이어지는 기나긴 길은 황토먼지가 폴폴 날리는 비포장길이었다. 그래서 이따금 고물 버스나 트럭이 터덜거리며 지나갈 때면 누런 먼지가 희뿌옇게 떠올라 눈과 코 속으로 마구 들어오며 앞도 잘 보이지 않았다.

그렇게 한참을 달리다 보면 황토가루와 땀이 온통 뒤범벅이 되어 온몸은 흡사 진흙 마사지를 한 것처럼 누렇게 번들거렸다. 찌는 듯한 무더위와 시커먼 매연가스와 누런 황토먼지와 힘겹게 싸우면서 먼저 찾아간 곳은 신평에 있는 커다란 쓰레기 매립장이었다.

그해 봄에 아버지를 뒤따라 이곳을 처음 찾았을 때 내 눈에 비친 쓰레기 매립장은 그야말로 경악스럽기만 했다. 마치 사막처럼 황량한 들판 한가운데에는 온갖 잡동사니로 뒤범벅된 쓰레기가 거대한 산처럼 불쑥 솟아 있고, 그 주변에는 미처 헤아릴 수도 없을 정도로 수많은 파리들이 시커멓게 떼를 이뤄 요란한 소리를 내며 마구 날아다니고 있었다.

먹구름처럼 거대한 무리를 이룬 징그러운 파리들이 고장난 오토바이의 엔진처럼 요란한 굉음을 내며 이리저리 날아오르고, 그 아래에는 더러운 시궁창 쥐들이 수십 마리씩 떼를 지어 음식 쓰레기를 게걸스럽게 뜯어먹고 있었다. 그런데 나를 더욱 놀라게 한 것은 그냥 바라보는 것만으로도 너무나 끔찍스러운 쓰레기산 곳곳에 사람들이 웅크린 채 무엇인가를 열심히 찾고 있는 것이었다. 그들은 그곳에서 고물을 주워 파는 넝마주이들이었다.

비렁뱅이처럼 남루한 옷차림을 한 넝마주이들은 모두들 한 손에 작은 호미를 든 채로 쓰레기더미를 이리저리 뒤지며 돈이 될 만한 고물들을 옆에 있는 커다란 대바구니에 재빨리 주워 담고 있었다. 전쟁터의 포연처럼 자욱한 먼지, 흡혈귀처럼 끈질기게 달라붙는 시커먼 파리떼, 여기저기 마구 돌아다니는 시궁창 쥐, 코를 찌르는 지독한 악취, 이 모든 것들이 한데 뒤엉겨붙은 거대한 쓰레기더미 곳곳에 따개비처럼 웅크리고 앉은 사람들.

어린 내 눈에 비친 신평 쓰레기 매립장의 모습은 그야말로 지옥과 같았다. 난생 처음 보는 충격적인 장면에 아연실색한 나는 갑자기 심한 현기증을 느끼면서 토하고 싶어졌다. 그러나 바로 그곳이 내가 일상적으로 겪어야 할 치열한 '삶의 현장'이라는 것을 깨닫는 데는 그리 오랜 시간이 필요치 않았다. 그날 이후 나는 쓰레기더미 속에서 주워낸 전복과 소라 껍데기를 사기 위해 매주 그곳을 찾아가야 했기 때문이다.

그날도 흙먼지 자욱한 쓰레기 매립장으로 조심스럽게 들어선 나는, 짐자전거를 끌고서 매립장 한쪽 구석에 전쟁터의 야전본부처럼 자리 잡고 있는 커다란 고물상 안쪽으로 향했다. 연일 계속되는 30도가 넘는 무더위 때문에 이곳의 쓰레기산은 시뻘겋게 달구어진 용광로처럼 뜨거운 열기를 확확 뿜어내고 있었다. 게다가 온갖 쓰레기들이 푹푹 썩으면서 일시에 내뿜는 엄청난 악취 때문에 숨이 턱턱 막혀 왔다.

머릿속이 지끈지끈 아파오는 심한 두통을 간신히 참으며 고물상 안으로 잰걸음으로 걸어 들어간 나는, 그곳에 살고 있는 상이군인 아저씨들이 지난 일주일 동안 열심히 모아 놓은 전복 껍데기와 소라 껍데기들을 받아들었다.

먼저 온갖 조개 껍데기들이 마구 뒤섞여 있는 커다란 가마니를 풀어 헤친 나는 속에 있는 내용물들을 땅바닥으로 얼른 쏟아 놓았다. 그리고 전복과 소라 껍데기들을 크기와 두께별로 상·중·하로 분류해서 가격을 정하기 시작했다.

그러나 이곳에서 나온 조개 껍데기들은 모두다 파리떼와 쥐떼가 들끓는 쓰레기더미 속에서 주운 것이기 때문에 여간 더럽고 구저분한 게 아니었다. 게다가 작은 미로처럼 꼬불꼬불하게 생긴 소라 껍데기 속에는 소라 배설물과 이물질이 서로 뒤엉긴 데다 썩은 물까지 고여 있어 그것들을 일일이 손가락으로 다 빼내야 했다. 아예 흙바닥에 쭈그리고 앉은 나는 내용물을 밖으로 끄집어내기 위해 검지와 중지를 소라 껍데기 속으로 조심스럽게 넣었다.

그런데 이게 뭔가? 손가락 끝에 무언가 뭉클뭉클한 것이 만져졌다. 화들짝 놀란 나는 얼른 손을 빼내고는 커다란 소라 껍데기를 흙바닥에 대고는 탕탕 두들겼다. 그러자 썩은 분뇨처럼 시커먼 구정물이 심한 악취와 함께 흘러내리더니 하얀 애벌레 몇 마리가 꿈틀거리는 거였다.

나는 기겁을 하고 말았다. 흙바닥을 천천히 살펴보니 그것은 바로 구더기였다. 내가 손가락을 집어넣었던 소라 껍질 속에는 소라 배설물을 먹고 자란 구더기들이 모여 있었던 것이다.

나는 흙 위에서 꿈틀거리는 살이 통통하게 오른 구더기를 확인하고는 너무나 끔찍해서 오른손을 옆에 있는 찢어진 신문지로 마구 닦기 시작했다. 그러자 그 광경을 물끄러미 바라보고 있던 상이군인 아저씨가 한 쪽 다리를 절룩거리며 다가오더니 한마디 툭 던진다.

"뭘, 이까짓 구더기 때문에 그렇게 호들갑이냐!"

그러더니 묵직한 군화발로 흙 위에서 꿈틀거리는 구더기들을 콱 밟아 버렸다.

이른 아침부터 심한 술 냄새를 피우는 그 아저씨에게 혹시 봉변이라도 당할까 봐 잔뜩 겁이 난 나는, 전복 껍데기와 소라 껍데기들을 주섬주섬 마대 속에 주워 담고는 허겁지겁 돈 계산을 치렀다. 그리고 전복 껍데기와 소라 껍데기들이 가득 든 커다란 마대자루를 어깨 위로 급히 올려 매는데 시커먼 구정물이 가슴 쪽으로 갑자기 흘러내리는 게 아닌가?

깜짝 놀란 나는 어깨 위의 마대를 허겁지겁 땅바닥에 내려놓았다. 하마터면 땅바닥으로 내동댕이칠 뻔했다. 마대를 묶은 끈을 풀어헤쳐 그 안을 들여다보니 따끈한 액체의 정체는 바로 소라 껍데기 안에서 흘러나온 것이었다.

구더기 때문에 소스라치게 놀라는 바람에 한시바삐 빠져 나가고 싶은 마음에서 미처 검사를 다하지 못한 소라 껍데기들을 그냥 마대에 주워 담은 게 탈이었다. 연일 계속된 불볕더위에 심하게 부패된 소라 배설물들이 구정물처럼 흘러내리면서 내 가슴을 흥건히 적시고 말았던 것이다.

나는 끈적끈적한 액체에서 풍겨 나오는 지독한 악취 때문에 그만 고개를 돌려야 했다. 그러나 상수도는커녕 우물조차 없는 너저분한 고물상 안쪽엔 마른 먼지만 풀풀 날릴 뿐 아무리 둘러봐도 손 씻을 곳을 찾아볼 수 없었다. 결국 나는 썩은 시궁창 냄새 같은 악취가 코를 찌르는 얼룩진 옷을 그냥 입은 채로 쓰레기 매립장을 허겁지겁 빠져 나와야 했다.

잠시 후, 나는 자전거의 페달을 힘차게 밟으며 다대포 해수욕장으로 내려가기 시작했다. 인적이 드문 호젓한 시골길이 내리 이어져 있었다. 길 좌우에는 수채화 물감을 곱게 풀어 놓은 것처럼 예쁜 논밭들이 끝없이 넓게 펼쳐져 있고 갈대와 들꽃이 무성하게 핀 흙제방이 낙동강을 따라 길게 이어져 있었다. 이따금 낡은 버스나 트럭이 털털거리며 지나칠 때면 누런 흙먼지가 마치 전쟁터의 포연처럼 온통 허공으로 떠올라, 잠시 자전거를 길 옆에 세우고는 하늘이 다시 맑아지기를 기다려야 했다.

얼마나 달렸을까? 비릿한 갯내음이 코끝에 스쳤다. 저 멀리 다대포 해수욕장을 품에 살포시 보듬은 채 아늑하게 누워 있는 드넓은 남해가 보였다. 나는 갑자기 흥분하기 시작했다. 어려서부터 남도의 푸른 바다를 보고 자란 나는 바다만 보면 왠지 힘이 솟구쳤다. 나는 심장의 박동이 점점 빨라지는 것을 느끼면서 자전거 페달을 밟은 두 다리를 더욱 부산하게 움직였다.

다대포로 들어간 나는 먼저 해수욕장 주변에 있는 횟집들을 일일이 방문했다. 이곳에 있는 횟집들에서는 모두다 소라나 전복으로 만든 음식들을 팔고 있었기 때문에 집집마다 소라나 전복 껍데기들을 많이 보관하고 있었다. 그래서 나는 3~4일에 한 번씩 이곳에 들러 소라와 전복 껍데기들을 구매했다.

무엇보다도 다행인 것은 다대포에서 구한 소라와 전복 껍데기들은 바닷속에서 막 건져 올린 것처럼 깨끗하다는 것이다. 물론 소라 껍데기 속에는 요리할 때 남겨진 소라 배설물이 찌꺼기처럼 끼여 있었지만 물로 행구면 쉽게 빠져나왔다. 특히 물로 막 행군 전복 껍질의 영롱한 빛깔은 보석처럼 아름다워 두 눈이 황홀하기까지 했다.

해수욕장 주변에 흩어져 있는 수십 군데의 횟집들을 일일이 돌면서 열심히 일하다 보니, 어느새 커다란 마대 네 개가 모두 소라 껍데기와 전복 껍데기로 가득 찼다. 바닷물이 뚝뚝 흐르는 무거운 마대 네 개를 자전거 뒤에 있는 짐받이 위에 차곡차곡 쌓은 뒤 줄로 단단히 동여매고 나니, 어느새 오후 세 시가 다 되어 갔다. 소라와 전복 껍데기를 하나라도 더 사기 위해 곰바지런히 움직이다 보니 점심밥 먹을 때를 훌쩍 넘겨 버린 것이다. 나는 허기진 배를 움켜쥐고 서둘러 구덕산 언덕배기 집을 향해 페달을 밟기 시작했다.

다대포 해수욕장에서 쓰레기 매립장이 있는 신평까지는 비록 황토가 푸슬푸슬 날리는 비포장길이었지만, 비교적 길이 평탄해서 짐자전거 페달을 힘차게 밟으며 수월하게 달릴 수 있었다.

그런데 문제는 대티고개였다.

그곳에서부터는 가파른 오르막이 시작되는 데다 커다란 어른용 짐자전거 뒤편에 전복과 소라 껍데기가 가득 든 무거운 마대 자루가 세 자루나 묶여 있어, 안장에서 벌떡 일어나 페달을 아무리 힘차게 밟아도 고물 짐자전거는 도무지 앞으로 나가지를 않았다.

결국 나는 짐자전거에서 내려야 했다.

그리고 한 손으로는 앞에 있는 짐자전거 핸들을 잡고 또 다른 한 손으로는 팔을 뒤로 길게 뻗어 시커먼 고무줄로 꽁꽁 동여맨 짐칸에 있는 마대를 꼭 잡고는 물매 사나운 고갯길을 천천히 올라갔다.

그런데 이게 웬 일인가?

무거운 짐이 가득 실려 있는 커다란 짐자전거는 곧장 앞으로 나가지 않고 자꾸만 내 몸 쪽으로 넘어지는 게 아닌가?

하는 수 없이 나는 짐자전거가 넘어지는 것을 막기 위해 오른쪽 어깨를 마대 자루 쪽으로 바짝 붙이고는 두 주먹을 불끈 쥐었다. 그래도 짐자전거가 내 의도대로 되지 않고 내 몸 쪽으로 조금씩 기울면서 금방이라도 옆으로 쓰러질 듯이 위태위태한 모습으로 천천히 움직였다.

그러자 나는 까까머리를 오른쪽으로 기울여 커다란 마대 쪽으로 깊숙이 갖다 대고는 두 다리에 안간힘을 주면서, 온몸을 마치 지렛대처럼 짐자전거를 떠받치며 천천히 걷기 시작했다.

염천더위에 쨍쨍 내리꽂는 태양의 맹렬한 열기를 못 이긴 낡은 아스팔트는 시커멓게 녹아 내렸고, 땀에 젖은 검정 고무신은 그 위에 쩍쩍 달라붙어 자꾸만 두 발이 옆으로 미끄러진다. 게다가 쉴 새 없이 줄줄 흘러내리는 뜨거운 땀방울 때문에 두 눈이 따가워 앞이 잘 보이지 않을 지경이다.

무거운 짐이 가득 실린 고물 짐자전거를 대티고개 위로 올리기 위해 사력을 다해 한 발 한 발 움직였지만, 내 자전거는 마치 말 안 듣는 힘센 황소처럼 너무나 더디게 움직였다.

결국 타는 듯한 무더위와 극심한 갈증을 이기지 못한 나는, 짐자전거를 길 가장자리에 힘겹게 세우고는 옆에 흐르는 개울 속으로 첨벙 뛰어들었다.

나는 시뻘건 숯불을 홀랑 뒤집어쓴 것처럼 빨갛게 달아오른 얼굴을 개울 속에 쑥 처박고는 정신없이 개울물을 마셔댔다.

길가의 개울물 속에는 피라미와 송사리들이 빠르게 움직이고 청개구리들도 헤엄치고 있었다. 그러나 나는 그런 것들은 전혀 개의치 않고 꿀꺽꿀꺽 쉬지 않고 물을 마셨다.

"아! 시원해!"

잠시 후 고개를 물 밖으로 쳐든 나는, 그제야 '살것 같다'는 생각이 들었다.

그날 오후.

나는 뒤에서 짐을 밀어줄 사람 하나 없는 인적 드문 대티고개를 홀로 넘기 위해, 몇 번씩이나 무거운 짐자전거를 길가에 세우고는 개울 속으로 미친 듯이 뛰어들어 개울물을 벌컥벌컥 들이켰는지 모른다.

2.
구덕산 산동네

우리 집은 전차 종점(현 문화아파트)에서 구덕운동장 뒤를 돌아 가풀막진 황토 언덕길을 50여 분 힘겹게 걸어 올라가야 하는 산동네에 있었다. 구덕산 정상에 덩그러니 자리 잡은 산동네에는 그때만 해도 전기가 들어오지 않아 밤마다 등잔불이나 호롱불을 오롯이 켜놓고 살아야만 했다.

그곳에는 모두 30여 호의 집들이 다붓하게 모여 있었는데, 집이라고 해봐야 모진 한발을 맞은 논바닥처럼 벽이 쩍쩍 갈라진 다 낡은 토담집이거나 6·25전쟁 중에 피난민들이 경황없이 뚝딱뚝딱 지은 알량한 판잣집뿐이었다.

산동네에 사는 여자들은 대부분이 야채나 꽃을 텃밭에서 애써 길러서 전차 종점 아래쪽에 있는 동대신동의 큰 시장이나 서대신동의 골목시장에 내다 팔았다. 그리고 남자들도 돈을 벌 수 있는 일이라면 이것저것 가리지 않고 무슨 일이든지 다 했다. 닭이나 오리를 키우기도 하고, 땔감으로 쓸 나뭇짐을 지게로 져다가 팔기도 하고, 염소를 길러 거기서 나오는 젖을 짜서 아랫동네로 배달하기도 했다.

이곳 산동네는 행정구역상으로는 부산시에 속해 있었지만, 지리적으로는 전차 종점이 있는 아랫동네와 완전히 격리된 꼴이라서 마치 강원도 깊은 산골에 있는 화전민촌처럼 고즈넉하기만 했다. 그렇다 보니나의 어린 시절은 산촌에 사는 아이들의 생활과 크게 다르지 않았다. 한여름이면 동네 아이들과 어울려 산 중턱에 있는 수원지에서 미역을 감기도 하고, 새리골이라는 깊은 골짝으로 내려가 도마뱀과 가재를 잡으며 놀았다. 가을에는 낙동강과 김해평야가 한눈에 내려다보이는 산 정상의 숲속으로 들어가 열매를 따먹고 칡을 캐기도 했다.

당시 아버지는 나전칠기 사업을 비롯해서 몇 가지 제조업에 손을 대보았지만 운이 없었는지 하는 일마다 모두 실패를 하고 말았다. 결국 감나무에 연 걸리듯 빚만 잔뜩 걸머진 아버지는 우리 식구들을 데리고 서대신동에서 방값이 가장 싼 이곳 산동네에 사글세 단칸방을 겨우 얻어서 올라왔다. 그러나 손바닥만한 밭뙈기조차 하나 없는 산속에서 식구들이 먹고 사는 게 문제였다.

아버지는 궁리 끝에 학창시절인 대전공고(현재 한밭 대학교)에서 가구설계를 배웠던 기술을 살려 주택설계에 손대기 시작했다. 그래서 시내에 내려가 주택설계, 공사, 수리 등의 건축일로 식구들의 생활비를 벌어 오셨다. 그러나 건축일이 사시사철 있는 것도 아니고 막상 공사를 해도 제대로 수금이 되지 않아 돈 때문에 속을 끓이는 일이 한두 번이 아니었다.

내가 중학교에 입학하던 1969년부터는 우리 집 살림이 더욱 궁핍해지기 시작했다. 서울에서 살고 있던 막내삼촌이 그만 폐병이 심해져 큰형님인 아버지를 찾아 내려온 것이다. 그 바람에 우리 집 형편은 더욱 곤궁해졌고, 게다가 아버지가 대티고개 입구에 낸 조그만 공방마저 불경기 때문에 그만 문을 닫을 지경에 이른 것이다.

돈 때문에 아버지가 애면글면 속을 태우는 모습을 보다 못한 나는 서대신동 우리 집에서 서면의 중앙중학교까지 1시간이 넘는 길을 걸어 다녔고, 방과 후에는 학교 인근의 주택가에서 석간신문 배달을 시작했다. 그러나 까까머리 중학 1년생인 14세 소년으로서는 아버지를 크게 도울 수 있는 일이 별로 없었다. 그렇다고 아들 세 명에 갓 태어난 여동생을 키우느라고 여념이 없는 어머니가 두 팔을 걷어붙이고 돈 버는 일에 뛰어들 수도 없는 노릇이었다.

결국 생각다 못한 나는 막내삼촌과 함께 조그만 리어카를 한 대 만들어 아버지 가게 부근에 있는 동아시장 입구에서 방과 후에 호떡을 구워 팔기로 했다. 그래서 나는 그해 겨울 내내 학교가 끝나기 무섭게 동아시장으로 곧장 달려가 삼촌과 함께 호떡을 구워 팔았다.

　그런데 이듬해가 되자 삼촌의 폐병이 더욱 심해졌다. 객혈까지 하게 되는 바람에 그나마 시장 경비원 아저씨들의 눈치를 보며 근근이 하던 호떡장사마저 그만두어야 했다. 나는 그때부터 방과 후에 아버지 가게 일을 돕기로 했다. 불경기 때문에 장롱이나 소반을 수리하는 공방일이 점점 지지부진해지자 아버지는 나전칠기용 붓을 제작하는 일을 겸하기 시작했다. 나는 학교가 끝나자마자 공방으로 직행해서 붓 만드는 일을 배우기 시작했다.

　나전칠기에 사용하는 붓은 자연에서 채취한 옻을 칠해야 하기 때문에 화학 페인트 칠을 하는 일반 붓들과는 생김새나 제작방법이 판이하게 달랐다. 겉으로 보는 생김새는 붓이라기보다 마치 납작한 나무필통이나 문패처럼 긴 직사각형이었다. 그리고 그 안에는 옻칠을 묻혀서 그늘에 잘 말린 말총과 사람의 머리카락이 여러 겹으로 켜켜이 붙어 있었는데, 이 붓을 사용할 때는 제일 바깥쪽에 양면으로 붙어 있는 나무 부분과 속에 납작하게 붙어 있는 말총과 인모를 마치 연필처럼 조심스럽게 깎아야 했다.

　내가 주로 하는 일은 공방 앞 시장에서 아버지가 사온 말총과 인모를 긴 쇠빗으로 잘 빗어서 중간에 끼어 있는 이물질을 제거한 뒤에, 일일이 옻칠을 묻혀서 일정한 길이와 두께로 납작하게 만드는 일이었다. 그러면 아버지는 그것을 미리 제작된 긴 나무통 속에 차곡차곡 집어넣어 아교와 본드 등의 접착제로 잘 붙여서 붓을 완성했다.

　그해 봄, 나는 학교 수업이 끝나는 대로 곧장 아버지가 일하고 있는 공방으로 달려가 공방 한쪽 구석에 차려져 있는 작업대 앞에 앉았다.

햇볕도 잘 들지 않는 어웅한 구석에 곱송그리고 앉은 나는 닭피처럼 끈적끈적하고 새빨간 옻칠이 내뿜는 강한 냄새 속에 코를 박은 채 갈색의 긴 말총과 검은색 인모를 양손에 들고는 진땀을 뻘뻘 흘려야 했다. 그러나 온몸에 옻이 옮는 고통을 참아가면서까지 아버지를 열심히 도운 이러한 나의 노력도 결국 허사가 되었고, 그해 봄에 나는 중앙중학교를 중퇴해야만 했다.

오전 수업이 끝나고 점심시간이 막 시작되었을 때 담임선생님이 나를 교무실로 불렀다. 담임선생님은 3개월이 넘도록 월사금이 밀린 이유를 마구 다그치며 큰 소리로 으름장을 놓더니, "내일까지 월사금을 갖고 오지 않으면 학교에 오지 마라." 하고 말했다.

결국 그날 나는 점심 도시락도 미처 먹지 못한 채 울먹이며 학교를 뛰쳐나오고 말았다. 나는 오후 내내 어머니 치마폭에 엎드려 펑펑 울었다.

그날 밤늦게 침통한 표정을 한 채 집으로 올라오신 아버지는 술이 거나하게 취해 있었다. 오후에 어머니로부터 다급한 연락을 받은 아버지는 교무실로 전화를 해서 담임선생님한테 어려운 사정 이야기를 했으나 매정하게 거절당하고 말았단다. 6·25 난리통에 부산으로 피란 와서 36세란 늦은 나이에 얻은 첫아들이 중학교도 편히 다니지 못하고 그만 제적을 당할 위기에 처하고 말았으니, 아버지의 가슴속은 여간 쓰리고 아프지 않았을 것이다.

그날 밤 아버지는 아무 말 없이 내 작은 손을 꼭 잡으셨는데 아버지의 주름진 눈가에는 뜨거운 눈물이 조용히 번지고 있었다.

그날 밤은 내가 태어나서 처음으로 맞이하는 기나긴 밤이었다. 비록 어렵고 가난했지만 누구보다도 열심히 다녔던 학교였고 좋아하는 친구도 많았는데, 선생님의 말 한마디에 그처럼 쉽게 헤어져야 한다는 현실이 너무나 슬펐다.

3

아버지의 돌연한 죽음

드넓은 낙동강 하늘 위로 까치 노을이 곱게 물드는 석양 무렵에 나는 가파른 언덕길을 악을 바락바락 쓰며 힘겹게 올라왔다. 마치 술 취한 사람처럼 비틀거리는 무거운 짐자전거를 집 앞 마당에 간신히 세웠다.

온몸은 비처럼 쉴 새 없이 흘러내리는 땀으로 온통 뒤범벅이 되었고, 물질하는 해녀들의 숨비소리처럼 가쁘게 몰아쉬는 숨 때문에 목의 굵은 혈관들이 한껏 부풀어 올랐다. 나는 잠시 쉴 틈도 없이 꽁꽁 묶은 밧줄을 풀어 짐받이 위에 차곡차곡 쌓여 있는 무거운 마대자루들을 낑낑거리며 하나씩 들어내려야 했다.

속이 잔뜩 헛헛한 데다 갈증까지 심하게 났다. 나는 짐을 마당에 내려놓자마자 집안으로 급히 들어서며 어머니를 큰 소리로 불렀다.

그런데 아무래도 이상했다. 이맘때면 어머니가 저녁식사를 준비하느라 집안이 제법 소란스러웠는데, 지금은 너무나 조용한 게 아닌가? 방안은커녕 부엌에서도 아무런 인기척이 들려오지 않았다. 집안 전체에 마치 오래된 무덤 속처럼 무겁고 칙칙한 적막만이 흐르고 있는 것만 같았다. 갑자기 이상한 생각이 들면서 불안해진 나는 부엌 문고리를 조심스럽게 열었다.

그런데 이게 웬 일인가! 불도 켜지 않은 어두컴컴한 부엌 한쪽 구석에 어머니가 핼쑥한 모습으로 맥을 놓고 앉아 계시는 게 아닌가.

어머니는 나를 보자마자 오른손을 입술에 힘없이 갖다 대신다.

"효준아! 이 일을 어떡하니? 아버지가 갑자기 쓰러지셨다!"

"예? 아, 아버지가!"

너무나 뜻밖의 말씀에 나는 마치 벼락을 맞은 것처럼 화들짝 놀랄수밖에 없었다. 부뚜막 옆에 마치 넋이 나간 사람처럼 쪼그려 앉아 미동도 하지 않고 있는 어머니를 지나서 관처럼 굳게 닫혀 있는 안방 문을 살며시 열었다.

미처 불을 켜지 않아 어웅한 방안에는 아버지가 핏기 없는 창백한 모습으로 두 눈을 감은 채 메마른 미이라처럼 누워 있었다. 그 위에는 낡고 색이 바랜 초라한 군용담요 한 장만이 달랑 덮여 있었다. 너무나 큰 충격을 받아 혼비백산한 어머니는 초점을 잃은 퀭한 눈으로 나를 힐끔 쳐다보더니 아무 말 없이 깊은 한숨만 서너 번 길게 몰아쉬었다.

"아까 부엌에서 찬물로 목욕을 하시다가…… 그, 그만, 갑자기 쓰러졌단다. 효준아! 이 일을 어쩌면 좋니?"

어머니는 말씀을 채 잇지도 못하고 울음부터 터뜨리셨다. 나는 내 눈앞에 펼쳐진 끔찍한 광경이 너무나 생경했고 무척이나 당혹스러웠다.

오늘 아침에 자전거를 타고 출발하는 나를 활짝 웃는 얼굴로 바라보면서 '우리 아들, 힘내자!'라며 활기찬 음성으로 배웅해주시던 아버지가 이렇게 말 한마디도 못한 채 방안에 누워 계시다니…….

"얼른 아버지를 병원으로 모시고 가야 하지 않습니까?"

어머니는 조심스러운 내 물음에 그만 곤혹스런 표정을 짓는다.

"우리 집에 돈이 어디 있니? 병원에 가려면 돈이 있어야지. 돈이……."

문제는 돈이었다. 의사가 왕진을 와도 돈이 필요하고, 아버지를 모시고 병원으로 가도 돈이 필요한데, 우리 집엔 그놈의 원수 같은 돈이 있을 리가 없었다. 우리 집은 밭뙈기 한 뼘조차 없어 새알꼽재기 같은 구메농사도 지을 수 없었고, 아버지가 근근이 벌어오는 돈으로는 그날 벌어서 식구들 볼가심하기도 빠듯한 판국이었다. 그러니 병원에 갈 돈이 도대체 어디에 있단 말인가?

하지만 혼수 상태에 빠진 아버지를 마냥 이대로 내버려 둘 수는 없는 노릇이 아닌가. 도대체 이 일을 어떻게 해야 한단 말인가? 뇌졸중으로 쓰러진 환자를 어떻게 간호해야 하는가에 대한 의학상식이 전혀 없었던 어머니는 컴컴한 부엌에 쪼그려 앉아 마냥 눈물만 훌쩍거리고 있었고, 어린 나 역시 어찌할 바를 모른 채 창백하게 누워 있는 아버지를 안타까운 심정으로 그저 바라만 보고 있을 뿐이었다.

그런데 설상가상으로 나도 그날 밤부터 엄청난 고열과 지독한 복통에 시달리기 시작했다. 하얀 거품이 나오는 설사를 연이어 하고, 저녁식사로 먹은 것을 다 토해내고, 온몸을 칼로 저미는 듯한 끔찍한 통증으로 밤새 잠을 못 이룰 지경이었다. 밤새도록 고통스러운 비명을 지르며 온방을 다 헤매던 나는 결국 새벽녘에 탈진한 채로 그만 기절하고 말았다.

장질부사(장티푸스)에 걸린 것이었다. 가만히 서 있기만 해도 숨이 헉헉 차오를 정도로 뜨거운 땡볕 아래에서 온갖 세균들이 버글거리는 쓰레기 매립장, 고물상, 음식점 주방들을 뒤지며 다닌 데다 무더위를 피하기 위해 도로변 개울 속으로 냅다 뛰어 들어가 찬물을 벌컥벌컥 들이켠 것이 화근이었던 것이다.

그러나 병원에 갈 돈이 없었던 나 역시 어머니가 동네 약국에서 외상으로 지어온 약만 먹고 가만히 누워 있을 수밖에 없었다. 큰방에는 아버지와 내가 혼수 상태로 누워 있고, 작은방에는 폐병에 걸린 막내삼촌이 마른기침을 쿨럭쿨럭거리며 누워 있게 되자, 혼비백산한 어머니는 거의 제정신이 아니었다. 하루아침에 건장한 남자 세 명이 모두 줄줄이 누워버렸으니, 이러다가 집안의 장정들이 다 죽어 나가는 게 아닌지……. 어머니는 심히 두려웠을 것이다.

게다가 국민학교 1학년이던 둘째와 4학년이던 첫째 동생은 그저 놀란 눈초리로 어머니 눈치만 슬슬 보았고, 아무것도 모르는 한 살배기 막내 여동생은 큰 소리를 내며 빽빽 울기만 했다. 너무나 기가 막힌 어머니는 그저 눈물로 하루하루를 보냈다. 밥을 하면서도 울고, 빨래를 하면서도 울고, 아직 돌도 안 지난 막내 여동생 젖을 주면서도 울고…….

나는 비탄에 빠진 어머니를 위해 아무것도 도와 드릴 수 없었다. 높은 열에 들뜬 모습으로 어두컴컴한 방안에 드러누워 바로 곁에서 들려오는 아버지의 거친 숨소리를 들으면서 무기력하게 천정만 바라보고 있어야만 했다.

문 밖에서 들려오는 어머니의 눈물짓는 소리, 이웃사람들의 한숨 쉬는 소리, 교회에서 찾아온 신자들이 기도하는 소리들을 귀로는 다 듣고 있었지만 작은 손가락 하나도 내 의지대로 움직일 수 없었다.

아무런 음식도 먹지 못한 채 일주일이 지나가자 두 눈은 마른 명태처럼 퀭하니 들어가고, 양쪽 광대뼈가 앞으로 툭 불거져 나오고, 입술은 허옇게 말라붙어 마치 해골처럼 보일 정도였다. 가슴에는 근육이 시나브로 없어지면서 갈비뼈만 앙상하게 드러나 숨쉬기조차 힘들었고, 양쪽 발목은 마치 갓난아기의 팔처럼 가늘어 보였다. 게다가 머리카락까지 한 움큼씩 쑥쑥 빠져나가 머릿속이 듬성듬성 보이는 게 아닌가.

낡은 요 위에 맥없이 드러누운 나는 아무리 힘을 써보려고 해도 도무지 힘을 낼 수가 없었다. 불과 7일 전까지만 해도 어른들도 미처 들기 힘들 정도로 무거운 마대자루들을 짐자전거에 가득 실은 채 부산 시내를 신바람 나게 휘젓고 다녔다는 사실이 도무지 믿어지지 않을 지경이었다.

내가 점점 죽어가고 있다는 사실이 조금씩 조금씩 느껴지기 시작했다. 그러나 내가 할 수 있는 일은 아무것도 없었다. 그저 의식불명인 채로 누워 계신 아버지 곁에 함께 드러누워 고열과 오한과 짙은 공포 속에서 부들부들 떨고만 있을 뿐이었다.

구덕산 정상에서 온갖 비바람과 눈보라를 의연하게 맞으며 우람하게 서 있는 거목처럼 듬직하던 아버지가 태풍을 맞은 고목처럼 힘없이 쓰러진 지 열흘이 지난 오후. 시간이 대여섯 시쯤 되었을까? 늦은 오후의 엷은 햇살이 비스듬히 스며드는 어두운 방안에 아버지와 내가 함께 누워 있었고, 그 옆에 바투 붙은 작은방에는 삼촌이 마른기침을 쿨룩거리며 누워 있었다.

그리고 문 바깥의 쪽마루에는 교회에서 문병 오신 할머니들이 걱정스러운 표정으로 어머니와 마주앉아 두런두런 이야기를 나누고 계셨다. 기진맥진한 채로 요 위에 드러누운 나는 비몽사몽간에 밖에서 들려오는 할머니들과 어머니의 나지막한 음성을 듣고 있었는데, 이때 바로 옆에서 바스락거리는 소리가 내 귀에 들려왔다.

고개를 옆으로 돌려 보니 아버지를 덮고 있던 초록색 군용담요가 조금씩 움직이는 게 아닌가? 그 순간 깜짝 놀란 나는 두 눈을 휘둥그레 뜨며 상체를 아버지 쪽으로 급히 돌렸다. 두 눈을 감으신 아버지는 얼굴에 고통스러운 표정을 지으며 손끝을 조금씩 움직였다. 지난 일주일 내내 마치 죽은 사람처럼 미동도 않고 누워만 계시던 아버지가 몸을 서서히 움직이기 시작하자 나는 너무나 반가웠다.

"아, 아버지! 그래요. 아버지는 다시 일어서실 수 있어요. 언제나 아버지는 어린 우리들을 듬직하게 지켜주시던 거대한 산이었잖아요? 이제 며칠만 지나면 언제 아팠느냐는 듯이 두 손을 홀홀 털며 힘차게 일어나실 거예요. 그래서 예전처럼 건강한 모습으로 우리 곁에 우뚝 서주세요. 네? 아버지……."

나는 아버지가 다시 의식을 차리기 위해 안간힘을 다하는 힘든 모습을 바라보며 하염없이 눈물을 흘렸다. 그날 아버지는 병마의 깊은 구렁텅이에서 빠져 나오기 위해 힘겨운 사투를 벌이고 있었다. 그러나 아버지 곁에 힘없이 누운 나는 너무 무기력하기만 했다. 아버지는 생과 사의 갈림길에서 혼자 외로이 악전고투를 하고 있었는데, 바로 곁에 붙어 있는 나는 힘들어하는 아버지를 전혀 도와드리지 못하고 있었다. 햇살이 점점 엷어지는 여름날 오후에 굴 속처럼 어두운 방안에 누워 아스라이 꺼져가는 생명의 불꽃을 다시 지펴 올리기 위해 마지막 힘을 다하고 있는 아버지의 처절한 모습을 그저 망연자실하게 바라보고만 있어야 한다는 사실이, 나에게는 또 하나의 커다란 절망이었다.

잠시 후, 아버지는 두 눈을 번쩍 뜨셨다. 나는 아버지를 바라보며 상체를 벌떡 일으켰다.

두 눈을 뜬 아버지는 나에게 무언가 하실 말이 계신지 자꾸만 입술을 움직였다. 그러나 허사였다. 뇌졸중으로 이미 마비된 입술은 제대로 움직이지 않았고, 그 입술로는 단 한마디의 말도 표현할 수가 없었던 것이다. 오히려 말을 하려고 노력하면 할수록 바싹 메마른 하얀 입술에서는 경련만 파르르르 일어날 뿐이었다.

그제야 자신의 온몸이 뇌졸중으로 마비되어 버렸다는 사실을 알아차렸는지 아버지는 모든 것을 체념한 허탈한 표정으로 나를 힘없이 바라보며 하염없이 눈물을 흘리셨다. 나도 그런 아버지의 모습을 바라보는 게 너무나 안타까워 뜨거운 눈물방울을 뚝뚝 흘렸다.

한동안 굵은 눈물을 하염없이 흘리며 슬픈 표정을 짓던 아버지가 갑자기 눈물을 그치더니 나를 똑바로 쳐다보는 게 아닌가? 그 순간 아버지의 두 눈 속에서는 시퍼런 섬광이 불꽃처럼 일렁거렸다.

아버지는 말 한마디조차 할 수 없는 극한 상황 속에서도 큰아들인 나에게 무언가 이야기를 하기 위해 혼신의 힘을 다하고 계셨다. 그것은 눈으로 하는 이야기였다. 아버지와 나 사이에는 아무런 말이 필요 없었다. 비록 무거운 침묵 속에서 눈으로만 하는 이야기였지만 그 내용은 이 세상의 그 어떤 웅변보다도 더 우렁차게 내 가슴을 두드렸다.

"아버지! 아버지! 이대로 돌아가시면 안 됩니다. 얼마나 힘들고 서럽게 살아오셨는데, 여기서 주저앉는다는 말씀입니까? 아버지! 제발 일어나셔서 예전처럼 꿋꿋한 모습을 다시 한 번 보여주세요. 아버지께서 건강만 되찾을 수 있다면, 아버지가 시키는 일은 무엇이든지 다 하겠습니다. 그러니 제발 일어만 서주세요. 네? 아버지!"

모든 것을 포기한 채 두 눈으로 나를 가만히 보고만 계시는 아버지를 바라보는 내 심정은 그야말로 미칠 것만 같았다.

바로 그때였다. 눈물 가득한 아버지의 슬픈 두 눈이 힘없이 스르르르 감기더니 갑자기 호흡이 거칠어지는 게 아닌가? 깜짝 놀란 나는 큰 소리로 아버지를 불렀다. 급박하게 내지르는 내 비명을 듣고 문 밖에 앉아 계시던 어머니가 안으로 화들짝 뛰어 들어왔다.

"효! 효준아! 왜 그러니?"

미처 알아듣기 힘들 정도로 작은 신음을 몇 번 입 밖으로 흘리던 아버지는 온몸이 세차게 떨릴 정도로 큰 숨을 마구 몰아쉬었다. 결국 목에서 아주 굵고 거친 가래소리 같은 숨소리를 심하게 내던 아버지는 코로 큰 숨을 한 번 몰아쉬더니, 돌연 고개를 옆으로 힘없이 떨구는 게 아닌가?

"효준이 아버지!"

화들짝 놀란 어머니는 아버지의 싸늘한 가슴을 부둥켜안은 채 대성통곡을 터뜨렸고, 어머니를 뒤따라 방으로 들어오신 교회 할머니들은 침통한 표정으로 하얀 솜뭉치를 아버지의 양쪽 귀와 코에 넣고 계셨다.

우리 아버지는 그렇게 허무하게 가셨다. 돌덩이 같은 깊은 한을 가슴속에 고스란히 묻어둔 채 머나먼 저승길로 휘적휘적 떠나고 말았다. 쉰이 다 된 늦은 나이에 막내딸을 얻은 아버지는 포대기에 싸여 어머니 등에 업힌 막내딸이 채 돌도 넘기기 전에 그만 돌아가신 것이다.

"아버지! 늦게 얻은 고명딸이라고 얼마나 애지중지하며 기뻐하셨는데, 이렇게 덧없이 떠나가신단 말입니까? 저 핏덩이 같은 막내가 불쌍해서 어떻게 눈을 감았단 말씀입니까?"

저자의 선친(故 정대석)의 대전공고 가구
과 재학 시절 모습.

아버지께서는 충남 대전에서 일제 식
민지의 백성으로 태어나 일본인들의 차
별을 피해 중국으로 나갔다가 해방과
함께 돌아와 「탈옥수의 고백」이라는 희
곡을 쓰고 서영훈 선생님과 함께 지방
을 다니면서 농촌계몽운동을 하셨다.

평양이 고향인 여인을 사랑했지만
38선이 가로 막히는 바람에 헤어져야
했던 아버지는 30대 중반까지 혼자 계
셨다. 그러다가 여동생들의 성화에 못
이겨 일본에서 태어나 살다 들어온 스
무 살의 어머니와 선을 보고 35살에 결
혼을 하셨다.

그러나 신혼의 단꿈도 잠시. 1950년
6월 25일에 터진 한국전쟁 때문에 죽을 고비를 넘기며 임시수도였던
부산으로 피난 온 아버지는, 낯선 타향에서 힘겨운 피난살이를 하면서
어린 3남 1녀를 뒷바라지 하시다가 그만 50세에 한많은 세상을 떠나
셨다.

 아버지가 그렇게 허무하게 세상을 떠나가신 후 장례 치를 돈이 없어서 쩔쩔매며 허둥거리던 우리 가족은 교회 사람들의 도움으로 간신히 장례를 치렀다. 그러나 아버지의 시신을 지리산 북쪽 자락인 함양의 선산으로 모실 돈이 턱없이 부족했던 어머니는 화장한 아버지의 유해를 낙동강변에 훠이훠이 눈물로 뿌리셨다.

 그런데 장례가 끝나자마자 우리 집으로 득달같이 뛰어온 사람들이 있었다. 다름 아닌 빚쟁이들이었다.

 나전칠기용 붓 제작에 심혈을 쏟던 아버지는 우리 식구들 생활비를 조금이라도 더 벌기 위해 돌아가시기 서너 달 전부터 자개장사에도 조금씩 손을 댔다. 그러나 장사할 밑천이 없었던 아버지는 주위 사람들에게 조금씩 빌린 돈으로 자개공장에서 도매로 사 온 자개를 전국의 나전칠기 공방에 소매로 조금씩 팔았다. 그때 돈을 빌려주었던 사람들이 아버지가 돌아가셨다는 소식을 듣고는 모두들 우리 집으로 우르르 몰려든 것이다.

 늦은 오후에 무리를 지어 우리 집을 찾아온 그들은 밤늦게까지 큰방에 버티고 앉아 방바닥을 마구 두드리고, 욕설을 퍼붓고, 고래고래 고함을 치면서 마구 행패를 부렸다. 그러자 잔뜩 겁을 먹어 주눅이 든 남동생들은 삼촌이 있는 작은방으로 슬금슬금 물레걸음을 치고, 어른들의 부라리는 가시눈과 큰 고함소리에 크게 놀란 막내 여동생은 어머니 등 뒤에 업힌 채 바락바락 악을 쓰며 울음을 터뜨렸다. 그러나 보름이 넘도록 고열과 오한과 복통에 시달려 피골이 상접한 나는 그저 아무 말도 못한 채 방 한쪽 구석에 시름시름 누워 있을 수밖에 없었다.

"아줌마! 뭔가 대책을 세워야 할 것 아니에요! 대책을……."

"글쎄, 다른 말 하지 말고 방을 빼세요! 방을!"

"얼른 방을 빼서 그 보증금으로 우리 빚을 해결하란 말이오."

흥분한 빚쟁이들은 두 눈을 마구 부라리며 어머니를 거칠게 다그쳤다. 그러자 사색이 된 어머니는 그저 고개만 푹 숙인 채 눈물만 글썽거릴 뿐 아무 대답도 못하고 있었다.

당시 우리 집은 보증금 50만 원에 월세 5천 원을 내는 조건으로 방두 개를 쓰고 있었다. 그런데 그 중에서 우리 돈은 10만 원에 불과했고 나머지 40만 원은 막내삼촌의 돈이었다. 그 돈은 폐병에 걸린 막내삼촌을 큰형님인 아버지가 데리고 있게 되자, 서울에 있는 고모들이 방두 개가 딸려 있는 집을 얻으라며 어렵사리 모아준 돈이었다. 그런 속사정을 알 길 없는 빚쟁이들은 한시바삐 방을 빼서 자기들 빚부터 갚으라는 게 아닌가?

"지금 다른 집에 한번 가 봐요. 식구가 7명, 8명이나 되는데도 콧구멍만한 방 한 칸에 온 식구들이 드글드글 모여 사는 집이 얼마나 많은데요. 지금 발등에 불이 떨어졌는데, 뭘 이것저것 시시콜콜 따진단 말입니까?"

"저, 사실은 지금 작은방에 살고 있는 시동생이 지금 폐병을 앓고 있는 환자랍니다. 그러니 이 어린것들 하고 한 방에서 함께 살 수가 없는 입장이에요."

빚쟁이들은 막내삼촌의 폐병 때문에 우리 가족들이 방을 두 개 쓸수밖에 없는 피치 못할 사정을 듣자, 잠시 멈칫하는 듯했다. 그러나 그것도 잠시. 자기들의 빚을 받기 위해서는 삼촌의 폐병 따위야 전혀 문제가 안 된다는 듯 다시 어머니를 윽박지르며 큰소리로 으름장을 놓았다.

그날 밤늦도록 우리 방을 독차지 하고 앉아서 어머니와 어린 동생들을 공포와 두려움 속으로 몰아넣던 빚쟁이들은 통금시간인 밤 12시가 거의 다 되어서야 각자 엉덩이를 털며 집으로 돌아갔다.

그런데 더 큰 일은 그 다음날 벌어졌다.

아침 일곱 시쯤 되었을까. 이부자리 속에 드르누워 고열과 심한 두통으로 고통스럽게 끙끙거리고 있던 나는 부엌에서 들려오는 어머니와 삼촌의 두런거리는 이야기 소리에 문득 잠이 깼다.

"서방님 돈만 그렇게 빼서 나가시면 나이 어린 조카들은 어떻게 살아가라는 겁니까? 우리들은 한식구인데, 죽어도 같이 죽고 살아도 같이 살아야지. 그렇게 혼자만 빠져 나가시면 안 됩니다. 나중에 저승에서 효준이 아버지를 무슨 낯으로 보려고 그러시는 겁니까? 예?"

'어, 어떻게 그런 생각을……. 아버지와 어머니가 병든 삼촌을 간호하느라고 얼마나 애를 썼는데, 우리들을 내버리고 혼자만 나간다는 건가?'

아버지에겐 여동생이 둘, 남동생이 둘 있었다. 그런데 제일 막내였던 삼촌은 어려서부터 건강이 부실해서 크고 작은 병치레를 자주 했다. 건강이 좋지 않은 막내동생이 경제적으로 자립하기 위해서는 무엇보다도 기술을 배우는 것이 좋겠다고 생각한 아버지는 삼촌을 우리 집으로 데려다가 나전칠기 기술을 가르치려 했다.

그러나 아버지의 이러한 계획은 단 한 번도 성공하지 못했다. 왜냐하면 막내삼촌은 아버지 밑에서 힘들게 기술을 배우는 것보다는 서울의 누나들 밑에서 용돈이나 받으며 편안하게 지내는 것을 훨씬 더 좋아했기 때문이다. 당시 서울의 고모들은 시내에서 여관이나 다방 등을 운영하고 있었기 때문에 그곳에서 잔심부름만 하고 지내도 숙식 제공에다 용돈까지 쏠쏠하게 받을 수 있었던 것이다.

결국 누나들의 그늘 아래에서 안주하던 막내삼촌은 갑자기 폐기능

이 악화돼 각혈까지 할 정도로 건강이 나빠졌다. 한동안 막내삼촌의 건강문제로 노심초사하던 아버지와 고모들은 서울보다 공기가 더 맑은 부산의 구덕산 기슭에서 막내삼촌을 살게 하기로 결정했다.

그런데 바로 그 순간에 가장 큰 걸림돌이 된 것은 막내삼촌의 숙식문제였다. 폐병은 전염성이 강한 병이었기 때문에 방 한 칸에 여섯 식구가 오글오글 살고 있는 우리 집에서 함께 숙식을 한다는 것이 애시당초 불가능했기 때문이다. 게다가 어머니는 아기를 낳은 지 4개월도 채 되지 않았을 때였다. 결국 아버지가 방을 두 개 얻어서 막내삼촌을 데리고 있기로 했고, 부족한 돈 40만 원은 고모들이 도와주는 것으로 해결을 보았다.

이렇게 해서 막내삼촌이 우리들과 함께 살게 되자 아버지와 어머니는 삼촌을 위해 많은 정성을 쏟았다. 물론 폐병이 전염되지 않게 하기 위해 우리들은 부모님과 함께 자고 삼촌은 바로 곁에 붙은 작은방에서 따로 잠을 잤다.

그러나 삼촌이 소외감을 느끼지 않도록 하기 위해 식사는 꼭 한 밥상에서 같이 먹도록 했고, 단지 수저만 소독해서 따로 사용하도록 했다. 또 아침에 구덕산 숲속으로 운동하러 갈 때에도 별일 없으면 항상 삼촌을 동행시켰고, 낮에는 대티고개 입구에 있는 아버지 가게로 불러내 나전칠기 기술도 조금씩 가르쳤다.

어머니도 장난기 많기로 유명했던 우리 3형제와 갓 태어난 아기를 키우느라 경황이 없는 와중에도 가슴앓이에 좋다는 마늘을 끼니마다 꼭 구워냈다. 그리고 옹색한 살림살이를 힘겹게 꾸려가면서도 삼촌의 병을 낫게 하기 위해 갖가지 약초들을 구덕산 숲속에서 힘들여 구해다가 조석으로 달여 먹였다.

어머니는 막내삼촌에게 마치 친누나처럼 열과 성을 다해 병구완을 해주었는데, 이제 와서 자기 혼자만 편하게 살겠다고 방 보증금을 빼

가겠다니……. 이부자리를 옆으로 밀치고 부엌을 향해 무릎걸음으로 다가간 나는 누런 창호지 위에 작은 손가락 구멍들이 뻐끔뻐끔 나 있는 미닫이 문을 옆으로 천천히 밀었다.

내가 느닷없이 문을 열며 얼굴을 부엌 쪽으로 들이밀자 서로 언성을 높이던 어머니와 삼촌의 대화가 갑자기 뚝 끊기더니 물끄러미 나를 바라보았다. 나는 자꾸만 어지럽고 현기증이 심하게 나서 부엌으로 차마 나가지 못하고 문설주에 간신히 걸터앉았다.

"삼촌! 어떻게 우리들을 버리고 혼자 서울로 올라가신다고 하실 수가 있습니까? 네?"

내 목소리는 가늘게 떨리고 있었다.

"그동안 어머니가 삼촌 병간호를 한다고 얼마나 고생했는데 이제 와서 어머니와 어린 우리들을 버려두고 혼자만 서울로 올라가시겠다니, 이건 도저히 말도 안 됩니다!"

"이 녀석 어린놈이 무얼 안다고 함부로 나서? 쓸데없는 말 하지 말고 어서 문 닫고 방으로 썩 들어가. 어서!"

"삼촌! 아무리 내가 어려도 이건 아니지 않습니까?"

"야! 이 녀석아! 이 방 보증금 속에 들어 있는 40만 원은 서울에 있는 누나들이 나에게 보내 준 내 돈이란 말이야. 내 돈!"

"그 돈이 누구 돈이던 우리는 고생을 함께한 가족이지 않습니까? 그러니 아버지가 돌아가시고 안 계시면 삼촌이 아버지처럼 우리들을 보살피며 함께 살아야죠. 그런데 지금 우리 식구들이 얼마나 큰 어려움을 겪고 있는지 누구보다도 잘 알고 계신 삼촌이 어떻게 그 돈을 갖고 우리 곁을 훌쩍 떠나겠다는 겁니까?"

나는 말을 하다 말고 그만 뜨거운 눈물이 왈칵 솟구쳤다. 그러자 막내삼촌은 돌연 화를 벌컥 내며 부뚜막에 놓여 있던 쇠부지깽이를 집어들고는 신발을 신은 채로 득달같이 방으로 뛰어 들어왔다.

"이놈의 자식! 어디서 감히 삼촌에게 훈계를 하려고 해……."

방으로 뛰어 들어온 삼촌이 나를 때리려고 하자, 어머니가 버럭 고함을 내지르며 다급하게 뒤따라 들어왔다.

"서방님! 도, 도대체 지금 정신이 있는 거예요, 없는 거예요? 지금 장질부사에 걸려서 피골이 상접한 아이를 때리려고 해요?"

나를 가로막고 삼촌 앞에 마주 선 어머니는 두 손으로 쇠부지깽이를 꽉 잡고는 고함을 고래고래 질렀다.

"형수는 애를 이따위로밖에 교육을 못 시켰어요?"

"아니, 서방님이 하도 경우가 없는 행동을 하니까 애가 이러는 거 아니에요? 그리고 지금 효준이가 몸이라도 성한 아이예요? 지독한 장질부사에 걸려 벌써 보름이 넘도록 겨우 미음만 먹으며 하루하루를 지탱하고 있는 아이를 쇠부지깽이로 때리려고 하다니, 도대체 이게 무슨 경우랍니까? 입이 있으면 어디 말을 해보세요. 말을……."

어머니와 삼촌이 부지깽이를 들고 서로 씩씩거리는 통에 놀란 막내 여동생은 어머니 등에 업힌 채 악을 바락바락 쓰며 큰 소리로 울어댔고, 아무 영문도 모른 채 잠에서 막 깬 어린 동생들은 방 한쪽 구석에서 이불을 뒤집어쓰고는 부들부들 떨고 있었다. 그러자 두 눈을 아래위로 크게 부라리며 입에 게거품을 물던 삼촌은 쇠부지깽이를 방바닥에 세차게 내동댕이치고는 밖으로 홱 나가버린다.

그날 아침 막내삼촌이 화를 벌컥 내며 밖으로 나가버리자, 어머니는 어린 동생들을 껴안고 돌아가신 아버지를 부르며 오열했다. 아무 영문도 모른 채 덜덜 떨고 있던 동생들도 그만 덩달아 울기 시작했다.

그러나 그날 오후에 우리들이 우려했던 최악의 사태가 기어코 일어나고야 말았다. 점심 무렵에 집으로 다시 들어온 막내삼촌이 집주인을 만나서 방을 빨리 빼달라고 부탁한 것이다. 그리고 본인이 직접 보증금을 받기 위해 어머니가 보관하고 있던 임대차계약서를 몰래 훔쳐서

영주동에 살고 있는 둘째삼촌 집에 갖다 맡겨 버린 것이다.

저녁에 술에 취한 모습으로 다시 집으로 들어온 막내삼촌은 집주인에게 계약서가 자기한테 있으니 보증금을 절대로 형수에게 주면 안 된다고 신신당부를 하고는 짐을 챙겨 든 채 둘째삼촌 집으로 훌쩍 떠나 버렸다. 막내삼촌에 대한 깊은 배신감과 극심한 실망감으로 밤늦도록 잠을 뒤척이던 나는 다음날 아침 일찍 집을 나섰다.

"아니, 너! 몸도 성치 않은데 어디를 가는 거니?"

"도저히 안 되겠어요! 제가 초량에 있는 작은엄마 집에 가서 삼촌을 만나야겠어요."

어제 밤늦게까지 잠을 못 이루며 눈물을 흘리신 어머니는 양쪽 눈 주위가 벌겋게 짓물러 있었다. 나는 근심어린 표정으로 바라보시는 어머니를 뒤로 한 채 영주동으로 향했다.

초량의 텍사스촌에서 산비탈을 따라 한참 올라가야 하는 영주동 산 동네에는 작은엄마가 아들 둘, 딸 둘을 데리고 살고 있었다. 원래는 둘째삼촌이 함께 살고 있었으나 작년에 교통사고가 나는 바람에 돌아가고 안 계셨다.

작은엄마는 그때 운수회사에서 받은 보상금으로 방 2개에 조그만 가게가 딸려 있는 집을 한 채 사서 아이들과 함께 생활하고 있었던 것이다. 가파른 계단을 올라 그 집에 겨우 도착한 것은 오전 10시가 조금 넘어서였다. 집안에는 마침 작은엄마만 있고 막내삼촌은 외출하고 없었다. 그래서 나는 삼촌을 기다리기 위해 가게 옆에 붙은 큰방으로 들어갔다.

방으로 들어가 앉은 나는 한쪽 구석에 놓여 있는 삼촌의 옷가방을 발견했다. 옷가방을 본 나는 그곳으로 얼른 다가갔다. 그리고는 옷가방을 차근차근 풀어 헤쳤다. 그러나 가방 밑바닥까지 다 뒤져 보아도 우리 집 임대차계약서는 보이지 않았다.

"계약서를 어디에다 숨긴 거야?"

막내삼촌이 꼭꼭 숨겨 놓았을 계약서를 찾기 위해 방안을 두리번거리던 내 눈이 멈춘 곳은 벽 한쪽에 걸려 있는 친할머니의 흑백사진이었다. 친할머니의 인자한 얼굴 모습이 흑백으로 찍혀 있는 검은 액자 바로 뒤에 누런 편지봉투 하나가 살짝 보였던 것이다. 자리에서 일어나 그쪽으로 천천히 다가간 나는 손을 길게 뻗어 액자 뒤에 숨어 있는 누런 봉투를 조심스럽게 꺼냈다. 그리고 두근거리는 가슴으로 누런 봉투 속에 있는 내용물을 찬찬히 살폈다. 틀림없는 우리 집 임대차계약서였다.

바로 그 순간이었다.

"이 녀석! 지금 뭐 하는 거니?"

날카로운 고음을 내며 방으로 왈칵 뛰어드는 사람은 작은엄마였다.

"작, 작은 엄마! 이건 우리 집 계약서예요! 제가 어머니께 갖다 드려야 한단 말이에요!"

"이놈의 새끼! 그건 안 돼! 그건 삼촌 거란 말이야."

순식간에 비좁은 방안에는 서로 계약서를 차지하기 위해 작은엄마와 나 사이에 치열한 육박전이 벌어졌다. 그러나 작은엄마는 막무가내였다.

내 손에 꽉 쥐고 있는 계약서를 강제로 뺏기 위해 지옥에서 올라온 서슬 퍼런 사자처럼 급히 달려들더니 나를 마구 때리는 게 아닌가?

"이놈의 새끼! 어린 놈이 왜 이렇게 힘이 세니? 어서 내놔!"

나는 매를 맞으면서도 계약서를 뺏기지 않기 위해 젖 먹던 힘을 다했으나, 하루 3끼를 죽으로 겨우 연명하는 병든 몸으로 도저히 작은엄마를 이길 수가 없었다.

"작은엄마! 이 계약서가 없으면 우리 식구들은 모두 다 당장 길바닥으로 나가야 된단 말이에요."

그날 나는 오전 내내 작은엄마의 치맛자락에 매달려 울면서 간절히 호소했지만 모든 게 허사였다. 나는 애써 찾은 계약서를 작은엄마에게 다시 빼앗긴 채 허탈함과 짙은 절망 속에서 차마 떨어지지 않는 무거운 발걸음을 천천히 옮기며 집으로 힘없이 걸어와야 했다.

그로부터 한 달 후. 그동안 밀린 월세를 모두 제하고 단돈 5만 원을 수중에 겨우 쥔 우리 가족은 구덕산의 메마른 낙엽이 모두 떨어지고 가지가 앙상하게 드러난 초겨울에 산기슭에 외따로 자리잡은 단칸 월세방으로 초라한 이사를 해야만 했다.

광성공고 바로 옆에 구덕산 수원지가 있었는데, 그 수원지 둑(현재 구덕터널) 바로 아래에 조그만 방 한 칸을 사글세로 급히 얻어서 들어간 것이다. 막상 이사를 하고 보니 당장 해결해야 할 시급한 일들이 한두 가지가 아니었다.

막내삼촌이 40만 원을 빼가는 바람에 방 얻을 보증금이 없었던 우리는 다음 해 봄까지 30만 원을 보증금으로 마련해주는 조건으로 셋방을 가까스로 구한 것이다. 게다가 빚쟁이들에게는 1백여만 원에 이르는 빚을 다음해 여름까지 갚아주기로 각서까지 단단히 써주었다. 그리고 식구들이 당장 생활을 유지하려면 무엇보다도 생활비가 있어야 했는데, 수중에 갖고 있는 돈이라고 해봐야 아무리 탈탈 털어봐도 미처 보름을 버티기 어려울 지경이었다.

무엇보다도 생활비를 버는 것이 가장 시급한 문제였다. 그러나 국민학교 1학년과 4학년에 다니는 두 남동생과 아직 돌도 채 안 지난 젖먹이 여동생을 키워야 하는 어머니로서는 돈 버는 일에 두 팔 걷어붙이고 나설 수가 없었다.

결국 장남인 내가 생활전선에 본격적으로 나서는 수밖에 없었다. 다행히 겨울철에 접어들면서부터 내 몸이 예전의 모습을 서서히 되찾기 시작했다. 별다른 약을 먹지 못했는데도 불구하고 듬성듬성 빠진 머리

털이 다시 돋아나고 두 다리와 팔에도 조금씩 힘이 생겼다.

이런저런 고심을 계속하던 나는 일단 아버지가 만들다 그만둔 나전칠기용 붓을 제작하기로 했다. 아버지는 전국에 흩어져 있는 나전칠기 공장들로부터 주문을 받아서 붓을 제작했는데, 그때마다 돈을 한꺼번에 받는 것이 아니라 일부는 외상으로 남겨놓고 나머지만 현찰로 수금해 왔다. 그래서 아버지와 거래하던 단골 공장들을 한 차례 순회하면 밀린 외상값도 받아내고, 또 새로운 주문도 받을 수 있을 것이란 생각이 들었던 것이다.

마침 집에는 아버지가 몇 군데 공장에서 주문을 받아 만들다 만 반제품 붓 30여 자루가 남아 있어서 내가 조금만 땀을 흘리면 쉽게 완제품을 만들 수 있을 것 같았다.

그로부터 열흘 후 내 손에 30여 자루의 붓이 쥐어졌다. 나는 그것을 깨끗하게 포장한 다음 아버지가 남겨놓은 낡은 수금장부 한 권을 들고는 나전칠기 공장으로 향했다. 당시 아버지와 거래했던 공장들은 서울 옥수동, 원주 태장동, 울산 방어진, 경남 통영 등에 흩어져 있었는데 제일 먼저 기차를 타고 찾아간 곳은 서울 옥수동이었다.

난생 처음 혼자 서울로 올라온 나는 알 수 없는 두려움 때문에 작은 가슴이 두근두근거렸다. 그러나 붓 30여 자루가 우리 식구들이 앞으로 살아갈 생활비를 벌어 줄 것이라는 굳은 확신이 있었기에, 나는 겨우 용기를 낼 수 있었다.

조금이라도 돈을 아끼려고 부산에서 서울까지 12시간이 걸리는 야간 완행열차를 탔기 때문에 다음날 새벽녘에야 용산역에 도착했다. 용산역 광장에 있는 포장마차에서 따끈한 가락국수 한 그릇으로 허기를 채우고는 길을 오가는 사람들에게 일일이 물어가며 옥수동 산 중턱에 있는 나전칠기 공장을 겨우 찾아냈다.

그러나 공장 주인아저씨는 키도 작고 까까머리를 한 새까만 모습의 어린 내가 주문받은 붓을 배달하기 위해 부산에서 단신 상경했다는 이야기를 듣고는 무척 의아한 표정을 지었다.

"왜 아버지가 안 오시고, 어린 네가 혼자 왔니?"

"아, 아버지는 돌…… 돌아가셨습니다……."

얼굴이 시뻘겋게 달아오른 나는 기어들어가는 목소리로 겨우 말꼭지를 뗐다.

"돌, 돌아가셨다고? 이, 이럴 수가……."

작업복 차림의 그 사장님은 애석하다는 표정으로 나를 한참 동안이나 바라보며 뒷말을 잇지 못했다.

"이것 참…… 그래, 네가 맏아들이냐?"

"네, 그렇습니다."

나는 기어 들어가는 목소리로 울먹거리며 대답했다. 그는 믿어지지 않는다는 표정으로 책상 위에 올려놓은 붓과 울먹이고 있는 나를 한참 동안 번갈아 바라보았다.

한 시간 후에 내가 그 공장을 나설 때 그 사장님은 아버지에게 밀려 있던 외상값이라며 10여만 원을 내 손에 꼭 쥐어주셨다. 그러나 내가 갖고 간 붓은 한사코 받지 않으셨다.

"미안하지만 네가 만든 붓은 앞으로 살 수 없단다. 나전칠기 장롱은 굉장히 비싼 거라서 이 붓도 무척 섬세하고 예민하다. 그래서 붓 가격도 일반 붓보다 십여 배는 비싼 거야. 그런데 잘못된 붓을 사용하다가 혹시 실수라도 하게 되면, 수십만 원에서 수백만 원이나 하는 나전칠기 장롱을 다 못쓰게 될 수가 있거든. 그러면 그 책임을 누가 다 지겠니? 그래서 네 아버지가 붓을 만들기 전에는 훨씬 비싼 데도 불구하고 일본에서 수입한 붓을 사용했던 거야. 그동안 네 아버지가 만든 붓을 사서 쓴 이유는 네 아버지의 기술을 우리가 믿었기 때문인데, 이제는 돌아가셨으니…… 아무리 네가 돌아가신 아버지한테 기술을 열심히 배웠다고 하더라도, 네가 만든 붓의 품질을 우리가 믿을 수가 없지 않겠니?"

이런 반응은 다른 도시에 있는 공장에서도 다 똑같았다. 원래 나전칠기 공장에서는 붓을 일본에서 전량 수입해서 사용했다. 그런데 부산에서 그 붓을 만드는 유일한 장인이었던 아버지는 좋은 품질과 저렴한 가격, 그리고 외상판매를 무기로 해서 좁은 붓 시장에 뛰어들었던 것이다. 그 붓은 나전칠기에서도 가장 중요한, 잘 세공된 장롱 위에 자주색 옻칠을 입히는 도구였기 때문에 붓의 굵기, 강도, 길이 등이 조금만 안 맞으면 제대로 칠을 할 수가 없었다. 그러니 까까머리 15세 소년이 만든 붓의 품질을 그들은 도저히 신뢰할 수 없었던 것이다.

결국 나는 가져간 붓을 단 한 자루도 팔지 못하고 고스란히 집으로 가져와야 했다. 그 대신 전국의 공장들을 다니면서 밀린 외상값을 어느 정도 수금할 수 있어 다행이었다. 나는 어머니 앞에 생활비로 쓸 돈을 제법 두둑이 내놓을 수 있었다.

어머니는 열흘 만에 집으로 돌아온 내가 허리춤에서 수금한 돈을 끄집어내자, 나를 대견스럽게 바라보며 환한 미소를 지어 보였다. 나는 그런 어머니를 보면서 가슴이 참으로 뿌듯했다. 그러나 지난 열흘 동안 전국을 다니면서 나전칠기용 붓을 제작해서 파는 일이 더 이상 불가능하다는 것을 확인했다. 이제 생활비를 벌기 위해 새로운 일거리를 찾아 나서야 했다.

5

학춤 추는 기생

이런저런 고심을 거듭하던 나는 '전복 껍데기 수집'을 다시 하기로 결심했다. 그래서 나는 한쪽 구석에 처박혀 있는 고물 짐자전거를 오랜만에 다시 꺼내 타고는 부산 시내 고물상과 해수욕장에 있는 횟집들을 돌아다니기 시작했다.

그러던 어느 날이었다. 나는 짐자전거 뒤에 커다란 마대자루를 서너 개씩 싣고는 다대포, 송도, 광안리, 해운대를 거쳐 동래로 향했다.

옛부터 동래는 부산의 진산인 금정산 아래 자리 잡은 큰 읍이었다. 서쪽으로는 낙동강이 유유히 흐르고 동쪽으로는 맑은 수영강이 바다로 흘러드는 곳이다. 게다가 지하에는 온천수가 풍부해서 이미 조선 중기의 광해군 때부터 동래 온천은 전국적으로 명성이 자자했었다. 이처럼 산 좋고 물 좋은 곳에 따뜻한 온천수까지 풍부하다 보니 동래에는 옛부터 춤을 비롯한 전통예술이 만개했었다. 그런데 그중에서도 으뜸은 '동래야류'였다.

동래야류는 본 과정을 시작하기 전에 여러 가지 즉흥무를 추어 흥을 북돋우는데 곱추춤, 두꺼비춤, 학춤 등을 추었다. 그래서 동래에는 춤 잘 추고 맵씨 좋은 기생들을 적게는 수십 명에서 많게는 수백 명을 거느린 크고 작은 요정들이 많이 있었다. 사정이 이렇다 보니, 요정의 주방으로 들어가면 해수욕장의 횟집이나 뒷골목의 고물상에서 구할 수 있는 것보다는 훨씬 크고 품질 좋은 전복 껍데기들을 쉽게 매입할 수 있었다.

그날 오후에 요정들이 다닥다닥 이마를 맞대고 있는 동래 온천장 뒷

길로 들어간 나는 짐자전거를 한쪽 구석에 세웠다. 그리고 마대자루 하나를 등에 올려 매고는 주방으로 걸어 들어갔다. 아직 바닷물이 뚝 뚝 흐르는 것처럼 싱싱한 전복 껍데기를 구입한 나는 다시 그 옆에 있 는 다른 요정으로 발길을 옮겼다. 골목길에 길게 이어 선 요정들을 한 집 한 집 다니면서 전복 껍데기를 정신없이 사 모으는 중에 어디선가 음악소리가 들려왔다. 고색창연한 가야금 소리였다.

전복 껍데기가 가득 든 마대자루를 등에 올려 맨 채 거친 숨을 헉헉 거리면서 밖으로 막 빠져 나가려던 순간 발을 멈췄다. 그리고는 마치 천상의 소리처럼 내 영혼을 이끄는 가야금 소리를 따라 조금씩 조금씩 발길을 옮겼다.

소리가 들려나오는 것은 요정 뒤쪽에 있는 작은 뜨락이었다. 동백기 름에 분단장을 곱게 한 어느 기생이 길게 드리워진 하얀 수건을 허공 으로 천천히 휘날리며 춤을 추고 있었다.

살풀이였다. 노랑색 저고리에 다홍색 치마를 예쁘게 받쳐 입은 그 기생은 레코드에서 흘러나오는 가야금 반주에 맞춰 살풀이를 추고 있 었던 것이다.

나는 전복 껍데기가 가득 든 마대를 그 자리에 살그머니 내려놓았다. 그리고 은행나무 뒤에 살짝 몸을 숨겼다. 그리고는 정신없이 그곳만 바 라보았다. 노란 은행잎이 보석처럼 깔려 있는 호젓한 뜨락에 가야금 반 주에 맞춰 온몸을 하느작거리는 그 기생의 살풀이 춤은 그야말로 환상 적이었다. 나는 그만 넋을 잃고 그 기생의 춤을 감상하고 있었다.

그 순간 갑자기 돌아가신 아버지 모습이 떠올랐다. 새벽이슬이 아침햇 살에 청초하게 빛나는 숲속에서 한복을 입은 아버지가 너울너울 춤추던 그 모습, 그리고 나를 바라보며 인자하게 미소짓던 그 얼굴이…….

내가 아버지한테 학춤을 처음 배우기 시작한 것은 부민국민학교에 갓 입학한 여덟 살 때였다. 그 당시 아버지는 어려운 생활 속에서도 눈이 오나 비가 오나 단 하루를 빼먹지 않고 한결 같이 하는 일이 하나 있었다. 그것은 새벽 산행이었다. 아버지는 바깥이 칠흑처럼 캄캄한 새벽 다섯 시경이면 어김없이 자리에서 일어나셨다. 그러고는 곤히 잠들어 있는 나를 흔들어 깨워서 새벽 산행을 나섰다.

아버지가 아직 잠에서 덜 깬 어린 나를 데리고 가장 먼저 들르는 곳은 옛 지명이 도솔산인 구덕산의 약수터 뒤쪽에 있는 조그만 암자였다. 그곳에서 스님과 함께 불공을 드린 아버지는 잠시 후 암자 아래쪽에 있는 숲속의 빈터로 들어가셨다.

겨우 발목을 스칠 정도의 키 작은 풀들이 푹신한 방석처럼 판판하게 깔려 있는 빈터로 들어간 아버지는 그곳에서 너울너울 학춤을 추시고 태극권도 수련하셨다. 그러면 나는 숲 가장자리에 아무렇게나 뒹굴고 있는 통나무 기둥 위에 비스듬히 기대서서 아버지가 추시는 학춤과 태극권을 구경하기도 하고, 또 그것이 싫증나면 숲속으로 들어가 옹달샘에서 흘러넘친 물이 조그만 실개천을 이룬 곳에 털썩 주저앉아 가재 구경을 하기도 했다.

그날도 역시 가재 구경을 하려고 색 바랜 낙엽 더미를 헤치면서 옹달샘 쪽으로 내려가는데 웬 하얀 새가 긴 부리를 땅으로 향한 채 날개를 푸드득 거리는 게 아닌가?

"아빠! 어서 와 보세요! 여기 하얀 새가 있어요."

"그래? 어디 한번 보자……."

얼굴에 굵은 땀방울을 매단 채로 숲속으로 뛰어 들어오신 아버지는 거친 숨을 세차게 몰아쉬며 내 곁으로 다가왔다.

"아이고, 이건 학이구나!"

"학이라고요?"

"그래, 학이 많이 다친 모양이구나."

그 당시 우리가 살던 구덕산은 해발 565미터로 전차 종점과 공설운동장이 있는 대신동은 물론이고 저 멀리 송도 해수욕장까지 한눈에 내려다보이는 높고 울창한 산이었다. 그리고 바로 뒤쪽에는 낙동강 하구가 있었다. 강원도 황지에서 천삼백 리를 내려온 낙동강이 남해로 들어가기 위해 강폭을 서서히 넓힌 그곳에는 커다란 삼각주가 아주 잘 발달되어 있었다.

그 중에 대표적인 곳이 낙동강 아래쪽에 있는 80만 평이 넘는 드넓은 을숙도였는데, 그곳은 그야말로 새들의 천국이었다. 특히 갈대가 우거지고 잡초가 무성한 을숙도는 새들이 숨을 곳이 지천으로 깔린 데다, 바로 강 건너에 있는 드넓은 김해평야에는 새들이 살을 포동포동 찌울 수 있는 곡식이며 채소가 풍족하게 널려 있었다.

그러다 보니 추운 지방에서 살던 철새들이 월동하기 위해 집단으로 날아드는 가을철에는 1백만 마리가 넘는 새들이 날아오는 동양 최대의 철새도래지인 을숙도 주변은 말할 것도 없고, 이곳 구덕산 하늘까지 철새들의 무리로 새까맣게 뒤덮일 정도였다.

"아무래도 학이 무언가를 잘못 먹었는가 보다. 집으로 데리고 가야겠구나."

"우리 집에요?"

"집에 데리고 가서 잘 치료해 줘야겠다."

이렇게 해서 나는 여덟 살 때 처음으로 학과 인연을 맺게 되었다. 그리고 이때 맺은 학과의 인연이 나를 평생 동안 따라다닐 줄은 몰랐다. 농약 묻은 볍씨를 잘못 먹은 학은 우리들의 지극정성 때문인지 서서히 기력을 회복하기 시작했다. 그리고 일주일 정도 지나자 아버지와 함께 하는 새벽 산행에 데리고 다닐 정도가 되었다.

나는 가는 줄을 다리에 묶은 학을 작은 어깨 위에 마치 훈장처럼 자랑스럽게 올려놓고는 암자 주위를 빙빙 돌아다녔다.

두어 달 정도 지나자 학은 완전히 활력을 되찾았고, 우리는 학과 이

별을 해야만 했다. 새벽에 암자 뒤 높은 곳으로 아버지와 함께 올라간 나는 부쩍 힘이 세진 커다란 학을 하늘 높이 날려 올리면서 얼마나 울었는지 모른다. 그동안 부쩍 정이 들어 버린 것이다. 내가 뜨거운 눈물 방울을 마구 쏟으면서 엉엉 울기 시작하자, 당황한 아버지는 나를 달래느라고 정신이 없었다. 그래도 내가 울음을 그치지 않자 아버지가 마지막으로 선택한 것은 '학춤을 가르쳐 주겠다'는 것이었다.

"효준아! 오늘부터 아빠가 학춤을 가르쳐 줄께. 네가 학춤을 잘 배우면 내년에 저 학을 다시 만날 수 있어."

나는 '학을 다시 만날 수 있다'는 아버지의 말에 두 눈이 번쩍 뜨였다.

"옳지! 우리 아들 착하지! 울음을 그치면 아빠가 학춤을 가르쳐 줄께. 네가 열심히 배우면 너도 저 학처럼 하늘을 훨훨 날 수 있어."

학과 헤어진 슬픔이 채 가시지 않았던 나는 두 눈에 눈물이 그렁그렁 맺힌 채로 사뭇 울먹이면서 첫날 수업을 시작했다. 이렇게 해서 나는 아버지로부터 신비로운 '학춤'과 '태극권'을 배우게 되었다.

그러고 보니 지난 몇 달간 '학춤'과 '태극권'을 잊고 있었다는 생각이 들었다. 그동안의 삶이 너무 힘들고 팍팍해서 까맣게 잊고 지냈던 아버지의 춤이 생각나면서 나도 모르게 어깨 위로 팔이 둥실 올라갔다. 나도 모르게 뜨락에서 홀로 춤추는 기생의 춤사위를 흉내내기 시작했다. 나는 그 기생의 고운 어깨 위로 휘날리는 긴 수건이 마치 죽어서 한 마리 새가 되어버린 아버지의 넋인 것처럼 보였다.

그래서 너무나 서럽고 애달파서 미처 하늘로 날아오르지 못한 그 넋을 생각하며 천천히 팔을 움직이고 발을 사뭇 조심스럽게 옮겼다. 그러자 나도 한 마리 새가 되는 느낌이었다. 내 몸을 묶고 있는 모든 줄을 끊어버리고 푸른 창공을 향해 힘차게 날아오르는 한 마리 작은 새. 열다섯 살 까까머리 소년의 작은 어깨 위에 올라앉은 삶의 고단한 무게를 마냥 잊게 해주었다.

"너! 누구냐?"

바로 그때였다. 등 뒤에서 웬 아주머니의 거친 음성이 들려왔다. 깜짝 놀란 나는 즉시 동작을 멈추고는 제자리에 우뚝 섰다.

"너, 지금! 여기 숨어서 뭐하는 거야?"

갑자기 나타난 아주머니 때문에 너무 당황해서 뭐라고 대답해야 할지 몰라 그저 나는 우물쭈물하기만 했다.

이렇게 소란이 일어나자, 살풀이를 연습하던 기생도 동작을 멈추고는 이쪽으로 천천히 다가왔다.

"왜 이렇게 소란스러워요?"

자칫하다간 도둑 누명이라도 쓸 것 같은 분위기였다. 때마침 웅성거리는 소리를 듣고 달려온 주방 아줌마 때문에 내가 이곳에서 나오는 전복 껍데기를 단골로 구입해 가는 소년이란 것이 밝혀졌다.

"그러면 전복 껍데기나 빨리 사갈 일이지! 여기까지 뭐 할려고 들어오냐? 아까 뒤에서 보니까 다희가 추는 살풀이를 그대로 따라 추더구만."

나는 춤을 추다가 들켰다는 사실이 너무나 부끄러워 고개를 아래로 푹 숙인 채 아무 말도 못했다.

"왜? 춤을 배우고 싶었니?"

다희라는 기생의 물음에 내가 얼굴이 홍당무가 되어 아무 말도 못하고 있자 옆에 있는 아주머니가 또 한마디 했다.

"애가 어디서 춤을 배웠는지, 다희 춤을 제법 그럴 듯하게 흉내내더구만."

"춤을 배우고 싶으면 다음에 다시 와! 누나가 춤을 가르쳐 줄게."

그날 나는 얼굴이 새빨갛게 달아올라 어떻게 그곳을 빠져 나왔는지 제대로 생각이 안 날 지경이었다. 인사도 제대로 못하고 허겁지겁 그 집을 빠져나온 나는 짐자전거를 몰고는 곧장 집으로 향했다.

그 일이 있은 지 열흘 후. 나는 다희 누나한테 매주 하루씩 날을 잡아 전통춤을 배울 수 있는 기회를 갖게 되었다.

"너는 남자니까 살풀이 같은 춤보다는 학춤을 배우는 게 더 좋겠다."

나는 춤을 배우는 게 너무 좋아서 전복 껍데기가 가득 든 마대자루를 짐자전거에 싣고 부산 시내를 온종일 돌아다녀도 전혀 피곤한 줄을 몰랐다.

"우리 춤의 가장 기본은 호흡이야! 처음에는 동작에 대해 전혀 신경을 쓰지 마. 호흡만 숙달되면 동작은 저절로 나오는 거야."

다희 누나가 나에게 제일 먼저 가르쳐 준 것은 호흡하는 방법이었다. 동작은 일체 가르쳐 주지 않았다. 대신 나는 호흡 속에 얼마나 오묘한 리듬이 숨어 있는가를 배우게 되었다.

"자, 이렇게 호흡을 통해서 뱃속에 있는 기운을 어깨로 끌어올려야 해! 우리 춤은 어깨로 표현하는 거야."

다희 누나가 강조한 것은 어깨의 다양한 움직임이었다. 팔의 움직임도, 손목의 움직임도, 손가락의 움직임도 모두 어깨가 중심이 되어야 한다고 했다. 이렇게 해서 호흡의 이치를 어느 정도 터득하고 어깨 춤사위를 숙달하게 되자 다희 누나는 그제서야 '학춤'을 가르치기 시작했다.

"학춤을 잘 추려면 네가 한 마리 학이 되어야 해! 그렇지 않으면 동작이 결코 제대로 나올 수가 없단다."

나는 어린 시절에 구덕산 숲속에서 상처난 학을 키우던 모습을 회상하면서 그때 학이 하던 여러 가지 모습들을 그대로 재현하려고 애를 썼다. 학이 살그머니 앉는 모습도 취해 보고, 좌우를 주의깊게 살피면서 한발 한발 살그머니 내딛는 동작도 따라하고, 날개를 활짝 펴며 하늘로 힘차게 날아오르는 자세를 흉내 내기도 했다.

다희 누나와 만날 시간이 그리 많지 않았던 나는 시간이 날 때면 장소를 가리지 않고 '학춤' 연습을 부지런히 했다. 이른 새벽에 구덕산 숲속에 올라가 연습하기도 하고, 오후에 전복 껍질이 가득 든 짐자전거를 타고 가다가 해운대 해수욕장이 한눈에 들어오는 동백섬 언덕 위에서 하기도 하고, 낙동강 하구로 붉게 노을이 물드는 다대포 갈대밭에서 하기도 했다.

어린 나이에 시작한 사회생활이 힘겹고 고통스러울수록 나는 더욱 미친 듯이 '학춤'에 빠져들었다. 내가 감당해야 하는 무거운 삶의 무게를 학춤을 추는 동안에는 모두 잊을 수 있다는 사실이 너무 좋았던 것이다. 그러나 이런 기쁨도 오랫동안 지속될 수는 없었다.

얼마 후에 동래의 요정을 찾아갔을 때 그곳에서 일하는 아주머니로부터 청천벽력 같은 소식을 듣게 된 것이다. 그것은 다희 누나의 자살이었다. 사흘 전에 다희 누나가 약을 먹고 음독자살을 했다는 것이다.

지난 주에도 나는 다희 누나와 함께 학춤을 추었다. 그런데 자살이라니? 나는 상상도 할 수 없는 뜻밖의 소식에 너무나 놀랐다. 아버지를 잃은 슬픔이 어느 정도 회복되던 시기에 다희 누나까지 잃게 되자, 너무나 큰 충격을 받은 나는 한동안 아무 일도 할 수가 없었다.

6

부산의 뒷골목

해가 바뀌면서 나전칠기 경기는 더욱 나빠졌다. 그 탓에 내가 힘들게 모아온 전복 껍데기나 소라 껍데기들을 제대로 팔 수가 없게 되었다. 그동안 수집한 전복과 소라 껍데기들을 가마니와 마대에 담아 싣고는 부산 시내에 흩어져 있는 자개 공장들을 열심히 찾아다녔지만, 불경기 때문에 판로가 거의 막혀 버렸다.

결국 나는 전복 껍데기 수집하는 일을 포기하고 새로운 직업을 찾아 나서야 했다. 그러나 아직 사회 경험이 일천한 내가 선택할 수 있는 직업은 현실적으로 너무나 한정되어 있었다. 어머니와 나는 밤늦도록 머리를 맞대고 무슨 일을 해서 가족들을 부양할 것인지에 대한 의논을 계속했다.

한동안 고심하던 어머니와 나는 생선 행상을 하기로 결정했다. 부산은 바다를 끼고 있는 남도의 따뜻한 항구도시였기 때문에 생선이 무척이나 흔한 데다 다른 도시에 비해 생선 소비량도 많았다. 그 반면에 부산은 6·25전쟁 때 피란 내려온 사람들 때문에 산꼭대기까지 크고 작은 판잣집들이 빼곡히 들어서 있어 시장 보러 가기가 불편한 곳이 무척 많았다. 그래서 이른 새벽에 싱싱한 생선을 어시장에서 사다가 낮에 산동네를 돌아다니며 팔면 장사가 잘될 것이라고 생각했던 것이다.

그로부터 열흘 뒤. 통행금지 해제 사이렌이 울려 퍼지는 새벽 네 시에 잠자리에서 일어난 어머니와 나는 생선을 담을 커다란 양동이를 하나씩 들고 집을 총총히 나섰다.

통금이 막 해제된 새벽거리는 아직 짙은 어둠 속에 잠겨 있었고 초겨울의 차가운 바닷바람은 살 속으로 매섭게 파고들었다. 아기를 등에 업은 어머니와 나는 아직 버스도 다니지 않는 꼭두새벽에 집을 나선 터라, 시간을 맞추기 위해서는 시청 뒤쪽에 있는 어시장까지 종종걸음을 치며 걸어가야 했다.

한 시간 후 어시장 안으로 들어간 우리들은 두 눈이 휘둥그레졌다. 대형 실내경기장을 연상시킬 정도로 널찍한 어시장 안에는 작은 전등불 수백 개가 촘촘하게 켜져 마치 대낮처럼 밝았고, 물기가 축축한 콘크리트 바닥 위에는 바다에서 갓 잡아 올린 싱싱한 생선들 수천 마리가 퍼드덕거리고 있었다. 그리고 그 옆에는 건장한 체격을 가진 상인들 수백 명이 알아들을 수도 없는 요란한 손짓과 발짓으로 생선들을 경매하고 있었고, 경매된 생선들은 즉석에서 소매 상인들에게 되팔리거나 밖에 있는 트럭 위로 속속 옮겨지고 있었다. 넓은 어시장 안은 비릿한 생선 냄새, 커다란 고함소리, 생선궤짝 옮기는 소리 등으로 야구 경기가 한창 벌어지고 있는 구덕운동장 안처럼 왁자지껄하고 시끄러웠다.

그렇다! 그곳은 거대한 삶의 경기장이었다! 새벽 다섯 시가 조금 넘은 바깥은 아직 깊은 어둠 속에 잠들어 있고 냉랭한 초겨울 해풍만이 인적이 드문 거리를 스산하게 오가고 있었지만, 그 안에서는 생존을 향한 치열한 삶의 경기가 한창 진행되고 있었다.

어머니와 나는 더 이상 삶의 경기에서 단순한 방관자로 남아 있을 수는 없었다. 그동안 아버지가 혼자 외롭게 치러야 했던 드넓은 경기장에 이제는 어머니와 내가 함께 손을 부여잡고 과감하게 뛰어들어야 했다. 코를 찌르는 비린내도, 새벽의 추위도, 어머니 등에 업힌 막내 여동생의 요란한 울음도, 마음속에 남아 있던 약간의 부끄러움과 체면도, 이제는 모두 다 잊어버리고 그 속으로 힘차게 뛰어들어야 했다.

이때부터 시작된 모자간의 생선 행상은 겨울 내내 계속되었다. 새벽

네 시에 통금해제 사이렌 소리와 함께 득달같이 기상한 우리 모자는 그날 팔 생선을 조금이라도 싼값에 구입하기 위해 손돌바람이 맵짜하게 불어오는 어두운 새벽길을 잰걸음으로 달음박질쳐야 했다.

얼음궤짝 속에 꽁꽁 얼어붙어 돌덩이처럼 딱딱한 생선을 중개인으로부터 받아든 우리는 차가운 콘크리트 바닥에 엉거주춤 엎드려 얼음궤짝을 조심스레 뜯어내고 얼음을 일일이 깨뜨려 생선들을 한 마리씩 떼어냈다.

행여 손상을 입을까 봐 가슴을 조이며 조심스럽게 떼어낸 생선들을 크기별로 분류해서 커다란 양동이에 담은 우리는, 어시장 한쪽 구석에 펼쳐진 좌판에 쭈그리고 앉아 뜨거운 해장국으로 아침 요기를 했다. 어머니 등에 업힌 채 깊은 잠이 든 막내 여동생이 어머니로부터 맛있는 젖을 얻어먹을 수 있는 시간도 바로 이때였다.

우리는 생선이 가득 든 비린내나는 양동이를 각각 머리와 등에 이고 지고 물매가 심한 산동네 골목골목을 힘겹게 오르내리면서 "생선 사세요! 생선!" 소리 높이 외쳐야 했다. 대청동, 보수동, 동대신동, 서대신동으로 이어지는 산동네를 고샅고샅 훑으며 생선을 열심히 팔다 보면 시간은 어느새 오후 서너 시가 된다. 그러면 어머니는 학교에서 돌아와 있을 두 남동생들의 저녁밥을 준비하기 위해 집으로 출발했다. 두 사람이 팔다 남은 생선을 모두 등에 진 나는 그 길로 곧장 서대신동에 있는 골목시장으로 갔다.

서구청에서 아래로 길게 뻗은 큰 신작로 양쪽에 있는 좁은 골목 안에 자연스럽게 형성돼 있는 골목시장으로 들어가면 저녁 찬거리를 사러 나온 주부들을 많이 만날 수 있기 때문이었다. 오후 대여섯 시쯤에 그곳에 도착한 나는 시장통 한쪽 구석에 양동이를 내려놓고 그 위에 긴 판자를 하나 걸치고는 생선들을 보기 좋게 진열했다. 그리고는 장바구니를 든 주부들이 지나갈 때마다 "생선 사세요! 생선!" 하고 목청껏 외쳤다.

초저녁 무렵의 골목시장은 그야말로 치열한 삶의 전쟁터였다. 비좁은 골목 안에 서로 엉덩이를 맞대고 촘촘하게 자리를 잡은 장사꾼들은 자기들이 갖고 온 상품들을 하나라도 더 팔기 위해 허연 거품을 허공으로 풀풀 날리며 마구 악다구니를 해댔다. 특히 나처럼 그날 다 팔지 못하면 그 다음날엔 상품가치가 떨어져 판매가 더 어려워지는 생선, 오징어, 조개 등의 어물을 취급하는 상인들은 훨씬 더 심각했다.

그 전쟁터 한복판에 다기지게 자리 잡은 나는 다른 장사꾼들에게 질세라 나무판자 위에 올려놓은 생선들을 양손에 들고는 지나가는 주부들을 향해 "오늘 저녁 반찬으로 생선을 사세요"를 목놓아 외쳤다. 시장 한쪽 귀퉁이에 서서 오가는 손님들을 한참 동안 부르다 보면, 살을 에듯 차갑게 불어오는 한겨울 북풍 때문에 얼굴 근육이 전부 얼어붙어 입에서 말이 잘 나오지 않을 지경이 된다. 그리고 검정 고무신 속에서 구멍난 양말을 신고 있는 두 발은 왜 그리도 춥고 시리던지.

시간은 어느새 밤 열 시가 넘어가고 시장의 가게들은 하나둘씩 문을 닫기 시작하는데, 아직도 생선을 다 팔지 못한 나는 어두컴컴한 시장 한쪽 구석에 서서 차가운 두 손을 호호 불고 꽁꽁 얼어붙은 두 발을 동동 굴렀다. 그리고 퇴근길에 간혹 들르는 마지막 손님들을 기다리며 불안한 시선을 어둠 속으로 끊임없이 보내야만 했다.

비록 날씨는 춥고, 온몸엔 비린내가 진동을 하고, 차가운 날씨 속에서도 잠이 쏟아질 정도로 피곤했지만, 그래도 포악한 시장관리인들만 없다면 생선 행상은 해볼 만한 장사였다. 나처럼 일정한 점포가 없는 행상들은 생선을 팔면서도 언제나 고개를 좌우로 두리번거리고 두 귀를 산토끼처럼 쫑긋 세우고 있어야 했다. 그것은 언제 어디서 나타날지 모르는 시장관리인들 때문이었다.

어린 내 눈에 비친 그들은 마치 무서운 저승사자들 같았다. 늦은 오후에 술에 벌겋게 취한 모습으로 나타난 그들은 온 식구의 생계가 달려 있는 좌판을 마구 빼앗고, 아무렇게나 집어 던지고, 욕설을 하고, 들고 있던 몽둥이로 사람을 마구 때리기 일쑤였다.

그렇게 행패를 부리는 날이면 우리 행상들은 팔고 있던 물건들을 미처 챙기지도 못한 채 허겁지겁 골목 안으로 도망을 쳐야 했다. 그러면 술 취한 시장관리인들은 혼비백산해서 줄행랑을 치는 우리들의 뒷모습이 무척 재미있다는 듯 서로 얼굴을 마주 보며 낄낄거렸다.

그런 날이면 나도 시장 바닥에 펼쳐놓은 좌판을 재빨리 끌어안고는 시장 골목 안으로 정신없이 뛰어야 했다. 그러고는 미처 팔지 못한 생선을 어깨 위에 둘러메고는 구덕산에서 달음박질쳐 온 소소리바람이 거칠게 휘몰아치는 한겨울의 산동네를 밤늦도록 헤매면서 행상을 계속했다.

우리 모자가 겨우내 계속하던 어설픈 생선 행상도 이듬해 봄이 되자 그나마 그만두어야만 했다. 3월이 되어 날씨가 점점 따뜻해지자 웬만한 생선은 쉽게 상해서 장사를 계속할 수 없기 때문이었다. 아이스박스나 냉장고가 있을 리 없었던 우리는 그날 중으로 생선을 다 팔지 못하면 손해를 볼 수밖에 없었다.

그래서 늦봄인 5월부터 새로 선택한 것이 바로 과일 장사였다. 부산은 해산물만 풍부한 게 아니라 바로 곁에 낙동강을 낀 김해평야가 있고 주변에는 물금, 원동, 삼랑진 등의 전원도시들이 있었기 때문에 과일과 채소도 무척 풍족했다. 마침 이웃집에 사는 아주머니가 과일 행상을 하고 있었기 때문에 과일을 어느 곳에서 도매로 사서 손님들에게 얼마에 팔아야 하는지에 대해 많은 조언을 들을 수가 있었다.

이렇게 해서 어머니와 나는 과일 행상을 시작했다. 과일 행상을 하면서 가장 좋았던 점은 우선 입고 있는 옷에서 생선 비린내가 안 난다는 것이었다. 사실 생선 장사를 하면서 가장 창피했던 점 중의 하나가 생선 비린내였다.

특히 어머니를 따라 성경 공부를 하는 교회에 나갈 때마다 그 창피함은 이루 말할 수가 없었다. 물론 교회에 가기 전에 온몸을 빨래비누로 깨끗하게 씻고 옷도 다른 깨끗한 옷으로 갈아입었다. 그러나 아무리 몸을 씻고 옷을 갈아입어도 온몸에 잔뜩 배어 있는 생선 비린내는 도무지 어쩔 수가 없었다.

과일 행상을 하면서 또 하나 좋았던 점은 막내 여동생이 더 이상 새벽 찬바람을 안 맞아도 된다는 것이었다. 사실 생선 장사는 어머니와 나만 한 것이 아니었다. 엄밀하게 따지면 돌을 갓 지난 막내 여동생도 함께 한 것이었다. 그런데 과일 행상은 아침밥을 느긋하게 먹은 뒤인 아침 아홉 시쯤 청과시장에 도착하면 되었다. 그래서 젖먹이 어린 여동생이 더 이상 찬바람을 맞으며 새벽길을 나서지 않아도 되었던 것이다.

그러나 과일 행상을 시작한 지 얼마 되지 않아 심각한 어려움에 봉착했다. 왜냐하면 과일은 생선에 비해서 판매가 훨씬 부진했기 때문이었다. 생선은 반찬의 일종이지만, 과일은 생선과 같은 부식이 아니라 기호품이기 때문에 기대만큼 많이 팔리지가 않았다. 게다가 설상가상으로 5월 중순쯤부터는 사흘이 멀다 하고 자주 내리는 봄비 때문에 과일 행상이 거의 불가능했다. 가까스로 6월은 넘겼으나 7월 하순에 접어들면서부터 다시 여름장마가 시작되자, 우리 모자는 한동안 과일 행상을 아예 포기해야만 했다.

장대비는 하염없이 내리고, 청과시장에서 사온 과일은 팔지도 못한채 푹푹 썩어만 가고, 참으로 암담한 나날이었다. 그날 벌어서 그날 먹고 사는 하루살이 살림에 며칠씩이나 장사를 못 나가게 되자 깡보리밥이나 수제비는커녕 굶는 날마저 생겼다. 국민학교에 다니는 두 남동생의 도시락마저 제대로 못 싸주는 형편이 되었으니 문제가 여간 심각하지 않았다.

그런 와중에 나에게 희소식이 하나 날아왔다. 그것은 같은 교회에 다니는 분에게서 온 소식이었다. 당시 내가 다니던 교회에는 큰형처럼 믿고 따르던 분이 몇 분 계셨다. 그 중에서 박성조 형이 나에게 '벌이가 신통치 않고 생활이 불규칙한 장사를 하느니 차라리 내 밑에서 일해 보지 않겠느냐'는 제의를 불쑥 해온 것이다.

박성조 형이 함께 하자는 일은 다름 아닌 구두 닦는 일이었다. 그런데 그 내용이 조금 복잡했다. 부산의 번화가인 광복동에 가면 부산에서 가장 유서 깊은 미화당백화점이 있는데 그 바로 맞은편 골목 입구에 태백장이라는 여관이 있었다. 바로 그 여관에서 숙박하는 남녀 손님들의 구두를 매일 닦는 것이 내가 해야 할 일이었다. 그러나 사전에 그 손님들의 허락을 얻어서 구두를 닦는 것이 아니라, 우리 임의대로 닦아놓고는 다음날 오전에 반짝반짝하게 잘 닦은 구두를 현관에서 내주면서 팁을 받는 것이었다.

대신 그곳에서 구두닦이 영업을 하는 대가로 손님들이 거의 다 나간 오전 열한 시부터 오후 두 시까지는 여관의 복도, 계단, 지하실, 현관 청소를 무료로 해주어야 했다. 이러한 설명을 모두 들은 나는 무엇보다도 일정한 돈벌이가 보장된다는 박성조 형의 말에 이것저것 가릴 겨를도 없이 무조건 좋다고 승낙했다. 당장 어머니와 어린 동생들이 굶게 생겼는데 내가 마다할 일이 무엇이 있겠는가?

이렇게 해서 나는 아버지가 돌아가신 지 1년이 조금 지난 1971년 초가을부터 구두 닦는 일을 처음으로 시작했다. 박성조 형은 나에게 "여관에서는 숙박 손님들이 아침 일곱 시쯤부터 밖으로 나가기 때문에 우리는 손님들이 자는 새벽에 미리 구두를 다 닦아 놓아야 한다. 그러니까 너는 늦어도 새벽 다섯 시까지는 태백장에 도착해야 한다."고 신신 당부를 했다. 그래서 나는 다음날 새벽부터 통금해제 사이렌이 들리는 것과 동시에 득달같이 일어나 태백장이 있는 광복동까지 줄달음질을 쳐야 했다.

　어른들의 구두를 반짝반짝 윤이 나게 닦는 일은 처음 해보는 일이라 꽤 어설펐다. 그러나 형이 친절하게 잘 가르쳐 주었고, 게다가 하루에 1백여 켤레 가까운 구두를 매일 닦다 보니 구두 닦는 실력도 금방 늘었다. 그런데 구두 닦는 일보다 정작 내 마음을 더 힘들게 했던 것은, 닦은 구두를 나가는 손님들에게 내줄 때였다. 우리가 그 손님들의 승낙을 미리 받고서 닦은 것이 아니라 임의대로 닦아 두었기 때문에 나가는 손님들을 향해 구두 닦은 값을 달라고 말하기가 무척 쑥스러웠던 것이다.

　물론 반들반들하게 닦은 구두를 현관 바닥에 반듯하게 내려놓고는 나무로 만든 긴 구두주걱을 발뒤꿈치에 친절하게 받쳐주면 대부분의 손님들은 30원에서 50원 정도는 쉽게 쥐어 주었다. 5천 원이 넘는 비싼 방에서 하룻밤을 잔 사람들이기 때문에 10원짜리 동전 몇 개가 그렇게 아까운 돈은 아니었던 것이다. 그런데 그 중에서 어떤 손님은 "누구 맘대로 구두를 닦으라고 했어. 이 미친 놈의 새끼!"라며 욕지거리를 하기도 했다. 게다가 어떤 손님은 커다란 주먹으로 내 머리를 툭치며 소리 지르기도 했다. 아무리 허락을 안 받고 구두를 닦았지만 아침부터 욕설을 듣거나 한 대 쥐어 박히기라도 하는 날이면 몹시 기분이 나빴다. 그래서 생각다 못한 나는 형한테 이런 건의도 했었다.

　"저, 성조 형님! 저녁에 손님들이 여관에 들어올 때 구두를 닦아도 되느냐고 미리 물어보면 안 돼요? 그러면 우리들도 승낙한 손님들 구두만 닦으면 되니까, 훨씬 더 좋을 것 같은데."

　"효준아! 손님들에게 구두를 닦아도 됩니까? 하고 물으면 승낙하겠냐? 아무도 안 닦는다고 그러지…… 너도 세상물정을 터득하려면 앞으로 고생깨나 더해야 되겠다. 이런 쯧쯧."

　나는 괜히 핀잔만 듣고 말았다.

내가 지켜본 박성조 형은 여간 부지런하고 성실한 사람이 아니었다. 언제나 새벽 다섯 시까지 여관에 도착한 형님은 평균 70~80켤레가 넘는 구두를 오전 여덟 시가 될 때까지 열심히 닦았다. 그리고 손님들이 거의 다 나가는 열한 시쯤부터는 나와 함께 여관 구석구석을 돌아다니면서 땀 흘려 청소를 했다. 게다가 객실 내의 샤워기나 지하실의 하수구가 고장 나면 쏜살같이 달려가서 맥가이버처럼 말끔히 고쳐놓곤 했다.

그렇게 태백장 여관의 일이 모두 끝난 오후 두세 시쯤이면 형은 남포동에 있는 왕자극장으로 갔다. 알고 보니 그 형은 왕자극장 바로 옆의 시내 요지에 구두닦이 터를 갖고 있는 어엿한 사장이었다. 그 구두닦이 터에는 대여섯 명의 아이들이 구두를 닦고 있었는데, 그 형은 그 아이들의 월급뿐만 아니라 숙식까지 책임지고 있었다. 거기에서 저녁 무렵까지 구두닦이 아이들과 함께 구두를 닦았다.

나는 형의 성실하고 근면한 생활을 보고 새삼스럽게 느낀 점이 많았다. 며칠 후부터 새로운 부업 하나를 오후에 시작했다. 석간신문 파는 일을 시작한 것이다. 태백장에서 퇴근하자마자, 나는 남포동으로 뛰어가 석간신문을 열심히 팔기 시작했다.

남포동과 광복동은 부산에서 가장 붐비는 도심이었기 때문에 다방, 음악감상실, 음식점 등이 마치 해변가의 따개비처럼 다닥다닥 붙어 있었다. 그래서 석간신문 한 뭉치를 옆구리에 끼고 가게들을 부지런히 뛰어다니면 꽤 쏠쏠하게 팔 수 있었다. 그 당시는 흑백 텔레비전은 물론이고 라디오도 많지 않았던 터라 새로운 뉴스에 굶주린 많은 사람들이 한 부에 10원인 석간신문을 넙죽넙죽 잘 사주었던 것이다.

그렇게 부지런히 노력한 결과, 나는 아버지가 돌아가신 지 1년여 만에 1백만 원에 가까운 빚을 거의 다 갚을 수 있었다.

7.
구덕산 수원지

세월은 계속 흘러 1972년 여름이 되었다. 이제는 구두 닦는 일과 여관 청소하는 일도 몸에 제법 익어서 그 형과 나는 서로 눈빛만 보아도 의사를 척척 소통할 수 있을 정도로 손발이 잘 맞았다.

그날은 며칠 전부터 굵은 장대비처럼 내리던 장맛비가 도무지 그치지 않았다. 그래서 나는 여관일이 끝난 오후에 석간신문 대신에 비닐우산을 팔기로 했다. 석간신문은 8원에 사서 10원에 팔기 때문에 한 부 팔아야 이익이 2원에 불과했지만, 비닐우산은 20원에 사서 30원에 팔기 때문에 한 개만 팔아도 10원이나 남았다.

오후 세 시쯤 되었을까. 눈앞이 제대로 안 보일 정도로 억수같이 쏟아지는 굵은 장맛비를 온몸으로 맞으면서 비닐우산을 팔기 위해 남포동 버스정류장 주위를 이리 뛰고 저리 뛰는데 갑자기 신문 배달하는 아이들이 "호외요!" 하고 큰 소리로 외치며 달려왔다. 그런데 그 중 한 아이가 나를 보더니 두 눈이 휘둥그레지며 그 자리에 뚝 멈춰 섰다. 그 아이는 석간신문을 함께 팔던 친구였다.

"효준아! 빨리 집에 가봐라! 너희 동네 구덕산 수원지가 무너졌단다!"

그 친구가 불쑥 내미는 호외에는 우리 집 바로 뒤에 있는 구덕산 수원지가 마치 폭격을 맞은 것처럼 엉망이 된 사진이 실려 있는 것이었다. 사진 아래 기사에는 장맛비 때문에 그만 둑이 터지는 바람에 갑자기 흘러내린 바윗덩이와 거센 물이 백여 채의 집을 덮쳐 천여 명의 사람들이 죽거나 다쳤다고 보도하고 있었다.

나는 그걸 보는 순간 온몸에 힘이 다 빠져나가는 것 같았다. 우리 가족들이 살던 집이 구덕산 수원지 바로 아래에 위치한 첫번째 집이었기 때문이다. 집으로 가는 버스에 황급히 올라탄 나는 입 안이 마구 타들어 가는 것 같았다. 어린 시절부터 친구들과 어울려 깔깔거리며 헤엄을 치며 즐겁게 놀던 그 넓은 구덕 수원지가 돌연 무너졌다는 사실이 도무지 믿어지지 않았다. 그 수원지에는 콘크리트로 만든 길고 단단한 둑이 있었고, 바로 그 아래에는 긴 하천을 따라 백여 채의 판잣집들이 서로 지붕을 맞댄 채 마을을 형성하고 있었다.

버스는 구덕운동장 정문 앞에 있는 종점에 닿았으나 버스에서 내린 나는 더 이상 우리 집으로 다가갈 수가 없었다. 버스 종점에서 우리 집으로 가는 쪽에는 이미 출입금지를 알리는 붉은 줄이 길게 쳐져 있고 경찰과 군인들 수백 명이 몰려와서 구호활동을 벌이느라 경황이 없었다. 비는 아직도 억수같이 내리는데 부상자들과 사망자들을 실은 구급차와 군용 트럭들이 장대같이 굵은 빗줄기 사이로 요란한 경적을 울리며 마구 달려가고 있었다.

나는 출입을 막는 경찰들 때문에 도저히 하천 상류 쪽으로 더 이상 올라갈 수 없어서 전차 종점 훨씬 아래쪽에 있는 서부극장 뒤로 돌아가 보수천을 건넜다. 그리고는 거기서 다시 구덕 수원지가 있는 하천 상류 쪽으로 거슬러 올라갔다. 갖고 있던 비닐우산마저 다 팽개친 나는 앞이 잘 보이지 않을 정도로 억수같이 내리는 비를 하염없이 맞으며 미친 듯이 앞으로 뛰었다.

마침내 엉망진창이 된 마을이 한눈에 들어왔다. 판잣집들이 마치 큰 폭격을 맞은 것처럼 처참하게 주저앉아 있고 그 위로는 황토색 탁류가 폭포수처럼 콸콸 흘러내리고 있었다.

그 광경을 본 내 가슴은 더욱 쿵쾅거렸다. 그래도 버스를 타고 종점까지 올 때는 혹시나 하는 미련이 마음 한구석에 남아 있었다. 그런데 막상 둑이 터져 마을이 산산조각으로 부서지고 수많은 사람들이 시신으로 변한 처참한 현장을 직접 두 눈으로 목격하니 가슴이 철렁 내려앉으며 온몸에 전율이 느껴졌다.

나는 마음속으로 어머니와 어린 동생들의 생존을 수없이 염원하면서 빗길을 막무가내로 뛰어올랐다. 상류 쪽으로 거의 다가간 나는 그곳에서 경찰들의 제지를 또다시 받아야 했다. 나는 둑이 터지고 우리 집이 없어진 곳을 가리키며 절규하듯 외쳤다.

"어머니!"

그곳은 너무도 처참했다. 우리 집이 있던 장소에는 아무것도 없었다. 둑에서 흘러내린 집채만한 바윗돌밖에는 아무것도 없었다. 그 옆으로 모든 것을 삼켜버린 성난 탁류만이 무서운 기세로 흘러내리고 있었다.

"울지 말고 저 아래 있는 구덕국민학교에 한번 가 봐! 살아남은 사람들은 전부 그곳에 수용되어 있어."

앞길을 가로막고 있는 경찰이 발을 동동거리며 울음을 터뜨리고 있는 나를 향해 고함을 쳤다. 그 말에 다시 용기를 얻은 나는 행여나 하는 마음으로 구덕국민학교로 뛰어갔다.

학교는 흡사 피란민수용소 같았다. 커다란 물웅덩이가 곳곳에 파여 있고 물에 젖은 진흙이 마구 질척거리는 운동장 안에는 대형 천막이 여러 개 세워져 있었다. 천막 안에서는 커다란 가마솥을 걸어놓은 채 뜨거운 라면을 막 끓여내고 있었다.

목조로 된 실내로 들어가니 교실마다 옷가지와 짐들이 어지럽게 놓여 있고 동네 사람들이 잔뜩 수심어린 표정으로 삼삼오오 모여 앉아 웅성거리고 있었다. 나는 복도를 따라 길게 늘어 서 있는 교실을 재빨리 뛰어다니며 혹시라도 살아 있을지 모를 가족의 얼굴을 찾아 다녔다.

세 번째 교실 안으로 막 들어갔을 때였다. 고개를 마구 두리번거리며 가족들의 얼굴을 찾는데, 어머니 등에 업혀서 시끄럽게 울고 있는 막내의 모습이 내 눈에 선명하게 들어오는 거였다. 그 옆에는 적십자사 아줌마들이 나눠준 빵을 정신없이 먹고 있는 남동생들의 모습도 보였다.

나는 죽은 줄로만 알았던 식구들이 교실 안에 이렇게 살아 있는 모습을 보니 너무 감격스러웠다. 우리들은 서로 부둥켜안은 채 눈물을 펑펑 흘렸다. 나는 아버지에 이어 어머니마저 잃어버린 줄 알고 가슴이 와르르 내려앉는 것 같았었는데, 이처럼 건재한 걸 보니 너무나 기뻤다.

엄청나게 쏟아붓는 장맛비 때문에 수원지 둑이 터진 것은 점심 먹기 바로 직전인 정오쯤이었다. 그러나 두 남동생은 학교에 가 있었기 때문에 다행히 목숨을 건질 수 있었다. 어머니는 바로 둑 옆에 있던 광성공고 옥상에서 "둑이 터질 것 같으니 어서 피하세요!" 하는 스피커 소리와 광성공고 밴드부 학생들이 악기를 총동원해서 위험을 알리는 소리를 듣고 급히 도망을 치는 바람에 가까스로 목숨을 건질 수 있었다.

장맛비가 워낙 세차게 내리고 하천으로 흘러내리는 물소리가 너무 시끄러워서 웬만하면 광성공고에서 외치는 스피커 소리를 들을 수 없었지만, 마침 우리 집은 둑 바로 아래 첫번째 집인 데다 광성공고가 근접해 있어 경고방송을 겨우 들을 수 있었던 것이다.

우리 집 밑에 있던 동네 사람들은 그 소리를 미처 듣지 못해 거의 대부분이 희생되고 말았다. 장맛비가 며칠 동안 계속해서 내렸기 때문에 주로 노동이나 행상으로 살림을 꾸려 나가던 어른들이 집에서 많이 쉬고 있었고, 몸이 아픈 노약자들도 거의 대부분 집안에 누워 있었기 때문에 인명 피해가 더욱 컸다고 했다.

8.
눈물의 고학생

 구사일생으로 목숨은 겨우 부지했으나 집이 없어져 오갈 데 없는 외돌토리 신세가 되어 버린 우리 식구들은 한동안 구덕국민학교 교실에서 생활을 해야만 했다. 그러다가 여름방학이 끝나고 개학할 때가 되자 동회에서 나온 보상금 10여만 원에다 교회에서 빌린 돈을 합해 월세방을 가까스로 얻게 되었다. 우리 가족이 새로 이사를 한 곳은 저번에 살던 집에서 하천 건너편에 있는 동네였는데, 우리 식구들 목숨을 구해 준 광성공고 바로 옆집이었다.

 광성공고 쪽으로 이사를 한 며칠 후에 나는 어머니 심부름으로 아침 일곱 시쯤에 집을 나서게 되었다. 광성공고에서 대동중학과 훈성여중이 있는 가파른 언덕길을 걸어 내려간 나는 버스를 타기 위해 경남상고 앞길로 들어섰다. 그런데 바로 그곳에서 왕복 2차선의 넓은 아스팔트 도로를 가득 메우며 보무도 당당하게 걸어오는 거대한 무리와 정면으로 맞닥뜨리게 되었다.

 머리에 쓰고 있는 검은 모자, 모자 중앙에 자랑스럽게 박혀 있는 금빛 모표, 학교 배지가 금빛으로 반짝이는 단정한 교복……. 그들은 모두 학생들이었다. 대신동에서도 특히 구덕운동장 뒤쪽은 대신국민학교, 대신중학교, 대동중학교, 경남고등학교, 경남상고, 중앙여중, 훈성여중 등등의 10여 개에 이르는 크고 작은 학교들이 모여 있어서 부산에서도 이름난 학교촌이었다. 그래서 아침 등굣길엔 그 넓은 운동장 뒷길이 수천 명의 학생들로 가득 메워지는 장관을 연출했다. 그동안은 어둑새벽에 태백장 여관에 일하러 나갔다가 어두컴컴한 저녁 늦게 집으로 돌아오는 바람에 등교하는 학생들과 만날 일이 거의 없었다. 그런데 오늘은 마침 학생들이 한창 등교하는 시간에 버스를 타러 내려가는 바람에 엄청나게 많은 학생들의 등교 대열과 그만 정면으로 맞닥뜨리게 된 것이다.

나는 교복을 단정하게 입고 가방을 자랑스럽게 든 학생들이 열을 지어 질서정연하게 걸어오는 모습을 본 순간, 갑자기 기가 팍 죽어 버렸다. 나와는 너무나 다른 내 또래 아이들의 모습을 두 눈으로 확인하고는 그만 얼굴을 들 수조차 없는 커다란 수치심을 느꼈다. 그리고 그 순간 어디론가 멀리 달아나버리고 싶은 충동을 강하게 느꼈다. 평소에는 무척 가깝던 그 길이 왜 그리도 멀게만 느껴지던지…… 왕복 2차선의 넓은 아스팔트 도로를 가득 메운 채 황금빛 투구를 쓰고 붉은 망토를 걸친 로마 병사들처럼 보무당당하게 걸어오는 학생들의 시선을 도저히 피할 길 없었다. 나는 그저 죄인처럼 고개를 푹 숙인 채 땅만 내려다보며 앞으로 걸어갔다.

그러나 감정은 속일 수 없는 법. 가슴속은 마치 1백 리 길을 막 달려온 마라토너처럼 마구 방망이질쳤고, 얼굴은 깡소주를 병째로 들이킨 사람처럼 순식간에 뜨겁게 달아올랐다. 그리고 남루한 옷차림과 찢어져서 굵은 실로 기워 신은 검정색 고무신은 왜 그리도 나를 부끄럽게 하던지…… 창피한 그 순간을 모면하기 위해 발을 빨리 옮기려고 하면 할수록 작은 엉덩이가 마구 실룩거리고 내 발걸음이 더욱 흐트러졌다. 두 다리가 마구 꼬여 걸음마저 내 마음대로 걸어지지 않고 흡사 술에 취한 사람처럼 몸이 자꾸 비틀거려서 그만 그 자리에 주저앉아 마냥 울고 싶어졌다.

'나도…… 아버지만 살아계셨더라면…… 지금쯤 고등학교 1학년이 되어, 저 학생들과 어깨를 나란히 하며 함께 걷고 있을 텐데…….'

괴로운 고통의 길을 겨우 통과해 버스 종점으로 막 걸어 나온 나는 버스에 재빨리 올라타려고 했다. 그런데 오늘따라 내가 타려는 버스가 빨리 오지 않았다. 나는 종점 한쪽 구석에 비켜서서 버스가 얼른 오기만을 초조하게 기다렸다.

그런데 바로 그때였다. 불안한 얼굴로 이리저리 서성거리고 있는 내 두 눈에 조그만 벽보 한 장이 선명하게 들어와 박혔다.

고입검정고시 학생 모집!(하면 된다)
주경야독으로 배움의 길을 계속하자.
성심고등공민학교. 전화 ××-××××

누런 시험지 16절지 크기에 검정 글씨로 인쇄되어 있는 그 벽보는 전봇대에 붙여 놓은 지가 꽤 오래 되었는지, 귀퉁이가 군데군데 찢어지고 바람에 마구 너덜거리고 있었다. 생활고 때문에 중·고등학교를 못 다닌 학생들을 위한 검정고시라는 국가제도가 있는지조차 전혀 모르고 있었다. 나는 그 벽보를 보는 순간 두 눈이 번쩍 뜨이는 것 같았다. 나는 갖고 있던 연필을 재빨리 꺼내 들고는 성심고등공민학교 전화번호와 대강의 위치를 종이에 옮겨 적었다.

나는 그날 오후에 당장 그 벽보에 소개된 학교로 찾아갔다. 동대신동에 있는 그 학교는 동아대학교에서 산동네로 올라가는 산복도로 언덕 위에 높다랗게 자리 잡고 있었다. 내가 찾아간 시간이 마침 야간부 학생들이 등교하는 시간이었는데 모두들 검정색 교복을 입고 머리에는 '中'이라는 모표가 달린 검정색 모자를 쓰고 있었다. 학생들 틈에 섞여 3층짜리 회색빛 콘크리트 건물로 들어간 나는 먼저 1층에 있는 서무실로 찾아갔다. 그곳에서 경리일을 보고 있는 누나는 고입검정고시에 대해 자세히 설명해 주었다.

"만약 고입검정고시에 합격하면 합격증이 나오는데, 중학교 졸업장과 똑같은 효력이 있어. 그것만 따고 나면 중학교 졸업생들처럼 고등학교에 진학할 수도 있고, 아니면 또다시 대입검정고시에 응시할 수도 있어."

나는 경리 누나의 말에 한 가닥 희망이 보이는 것 같았다. 열심히 해서 꼭 검정고시에 합격해야겠다고 결심했다. 나는 2학년에 편입하기로 했다. 그렇게 부푼 가슴을 안고 집으로 돌아왔지만 막상 집에 와보니 걱정이 한두 가지가 아니었다. 무엇보다도 가장 마음에 걸리는 것은 직장이었다. 야간에 고등공민학교에 가서 공부를 시작하려면 새벽에 구두 닦는 일을 그만두어야 했다. 남보다 뒤떨어진 진도를 따라가려면 새벽녘까지 뜬눈으로 밤잠을 자지 않고 열심히 공부를 해야 하는데, 잠을 거의 못 잔 상태에서 출근했다가는 손님들 구두 닦는 것은 물론이고 여관 청소도 제대로 못할 게 뻔했기 때문이다. 그렇다고 오후에 시내에서 석간신문만 팔 수는 없었다. 석간신문을 팔아서 벌어들이는 알량한 수입으로는 우리 식구들의 생활비와 동생들 학비를 다 마련할 수가 없었기 때문이다. 게다가 둘째 남동생이 내년이면 중학교에 진학을 해야 하기 때문에 장남인 내가 돈을 더 벌어야 했다.

혼자서 고심에 고심을 거듭하던 나는 결국 야간공부가 가능한 곳으로 직장을 옮기기로 결정했다. 내가 하고 싶은 공부를 계속하면서 가족들 생활비를 벌기 위해서는 이 방법 외엔 없다고 생각했기 때문이다. 이렇게 해서 태백장 여관일을 그만둔 내가 새로 구한 직업은 영도 영선동에 있는 조그만 제도기 제작공장에서 직공으로 일하는 것이었다. 그 공장은 같은 교회에 있는 장로가 운영하는 공장이었기 때문에 쉽게 취직할 수가 있었다. 나는 공장 일을 마치고 퇴근 후에는 곧장 성심고등공민학교 야간반으로 올라가서 밤늦도록 공부를 했다.

다음날 아침부터는 매일 출근할 때마다 열을 지어 등교하는 학생들을 수없이 많이 만났지만, 나는 조금도 부끄럽거나 수치스럽지 않았다. 그것은 비록 야간반이었지만 나도 당당하게 공부하는 학생이기 때문이었다.

당시 나는 환한 대낮보다 어두운 밤이 더 좋았다. 낮에는 영도에 있는 조그만 가내공장에 쪼그리고 앉아 나이 많은 형들의 욕설, 고함, 쇠깎는 기계소리, 시끄러운 망치소리들을 들으며 묵묵히 일을 해야 했지만 밤에는 나도 어엿한 학생이기 때문이었다. 비록 교복은 국제시장 뒷골목에서 산 중고품이고, 책가방도 동네 고물상에서 구입한 싸구려였고, 책은 전부 다 보수동 책방골목에서 산 군데군데 낡고 찢어진 헌책들이었지만, 교복을 입고 책상 앞에 앉아 공부하는 시간이 그렇게 행복할 수가 없었다.

선생님들도 박봉에 시달리는 힘든 생활을 하고 있었지만 너무나 열성적으로 우리들을 지도해 주었고, 같은 반 급우들도 이런저런 어려운 가정형편 속에서도 향학의 의지를 굽히지 않는 심지 굳은 아이들이었다. 동대신동 3가 파출소에서 급사생활을 하던 수학이, 석간신문을 동생과 함께 돌리며 학비를 벌던 영규, 남포동에 있는 치과에서 열심히 기술을 배우던 한선이, 태권도를 유달리 잘하던 대홍이, 시골에 사는 누나처럼 의젓해 보이던 순덕이, 꾀꼬리처럼 노래를 잘 부르던 명옥이, 마음씨가 무척 고왔던 인숙이, 학용품을 친절하게 잘 빌려주던 창자······.

나는 중앙중학교를 중퇴한 뒤 돈을 벌기 위해 정신없이 바쁜 세월을 보내다가 거의 2년 반 만에 잡아보는 책이었기 때문에 처음에는 진도를 따라가기가 여간 힘들지 않았다. 중학교 1학년 때 배운 것도 가물가물하게 느껴지고 있었는데, 반 아이들은 다음 해 여름에 있을 검정고시를 준비하느라고 벌써 3학년 과정을 공부하고 있었다. 온종일 계속된 공장일로 파김치가 된 몸을 겨우 추스르고 꾸벅꾸벅 밀려오는 잠을 간신히 참으면서 수업에 임했지만, 선생님이 하는 설명을 도저히 알아들을 수가 없었다. 국어나 사회는 그런 대로 이해가 되었지만 확실한 기초가 없으면 진도를 따라가기 어려운 영어와 수학은 도무지 오리무중이었다.

이러다 가는 아무것도 안 될 것 같았다. 밤늦게야 집에 도착하는 나는 어머니에게 봐야 될 책이 있다며 곧장 부엌으로 나갔다. 흙먼지가 풀풀 날리는 부엌 바닥에 쪼그리고 앉아 조그만 나무상자 위에 책을 올려놓고는 공부를 시작했다. 하지만 그것도 속편한 일은 아니었다. 어머니가 "전기세를 아껴야 하는데 밤늦게 잠도 안 자고 무슨 책을 보는 거냐?"며 버럭 호통을 쳤기 때문이다.

어머니에게 몇 차례 꾸중을 들은 나는 결국 전깃불 아래에서 공부하는 것을 포기했다. 그 대신 촛불을 켜놓고 공부하기로 계획을 바꾸었다. 찬장으로 쓰는 나지막한 나무상자 위에 촛불을 켜놓고 공부하려니 처음에는 밑에서 가물가물 올라오는 곰삭은 조선간장 냄새며 된장 냄새 때문에 책을 보기가 꽤 거북스러웠다. 그러나 그것도 며칠 지나자 어느 정도 적응이 되었는데, 정작 나를 괴롭힌 것은 한겨울의 모진 추위와 끊임없이 쏟아지는 졸음이었다. 우리 집은 길갓집이었고 부엌 바닥은 모두 흙이었다. 부엌 한쪽 구석에는 연탄아궁이가 하나 있었지만 그것은 방바닥을 데우는 용도였지, 부엌 공기를 난방하는 게 아니었다. 그래서 밤만 되면 바깥문으로는 구덕산에서 불어오는 황소바람이 사정없이 밀려 들어오고, 부엌 안 공기는 마치 냉동 창고처럼 냉랭하게 얼어붙었다.

나는 점퍼를 몇 개씩이나 껴입고 나중에는 군용 담요로 온몸을 덮어 싸기도 했지만 코끝, 손가락 끝, 발끝이 시려오는 것은 도저히 막을 수가 없었다. 그런데 그 추위 속에서도 잠은 왜 그리도 대거리로 쏟아지던지. 나는 그해 겨울 내내 촛불 앞에서 공부하면서 고개방아를 허공에 헤아릴 수도 없이 많이 찧어 댔다. 그 때문에 눈썹도 여러 번 그슬리고 앞머리도 시커멓게 탔다.

　그렇지만 그러한 노력의 덕분으로 이듬해(1973년) 봄이 되면서부터는 성적이 부쩍 오르기 시작했다. 그동안 워낙 배움에 목말라 있던 터라 나에게 공부는 참으로 신선한 충격이었다. 나는 오랫동안 굶주려 있던 사람처럼 책 속에 들어 있는 수많은 글자들을 허겁지겁 주워 삼켰다.

　그런데 하루에 두세 시간밖에 자지 못하는 데다 잘 먹지도 못한 채 공부에만 열중하다 보니 어느새 몸이 점점 쇠약해져 갔다. 얼굴은 야위어가고 두 손바닥엔 껍질이 허옇게 벗겨졌다. 하지만 이제 겨우 공부가 제 궤도를 찾았는데 여기서 멈출 수는 없었다. 새벽까지 수학문제를 풀다가 코피를 쏟은 적도 한두 번이 아니었고, 학교에서 공부하다가 현기증 때문에 쓰러진 적도 여러 번 있었다. 그러나 어떻게 해서든지 하루속히 고입검정고시에 합격하고, 또 고등학교에 진학하기 위해서는 그 정도 고통쯤이야 묵묵히 참아내야 했다.

　봄이 지나고 초여름으로 접어들자 나는 친구들과 함께 시험에 대비한 특급 비상계획을 또 하나 세웠다. 그것은 뜻이 맞는 친구들과 함께 야간수업이 끝난 후 빈 교실에 남아서 밤샘 공부를 하는 것이었다. 당시 같은 반 친구들은 대부분이 손바닥만한 단칸방에서 대여섯 식구가 칼잠을 자며 함께 생활할 정도로 가정환경이 열악했기 때문에, 집에 가서 공부한다는 것은 도저히 엄두도 못 낼 일이었다. 우리들은 담임선생님을 찾아가 두 달 동안만 방과 후에 빈 교실에서 공부를 계속할 수 있도록 해달라고 부탁을 드렸다. 그러자 선생님은 교장선생님에게 말해서 "특별히 3학년 야간반 학생들만 시험 때까지 교실을 개방해 주라"는 허락을 받아냈다. 이렇게 해서 야간에 마음놓고 공부할 수 있는 장소를 확보하게 된 우리들은 6월 초부터 교실에 남아서 밤을 거의 꼬박 새우며 열심히 시험 준비를 해나갔다.

그러던 어느 날이었다. 계절은 아직 6월 말이었는데도 그해는 더위가 유달리 일찍 찾아와 해가 쨍쨍한 대낮이면 여간 더운 게 아니었다. 특히 내가 일하던 제도기 공장은 일반 가정집 옆에 무허가로 창고를 만들어 허술하게나마 공장으로 사용하고 있었기 때문에 무척이나 무더웠다. 내가 하는 일은 제도기의 재료가 되는 노란색 신주 막대기를 '밀링'이란 기계로 일정한 길이가 되도록 절단하는 것이었다. 오전에는 내가 맡은 목표량을 어느 정도 달성할 수 있었다. 그러나 오후가 되면서부터 서서히 문제가 발생하기 시작했다. 오전 내내 벌겋게 달아오른 얇은 양철지붕이 정오를 넘으면서 본격적으로 열을 내뿜기 시작해서 공장 안은 마치 한증막처럼 뜨거워졌다. 그런데 나는 간밤에 교실에서 밤을 꼬박 새우느라 잠을 거의 못 잔 데다 점심까지 먹은 직후라 식곤증까지 겹쳐서 자꾸만 졸음이 밀려 왔다. 요란한 파열음을 내며 세차게 돌아가는 밀링기계 소리 사이로 간밤에 미처 다 못 외운 영어단어들이 부서진 쇳조각처럼 윙윙거리고 있었고, 집안 살림에 대한 걱정까지 되살아나 머릿속은 모래알을 잔뜩 뿌려놓은 것처럼 삐그덕거리기만 했다.

'이제 시험이 한 달밖에 안 남았는데, 과연 다음 달에 합격할 수 있을까? 어떤 친구들은 7월에 대구에서 보는 시험보다는 9월에 제주도에서 있을 시험이 더 쉽게 출제된다며, 아예 제주도에서 시험 보겠다고 하던데……. 하지만 나는 무슨 일이 있어도 7월에 붙어야 한다. 나는 제주도까지 갈 차비와 숙식비를 마련할 수 있는 처지가 아니지 않은가? 그렇지 않아도 오늘 아침 출근할 때 어머니가 밀린 월세도 내고 떨어진 양식도 사야 하니, 회사에 가서 가불 좀 해오라고 말씀하셨는데……. 아! 시험…… 그리고 돈……. 그까짓 돈이 무엇이기에 푸른 하늘처럼 밝고 환하게 살고 싶은 열일곱 살의 내 가슴을 이토록 우울하게 만든단 말인가?'

바로 그때였다. 내 왼손에서 갑자기 뼈가 으스러지는 듯한 극심한 통증이 느껴지는 게 아닌가? "으악!" 내 입에서는 나도 모르게 단말마의 비명이 터져 나왔다. 급히 아래를 내려다보니 신주 막대기를 일정한 길이로 절단하는 밀링기계의 둥근 쇠톱 사이에 내 왼손 엄지손가락이 섬뜩하게 끼어서 피를 철철 흘리고 있는 것이었다.

내 비명소리를 듣고 쏜살같이 달려온 공장장이 급히 전기 스위치를 내려 돌아가는 쇠톱을 정지시켰다. 그리고는 쇠톱 사이에 끼어서 피를 철철 흘리고 있는 왼손을 천천히 빼냈다.

"야! 안 되겠다. 어서 택시 잡아라! 빨리 병원으로 가야겠다!"

나는 엄지가 금방이라도 끊어질 듯 덜렁거리는 왼손을 부여잡고는 공장장과 함께 병원으로 달려갔다.

"이만 하길 다행이지, 까딱했으면 손목까지 다 날아갔을 겁니다. 여기서 일주일 정도 입원했다가 열흘 정도 통원치료 받으면 괜찮을 겁니다."

응급실에서 30여 바늘을 꿰맨 나는 하얀 붕대로 왼손을 칭칭 동여맨 채 일반 병실로 옮겼다. 그러자 옆에 있는 공장장이 나를 내려다보며 걱정스런 표정을 지었다.

"야! 도대체 정신을 어디에 팔았기에 이 사단이 난 게야?"

나는 붉은 피가 흥건히 배어 있는 붕대를 힘없이 바라보기만 했다. 아무 말도 하고 싶지 않았다.

"아무래도 회사 형편상 일주일씩이나 입원을 시킬 수 없다고 한다. 그러니 이 돈으로 오늘 하루만 누워 있고, 나머지는 통원치료를 하도록 해라."

공장장은 내 손에 5만 원을 슬며시 쥐어 주고는 밖으로 나갔다. 한동안 병원 침대에 힘없이 누워 있던 나는 밤이 이슥해지자 병원을 몰래 빠져 나왔다. "네가 오늘 가불 안 해오면 우리 식구들은 모두 다 굶어야 한다"는 어머니 말이 생생하게 떠올라 더 이상 병실에 가만히 누워 있을 수가 없었던 것이다.

손가락이 끊어질 것만 같은 통증을 간신히 참으며 집에 도착하자, 어머니가 왼손에 칭칭 감겨 있는 붕대를 보고는 깜짝 놀라 무슨 일이냐고 다그쳐 물었다. 나는 어머니를 안심시키기 위해 짐짓 대수롭지 않다는 표정을 짓고는 점퍼 속주머니에서 얼른 4만 원을 꺼내 생활비로 내놓았다. 그러고는 몸이 괴로워 더 이상 앉아 있을 수가 없었다. 어머니에게 피곤하다는 핑계를 대고는 이불을 뒤집어쓴 채 힘없이 드러누워 버렸다.

갑자기 두 눈에 눈물이 핑 돌며 돌아가신 아버지 모습이 불현듯 떠올랐다. 나는 갑자기 아버지가 너무나 그리워지면서 뜨거운 눈물이 마구 흘러나왔다. 공장 형들의 거친 구박을 묵묵히 참으면서 열심히 공부했는데 손까지 부상당하게 되자, 그동안 참았던 설움이 끝내 터져버린 것이다.

시간이 얼마나 흘렀을까……. 문득 눈을 떠보니 방안은 불이 꺼져 이미 깜깜하고 내 옆에는 어머니와 동생들이 곤히 잠들어 있었다. 살그머니 일어나 탁상시계를 보니 시간이 벌써 새벽 두시를 가리키고 있었다. 나는 부엌으로 나와 흙바닥 위에 나무상자를 꺼내 놓고는 그 앞에 쪼그려 앉았다.

'아, 지금쯤 친구들은 교실에 남아서 열심히 공부하고 있겠지? 어제 저녁엔 아무런 연락도 없이 학교를 빠져서 선생님이랑 친구들이 몹시 걱정했을 거야.'

나는 당장이라도 책가방을 챙겨 들고 친구들이 밤새워 공부하고 있을 교실로 득달같이 뛰어 올라가고 싶었다. 그러나 엊저녁에 병원에서 꿰맨 엄지손가락 주위가 너무 아파서 꼼짝하기도 힘들었다. 구기박지른 걸레처럼 잔뜩 상을 찌푸린 채 한동안 말없이 앉아 있던 나는 가방

속에서 책과 공책을 천천히 꺼냈다. 그리고 심하게 아려오는 통증을 참기 위해 어금니를 벼름벼름 깨물며 책장을 한 장씩 넘기기 시작했다.

나는 돌아가신 아버지를 기쁘게 해드리는 방법은 다음 달에 있을 고입검정고시에 당당하게 합격하는 길뿐이라고 생각했다. 그날 밤 나는 나 자신을 향해 수없이 다짐하고 또 다짐했다. 절망의 여신 앞에 쉽게 무릎을 꿇는 나약한 인간이 결단코 되지 않겠다고. 반드시 이 운명을 극복하고야 말겠다고.

다음날부터 나는 다시 학교로 올라가 야간수업을 받았고, 직장엔 이틀 후부터 다시 출근을 시작했다. 치료비가 많이 모자랐던 나는 동네 약국에서 마이신을 사먹으며 근근이 통증을 견디었다. 열흘 정도 지나자 이제 상처도 거의 아물고 공장에서 별 지장 없이 일할 수 있을 정도로 많이 좋아졌다.

며칠 후 공장에서 내가 하는 업무가 다른 일로 바뀌었다. 신주 막대기를 일정한 길이로 자르는 밀링부 일이 아니라 엑기생(프레스)부에서 일을 하게 된 것이다. 교회 장로인 사장이 나를 다른 부서에서 일을 하게 하라고 지시를 내렸단다. 엑기생부에서 하는 일은 제도기를 보관하는 플라스틱 박스를 만드는 것이었다. 먼저, 딱딱하게 굳은 도화지 크기 정도의 붉은색 플라스틱을 연탄불 위에서 약간 열을 가한다. 그러면 마치 판자처럼 딱딱하던 플라스틱판이 흡사 엿처럼 금세 부드러워졌다. 그 다음에는 몰랑몰랑 해진 플라스틱판을 넓고 판판한 엑기생 기계 위에 재빨리 올려놓고는 오른발로 아래에 있는 디딤대를 세차게 밟아버린다. 그러면 갖가지 제도기 모양이 선명하게 새겨진 시커먼 쇠판이 내 머리 위에서 엑기생 기계 위로 쿵 소리를 내며 힘차게 떨어진다. 잠시 후에 무거운 쇠판을 위로 들어 올리면 엑기생 기계 위에는 제도기를 보관하는 플라스틱 박스의 밑판이 만들어지는 것이다.

밀링부에서 엑기생부로 자리를 옮긴 지 보름 정도 지난 어느 날. 그날은 시험이 채 보름도 안 남은 7월 중순이었다. 이제 본격적인 삼복더위가 시작되었기 때문에 공장 안은 그야말로 푹푹 찌는 한증막이었다. 가만히 서 있어도 굵은 땀방울이 온몸으로 줄줄 흘러내리는 판국인데, 이글거리는 연탄불 바로 옆에서 작업을 하려니 땀으로 목욕을 할 지경이었다. 그리고 연탄불에서 올라오는 연탄가스를 온종일 맡으며 일을 하다 보니 언뜻언뜻 현기증까지 생기고 있었다.

나는 정신을 가다듬기 위해 심호흡을 몇 번씩이나 크게 했다. 그날은 아침에 지각을 하는 바람에 처리해야 할 할당량이 아직 많이 남아 있어서 일을 서둘러야 했다. 이마 위로 흘러내리는 땀방울을 손등으로 훔치며 노골노골해진 플라스틱판을 엑기생 기계 위에 올리고 오른발로 디딤대를 세차게 밟는 반복 동작을 부리나케 했다. 그런데 머리 위에서 쏜살같이 내려온 검은 쇠판이 쿵! 하고 엑기생 기계 위에 있는 플라스틱판을 세차게 누르는 바로 그 순간, 나는 왼쪽 손가락에 벼락불이 번쩍 떨어지는 것 같은 전율을 느끼며 외마디 비명을 냅다 질렀다. 급박한 내 비명소리를 듣고 주변에 있던 형들이 일시에 나에게로 몰려들었다.

나는 왼손을 부여잡으며 그 자리에 쓰러졌다. 왼손을 밀링기에 다친 지 불과 보름여 만에 또다시 왼손가락을 엑기생 기계에 다치는 불운을 겪게 된 것이다. 상처는 꽤 심각했다. 밑에 있는 쇠판과 위에서 내려온 쇠판 사이에 새끼손가락이 끼는 바람에 손톱이 깨지고 손가락 끝마디 뼈가 으스러져 버린 것이다. 그나마 장갑을 끼고 일을 했었기에 망정이지, 만약에 맨손으로 작업을 했었다면 손가락이 형체도 없이 박살날 뻔했다. 큰 부상을 입고 또다시 병실에 입원한 나는 그저 기가 막혀 할 말을 잃고 말았다.

'도대체, 어떻게 이런 일이…….'

한 달 동안에 손을 다치는 사고가 연이어 두 번이나 일어나자, '이러다가 이번에 시험을 못 치르는 건 아닌가' 하는 불길한 느낌마저 들었다. 엎친 데 덮친 격으로 이틀 후에 병실로 찾아온 공장장은 그동안 일한 월급을 내놓으며 공장을 그만두어야겠다고 했다. 사장님이 '자꾸만 사고가 나서 안 되겠다'며 '내일부터 공장으로 나오지 못하게 하라'고 지시했다는 것이다.

공장장이 휑하니 나간 후 텅 빈 병실에 혼자 누운 나는 너무나 맥이 빠졌다.

'이대로 무릎을 꿇어야 하나? 직장에서는 쫓겨나고, 손은 두 번이나 다쳤고, 시험일은 얼마 남지 않았고. 그렇지만, 이대로 주저앉을 수는 없다. 이번 시험을 치르기 위해 얼마나 많은 땀과 눈물을 쏟았는데.'

나는 애써 마음을 단단히 추슬렀다. 그날 밤 붕대를 칭칭 감은 손으로 병원에서 나와 집으로는 가지 않고 학교로 곧장 올라갔다. 수업이 이미 끝난 학교는 우리 교실에만 불이 켜져 있고 나머지는 깊은 어둠 속에 잠겨 있었다. 나는 언덕 아래에서 환하게 불이 켜진 교실을 보는 순간, 마치 폭풍우치는 외로운 바다에서 불을 환하게 밝힌 등대를 만난 것처럼 반가웠다.

옆구리에 가방을 끼고는 고통스러운 표정으로 교실로 들어서자, 텅 빈 교실 안에는 영규와 수학이 두 친구만이 남아서 공부하고 있었다.

"다른 애들은 다 어디로 갔니?"

"효준아! 네 손이 왜 그러니?"

"별거 아냐. 공장에서 일하다가 조금 다쳤어."

나는 친구들이 걱정할까 봐 애써 미소를 지어 보였다.

"그런데 다른 애들은 어디로 가고, 너희 둘만 있니?"

"초저녁에는 친구들이 많았는데 졸음이 와서 도무지 못 견디겠는지, 하나둘씩 집으로 가버렸어."

비틀거리며 의자에 걸터앉은 나는 먼저 책부터 펼쳤다. 그리고 낡은 나무필통을 뒤져서 볼펜 껍데기에 몸통을 박은 몽당연필을 꺼내 들었다. 이때 상처를 입은 왼손 끝이 심하게 아려오면서 생살을 찢는 듯한 엄청난 통증이 온몸을 엄습해 왔다.

'참자, 참아야 돼! 무슨 일이 있어도…… 반드시 이겨내야 돼!'

나는 온몸을 강하게 짓누르는 극심한 통증을 참기 위해 어금니를 앙다물며 두 눈을 질끈 감았다. 그런데 바로 그 순간, 뜨거운 눈물이 연필을 쥐고 있는 내 손등 위로 뚝 떨어지더니 책 위로도 연이어 흘러 내렸다. 이를 알아차린 영규와 수학이가 놀라서 내 곁으로 급히 달려왔고, 결국 나는 얼굴을 책 위에 파묻은 채 또다시 펑펑 울고 말았다. 그 후 우리 세 사람은 시험 치러 대구로 가기 전날 밤까지 밤샘공부를 단 하루도 멈추지 않았다.

드디어 대구로 출발하기 하루 전날 밤. 학교에 모인 우리들은 날이 밝기 전인 새벽 네 시쯤에 마지막 문제집을 모두 풀고는 우물이 있는 학교 마당으로 내려갔다. 그리고는 모두들 옷을 벗고 찬물로 깨끗하게 목욕을 했다. 이제 할 수 있는 건 다한 셈이었다. 우리들은 목욕재계한 벌거벗은 몸으로 희미하게 밝아오는 남쪽 하늘에서 반짝거리는 샛별을 바라보며 두 손 모아 간절한 기도를 올렸다.

'하나님! 우리들이 그동안 흘린 땀과 눈물이 헛되지 않도록 도와주세요. 제발, 가진 실력을 제대로 발휘해서 꼭 합격의 기쁨을 가슴에 안을 수 있도록 도와주세요. 하나님! 제발, 힘을 주세요! 제발……'

1973년 7월 27일. 우리들은 대구에서 시험을 치렀다. 그리고 그로부터 한 달 뒤. 나는 꿈에도 그리던 고등학교 입학자격 검정고시에 합격했다는 통보를 받았고, 얼마 뒤엔 경상북도 교육청에서 발행한 합격증을 가슴에 안았다.

교실에서 담임선생님으로부터 합격증을 받던 날, 나는 뛸 듯이 기뻤다. 드디어 나도 중학교 졸업장을 갖게 된 것이다. 나도 이제 고등학교

에 입학할 자격이 생긴 것이다. 이제는 또래의 학생들을 보아도 열등
감을 느낄 이유가 없었다. 다른 아이들은 3년 동안 학교에 출석만 하
면 자동적으로 받게 되는 너무나 쉬운 졸업장이었지만, 나는 우여곡절
끝에 너무나 힘들게 얻었기 때문에 그 감격은 참으로 남달랐다.

합격증을 받아들고 집으로 돌아간 그날 밤. 나는 처음으로 그동안
어머니 몰래 공부를 했다는 고백을 했다. 그리고 내 흑백사진이 선명
하게 박혀 있는 합격증을 어머니 앞에 조심스럽게 내밀었다. 그러자
어머니는 "수고했다"며 내 손을 가만히 잡아주었다. 그러나 그날 어머
니와 의논하려고 했던 고등학교 진학문제는 이야기를 꺼내 놓기가 무
섭게 어긋나기 시작했다.

"네가 고등학교에 입학하면 우리집 생활비는 어떻게 하고……. 동생
들은 자꾸 커가고 돈 들어갈 일은 점점 많아지는데, 장남인 네가 돈을
안 벌겠다면 어쩌자는 거냐? 네가 지난달에 공장을 그만둔 후로 생활
비가 부족해서 지금 살기가 얼마나 어려운데, 그런 철없는 소리를 하
는 거니? 쯧쯧쯧……."

나는 생활비가 다 떨어졌다는 어머니 말에 그저 고개를 힘없이 떨굴
수밖에 없었다. 동생들이 열세 살, 열 살, 세 살로 모두 어린 아이들이
니 집안에서 돈을 벌 사람은 나밖에 없는 게 당연했기 때문이었다. 결
국 합격증을 어머니에게 보여드린 그날 밤에 고등학교 진학의 부푼 꿈
은 산산조각이 나버렸다. 돈을 벌어야 한다는 무거운 강박관념만이 또
다시 조그만 내 어깨를 커다란 바윗돌처럼 무겁게 짓누르기 시작했다.

9

가을잎 찬바람에

공장을 그만둔 후 새 직장을 못 구한 나는 결국 그해 가을에 어머니와 함께 다시 장사를 시작하기로 했다. 부산 구덕운동장에서 전국체전이 열리는데, 이웃집 사람들이 모두 그곳에 가서 장사를 한다는 것이었다. 전국체전 기간엔 사람들이 많이 모이기 때문에 비록 열흘도 안되는 짧은 기간이지만, 열심히만 하면 수입이 꽤 짭짤하다고 했다. 그래서 우리도 동네 사람들과 함께 구덕운동장에서 장사를 하기로 마음먹고 전국체전이 하루빨리 열리기만을 학수고대했다.

드디어 전국체전이 열리던 날. 어머니와 나는 구덕운동장으로 향했다. 구덕운동장 뒷담 쪽에 도착하니 운동장 안에서는 이미 군중들의 커다란 함성이 쩌렁쩌렁 울리고 있었고 담 바깥쪽에도 밀려드는 인파로 인산인해를 이루고 있었다. 어머니와 내가 팔기로 한 물건은 소주였다. 운동장 안에서는 술을 안 팔기 때문에 소주를 팔면 제법 돈을 벌수 있을 것이라고 이웃집 아저씨가 미리 귀띔을 해주었기 때문이다.

먼저 소주 열 병을 망태기에 조심스럽게 담은 나는 구덕운동장 뒷담을 살금살금 기어올랐다. 그 당시는 구덕운동장 뒷담이 콘크리트가 아니라 커다란 철망이었기 때문에 오르기가 쉬웠다. 순식간에 철망을 뛰어 넘은 나는 재빨리 운동장 안으로 숨어 들어갔다. 그리고는 사람들 사이를 이리저리 헤치고 다니며 소주를 팔기 시작했다.

그런데 이게 웬일인가? 소주 열 병은 채 10분도 안 되어 순식간에 다 팔려 버렸다. 나는 재빨리 운동장 뒷담 쪽으로 내려갔다. 뒷담 철망 아래에서 초조한 모습으로 나를 기다리고 있던 어머니는 내가 예상보다 훨씬 일찍 나타나자 깜짝 놀라는 표정을 지었다.

"어머니! 운동장 안에 사람들로 가득 찼어요. 술이 얼마나 잘 팔리는지 말도 못할 지경이에요."

내가 밖으로 던진 망태기에 어머니가 소주를 가득 넣어 주자, 나는 다시 철망을 타고 넘어가 그 망태기를 받아 들었다. 그러고는 사람들이 경기를 관람하느라 정신이 없는 스탠드 쪽으로 재빨리 뛰어올랐다.

그날 어머니와 나는 정말로 신바람 나는 장사를 한껏 했다. 특히 날이 어두워지면서 장사는 더욱 열이 오르기 시작했다. 구덕운동장 전체에 어둠이 내려앉고 조명등에 하나씩 불이 켜지기 시작하자 관중들은 모두들 열광했고, 분위기에 고조된 사람들은 너도나도 술을 찾기 시작했다. 구덕운동장은 마치 거대한 술통 같았다. 아무리 부어도 부어도 채워지지 않는 거대한 술통 말이다.

어머니와 나의 술장사는 구덕운동장 인근 가게의 술이 모두 동이 나는 저녁 아홉 시쯤에 겨우 끝이 났다. 때아닌 술장사로 특수를 맞게 된 우리들은 열흘 남짓한 체전 기간 동안에 상당한 수입을 올릴 수 있었다. 내가 제도기공장에서 일할 때 받은 3~4개월치의 봉급과 맞먹을 정도였으니, 구덕운동장에서 열린 전국체전은 우리 식구들에겐 그야말로 구세주 같았다.

어머니와 나는 이번에 번 돈을 모두 다 생활비로만 쓰지 말고 다른 장사를 시작하는 종자돈으로 쓰기로 의견을 모았다. 그런데 막상 장사를 하려고 하니 마땅한 일거리가 당장 눈에 뜨이지 않았다. 이런저런 궁리를 거듭하던 우리는 결국 중고 리어카를 한 대 사서 붕어빵 장사를 하기로 결정했다. 벌써 가을이 되어 구덕산에 단풍이 곱게 물들고 있었기 때문에 지금쯤 붕어빵 장사를 시작하면 겨우내 괜찮을 것이라는 생각이 들었기 때문이다.

그해 늦가을부터 우리는 경남상고 정문 바로 옆에서 붕어빵 장사를 시작하였다. 붕어빵을 구워 팔려면 하루 전에 반죽을 잘 만들어 두어야 했다. 밀가루에 계란, 설탕, 베이킹 파우더, 물 등을 잘 섞어서 양동이 안에 넣어 두면 밤새 발효가 된다. 그리고 팥을 삶아서 앙금을 만들고, 신문지를 접어서 종이봉투도 준비했다. 장사는 보통 점심시간이 지난 오후 한 시쯤에 나갔다. 간단한 포장이 쳐진 리어카 안에 붕어빵을 구워내는 둥근 쇠판을 얹고 그 옆에 잘 발효된 밀가루 반죽, 팥앙금, 종이봉투, 마실 물이 가득 든 커다란 물주전자와 컵, 동전을 담은 깡통, 불 피울 연탄과 숯, 야간에 사용할 카바이드, 행주, 기름, 마가린 등을 싣고 나면 일단 출발 준비가 끝난다.

우리 집이 있는 광성공고에서 붕어빵 장사를 하는 경남상고까지는 계속 내리막길이었다. 그래서 아래로 내려갈 때에는 무거운 짐을 가득 실은 리어카가 혹시라도 길 옆으로 미끄러지지 않도록 리어카 앞부분을 아래로 푹 숙이고 하체에 힘을 잔뜩 주면서 천천히 끌고 갔다. 큰길까지 내려간 나는 경남상고 정문 옆에 리어카를 정지시켰다. 그리고 가지고 온 나무받침으로 리어카가 흔들리지 않도록 잘 고정시킨 뒤에 우선 연탄불부터 피웠다. 국제시장에 있는 고물상에서 사온 중고 붕어빵 쇠판 아래에는 커다란 연탄화로가 붙어 있었다. 둥근 드럼통을 반으로 뚝 잘라 만든 대형 화로 안에는 연탄을 넣는 구멍이 네 군데가 있었는데, 한 구멍마다 연탄이 세 개씩 들어갔다.

연탄불이 어느 정도 타올라 그 위에 올려놓은 쇠판이 따뜻하게 달구어지면 그때부터 반지르하게 기름칠을 하고는 빵을 굽기 시작했다. 쇠판 위에서 노릇노릇하게 구워지는 붕어빵의 가장 큰 고객은 인근의 중고등학교 학생들이었다. 내가 장사를 하는 곳은 바로 옆에 붙은 경남상고 학생들뿐 아니라 구덕운동장 뒤쪽의 남녀 중고교생들 거의 대부분이 등·하교 때 걸어다니는 주 통로였기 때문에 학생들의 왕래가 가장 빈번했다. 그래서 붕어빵을 팔 준비가 다 끝난 오후 서너 시쯤에는 수업을 끝내고 학교를 막 빠져 나오는 학생들이 내 리어카 주위로 우루루 몰려들었다.

둥근 쇠판이 잠시도 쉴 틈이 없을 정도로 불타나게 팔리던 붕어빵 장사도 하교하는 학생들이 거의 다 빠져나가는 오후 대여섯 시쯤 되면 조금 한가해졌다. 간혹 시장에서 찬거리를 사서 지나가던 아줌마들이나 동네 아이들이 들어와서 조금씩 사갈 뿐, 쇠판에서 구워내는 붕어빵들은 옆에 차곡차곡 쌓여갔다. 그러다가 다시 바빠지기 시작하는 것은 퇴근시간 무렵인 일고여덟 시쯤이었다. 하루 일을 끝내고 퇴근하는 아저씨들이 잠시 멈춰 서서 볼가심으로 붕어빵을 먹기도 하고, 아니면 집에 있는 아이들에게 갖다 준다며 한 봉지씩 사가기도 했다. 그러다가 장사가 또다시 바빠지기 시작하는 때는 야간부 학생들이 수업을 모두 끝내고 내려오기 시작하는 밤 열 시 전후였다.

야간 수업이 끝나고 나면 뱃속도 출출한 데다 날씨마저 쌀쌀하니, 학생들에게는 따끈따끈한 붕어빵이 여간 좋은 간식거리가 아니었던 것이다. 게다가 야간부 학생들은 낮에 직장을 다니는 아이들이 많아서 한 개 10원 하는 붕어빵을 사먹을 정도의 동전은 충분히 갖고 있었다. 리어카를 우루루 에워싼 야간부 학생들이 너도 나도 10원짜리 동전을 들고는 빵을 달라고 손을 내밀면, 나는 기분 좋은 미소를 입가에 한껏 지으며 부지런히 붕어빵을 구워냈다. 잠시 후 열한 시가 넘어 열한 시 반쯤에 접어들면 붕어빵 장사는 이제 파장할 분위기가 된다.

그러면 초저녁에 집으로 올라가서 동생들 밥을 먹이고 빨래를 하며 집안 살림을 끝낸 어머니가 퇴근 준비를 함께 하기 위해 다시 내려온다. 리어카 밑에 온종일 괴어 놓았던 나무받침을 빼서 위로 다시 올리고 여러 가지 도구들을 잘 챙긴 우리는 리어카를 끌면서 집으로 향했다.

무거운 리어카를 끌고 가파른 언덕길을 올라가는 것은 낮에 내려올 때 비해 훨씬 더 힘든 일이었다. 특히 훈성여중 옆을 지나 가파른 오르막길로 본격적으로 접어들 때는 리어카가 뒤로 밀려 내리지 않게 하기 위해 안간힘을 다 써야 했다. 잔뜩 힘을 준 두 팔뚝에는 지렁이처럼 선명한 힘줄이 툭툭 튀어 나오고 앙다문 이빨 사이로는 뜨거운 입김이 쉴 새 없이 새어 나왔다.

"효준아! 조금만 쉬었다 가자!"

뒤에서 리어카를 밀던 어머니도 힘이 드는지 조금 쉬자고 한다. 그러나 그곳은 언덕이 가풀막져서 무거운 리어카를 잠시라도 멈추고 쉴 수가 없었다. 게다가 통금시간이 임박했기 때문에 야경꾼들이 나타나기 전에 한시바삐 집으로 들어가야 했다.

"어머니! 지금 리어카를 세우면 밀고 올라갈 수가 없어요. 힘들어도 조금만 더 가야 해요. 조금만 더!"

나는 힘들어하는 어머니를 향해 버럭 고함을 치며 리어카를 멈추지 않았다. 리어카가 뒤로 밀리지 않게 리어카 손잡이를 악착같이 부여잡은 나는, 적군과 마주한 병사처럼 두 눈을 크게 부릅뜨고는 무거운 발걸음을 한 발 한 발 앞으로 옮겼다. 두 팔과 두 다리에 잔뜩 힘을 주고는 온몸에 땀을 뻘뻘 흘리며 내가 점령해야 할 고지처럼 가파른 언덕길을 오르다 보면, 어느새 코끝에 상큼한 숲 냄새가 났다. 광성공고 바로 뒤에는 구덕산으로 곧장 이어진 풀밭이 있었는데, 어느새 그곳에 도착한 것이다. 그 풀밭에다 리어카를 세워 두고 나서야 하루 일과를 마감하고 비로소 지친 몸을 편히 쉴 수 있었다.

또다시 계절은 흘러 이듬해(1974년) 봄이 되었다. 어느새 우수와 경칩이 지나 기온이 점점 따뜻해지자 붕어빵 장사도 점점 시들해졌다. 그러다가 춘분이 지나고 청명이 가까워지자 매상이 눈에 띄게 줄어들어 붕어빵 장사로는 우리 다섯 식구 입에 볼가심하기도 어려운 지경이 돼버렸다.

그러던 어느 봄날, 하교길의 학생들이 우루루 빠져나간 오후 여섯 시쯤이었다. 제법 한가한 시간이 되자 나는 화로의 연탄불을 조금 약하게 조정하고는 붕어빵을 천천히 굽고 있었다. 그때 반가운 친구들이 낯익은 얼굴을 리어카 안으로 쑥 들이미는 게 아닌가? 나는 얼음판에 썰매가 미끄러져 들어오듯 리어카 포장 안으로 뛰어 들어온 친구들을 반갑게 바라보며 큰 소리로 웃음을 터뜨렸다.

"야! 이게 누구냐?"

나를 찾아 온 친구들은 검정고시 동기생들인 영규와 대홍이었다.

"너희들 고등학교 진학 안 했니?"

"고시 준비하는 사람들이 귀찮게 고등학교에는 왜 가겠냐?"

나는 잠시 머릿속이 혼란스러워졌다.

"고시라면? 대입검정고시?"

친구들은 대입검정고시를 준비하고 있었다. 나는 오랜만에 만난 친구들과 즉석에서 붕어빵 파티를 열면서 서로의 안부를 나누고, 다른 친구들의 근황도 듣고, 대입검정고시에 관한 정보도 들었다. 그동안 나는 붕어빵 장사를 하면서도 영어 문법책을 단 하루도 손에서 떼지 않고 열심히 공부를 했었다. 그러나 시간이 모자라서 다른 과목은 공부할 엄두도 낼 수 없었다.

"그래! 이번 기회에 너도 시험 준비해 봐! 공부할 시기를 놓치고 나면 나중에 다시 공부하기가 얼마나 어려운데."

그날 친구들로부터 다시 자극을 받은 나는 다음날 당장 보수동 책 골목으로 나갔다. 그곳에서 우선 영어와 수학책을 한 권씩 산 다음 장사하는 틈틈이 영어 독해와 수학문제 풀이를 했다.

그러던 어느 날. 저녁 아홉 시쯤 되었을까? 손님이 없어서 제법 한가한 데다 야간부 학생들이 나오려면 아직 여유가 있는 시간이어서, 나는 리어카에 밝혀 놓은 희미한 카바이드 불빛 아래에서 고등학교 1

학년 수학문제를 열심히 풀고 있었다.

"너, 고등학생이니?"

붕어빵을 사러 들어온 어느 대학생 형이 수학책을 들고 있는 내 모습을 보더니 얼핏 물어봤다.

"아, 아니에요……."

"그러면?"

동아대학교 배지를 가슴에 단 그 형은 내 신상이 궁금했는지 재차 물었다.

"저, 혼자 대입검정고시 준비하고 있어요."

혼자서 검정고시를 준비한다는 게 무척이나 창피했던 나는 얼버무리듯 대답했다. 그러자 그 형은 붕어빵을 먹으면서 무언가를 잠시 생각하는 표정이었다. 잠시 후, 그 형은 붕어빵 값보다 훨씬 많은 백원짜리를 나에게 주면서 격려의 이야기를 해줬다.

"나도 검정고시 출신이거든. 너도 그런가 해서 자꾸 물어본 거야. 내가 검정고시 공부할 때 보던 강의록이 집에 있는데, 내가 내일이라도 갖다 줄게. 너처럼 독학하는 학생에게는 일반 참고서보다 강의록이 공부하기에 더 편할 거야."

그날 우연히 만나서 나에게 많은 격려를 많이 해준 대학생 형은 다음날 나를 다시 찾아왔다. 고마운 그 형으로부터 강의록을 선물 받은 나는 다음날부터 더욱 공부에 매달렸다. 그러나 날이 점점 더 따뜻해져 공부할 시간은 많아졌지만 수입이 반 이상이나 뚝 떨어져 경제적으로는 여간 힘들지 않았다.

어머니와 나는 붕어빵 장사 대신 새로운 일을 찾아야 했다. 여러 사람들을 만나 물어보면서 새로운 장사거리를 알아보았다. 그러다가 오월부터 새롭게 시작한 것은 간장 장사였다. 당시 우리 교회의 장로님 중 한 분이 동대신동 서부극장 맞은편에서 오복간장 대리점을 하고 있었다. 그 대리점에서 간장을 받아다가 리어카에 싣고 다니면서 팔면 될 것 같았다. 나는 리어카에 있는 포장을 모두 걷어내고 붕어빵 굽는 쇠판을 다 떼어냈다. 그리고 리어카 안에 한 말짜리 간장통 네댓 개, 깔때기, 한 되짜리 빈 간장병, 긴 고무호스를 실었다.

그런데 붕어빵 장사는 오전 내내 집에서 일을 보고 점심 무렵에 천천히 내려가도 되었지만 간장 장사는 달랐다. 간장 장사는 주부들을 상대로 했기 때문에 주로 주부들이 집에 많이 있는 아침 일찍부터 주택가를 다녀야 했다. 그러다 보니 내가 리어카를 끌고 나오는 아침 시간에 함께 장사를 나와야 하는 어머니는 막내 여동생을 데리고 나올 수밖에 없었다. 이제 만 세 살이 넘어 걸음마는 물론이고 뒤뚱거리며 뛰기까지 하는 막내둥이를 리어카에 실은 어머니와 나는 구덕운동장 부근에 있는 주택가부터 방문하기 시작했다.

산동네의 비좁은 주택가 골목을 고샅고샅 다니면서 아줌마들이 우리를 부르는 소리가 들리면 나는 급히 리어카를 세웠고, 그 사이에 어머니는 간장병과 고무호스와 깔때기를 들고는 그 집으로 부리나케 달려갔다.

공부할 시간이 너무나 부족했던 나는 어머니가 막내를 데리고 그 집으로 들어간 사이에 리어카에 잠시 걸터앉아 강의록을 공부했다. 그러다 보니 대학생 형한테 선물 받은 강의록 책들이 모두 다 시커먼 간장 얼룩이 진하게 묻어버렸다. 아침에 시작된 간장 장사는 주부들이 저녁을 준비하는 늦은 오후까지 계속되었는데, 장사는 그런 대로 잘 되는 편이었다. 물론 무거운 간장 리어카를 끌고 서대신동에서 동대신동과 보수동을 거쳐 대청동 산동네까지 매일 오르내리는 일이 무척 힘들었다. 그러나 아침에 장사를 시작할 때는 무거웠던 리어카가 시간이 지날수록 점점 무게가 줄어 초저녁 무렵에는 빈 간장통만 가득한 가벼운 리어카로 변하는 것도 남다른 기쁨이었다.

간장 장사를 시작하면서 가장 좋았던 점은 무엇보다도 연탄가스를 맡지 않아도 된다는 것이었다. 붕어빵 장사를 할 때는 좁은 리어카에 상체를 곱송그리고 앉아 밤늦도록 지독한 연탄가스를 맡아야 했기 때문에 머리도 지끈지끈 아프고 가슴도 답답했었다. 그러나 이제는 그럴 필요가 없었다.

나는 8월이 되자 대입검정고시를 보기 위해 대구로 떠났다. 작년 여름에는 담임선생님의 인솔 하에 함께 공부하던 친구들이 단체로 시험을 치러 갔기 때문에 외롭지가 않았다. 그러나 이번에는 달랐다. 주변 사람들에게 알리지도 않고 혼자서 완행열차에 몸을 실었고, 또 대구에 도착해서도 숙식비가 턱없이 부족해 독서실에 들어가 딱딱한 나무의자 위에서 새우잠을 청해야 했다. 다음날 아침을 라면으로 때우고는 혼자 쓸쓸하게 시험장소로 갔다. 아홉 과목을 모두 치르고 부산으로 다시 돌아왔으나 별로 자신이 없었다.

그로부터 한 달 후. 시험 발표가 났는데, 그곳에 내 수험번호와 이름은 없었다. 경북교육위원회에 알아보니 아홉 과목 중에서 다섯 과목은 합격했으나 나머지 네 과목은 불합격했다는 것이다. 나는 내심 기대했던 시험에서 떨어진 데다 때마침 계절마저 가을이라 한동안 울적한 마음으로 지내야 했다. 벌써 내 또래 아이들은 내년이면 고3이 되어 대학에 입학할 준비를 할 텐데 나는 이제 겨우 중학교 졸업장밖에 못 땄으니, 앞으로 내가 무엇을 하고, 어떻게 살아야 하는지 참으로 답답하고 막막한 심정이었다.

한창 사춘기에 접어든 나는 기분이 울적할 때면 이따금 동대신동의 구덕산 자락 아래에 위치한 동아대학교 교정을 찾았다. 동아대학교 주인인 정수봉 총장이 우리와 가까운 친척이라는 이야기는 언뜻 들은 적이 있었지만, 아버지가 돌아가시고 없기 때문에 어떻게 연락할 수가 없었다. 그분도 우리 아버지는 알고 계셨겠지만, 아들인 나를 알고 있을 리가 만무했기 때문에 한번 찾아가는 것도 쉽지 않았다.

동아대학교 교정 안은 붉은 단풍잎과 노란 은행잎으로 단장된 눈부신 가을 궁전 같았다. 온통 화려한 단풍으로 채색되어 가을의 절정을 맞고 있는 교정 곳곳에는 대학생 형들과 누나들이 삼삼오오 짝을 지어 앉아 노래를 부르기도 하고, 깔깔대며 웃기도 하고, 도란도란 이야기를 나누고 있기도 했다.

그 순간, 조그만 연못가에 색이 바랜 나무 벤치 위에 앉은 어느 대학생 형이 통기타의 줄을 아르페지오 기법으로 하나씩 튕기면서 김정호의 〈날이 갈수록〉을 부르는 게 아닌가?

가을잎 찬바람에 흩어져 날리면
캠퍼스 잔디 위에 또다시 황금물결
잊을 수 없는 얼~굴, 얼굴, 얼굴, 얼굴들
루루루루 꽃이지네
루루루루 가을이 가네

하늘엔 조각구름 무정한 세월이여
꽃잎이 떨어지니 젊음도 곧 가겠지
잡을 수 없는 시~절, 시절, 우리들의 시절
루루루루 세월이 가네
루루루루 젊음도 가네
루루루루 사랑도 가네

10.

아, 어머니!

며칠 전부터 어머니가 밤잠을 제대로 못 주무시고 자꾸만 아프다고 해서 나 혼자 막내 여동생을 데리고 간장 장사를 나갔다. 장사가 끝난 뒤에 골목시장에 잠시 들러 몇 가지 저녁 반찬거리를 샀다. 초겨울의 짧은 해는 벌써 서산으로 넘어갔고 구덕산 위에선 땅거미가 빠른 속도로 미끄러져 내려오고 있었다. 이집 저집에서 구수하게 밥 짓는 냄새가 솔솔 풍겨 나오고 반찬을 만드느라 도마질하는 소리도 탁탁탁 들려왔다. 온종일 주택가를 돌아다니며 간장을 배달하느라 몹시 시장기가 돌았으나 식구들과 함께 조금이라도 빨리 식사를 하고 싶은 생각에 쌀봉지를 한 손에 들고는 잰걸음으로 언덕길을 바쁘게 걸어 올랐다.

광성공고 바로 아래에 있는 우리 집에 거의 다다랐을 때였다. 아니, 이게 웬일인가? 동네 사람들이 우리 집 앞에 잔뜩 모여 서서 웅성거리고 있었다. 그리고 집 안에서는 날카로운 비명과 요란한 괴성이 마구 흘러나오고 있었다. 아연실색한 나는 집을 향해 허겁지겁 뛰어갔다. 우리 집 앞에 우루루 모여 있는 동네 사람들을 이리저리 밀치며 집안으로 들어갔다.

그런데 이게 무슨 해괴한 광경이란 말인가? 집 안은 그야말로 아수라장이었다. 불도 켜지 않은 어두운 방안에는 낮은 천장이며 벽지가 마구 찢어져 마치 바닷속의 해초처럼 너울거리고 있었고, 식구들이 덮고 자는 이불과 옷가지들도 갈기갈기 찢겨 넝마처럼 널려 있었다. 그리고 솥이며 냄비며 수저들도 어지럽게 여기저기 널브러져 있고, 아버지가 살아계실 때 만들어 놓았던, 낙타 그림이 그려져 있는 조그만 장롱도 서랍이 마구 부서진 채 옆으로 넘어져 있었다. 마치 쓰레기장처럼 모든 것이 엉망진창이 되어 버린 그 속에 어머니가 혼자 앉아 있는 게 아닌가? 머리는 산발을 하고 온몸엔 핏자국이 묻어 있는 섬뜩한 모습으로……. 나는 너무나 어이가 없었다.

"어머니! 어머니!"

혼비백산한 나는 황망한 표정을 지으며 어머니를 큰 소리로 급하게 불렀다. 그러나 이미 이성을 잃어버린 어머니는 내 음성을 알아듣지 못하고 있었다. 여기저기 살가죽이 찢기고 피가 뚝뚝 흐르는 어머니는 큰 소리로 괴성을 마구 사방팔방으로 지르며 광기가 번득이는 무서운 눈으로 주위 사람들을 쏘아보았다.

너무나도 뜻밖의 사태에 크게 놀란 나는 그만 그 자리에 얼어붙어 버렸다.

'이럴 수가! 어떻게 이런 일이 일어날 수 있나? 아버지도 안 계신데 어머니마저……'

바깥으로 급히 나온 나는 이웃집 아주머니에게 동생들이 어디 있는지 걱정스럽게 물었다.

"너희 엄마가 갑자기 까무러치고 나더니 저렇게 난리를 피워서 너희 동생들을 우리 집으로 옮겨 놓았다. 그런데 효준아! 주위에 급히 연락할 친척도 없니? 너희 엄마가 저렇게 되었으니 빨리 어른들에게 연락을 해서 정신병원에라도 넣어야지 저러다가는 큰일 나겠다."

"그래! 어디라도 어서 연락을 해봐라. 아까 이웃집 아저씨들 두세 명이 오셔서 너의 어머니를 진정시키려고 무진 애를 썼단다. 그런데 두 팔을 허공으로 휘휘 내저으며 길길이 날뛰는 바람에 힘센 남자들도 도저히 당해낼 수가 없었어."

이웃집 아주머니들의 말을 들은 나는 난감한 표정을 지을 수밖에 없었다. 고모 두 분은 모두 다 서울에 있고, 부산에 친척이 몇 분 있기는 하지만 모두들 경제적으로 어렵게 사는 가난한 처지들이었다. 그러니 돈을 들고 와서 선뜻 도와줄 분이 있을 리 만무했다.

낙심한 표정을 지으며 힘없이 우리 집으로 들어서는데 미쳐서 날뛰는 우리 어머니를 향해 재미있다는 듯 손가락질을 하면서 킥킥거리는 동네 아이들의 모습이 내 눈에 들어왔다. 그 순간, 갑자기 내 눈에 뜨거운 불길이 확 일었다. 나는 부엌으로 뛰어 들어가 구석에 세워져 있던 삽을 들고 나왔다.

"이 자식들! 어서 나가! 모두 다 죽여 버릴 거야!"

나는 미친놈처럼 삽을 허공으로 마구 휘두르며 절규했다. 그 바람에 동네 아이들이 뒤로 슬금슬금 물레걸음을 치더니 모두 다 흩어졌다.

나는 다시 방안으로 들어갔다.

"어머니! 어머니! 정신 좀 차리세요……. 어머니 큰아들 효준이가 왔습니다……."

나는 처참한 몰골이 되어 버린 어머니 옆에 앉아서 큰 소리로 울부짖었다. 그러나 어머니는 아들인 나도 알아보지 못했다.

어두운 방 한가운데에 잔뜩 웅크린 어머니는 짐승의 울음처럼 알 수 없는 이상한 신음소리를 계속 내고 있었다. 그러다가 갑자기 표독한 살쾡이 같은 입 모양을 만들더니 광기 어린 두 눈을 번득거리며 주위를 두리번거렸다.

그 순간 고개를 옆으로 돌리던 어머니의 눈과 내 눈이 서로 마주쳤다. 어머니의 눈을 바로 곁에서 마주 대한 나는 숨이 턱 막히고 심장이 꽁꽁 얼어붙는 것 같았다. 그것은 인간의 눈이 아니었다. 어둠 속에서도 파란 섬광이 피어오르는 그 눈은 마치 맹수의 눈 같았다.

그때 어머니가 갑자기 두 손을 들더니 손톱으로 벽을 북북 긁어대면서 살쾡이 소리를 내는 거였다. 나는 대경실색할 수밖에 없었다.

"아, 제발! 어머니!"

세상에 태어나서 그렇게 공포스러운 광경은 처음 보았다. 그러나 나는 그날 밤에 알 수 없는 광기에 휩싸여 맹수처럼 울부짖는 어머니 곁에 밤새도록 앉아 있어야 했다. 전기선이 끊어져 전깃불도 들어오지 않는 캄캄한 방안에서 어머니의 괴성을 들으며 보내야 했던 밤은 참으로 끔찍하고 너무도 절망스러웠다.

악몽과 같은 긴 밤이 지나고 동녘 하늘이 서서히 밝아오는 새벽 다섯 시쯤이 되자 어머니도 지쳤는지 방바닥에 아무렇게나 쓰러져 잠이 들었다. 어머니 곁에서 밤을 꼬박 지새운 나는 밖으로 나와 교회 장로님을 급히 찾아갔다. 그리고 그날 오후 교회 사람들의 도움으로 병든 어머니를 동래에 있는 정신병원에 간신히 입원시킬 수 있었다.

가엾은 어머니를 감옥처럼 쇠창살이 굵게 쳐져 있는 정신병원에 입원시킨 나는 밤이 이슥해서야 집으로 돌아왔다. 파김치가 된 몸으로 방 안에 들어서니 동생들이 저녁도 굶은 채 모두 잠들어 있었다. 모두들 울다가 잠이 들었는지 얼굴에는 눈물 자국이 그대로 말라붙어 있었고, 막내 여동생은 눈물과 콧물로 얼굴이 온통 뒤범벅되어 있었다.

목소리가 유달리 큰 막내 여동생은 얼마나 큰 소리로 울었는지 목이 다 쉬어서 '쌕! 쌕!' 하는 쇳소리를 내고 있었다. 옆으로 돌려 눕혀서 기저귀에 손을 넣어 보니 온종일 갈아주지도 않았는지 엷은 기저귀가 오줌으로 흠뻑 젖어서 여린 피부가 벌겋게 짓물러 있었다. 젖은 기저귀를 새 헝겊으로 갈아준 나는 어지럽게 뒹굴고 있는 집안 살림들을 하나씩 정리했다.

집 안을 모두 치우고 나서 아침에 동생들 먹일 쌀을 깨끗이 씻어서 솥에 넣어두고 나니 자정이 거의 가까웠다. 가슴속이 마치 무거운 납으로 가득 찬 것처럼 갑갑하기만 했다. 나는 살그머니 밖으로 나와 광성공고 뒤쪽의 풀밭으로 천천히 올라갔다.

아무도 없는 풀밭에 털썩 주저앉은 나는 깊은 바닷속에서 올라온 해녀들이 급하게 내쉬는 숨비소리처럼 기나긴 한숨을 연이어 내리 쉬었다. 3년 전에 아버지가 돌아가실 때 우리 집으로 몰려들던 그 먹장구름들이 또다시 새까맣게 몰려오는 것 같은 느낌이었다.

'서른다섯이란 젊은 나이에 병원비가 없어서 사랑하는 남편을 병원 한번 못 데려가 보고 홀몸이 되어야 했던 어머니. 남편 없이 어린 자식들과 함께 헤쳐 나가야 하는 인생살이가 얼마나 고달프고 한이 맺혔으면 저런 몹쓸병에 걸려서 가슴이 터질 듯한 고통을 당해야 한단 말인가?'

어머니는 아버지가 돌아가시고 난 후 혼자 겪어야 했던 수많은 고통들을 오로지 신앙의 힘으로 극복하고 있었다. 어머니는 예전의 아버지가 그랬던 것처럼 언제나 나보다 훨씬 더 일찍 일어났다. 장사를 하러 가기 위해 새벽에 눈을 떠 보면 어머니는 언제나 내 머리맡에 앉아서 기도와 성경낭독으로 하루를 시작하고 있었다. 기도와 성경낭독은 밤에 주무시기 전에도 항상 빼놓지 않고 계속되었고, 슬프고 괴로운 일이 생길 때는 낮은 목소리로 찬송가를 읊조리며 마음을 가다듬곤 했다.

나는 어머니의 그런 모습들을 지켜보면서 마음속으로 수없이 결심했었다. 열심히 일해서 아버지 몫만큼 어머니를 편안하게 모시겠노라고……. 그런데 어머니마저 뜻하지 않게 저렇게 되어버렸으니, 나는 너무나 큰 절망감에 사로잡혀 밤마다 온몸을 부르르르 떨어야 했다.

그해 겨울은 너무나 춥고 쓸쓸했다. 아버지가 안 계셔서 무척이나 허전한 겨울이었는데 어머니마저 병원에 입원해 버렸으니, 나와 동생들에게는 더욱 괴롭고 슬픈 겨울이 될 수밖에 없었다. 그러나 이 모진 겨울을 어떻게 해서든 살아남아야 내년 봄에 그리운 어머니를 다시 만날 수 있지 않겠는가?

이제 어머니 병원비까지 지출을 하게 되었으니 그나마 모진 겨울을 살아남으려면 생활비를 더욱더 절약하는 수밖에 없었다. 벌이는 신통

찮은데 생활비를 절약하려니 가장 손쉬운 것이 먹는 것을 줄이는 것 말고는 다른 방법이 없었다.

나는 매일 간장 장사를 끝내고 올라오면서 사먹던 됫박 쌀 대신에 이제는 돈이 더 적게 드는 밀가루로 식사를 해결하기로 했다. 그래서 동네 가게에 가서 누런 3등급 밀가루를 한 푸대 사놓고는 하루 세 끼 식사를 온통 밀가루로 때우기 시작했다. 아침에는 수제비, 점심에는 칼국수, 저녁에는 빵……. 이런 식으로 하루 끼니를 해결했고, 연탄 살 돈이 없을 때는 두꺼운 옷을 몇 개씩 껴입은 뒤 차가운 바닥 위에 담요 랑 이불을 여러 겹 덮고 자기도 했다.

새벽에 일찍 간장을 배달하러 나갈 때는 부엌에 혼자 앉아 엊저녁에 먹다 남은 딱딱한 밀가루 빵을 씹다가 눈물이 앞을 가려 설움에 목이 멜 때가 한두 번이 아니었다. 그러나 그럴수록 나는 마음을 더욱 독하 게 다져 먹었다.

그렇게 밀가루로 끼니를 어렵게 이어간 지 두어 달이 다 되어가던 어느 날 저녁. 그날도 나는 어김없이 빈 간장통을 들고는 파김치가 되 어 집으로 터벅터벅 올라갔다. 집으로 들어서자마자 연탄불 위에 냄비 를 얹고 수제비를 만들기 시작했다. 멸치국물에 아무렇게나 떼어 넣은 수제비를 그릇에 퍼서 방 안으로 막 들여놓는데, 첫째 남동생이 하얀 쌀밥 한 그릇과 새빨간 김장김치를 씩 웃으면서 내놓는 게 아닌가? 뜻 밖의 쌀밥에 두 눈이 휘둥그레진 나는 동생에게 물었다.

"아니? 도대체 이게 웬 쌀밥이냐?"

동생은 내가 묻는 말에 짐짓 딴전을 피우며 의기양양한 표정을 지어 보였다.

"우리 착하지? 쌀밥이 무지 먹고 싶었지만, 큰형 올 때까지 안 먹고 지금까지 기다린 거야."

나는 딴전을 피우는 동생에게 재차 물었다.

"아니? 이게 도대체 어디서 난 거야?"

"응. 저 아랫동네 아줌마가 쌀밥을 주길래 얻어왔어. 큰형 이리와! 어서 같이 먹자!"

"뭐? 얻어왔다고? 우리가 거렁뱅이야? 밥을 얻어먹게?"

성이 난 나는 동생을 향해 고함을 벌컥 질렀다.

"형! 왜 그래? 내가 뭘 훔쳤어? 그 사람들이 다 먹고 남아서 내버리는 걸 조금 얻어왔는데, 그게 무슨 잘못이야?"

"뭐라고? 이 자식이…… 우리가 왜 남이 내버리는 걸 얻어먹니? 이거 빨리 치워! 어서!"

동생이 아랫동네에 가서 거지노릇을 했다는 사실에 큰 충격을 받은 나는 밥그릇을 부엌으로 냅다 집어 던졌다. 동생은 금방 울상이 됐다.

"큰형! 나도 쌀밥 먹고 싶어! 하루 종일 밀가루만 먹으니까 입에서 풀냄새가 폴폴 나서 못살겠어."

"맞아! 오빠! 나도 쌀밥 먹고 싶어 죽을 뻔했어. 오빠! 우리도 쌀밥 먹으면 안 돼?"

그러자 바로 곁에 앉아 있던 둘째 남동생이 갑자기 벌떡 일어서더니 울먹울먹하는 소리로 항의를 한다.

"그 아줌마가 쌀밥 먹고 싶으면 내일 또 와도 된다고 했단 말이야!"

그 말을 듣는 순간 내 눈에서는 뜨거운 눈물이 왈칵 솟구쳤다.

"오빠! 나는 내일 생선도 먹고 싶다!"

내 무릎에 앉아 있던 막내 여동생이 내 얼굴을 빤히 올려다보며 천진스런 표정으로 애교를 떨었다.

"그, 그래! 오빠가 내일 생선도 사다 줄게!"

나는 그날 밤 부엌에 혼자 나가 돌아가신 아버지 사진을 꺼내 놓고 꺼이꺼이 목 놓아 울었다.

다음날 아침, 나는 평상시보다 더 일찍 서둘러 장사를 나갔다. 동생들이 그토록 먹고 싶어 하는 하얀 쌀과 김장김치, 그리고 생선을 사기 위해서는 더 열심히 일해야 했다. 그런데 그날따라 간장 대리점 문이 굳게 잠겨 있는 게 아닌가? 어리둥절해진 나는 대리점 사장님을 이리저리 수소문해 자초지종을 알아보았다. 그랬더니 본사 공장에서 데모가 일어나 며칠 동안은 간장이 생산되지 않는다는 것이다.

동생들에게 하얀 쌀밥과 맛있는 반찬을 만들어 주겠다는 약속을 지킬 수 없게 된 나는 커다란 실망에 빠졌다. 맥이 풀려 이런 저런 궁리를 하던 나는 오후에 동네에 있는 막걸리 공장으로 향했다. 퀴퀴한 막걸리 냄새가 진동하는 공장 안으로 들어간 나는 재강을 한 깡통 가득히 샀다. 재강은 막걸리를 만들고 남은 술찌꺼기였는데 돈만 주면 언제든지 필요한 만큼 살 수 있었다.

저녁밥 지을 시간에 집으로 돌아온 나는 비지처럼 허옇게 생긴 술찌꺼기를 솥에 넣었다. 그리고 물을 제법 낙낙하게 붓고는 따끈하게 데우기 시작했다.

"큰형! 이게 뭐야?"

"응…… 이거 굉장히 맛있는 거야. 조금 있다가 따뜻해지면 줄 테니, 함께 먹자."

차마 밀가루로 만든 음식을 먹일 수 없었기에 재강을 저녁식사로 준비한 것이다. 그러자 시장기 어린 동생들은 지금 솥 안에 있는 것이 쌀밥보다 더 맛있는 음식이라는 내 말에 모두들 한 손에 숟가락을 들고는 좁은 부엌으로 우루루 몰려나와 입맛을 쩝쩝 다셨다.

잠시 후. 술찌꺼기는 보글보글 소리를 내며 맛있게 끓었고, 솥 안에서는 달콤한 술 냄새가 솔솔 풍겨나왔다. 나는 솥을 들고 방안으로 들어가 따끈하게 데워진 술찌꺼기를 각자 그릇에 퍼주고는 함께 먹기 시작했다.

"야! 맛있겠다! 같이 먹자."

염소새끼처럼 풀냄새가 풀풀 나는 밀가루 음식을 매일 먹던 입 속에 달착지근한 술찌꺼기가 솔솔 들어가자 모두들 탄성을 내질렀다. 우리들은 마치 꿀단지를 차고 앉은 흥부네 아이들처럼 따끈하게 데워진 술찌꺼기를 허겁지겁 먹어댔다. 그러자 커다란 양은솥은 금세 바닥을 드러냈다. 배가 불러서 잘 일어나지도 못할 정도로 실컷 먹은 우리들은 밥상을 치울 생각도 안 하고 그 자리에 편안하게 누워버렸다.

"야! 맛이 쥑인다!"

"그래! 정말로 쥑인다!"

"오빠! 우리 내일 또 먹자."

"그래! 내일 또 해줄게!"

배가 포만감을 느끼는 데다 짜릿한 알코올 기운까지 몸속으로 들어오니 세상이 다 우리 것만 같았다. 우리 4남매는 술기운으로 시뻘겋게 달아오른 서로의 얼굴을 바라보며 히죽히죽 웃기 시작했다.

둘째 녀석이 벽을 짚고 일어서서 요강에다 오줌을 누는데, 자꾸만 비틀거려 오줌이 옆으로 마구 튀었다. 그래도 그 녀석은 뭐가 좋은지 자꾸만 웃음을 실실 터뜨렸다. 나는 그런 동생의 모습을 보면서 기분이 좋아 계속 웃음이 나왔다. 갑자기 내 몸이 하늘로 둥실둥실 떠오르는 것 같았다. 마치 푹신한 뭉게구름 위에 뜬 것처럼. 입에서는 더 큰 웃음이 계속 터져 나왔다.

그날 밤 나는 꿈을 꾸었다. 그리고 그 꿈속에서 아버지와 어머니를 함께 만났다. 마당이 넓은 집에는 꽃밭과 연못이 있었고, 우리는 넓은 평상 위에 둘러앉아 맛있는 음식을 함께 먹었다. 오랜만에 온 식구가 함께 모여 식사를 하게 되자 아버지와 어머니의 얼굴에 함박웃음이 피어났고, 장난을 치는 동생들의 얼굴에도 웃음꽃이 연신 피어났다.

동래 정신병원에서 입원했던 어머니는 예상보다 일찍 우리들 곁으로 돌아왔다. 원래는 6개월 정도 입원하는 것으로 알고 있었으나 3개월 만인 이듬해(1975년) 1월 중순에 퇴원했다.

집으로 돌아온 어머니는 살이 많이 빠지고 기력도 무척 떨어진 초췌한 모습이었다. 말수도 예전보다 훨씬 적어지고 우울하게 혼자 앉아 있는 모습이 많아졌다. 여러 번의 전기충격 치료를 받고 수면제를 매일 복용하느라 얼굴이 핼쑥하고 병색도 완연했다. 어머니는 나를 처음 보자마자 울음부터 터뜨렸다.

나는 어머니의 그런 모습을 보면서 너무나 비통했다. 아버지 대신에 어머니를 잘 지켜야 했는데, 그렇게 하지 못한 내가 참으로 죄스러웠다. 나는 불효자였다.

병원을 퇴원한 후에 어머니의 건강은 조금씩 좋아졌고, 한 달 정도 지나자 나와 함께 예전처럼 간장 장사를 하러 다닐 정도로 많이 회복되었다. 그러자 동생들도 마치 아무 일이 없었던 것처럼 예전의 일상으로 되돌아갔다. 2월 초에는 장사도 잘 되고 무척 바빴다. 설이 얼마 남지 않아서 집집마다 간장을 쓸 일이 많았던 것이다. 그래서 어머니와 나는 대신동 일대의 골목길을 헤아릴 수도 없이 많이 오르내리며 간장 리어카를 부지런히 끌고 다녔다.

오랜만에 바쁜 간장 장사가 끝나고 한가한 설 연휴가 되자 나는 책 몇 권을 들고 동네 독서실로 향했다. 그동안 밀렸던 공부를 새로운 마음으로 다시 시작하려는 심사였다. 독서실은 아주 한가했다. 명절 기간이라서 공부하러 온 학생들이 거의 없었기 때문이다.

볕이 잘 드는 밝은 창가에 앉아 오랜만에 책을 펴들었다. 막상 책을 펴들고 보니 걱정되는 게 하나둘이 아니었다. 여름에 있을 대입검정고시에 다시 응시하려면 벌써 고등학교 1, 2학년 과정은 끝냈어야 했다. 그리고 지금쯤은 고등학교 3학년 과정도 거의 끝내가고 있어야 하는데, 나는 아직도 고등학교 2학년 책을 붙들고는 끙끙대고 있었다. 국어와 영어를 포함한 다른 과목들은 그런 대로 독학이 가능했으나 수학만은 별개였다. 누구의 지도도 받지 않고 오로지 혼자의 힘만으로 공부한다는 것은 참으로 어려운 일이었다.

독학하면서 가장 힘들었던 것은 무엇보다도 내 실력을 가늠할 수가 없다는 것이다. 학교나 학원에서 친구들과 함께 공부를 한다면 자신의 실력이 반에서 몇 등쯤 되는지, 또 자신의 성적이 평균 몇 점인지를 쉽게 알 수 있다. 하지만 나는 혼자서 공부하고 있었기 때문에 실력이나 성적은 말할 것도 없고, 도대체 지금 내가 하고 있는 공부방식이 옳은 것인지조차 구별할 수 없었다. 참으로 갑갑하고 막막했다.

이런 고민을 가슴속에 안고 독학을 계속 하려니까 자꾸만 화가 나고 속이 터질 것만 같았다. 이 문제로 고민을 거듭하던 나는 결국 가출을 하기로 결심했다. 대입검정고시를 준비하기 위해 야간에 학원을 다니겠다고 말씀을 드리면 어머니는 펄쩍 뛰면서 반대할 게 뻔했고, 그렇다고 공부를 향한 내 열망을 마음속에서 그냥 지워 버릴 수는 없었다. 나는 하고 싶은 공부를 못 하면서 이렇게 세월만 보내는 것보다는 가족들과 잠시 이별하더라도 공부를 한번 원 없이 해보고 싶었다. 이런 생각으로 차일피일 어머니 눈치만 보던 나는 새 학기가 시작되는 3월 초에 가출을 감행했다.

어머니에게 편지 한 장을 달랑 써놓고 집을 나온 내가 가장 먼저 찾아간 곳은 바로 검정고시 학원이었다. 당시 부산의 새로운 중심지로 떠오르고 있던 서면 로터리 옆에 고려학원이 있었는데, 검정고시 전문학원으로 유명한 곳이었다. 전포동에 있는 고려학원 교무실로 들어간 나는 입학문제로 상의를 드리고 싶다며 다짜고짜 원장님 상담을 요청했다. 그때 마침 원장님이 있어서 나는 교무실 안쪽에 있는 조용한 원장실로 들어가게 되었다. 나이는 30대 초반 정도 되었을까? 대단히 정열적인 인상을 풍기는 박재규 원장은 나를 의자에 앉게 했다. 떨리는 심정으로 그 분 앞에 마주앉은 나는 마음속에 깊이 묻어 두었던 이야기들을 하나씩 풀어놓기 시작했다.

"여름에 꼭 합격하기 위해서 야간반 수업이라도 듣고 싶은데 지금은 수업료로 낼 돈이 한 푼도 없습니다. 그래서 낮에 학원에서 시키는 일이라면 무엇이라도 할 테니 제발 야간반에서 공부만 할 수 있도록 배려해 주십시오."

대강 이런 내용들이었는데 마지막 부분을 힘주어 이야기할 때엔 내 목소리가 몹시 떨리고 있었다. 내 이야기를 들은 원장선생님은 어이가 없다는 표정이었다.

"허허! 맹랑한 녀석이군."

원장선생님은 헛웃음을 한번 짓더니 나를 가만히 응시했다. 무언가를 한참 생각하던 원장선생님은 문을 열더니 교무실에 앉아 계시는 선생님 한 분을 들어오라고 했다. 머리가 곱슬곱슬하고 몸집이 제법 뚱뚱한 선생님이 들어오셨는데, 일반사회 과목을 담당하시는 분이란다.

"문 선생님! 이 녀석을 오늘부터 학원급사로 근무하게 하세요. 그리고 야간반에서는 수업도 듣도록 배려해 주시고요."

나는 그 자리에서 벌떡 일어나 허리를 90도로 크게 굽혔다.

"원장선생님! 감사합니다! 정말 감사합니다! 이 은혜는 절대로 안 잊겠습니다!"

이렇게 해서 나는 박재규 원장님의 따뜻한 배려로 다음날부터 서면의 고려학원에서 낮에는 급사로 일하고 야간에는 대입검정고시 교실에서 공부할 수 있게 되었다.

다음날 아침에 일어나니 눈코 뜰 새 없이 바쁜 일들이 나를 기다리고 있었다. 가장 먼저 내가 해야 할 일은 학원 청소였다. 원장실, 교무실, 서무실을 깨끗이 청소하고 나면 각 교실을 일일이 청소해야 했다. 교실에 들어가서 흑판을 지우고, 먼지를 털어내고, 바닥에 널브러져 있는 쓰레기들을 치우고 나면 각 층에 있는 화장실 청소가 나를 기다리고 있었다. 냄새나는 화장실 청소가 모두 끝나면 곧장 학원 2층에 붙어 있는 탁구장을 청소하기 시작했다. 탁구장은 원장 사모님이 운영하고 있었다. 그래서 학원 청소를 하면서 같은 건물 내에 있는 탁구장을 함께 청소해야 했다.

선생님들이 한 분 두 분 출근하고 오전 수업이 시작되면 나는 더욱 바빠지기 시작했다. 각 과목 선생님들의 간단한 담배 심부름, 커피 심부름은 물론이고 경필로 긁은 시험지 원본을 등사기로 밀고, 교실에서 갖고 온 시험지를 채점하고, 쉬는 시간마다 각 교실을 다니면서 흑판도 지우고, 분필도 갖다 주고, 물주전자도 나르고……. 교무실로, 교실로, 탁구장으로 정신없이 뛰다보면 어느새 하루 해가 지고 야간반 수업이 시작된다. 그러나 야간반 수업도 마음 놓고 편안히 들을 처지가 되지는 못했다. 나는 수업받는 도중에도 툭하면 선생님들의 부름을 받아야 했다. 야간에는 저녁식사를 거르고 학원에 나오는 선생님들이 많았기 때문에 담배 심부름과 커피 심부름 외에 식사 심부름까지 가야 했다.

학원은 학교보다 분위기가 자유분방하기 때문에 술 담배는 물론이고 싸움까지 하는 거친 아이들이 여러 명 있었다. 특히 야간반에는 학생들이 술까지 마시고 수업에 들어와서 교실을 시끄럽게 하는 일도 자주 일어났다. 그런 불상사가 일어나면 가장 먼저 달려가야 하는 것이 바로 나였다. 싸움은 대개 간단한 말다툼이나 서로 으름장을 놓는 것으로 끝났지만, 이따금 주먹이 오가고 발이 허공으로 날아가는 큰 싸움으로 번질 때도 있었다. 그렇게 되면 조용하던 교실이 박 터지고 코피 흐르는 싸움터로 변했고, 그 와중에 나도 그 아이들과 함께 난타전을 벌여야 할 때가 있었다. 그런 날이면 어김없이 파출소로 함께 끌려가 순경 아저씨들에게 자초지종을 설명하고 진술서를 써야만 했다.

자갈치시장 뒷골목처럼 시끄럽고 복잡한 하루가 지나고 나면 잠을 자기 위해 기숙사로 향했다. 당시 고려학원에는 고입검정고시와 대입 검정고시를 준비하기 위해 부산 인근에 있는 마산, 진해, 고성은 물론이고 해남, 목포, 순천 등지에서 온 학생들도 많았다. 그래서 학원에서는 그러한 지방 학생들을 위해 기숙사를 하나 운영하고 있었는데,

말이 좋아 기숙사지 사실은 교실 옆에 붙어 있는 창고에 만들어 놓은 조그만 다락방에 불과했다. 나는 그 다락방 기숙사의 규율을 책임지는 사감 역할까지 해야 했기 때문에 사실상 밤잠도 편하게 잘 수가 없었다.

지방에서 올라와 외로움을 많이 타는 다락방 아이들은 조그만 일에도 쉽게 상처를 입어, 걸핏하면 술을 많이 마시고 들어오거나 큰 싸움을 벌이는 일이 종종 있었다. 그리고 어떤 아이들은 아예 외박을 하기도 했다. 이런 형편이다 보니 나 역시 야간반 수업에 참석하는 시간이 들쭉날쭉했고, 예습이나 복습할 시간도 부족해서 학원 진도를 따라가기가 점점 더 힘들어졌다. 학원생활이 이처럼 애초에 의도했던 바와 조금씩 다르게 진행되어 가자 나는 마음속으로 회의가 들기 시작했다.

시나브로 떡심이 풀려가는 바로 그때 나에게 또다시 용기를 불어넣어 주신 분을 만나게 되었다. 그분은 4월 중순에 다락방 기숙사에 들어온 어느 아저씨였다. 그 아저씨는 고입검정고시에 응시하기 위해 시골에서 올라온 아저씨였는데 하반신을 쓸 수 없는 불구자였다. 그 아저씨는 어려서 소아마비를 심하게 앓아 두 다리가 완전히 오그라든 중증 장애인이었는데, 다락방 안에서 몸을 움직일 때는 거의 기다시피해야 했고, 교실에서도 늘 휠체어에 앉아서 공부를 했고, 계단을 오르내리거나 화장실을 갈 때는 우리들이 업어주지 않으면 안 되는 그런 분이었다. 하반신은 물론이고 한쪽 손도 잘 못쓰고 말도 어눌하게 구사하는 장애인이, 그것도 마흔이 훨씬 넘은 아저씨가 작년에 국민학교 졸업자격증인 중입검정고시에 합격했고, 이번에 또다시 고입검정고시에 응시하기 위해 다락방 기숙사에 들어왔다는 사실이 나에게는 너무도 충격이었고 경이였다.

'나 같으면 저런 몸으로, 저 나이에, 저만한 용기를 낼 수 있을까?'

그 아저씨의 용기에 몹시 감명을 받는 나는 그때부터 학원 급사생활을 하는 틈틈이 그분의 개인 수발을 들어주는 일을 자청해서 하기 시작했다. 물론 나 자신도 여러 모로 어렵고 힘든 일들이 많았지만 이처럼 열심히 살려고 하는 분은 내가 꼭 도와드려야 한다는 생각이 강하게 들었기 때문이다.

고려학원에서 생활하는 동안 고된 일들만 있었던 것은 아니다. 재미있고 가슴 뭉클한 일들도 많이 있었다. 고려학원 원장이신 박재규 선생님은 유능한 학원 경영인이었을 뿐 아니라 아주 의욕적인 사회사업가였다. 경남 진해의 시골에서 태어나 고학으로 동아대학교를 어렵게 졸업하신 원장선생님은 불우한 환경에 처해 있는 수많은 학생들에게 배움의 길을 열어 주겠다는 일념으로 검정고시 학원을 설립했다. 그러다 보니 조금이라도 더 많은 학생들에게 검정고시를 알리기 위해 부산시내에 있는 여러 공장들과 자매결연을 맺어 야학을 설립하도록 도와주었다. 그래서 월 1, 2회 정도는 자매결연을 맺은 공장을 방문해서 직접 강의를 하기도 하고 야학에서 열심히 공부하는 근로자들과 함께 스포츠 경기를 벌이기도 했다. 그런 날이면 나도 그곳으로 가서 원장선생님의 강의를 듣고 내 또래의 근로자들과 함께 어울려 배구나 축구를 하기도 했다.

이렇게 해서 나는 그곳의 야학생들과 서로 알게 되었고 그 중에서 쉽게 친해진 몇몇 학생들은 주말에 공부도 할 겸 나도 볼 겸 학원으로 놀러 오기도 했다. 그때가 되면 나는 학원으로 찾아온 야학생들과 함께 어울려 빈 교실에서 공부도 하고, 2층에 있는 탁구장에서 탁구를 치기도 하고, 옥상에 올라가 서로의 삶에 대한 많은 이야기를 나누기도 했다. 이따금 그곳에서 즉석 오락회가 열리기도 했는데, 우리는 노래도 부르고 춤도 추고 장기자랑도 하면서 즐거운 시간을 함께 보냈다. 모두들 현재는 고달픈 생활을 하고 있고, 미래의 삶은 불안하지만 끝까지 희망을 잃지 말고 열심히 노력하자며 서로를 격려했다.

어느새 봄이 지나고 초여름이 되었다. 그날 나는 원장선생님의 심부름 때문에 광복동으로 나가게 되었다. 무려 4개월 만에 광복동으로 나가게 된 나는 기분이 몹시 좋았다. 날씨도 맑은 데다 시간도 넉넉해서 심부름을 빨리 끝낸 나는 오랜만에 거리 구경을 시작했다. 광복동에서 남포동으로 이어지는 패션 골목으로 들어선 나는 쇼윈도 안에 진열되어 있는 각양각색의 옷, 모자, 구두, 액세서리 등을 구경하며 천천히 걷고 있었다. 그동안 학원 부근에서만 다람쥐 쳇바퀴 돌듯이 지내다가 오랜만에 낯익은 시내 중심가를 걷게 되니 새로운 느낌이었다.

그런데, 이게 웬일인가? 나는 바로 코앞에서 어머니와 정면으로 맞닥뜨린 것이다.

"효, 효준아!"

"아! 어머니!"

어머니와 두세 걸음을 앞에 두고 마주치게 된 나는 너무나 당황스러웠다. 그 순간 나는 어서 도망가야겠다는 생각이 퍼뜩 들었다. 나는 몸을 뒤돌려서 앞으로 뛰기 시작했다.

"도, 도둑놈! 잡아라!"

갑자기 내 등 뒤에서 도둑놈을 잡으라는 어머니의 다급한 목소리가 들려왔다.

'도둑이라고? 아니, 내가? 왜?'

그러자 내 주위에 있던 건장한 아저씨들이 내 앞길을 재빨리 가로막았다. 그리고 길을 걷던 군인과 학생들이 내 주위에 우루루 몰려들었다. 폭이 3m도 채 안 되는 좁은 골목에서 수십 명의 행인들이 나를 가로막아 나는 더 이상 앞으로 달려 나갈 수가 없게 되었다. 이 모든 것이 순식간에 일어난 일이었다.

"아저씨! 그 도둑놈 좀 잡아주세요! 놓치지 말고 꼭 잡아주세요!"

어머니가 어느새 내 곁으로 달려왔다. 자기 친아들을 도둑놈이라고 부르며 달려오는 어머니를 본 나는 참으로 어이가 없었다.

"어머니!"

내가 성난 표정으로 어머니라고 부르자 내 곁에 몰려 있던 아저씨와 군인들이 모두 의아한 표정으로 어머니와 나를 번갈아 바라보았다.

"아이고! 고맙습니다! 사실은 이놈이 집을 나간 제 아들입니다. 이렇게 만나게 해줘서 정말 감사합니다."

"어머니! 도둑놈이 뭡니까? 도둑놈이…….

"야 이놈아! 네가 이 어미를 보고 도망을 치니까 그러지!"

"어머니! 아무리 그래도 자기 아들 보고 도둑놈이 뭡니까?"

"이놈이, 그래도 정신을 못 차렸구나! 편지 한 장 달랑 써놓고 집을 나간 놈이 뭘 잘했다고 큰소리야? 네놈은 입이 열 개라도 할 말이 없어."

그날 나는 결국 어머니 손에 이끌려 집으로 돌아왔고, 이렇게 해서 나의 첫 번째 가출은 허무하게 막을 내렸다.

공룡처럼 거대한 서울

그로부터 몇 달 뒤, 나는 다시 서울행 기차에 몸을 실었다. 부산에서 서울까지 쉬지 않고 열두 시간을 밤새워 꼬박 달려온 기차는 다음날 새벽 용산역에 나를 내려놓았다. 나는 낯설고 어두컴컴한 용산역 광장 구석에 쪼그리고 앉아 어서 날이 밝기만을 기다렸다. 그리고는 사람들이 출근을 시작하는 아침 무렵에 명동으로 나갔다. 이왕 돈을 벌려고 서울에 올라왔으니, 서울에서 가장 번화가라는 명동에 가서 앞으로 내가 돈을 벌 방도를 찾아보고 싶었던 것이다.

그날 나는 수많은 차량과 인파가 지나가는 명동 거리를 온종일 서성거리며 '도대체 뭘 해야 돈을 벌 수 있을까?' 골똘히 생각했다. 그러나 저녁이 될 때까지 명동거리를 발바닥이 부르트도록 헤매고 다녔지만, 아무런 준비도 없이 무작정 올라온 나로서는 그저 구름 속을 헤매는 것처럼 막연하기만 했다.

그날 밤 나는 지친 모습으로 다시 용산역으로 되돌아왔다. 잠잘 곳이 없었던 터라 용산역 구내에 쪼그리고 앉아 새우잠이라도 자려는 생각이었다. 땅거미가 이미 지고 어둠이 깊숙이 내린 용산역 광장 한쪽 귀퉁이에 쪼그리고 앉아 이런저런 시름에 잠겨 있는데, 누가 내 어깨를 툭 치는 게 아닌가? 고개를 들어 앞을 보니 신사복을 말끔하게 차려 입은 중년의 아저씨가 내 앞에 서 있었다.

"넌, 집이 어딘데 여기서 이러고 있나?"

"부, 부산에서 왔습니다……."

"저녁은 먹었니?"

"아, 아뇨. 안 먹었습니다."

"그럼 이리 와라! 아저씨가 밥 사줄게."

"전……, 괜찮습니다."

"허허! 녀석. 난 나쁜 사람이 아니야. 아들 같은 녀석이 힘없이 앉아 있는 걸 보니 내 마음이 안돼서 그러는 거야. 자, 일어서. 저기 있는 식당에 가서 밥이나 같이 먹자. 잠잘 곳도 없는 것 같은데, 아저씨가 잠도 재워 줄게."

나는 처음 보는 아저씨라 조금 미심쩍기는 했으나, 인상도 좋아 보이고 말씀도 따뜻하게 하는 바람에 자리에서 천천히 일어났다. 50대 초반 정도 되어 보이는 그 아저씨가 나를 데리고 간 곳은 용산역 바로 앞에 있는 어느 허름한 식당이었다.

차비 천원만 호주머니 속에 달랑 넣고 올라온 나는 그날 점심을 먹고 나니 수중에 돈이 다 떨어지고 없었다. 그래서 저녁을 쫄쫄 굶고 있던 차에 그 아저씨가 사주는 순대국밥은 꿀맛 같았다. 나는 쩝쩝 소리를 내가며 순식간에 다 먹어 치웠다.

"너, 많이 배고팠구나?"

"네, 조금……."

"괜찮아, 많이 먹어. 한창 먹을 나이에 얼마나 배가 고팠겠니?"

저녁식사가 다 끝나자 그 아저씨는 오늘 하룻밤 편안하게 잠잘 곳을 마련해 주겠다며 식당 뒷골목으로 나를 데리고 들어갔다. 비좁은 뒷골목으로 들어가니 짙은 화장에 옷을 야하게 입은 젊은 여자들이 길게 늘어서 있었다. 그 여자들은 지나가는 사람들을 바라보며 껌을 짝짝 씹기도 하고 휘파람을 불기도 했는데, 나와 함께 걸어가는 아저씨를 잘 아는 듯했다.

"오늘 한 건 올리셨어요?"

두 사람의 객쩍은 대화에 왠지 기분이 찜찜하기만 했다. 나는 주위를 두리번거리며 아저씨 뒤를 주춤주춤 따라갔다. 뒷골목 안쪽의 어느 허름한 집으로 들어간 그 아저씨는 구석진 골방으로 나를 안내했다.

"빨아놓으라고 할 테니 내일 입도록 해라."

내가 싫다고 했지만 그 아저씨는 내 옷을 억지로 벗겨 팬티와 런닝 차림으로 만들더니 겉옷을 깨끗이 빨아준다며 밖으로 갖고 나갔다. 전 등불을 끄고 이불 속에 누웠으나 마음이 심란해서 잠이 오지 않고 눈 만 말똥말똥 거렸다. 얼마나 시간이 흘렀을까? 옆방에서 어른들이 낮 은 음성으로 두런두런 거리는 소리가 들려왔다.

"그 녀석은 어떻게 할 거예요? 직접 가르칠 거예요?"

"귀찮게 뭐 하러 직접 해. 쌍날한테 이야기하면 되지. 아무리 어벙한 놈들도 쌍날한테만 맡기면 일류 쓰리꾼이 된다고."

"근데 방문은 잠갔어요?"

"문만 잠근 줄 아나? 옷을 다 벗겨 놓았는데 제까짓 놈이 팬티 차림 으로 어디로 도망을 가겠어."

두 사람의 대화를 엿들은 나는 온몸에 소름이 파랗게 돋아 올랐다. 낯모르는 아저씨를 따라 여기까지 들어온 경솔한 나의 행동에 후회가 막심했다. 그러나 이대로 가만히 있을 수는 없는 노릇이었다. 여기가 소매치기 소굴이라는 사실을 안 이상 한시 바삐 이곳을 탈출해야만 했 다. 살그머니 몸을 옆으로 굴려 두 발로 문을 슬쩍 밀어 보니, 밖에서 단단히 잠겨 있었다. 나는 짙은 어둠 속에서 숨소리도 크게 내지 못한 채 두 눈을 이러저리 천천히 굴렸다. 그때 오른쪽에 나 있는 조그만 창 문이 눈에 들어왔다.

'그래! 저 창문으로 탈출하자. 그런데, 저 창문마저 잠겨 있으면 어 떡하지?'

몸을 다시 옆으로 굴려 창문 쪽으로 살며시 다가가서 길게 손을 뻗 어 창문을 옆으로 밀어보았다. 그러나 손끝에 힘을 주어 아무리 밀어도 창문은 꿈쩍도 안 했다. 밖에서 단단히 못을 쳐놓은 모양이었다.

나는 독거미가 쳐놓은 커다란 거미줄에 걸린 작은 곤충처럼 갑자기 머리끝이 쭈뼛쭈뼛 서고 등골이 서늘해졌다. 어둠 속에 가만히 쪼그려 앉아 별의별 생각을 다 하던 나는 결국 창문을 떼내기로 마음먹었다.

조그만 나무창문은 오랫동안 사용하지 않았는지 먼지가 자욱하게 끼여 있고 무척 빽빽해서 잘 움직이지도 않았다. 나는 행여 옆방에서 소리가 들릴까 봐 최대한 주의하면서 창문을 조금씩 조금씩 움직였다. 온몸엔 진땀이 줄줄 흘러내렸고 다리에는 가벼운 경련도 일어났다.

얼마나 시간이 흘렀을까? 미동도 하지 않던 나무창문이 천천히 움직이기 시작했다. 나는 최대한 소리가 나지 않게 더욱 조심하면서 창문을 옆으로 살며시 밀었다.

드디어 조그만 나무창문 한 짝을 겨우 떼어낼 수 있었다. 떼어낸 창문을 방바닥에 천천히 내려놓고 창 밖으로 손을 살며시 내밀어 보니, 창틀 위에는 창문이 열리지 않도록 커다란 못이 단단하게 박혀 있었다. 그런데 창문이 너무 작아 내가 밖으로 도망을 치려면 한 짝을 더 떼어내야 했다. 다시 끙끙거리며 다른 한 짝을 힘겹게 떼어냈다.

나는 고개를 밖으로 내밀어 주위를 찬찬히 살폈다. 밖은 이 집의 뒷마당이었다. 그곳에는 오가는 사람들이 아무도 없었는데, 짙은 어둠 사이로 장독 몇 개와 줄에 매달려 있는 빨래만이 내 눈에 어슴푸레 들어왔다.

창문 쪽으로 몸을 바짝 밀착시킨 나는 한쪽 다리를 창문에 천천히 걸쳤다. 그리고 몸을 옆으로 눕혀 나머지 다리를 살그머니 빼내기 시작했다. 이때 오른팔과 어깨가 창틀과 벽에 붙어 있는 못과 철사에 조금 긁혔다. 나는 비명을 속으로 삼키며 몸을 더욱 조심스럽게 움직였다. 온몸엔 진땀이 줄줄 흘러내리고 가슴속에서는 요란한 다듬이 방망이 소리가 마구 들려왔다.

잠시 후. 마당으로 내려선 나는 온몸을 납작하게 엎드려 밤고양이처럼 살며시 장독대 옆을 지났다. 장독대 옆을 지날 때 빨랫줄에 걸려 있는 남자 청바지와 티셔츠가 눈에 띄었다. 팬티와 러닝 차림이던 나는 청바지와 티셔츠를 걷어서 재빨리 입었다. 앞쪽으로 나오니 아까 들어올 때 내가 벗었던 운동화가 한쪽 구석에 놓여 있었다. 나는 그곳에 엉거주춤 앉은 채로 운동화를 재빨리 신었다.

"어? 너 안 자고 왜 나왔니?"

등 뒤에서 들리는 여자 목소리에 얼른 고개를 돌리니 아까 골목길로 들어올 때 옷을 야하게 입었던 그 젊은 여자였다. 이미 술에 취한 그 여자는 혀 꼬부라진 소리를 냈다. 나는 멋쩍은 웃음을 입가에 흘리면서 얼른 대문 쪽으로 걸어갔다. 옷차림이 흐트러져 젖가슴이 거의 다 보이는 그 여자는 이상하다는 듯 고개를 외로 꼬며 안으로 들어갔다.

나는 마구 타는 듯한 가슴을 짐짓 억누르며 재빨리 문 밖으로 걸어나왔다. 그리고 그곳에서부터 앞만 바라보며 무조건 달렸다. 야한 옷차림의 젊은 여자들이 아까보다 훨씬 많이 늘어나 보였다. 나는 그들이 길게 늘어서 있는 비좁은 골목길을 힘차게 달려 나갔다. 저 멀리 골목 안쪽에서 그 아저씨의 고함소리가 들렸다. 그러나 나는 뒤도 안 돌아보고 줄행랑을 쳤다.

그로부터 두 시간 뒤. 나는 남산에 올라와 있었다. 캄캄한 남산의 숲 속에서 내려다보는 서울은 그 크기를 짐작조차 할 수 없는 거대한 공룡 같았다. 싸늘한 콘크리트와 차디찬 아스팔트로 딱딱한 골격을 이루고 있는 거대한 공룡. 내가 잠시만 방심하면 나 하나쯤은 그 무시무시한 발로 납작하게 밟아 없앨 수 있는 비정한 도시. 그러나 나는 이 비정한 도시에 내 삶의 뿌리를 내려야 한다. 어떠한 비바람과 눈보라가 거세게 몰아치더라도 잡초처럼 끈질기게 살아남아야 한다.

'앞으로는 절대로 오늘 같은 실수를 되풀이하지 말자. 절대로!'

나는 그날 밤을 남산의 숲속에서 거의 뜬눈으로 지새웠다. 다음날 아침 3번 버스를 잡아타고 그곳을 떠났다. 어젯밤에 나를 놓친 소매치기 일당들이 나를 잡으러 돌아다닐지도 모른다는 생각이 들었기 때문에, 도심에서 괜히 서성거리기보다는 변두리 주택가에서 직장을 구하는 게 더 안전하겠다고 생각한 것이다. 이왕 변두리로 나갈 바에는 내가 태어나서 자란 구덕산처럼 숲과 골짜기가 있고 개울이 흐르는 동네에서 살아야겠다고 생각했다. 나는 북한산 아랫자락인 정릉 골짜기로 들어갔다.

　30여 분 남짓 달린 시내버스는 종점에 나를 내려놓았다. 등산객 몇 사람과 함께 차에서 내린 나는 주위를 천천히 둘러보았다. 북한산으로 올라가는 초입에는 '청수장'이란 간판이 붙은 꽤 큰 음식점이 있고, 그 아래쪽으로는 개울을 따라 주택가가 길게 형성되어 있었다. 나는 큰길을 따라 천천히 걸어가면서 이 가게 저 가게를 기웃거렸다. 그런데 숭덕국민학교 옆 담을 따라 가파른 언덕길을 걸어 오르다가 두 눈이 번쩍 뜨이는 벽보 한 장이 내 눈에 들어왔다.

　　남녀 영업사원 모집!
　　숙식 제공, 초보자 환영

　하얀 종이 위에 검정색 붓글씨로 굵게 써놓은 그 벽보는 투명한 유리문 한가운데에 붙어 있었다. 화장품을 파는 대리점이라서 잠시 망설였지만, 이미 두 끼나 굶고 있던 나는 '숙식 제공'이란 글씨가 얼마나 반가운지 몰랐다. 이것저것 가릴 겨를이 없었다. 마치 농구공이 골대의 바구니 안으로 쏙 빨려 들어가듯 피어리스 화장품 대리점 안으로 얼른 들어갔다.

　나는 장 사장이라고 하는 대리점 사장님과 마주앉게 되었다.

"그래, 직장을 구하려고 부산에서 올라왔다고?"

50대 중반쯤 되어 보이는 장 사장님은 내 모습을 찬찬히 훑어보며 신상에 관한 여러 가지 질문을 던졌다.

"당장 잠잘 곳도 없다고 그랬지?"

사장님은 잠시 곤혹스런 표정을 짓더니 말을 이었다.

"어떡하나? 여자라면 우리 집에 가서 재우면 되겠지만, 집에 딸만 셋 있어서 그럴 수는 없고…… 자네, 이렇게 하면 안 되겠나?"

나는 기대 반 우려 반으로 장 사장님을 물끄러미 바라보았다.

"저 옆에 있는 이발소가 안 나가서 비어 있는데, 주인한테 부탁해서 거기서 자면 안 될까? 내가 그 집 주인을 잘 알거든."

엊저녁에 남산 숲속의 벤치 위에서 한뎃잠을 잔 데다 오늘도 여차하면 아무 데서나 잘 노숙자 신세이니 이발소라도 나에게는 감지덕지할 일이었다. 이렇게 앉은자리에서 나는 화장품 대리점 영업사원으로 취직을 했다. 나는 당장 그날 오후부터 화장품 판매에 필요한 교육을 받았다. 그리고 다음날 아침부터 5일 동안 다른 판매사원 아주머니를 따라 다니면서 화장품을 판매하는 방법을 견습받았다. 6일째부터는 장 사장님이 나 혼자 나가서 화장품을 팔아보라고 했다. 그래서 화장품을 가득 담은 무거운 가방 두 개를 양손에 든 나는 정릉시장 주변의 주택가로 들어갔다.

당시는 화장품을 월부로 팔았는데, 먼저 외상으로 화장품을 들여놓게 한 다음에 3, 4개월 동안에 조금씩 조금씩 수금하는 방식이었다. 무엇보다도 화장품을 많이 팔기 위해서는 먼저 동네 아줌마들과 서로 마주 앉아 살림 이야기도 하고 아이들 키우는 이야기도 함께 나누면서 곰살궂게 굴어야 했다. 혹은 동네 아줌마들을 이부자리 위에 벌렁 눕혀 놓고 화장품을 이것저것 찍어 바르면서 얼굴 마사지라도 정성껏 해주어야 했다. 그러나 나는 남자이기 때문에 그런 방식으로 접근하는 것 자체가 아예 불가능했다.

나는 무거운 화장품 가방을 양손에 들고 집집마다 열심히 다녀보았지만 판매는 극히 부진하기만 했다. 어떤 집에서는 남자 목소리를 듣고는 아예 문을 안 열어 주기도 했고, 또 어떤 아주머니들은 남자가 화장품을 판다며 뒤에서 흉을 보기도 했다. 화장품 대리점에서는 활동비로 쓰라며 매일 5백 원씩 주었다. 그러나 그 돈으로는 하루 세 끼 식사도 제대로 하기가 어려운 지경이었다. 고민을 거듭한 끝에 결국 아침 시간을 이용해 다른 부업을 하기로 했다. 초등학교 앞에서 등교하는 학생들을 상대로 어린이신문을 파는 것이었다.

나는 새벽에 이발소에서 일어나자마자 동네 신문보급소로 쏜살같이 달려갔다. 그리고는 어린이신문을 백 여부 받아들고 정릉의 아리랑고개 위에 있는 초등학교 정문 앞으로 올라갔다. 아침 일곱 시 반부터 시작한 신문 팔기는 학생들 등교가 끝나는 아홉 시가 조금 넘으면 파장이 된다. 일을 정리하고 곧장 대리점으로 돌아온 나는 아침식사를 할 틈도 없이 9시 반부터 화장품 영업을 하러 다시 나가야 했다. 정릉 일대 주택가를 열심히 다니다 보면 어느새 정오가 가까워진다.

그러면 나는 허기진 배를 움켜쥐고 정릉3동의 산동네에 있는 영세민 전용 식당으로 올라갔다. 그곳에서는 생활이 어려운 영세민들을 위해 아주 저렴한 가격에 국수를 삶아서 매일 점심때 팔았다. 비록 퉁퉁 불고 간도 제대로 맞추지 않은 국수 위에 단무지 몇 조각만 간신히 얹어주는 볼품없는 식사였지만, 돈을 한 푼이라도 아껴야 하는 내 처지로는 감지덕지하며 먹을 수밖에 없었다. 그처럼 아무리 안 먹고 안 입고 최대한 절약해서 살아도 워낙 수입이 적다 보니, 매일매일을 허덕거리며 힘들게 지내야만 했다.

그렇게 힘들고 답답한 서울 생활이 한 달 정도 흐른 어느 날. 그날도 저녁 여덟 시가 거의 다 되어 대리점으로 들어온 나는 책상 앞에 앉아

온종일 판매한 화장품들을 보고서에 기록하고 수금장부를 정리하고 있었다. 그때 사장님이 나를 부르는 소리가 들렸다. 나는 사장님이 앉아 계시는 책상 옆으로 다가갔다.

"이발소가 나갔다고 하니까 조만간에 비워 줘야 할 거 같아."

나는 이 추운 날에 이발소를 비워 줘야 한다는 소리에 그만 깜짝 놀랐다. 가을이 끝나고 찬바람이 쌩쌩 부는 초겨울에 접어들어서 사실 밤에는 꽤 추웠고, 새벽에 일어나면 온몸이 밤새 누군가와 싸움을 한 것처럼 찌뿌둥했었다.

"아무리 젊은 사람이라지만 계속 한뎃잠을 자면 몸이 많이 축날 거야. 그러니 자네를 위해서라도 조그만 단칸 월세방을 하나 얻어서 나가는 게 좋을 거야."

사장님은 이렇게 말했지만, 나로서는 여간 고민되는 게 아니었다. 새벽에 학교 앞에서 어린이신문을 팔고 낮에는 화장품 장사를 열심히 했지만, 월수입이라고 해봐야 겨우 4~5만 원에 불과했다. 그 돈으로는 방 얻을 보증금은 물론이고 사글세, 연탄값, 전기세, 수도세 등을 내기에도 턱없이 부족했다. 그러니 방을 얻어서 나간다는 것은 아예 꿈도 꿀 수 없는 상황이었다.

며칠 동안 고민을 거듭하던 나는 문득 천막을 떠올렸다.

'그래, 거기다 천막을 치자. 그러면 월세나 전기세를 낼 필요도 없고. 또 코펠과 알코올 버너를 사서 밥을 지어 먹으면, 생활비도 아낄 수 있을 거야.'

나는 평소 자주 지나다니던 정릉 아리랑고개 부근의 조용한 주택가를 머릿속에 떠올렸다. 정릉 시장 위쪽에 자리 잡은 그곳은 약수터가 가까운 고급주택가였는데 군데군데 공터가 꽤 많이 있었다. 터만 닦아 놓고 오랫동안 집을 짓지 않아 잡초만 무성한 그 공터에 조그만 움막이라도 하나 지으면, 올 겨울은 무사히 넘길 수 있을 것이란 생각이 들었던 것이다.

나는 며칠 후 퇴근길에 동네 고물상에 가서 헌 천막과 중고 목재를 약간 샀다. 그리고 살림살이를 등에 짊어지고는 그곳으로 낑낑 거리며 올라갔다. 그날은 움막을 짓기 위해 평소보다 훨씬 일찍 일을 끝냈는데도 불구하고 그곳에 도착하니 벌써 땅거미가 어둑어둑 지고 있었다. 마음이 다급해진 나는 공터에 들어서기가 무섭게 곡괭이와 삽을 꺼내 땅을 파기 시작했다. 땅은 모래가 조금 섞인 마사토였는데 벌써 땅이 얼었는지 콘크리트처럼 딱딱하기만 했다.

잠시 후 어두운 하늘에서는 하얀 눈발이 조금씩 휘날리기 시작했다. 나는 점점 굵어지는 흰 눈을 온몸으로 맞으면서 구덩이를 파고, 그 위에 나무기둥을 세우고, 헌 천막을 둘러치고, 땅바닥에는 보온을 위해 누런 가마니를 몇 장 깔았다. 저녁식사까지 거르고 컴컴한 어둠 속에서 막바지 작업을 서두르느라 이마에는 굵은 땀방울이 번들거리고 입에서는 뜨거운 입김이 연거푸 터져 나왔다.

바로 이때였다. 사람들이 웅성거리는 소리가 들려오더니 갑자기 강한 플래시 불빛이 내 얼굴을 정면으로 비추는 거였다. 깜짝 놀란 나는 눈을 두 손으로 황급히 가리며 엉거주춤 일어섰다. 손에 야구방망이와 몽둥이를 든 험상궂은 표정의 사내들 여러 명이 다짜고짜 욕설을 퍼부으며 나에게로 성큼성큼 다가왔다. 그러자 함께 따라온 커다란 셰퍼드도 사나운 소리로 나를 향해 마구 짖어댔다.

"너 이 새끼, 도둑놈이지? 야! 이놈 파출소로 끌고 가자!"

험상궂게 생긴 사내가 내 멱살을 사납게 움켜쥐었다. 그때 갑자기 몽둥이 하나가 내 어깻죽지 위로 세차게 떨어졌다. 나는 어깨를 감싸쥐면서 그만 그 자리에서 한쪽 무릎을 힘없이 꿇어야 했다. 너무 억울했다. 천리타향에 올라와서 함박눈이 펑펑 내리는 초겨울 밤에 뜻하지 않게 도둑놈 누명을 쓰다니…… 게다가 내가 하는 설명은 아예 듣지도 않고 무조건 몽둥이질부터 포악하게 해대는 게 너무 화가 났다. 그렇다고 화를 낼 수도 없었다. 나는 애써 화를 참으며 도둑놈이 아니라 화장품 대리점 직원이라고 설명했다. 그러나 누구도 내 말을 믿어 주지 않았다.

"정 못 믿겠으면 저 아래 화장품 대리점에 가서 확인해 보면 될 것 아닙니까? 도대체 제가 뭘 잘못했다고 사람을 이렇게 패는 겁니까?"

나는 너무나 억울해서 고함을 바락바락 질렀다. 두 눈에서 뜨거운 눈물이 왈칵 쏟아졌다. 바로 그때 사람들 속에서 어떤 여자의 음성이 들렸다.

"그러고 보니 그 학생인 거 같아. 화장품 가방 들고 다니는 걸 보았어."

그 바람에 서슬 퍼렇게 덤벼들던 사내들이 갑자기 떡심이 풀린 듯 머쓱해진 표정을 지으며 한 걸음 물러섰다.

"근데 이 밤중에 여기서 뭐 하는 거야?"

"보면 모릅니까? 천막 치는 거 아닙니까!"

"아니…… 자네 집이 어딘데 이곳에다 천막을 치는 거야?"

"집이 없으면 칠 수도 있는 거지요."

"도대체 그게 무슨 말이야? 집이 없다니?"

"저는 부산에서 올라왔습니다. 그런데 지금 방을 하나 얻어야 할 처진데, 돈은 없고 날씨는 추워지고, 그래서 어떡합니까? 이곳에 천막이라도 쳐서 올 겨울을 지내려고 이렇게 올라온 겁니다. 그런데 남의 사정도 모르면서 다짜고짜 사람을 몽둥이로 치다니, 도대체 왜 그러시는 겁니까?"

서러움이 밀물처럼 한꺼번에 밀려온 데다 부아까지 울컥 치민 나는 절규하듯 외쳤다. 그러자 어느 아주머니가 내 처지를 대강 짐작했는지 한결 부드러운 말투로 사태를 마무리했다.

"이럴 게 아니라 학생을 데리고 그만 집으로 들어갑시다. 어깨에 난 상처도 치료해야 하고."

이렇게 해서 나는 공터 바로 위에 있는 그 사람들의 집으로 따라 가게 되었다. 그 집은 검붉은 오지벽돌로 지은 2층 양옥이었는데, 넓은 마당에 정원이 아름답게 잘 꾸며져 있었다. 거실로 들어간 나는 먼저 웃옷을 벗어서 어깨의 상처부터 살펴보았다. 몽둥이로 호되게 맞은 어깨에는 살갗이 찢어져 피가 맺혀 있고 근육에는 멍이 시퍼렇게 들어 있었다.

주인 아저씨는 미안한 표정으로 나를 바라보더니 상처에 조심스럽게 약을 발라주기 시작했다. 그는 상처를 치료하면서 나를 도둑으로 오인하게 된 이유를 설명해 주었다.

"조금 전에 우리 애가 기겁을 하면서 뛰어 들어오는 거야. 그래서 내가 무슨 호들갑을 그렇게 떠느냐고 했더니, 글쎄 공터에 도둑놈이 숨어 있다고 하더라고! 그래서 내가 베란다로 살그머니 나가 보았더니 컴컴한 공터에 누가 웅크리고 있는 것 같은데, 아무리 생각해 봐도 어두운 저녁에 함박눈을 펑펑 맞으면서 공터에 나와 있을 사람은 도둑놈밖에 없다는 확신이 들더라구. 안 그래도 지난 주에 우리 옆집에 도둑이 들어서 돈을 많이 잃어버렸거든. 결국 이렇게 돼서 내 동생하고 조카들하고 모두 다 손에 몽둥이를 들고 그쪽으로 몰려가게 된 거야. 좌우지간 미안하게 됐네."

그 사이에 주방에서는 저녁 준비가 다 된 모양이었다.

"다 잊고 우리 식사나 함께 하자구."

주인 아저씨의 손에 이끌려 주방으로 옮겨 간 나는 그 집 식구들과 함께 식탁 앞에 마주 앉았다. 서울에 올라와서 처음 대하는 따뜻한 밥상이었다. 김이 모락모락 피어오르는 하얀 쌀밥을 숟가락으로 막 푸는데 목이 울컥 메며 갑자기 눈물이 핑 돌았다. 이 추운 날씨에 헐벗은 채로 하루 세 끼 밥도 제대로 챙겨 먹지 못하며 살고 있을 부산의 가족들 얼굴이 불현듯 떠오른 것이다.

나는 손을 씻는다는 핑계를 대며 자리에서 일어났다. 화장실로 급히 뛰어 들어간 나는 수도꼭지를 콸콸 틀어 놓고 펑펑 울었다.

얼마나 울었을까? 한참 동안 그렇게 눈물을 흘린 나는 따뜻한 온수로 천천히 세수를 하며 얼굴의 눈물자국을 깨끗이 지웠다. 그리고 다시 밖으로 나온 나는 아무 일 없다는 듯 천천히 식사를 시작했다.

식사가 다 끝난 뒤 딱한 내 사정을 모두 들은 주인 아저씨는 난감한 표정을 지으며 각박한 서울 생활에 대한 몇 가지 이야기를 해주셨다.

"여기에서 그러고 있다가 사람들한테 괜한 오해 받지 말고 저 언덕 위 방범초소로 가 보지 그래. 지금은 사용을 안 해서 텅 비어 있거든. 차라리 자네가 거기서 자면 우리들도 마음이 든든하고 좋지 뭐야."

나는 아저씨를 따라 밤 열한 시가 거의 다 된 시각에 그 방범초소로 올라가게 되었다. 공사장에서 쓰는 낡은 합판으로 얼기설기 지어 놓은 방범초소였다. 한 평 정도 되어 보이는 초소 안으로 들어서니, 아무것도 깔려 있지 않은 맨 땅바닥 위엔 쓰레기가 너저분하게 흩어져 있었고, 작은 돌멩이와 공사용 자갈들이 캄캄한 어둠 속에서 이리저리 나뒹굴고 있었다. 그러나 당장 잠잘 곳이 없는 나에게는 이곳이라도 호텔처럼 고마운 장소일 수밖에 없었다.

"괜찮습니다. 천막보다 훨씬 낫겠는데요."

그 아저씨가 내려간 후 나는 쓰레기와 돌멩이들을 대강 치우고 땅바닥에 헌 가마니를 두어 장 깔았다. 그리고 한쪽 구석에는 사과궤짝을 엎어서 책상을 만들고 그 위에 공부할 책들을 차곡차곡 쌓았다. 갖고 온 살림살이들을 거의 다 정리하고 나자, 자정을 알리는 야경꾼들의 호루라기 소리가 골목 아래에서 요란하게 들려왔다. 딱딱한 책가방을 베개 삼아 가마니 위에 누우니 전깃불도 들어오지 않는 방범초소 안에는 무거운 적막이 깊은 어둠 속으로 조금씩 밀려왔다.

잠시 후, 갑자기 거센 찬바람이 요란한 소리를 내며 불어왔다. 그 바람에 찢어진 비닐 창문 사이로 차가운 눈바람이 휙 하며 들어온다. 나도 모르게 몸을 움츠리는데 갑자기 오른쪽 어깻죽지와 팔이 욱신거리기 시작했다. 아까 몽둥이로 맞은 곳이었다.

굳게 다문 입에선 작은 신음이 새어나왔다. 밤이 점점 깊어지면서 기온은 더욱 내려가고 오른쪽 어깨의 통증은 점점 심해지고……. 나의 신음소리는 어느새 울음으로 변했다. 몸에는 열까지 오르기 시작했다. 통증은 점점 더 심해지고 신음은 곧 통곡으로 변해 버렸다.

그 순간 갑자기 돌아가신 아버지 얼굴이 떠올랐다. 그날 밤새도록 나는 한 평 남짓한 방범초소 안에 홀로 누워 추위와 통증과 고열에 시달려야 했다. 그러나 내 마음을 더욱 아프게 했던 것은 끝없는 외로움이었다. 아무도 지켜주지 않는 만리타향 객지에 나 혼자 떨어져 있다는 그 아득한 막막함, 그리고 미래에 대한 끝없는 불안감이 엄습해 왔다.

눈물의 입영전야

　이제 잠잘 곳은 가까스로 마련했지만 날씨가 점점 추워지면서 화장품 매상은 더욱 더 떨어지기만 했다. 함박눈이 펑펑 내리고 매서운 북풍이 연일 몰아치자 주부들은 문도 잘 열어 주지 않았고, 12월에 들어서자 크리스마스와 연말연시를 준비하느라고 수금도 아주 부진했다. 게다가 겨울방학이 시작되자 이른 아침에 초등학교 앞에서 어린이신문 파는 일도 이젠 더 이상 계속할 수가 없었다. 이러다간 하루 한 끼를 먹기도 어려울 것 같았다.

　나는 화장품 장사가 끝나고 나서 저녁에 할 수 있는 새로운 부업거리가 필요했다. 내가 생각해낸 것은 다름 아닌 과외였다. 그 당시 중학생들은 고등학교에 진학하려면 연합고사에 합격해야 했기 때문에 과외가 극성을 부리고 있었다. 나는 부산에 있을 때 중3 학생들에게 영어와 수학을 가르쳐 본 경험이 있었기 때문에 동네 아주머니들에게 중학생들을 좀 모아달라는 부탁을 했다. 그런데 뜻밖에도 어느 단골 아주머니가 길음동에 있는 작은 과외학원에 나를 소개해 주셨다.

　그 학원은 젊은 부부가 중학생들을 상대로 과외를 하다가 점점 주위 사람들에게 알려지고 학생 수가 늘어나자 허름한 건물의 지하를 임대해서 차린 무허가 과외교습소였다. 50평쯤 되어 보이는 지하에는 얇은 합판으로 만든 작은 교실이 다섯 개 있었는데, 그 교실에는 중1부터 중3 학생들까지 백여 명이 수업을 받고 있었다. 그러다 보니 부부 두 사람만으로는 학생들을 다 가르칠 수 없어서 보조 과외교사를 세 사람 데리고 있었는데, 이번에 그 중 한 사람이 갑자기 그만두게 되었다는 것이다.

나는 매일 밤 일곱 시부터 열 시까지 중학교 2학년과 3학년 학생들을 대상으로 영어를 가르치게 되었다. 물론 나는 교육대를 나오거나 사범대를 나온 자격 있는 선생이 아니었기 때문에 월급은 쥐꼬리만 했다. 그래도 안정된 부업을 잡았다는 사실만으로도 무척이나 기분이 좋았다.

이렇게 해서 1976년 새해 벽두부터 낮에는 정릉에서 화장품을 팔고, 밤에는 길음동에서 중학생들을 가르치고, 새벽에는 방범초소 안에 웅크리고 앉아 대학입시 공부를 하는 눈코 뜰새없이 바쁜 나날을 보내게 되었다.

온종일 차가운 바람을 맞으면서 무거운 화장품 가방을 들고 정릉 일대를 다니다 보면 손도 시리고 몸은 파김치가 되었지만, 저녁에 어린 학생들의 초롱초롱한 눈망울을 보면 다시 힘이 나고 용기가 솟았다. 학생들도 나를 선생님보다는 형이나 오빠로 생각하며 잘 따라주었고 나도 그런 아이들에게 모든 정성을 다했다.

북한산의 얼음이 녹아 정릉천의 물소리가 점점 생기를 얻어가는 봄이 되자 화장품회사에서 신상품들이 많이 쏟아져 나왔다. 그러자 대리점에서는 우리들에게 팜플렛과 샘플들을 한 아름씩 안겨주면서 신상품 판매를 적극 독려하기 시작했다.

본사에서는 얼굴도 예쁘고 몸매도 날씬한 잘 훈련된 미용사원들을 대리점마다 대여섯 명씩 파견하면서 우리들의 영업활동을 적극 도와주었다. 아침에 출근하면 사장님은 조회시간 내내 화장품 판매량을 획기적으로 늘리라는 주문을 했고, 저녁에 퇴근하면 그날 판매량과 수금액을 일일이 점검해서 대리점 한쪽 벽면에 우리들의 얼굴 사진과 막대 그래프를 커다랗게 붙여 놓았다. 대리점 전체가 마치 전쟁터를 방불케 할 정도로 긴장된 분위기였다. 나도 무언가 가시적인 결과를 빨리 만들어내야만 했다.

나는 주부들을 대상으로 건강강좌를 열기로 했다. 화장품을 팔면서 알게 된 것이 대다수의 여성들이 여러 가지 통증으로 고생하고 있다는 거였다. 그 중에서도 특히 견비통, 요통, 좌골신경통, 관절염 등이 흔했고 심한 경우에는 척추 디스크나 목 디스크 증세로 고통을 호소하기도 했다. 그때 내 머릿속에 떠오른 것이 바로 학춤이었다.

어린 시절부터 학과 깊은 인연을 맺었던 나는 서울에 올라와서도 이른 새벽에 북한산으로 뛰어올라가 어려서 아버지한테 배운 숲속 수련을 계속하고 있었다. 그래서 이러한 통증들을 시원하게 해소할 수 있는 여러 가지 운동요법들을 잘 알고 있었다.

특히 아버지와 다희 누나에게서 배운 학춤과 태극권의 다양한 동작속에는 인체를 부위별로 나누어 유연하게 만드는 방법들이 많이 있었고, 심호흡을 통해 긴장된 인체를 이완시키는 단전호흡법과 자신의 마음을 명경지수처럼 평온하게 다스리는 명상법들이 포함되어 있었다. 또 하나 중요한 점은 학춤의 여러 가지 동작들이 온갖 스트레스와 과로 때문에 제대로 순환되지 못하고 인체 곳곳에 정체되어 있거나 약해져 있는 기(氣)를 확실하게 순환시켜 주는 탁월한 기 건강법이란 사실이었다.

그래서 나는 그동안 내가 익힌 학춤의 수련법 중에서, 특히 가사노동을 심하게 하는 주부들의 통증을 해소하고 건강을 지킬 수 있는 간단한 운동요법들을 체계적으로 정리하기 시작했다. 그리고는 동네의 반장이나 단골 아주머니들에게 요통이나 좌골신경통이 심한 주부들을 모아 달라는 부탁을 드렸다.

마침내 반장 댁의 넓은 거실이나 동네 경로당에 여러 가지 통증으로 고생하는 주부들이 대여섯 명씩 모이게 되었다. 처음에는 침을 맞거나 뜸을 오랫동안 떠보아도 별로 효과를 보지 못한 고질에 걸린 분들이 모였다. 그런데 효과를 보는 이들이 점점 많아지고 주부들의 만성질환과 살빼기에도 큰 도움이 되었다는 소문이 돌기 시작하자, 나중에는 건강한 주부들도 관심을 갖고 모여들게 되었다.

나에게 건강 강의를 듣고 효과를 많이 본 주부 중에 정릉의 청덕초등학교 교사가 있었다. 그분은 고마움의 표시로 나에게 많은 도움을 주려 했다. 그는 청덕초등학교의 빈 교실에서 학부모들 수십 명을 모시고 건강 강의를 하게 해주었다.

그렇게 〈주부들을 대상으로 하는 건강강좌〉라는 특별한 아이디어로 열심히 노력한 결과, 그해 여름에는 한 달 수입이 30여만 원이나 됐다. 이렇게 되자 나는 부산에 있는 가족들에게 매월 생활비로 20여만 원을 보내고 편지도 떳떳하게 주고받을 수 있게 되었다.

'이제 온돌방에 연탄을 갈아 넣으며 편안히 지낼 수 있겠구나. 앞으로 3개월 후엔 서울에서 대입 검정고시가 있다고 하니 이번에는 어떻게 해서라도 반드시 합격을 하자. 곧이어 대학 입학시험에도 응시를 하자. 내년부터는 나도 의젓한 대학생이 되는 거야!'

나는 새로운 희망으로 가슴이 마구 부풀어 올랐다. 그리고 두 주먹을 불끈 쥐며 허공을 힘차게 쳤다.

어느새 무더운 여름이 가고 가을이 되었다. 새벽 운동을 하기 위해 북한산에 오르면 색 바랜 낙엽이 발길에 이리저리 채이고 약수터엔 서리가 허옇게 내렸다.

그날도 어김없이 화장품 장사를 끝내고 대리점 안으로 들어서는데 경리 아가씨가 편지 한 장을 건네 주었다. 주소를 보니 부산의 우리 집이었다. 반가운 마음에 편지를 급히 뜯는데, 어머니가 써서 보낸 편지지 사이에서 누런 종이 한 장이 바닥으로 툭 떨어졌다. 얼른 주워서 읽어보니, '입대영장'이란 붉은 글씨가 선명하게 눈에 들어오는 거였다. 입영통지서였다.

'서울에 올라온 지 1년 만에 이제 겨우 안정을 찾게 되었는데 난데 없이 영장이라니? 이게 무슨 날벼락이란 말인가. 올 겨울에 있을 대입 검정고시와 대학 입학시험은 또 어떻게 해야 되나?'

나는 아닌 밤중에 홍두깨처럼 날아온 그 편지가 도저히 믿어지지 않아 두 눈을 부릅뜨고는 붉은 글씨를 읽고 또 읽었다. 그러나 어머니가 편지와 함께 동봉한 그 종이는 틀림없는 입영통지서였다.

나는 며칠 동안 잠을 제대로 이루지 못해 얼굴이 푸석푸석해질 정도로 고민에 휩싸여 있었다. 결국 입대하기 위해 그동안 내가 꿈꾸어 왔던 모든 것들을 포기하고 순순히 받아들이기로 결심했다. 너무나 실망스럽고 한편으론 허망하기까지 했지만 결국 마음을 정리할 수밖에 없었다. 어렵사리 결심을 굳힌 나는 며칠 후 화장품 대리점과 학원에 내려가 영장을 보여드리며 현재 나의 처지를 솔직하게 말씀드렸다.

학원은 11월 말까지만 수업을 진행하기로 양해를 구했으나, 문제는 화장품 대리점이었다. 내가 그동안 판매한 화장품들은 거의 다 할부 판매였다. 주부들이 매월 조금씩 끊어주던 화장품값을 내가 입대한다고 해서 일시에 다 내줄 리가 없었다. 그리고 지금은 사람 구하기가 힘든 겨울이기 때문에 내 구역을 대신 맡아줄 새로운 판매사원을 찾기도 거의 불가능했다.

이런저런 고민을 계속하다가 나는 어머니에게 연락을 취했다. 그때 어머니는 무거운 리어카를 힘들게 끌어야 하는 간장 장사를 얼마 전에 그만두고, 부산에서 쥬리아 화장품회사 대리점에서 판매사원을 하고 계셨다.

나는 어머니에게 '가족들을 데리고 서울로 올라와 내 구역을 대신 맡아서 해 보시라'고 권유했다. 어머니만 올라오신다면 대리점 사장님이 월세 단칸방이라도 얻어준다는 약속도 해주셨다. 그래서 나는 어머니에게 '우리 식구들이 살 방은 준비가 되니 아무 걱정 말고 서울로 올라오시라'고 자신 있게 말씀드렸다. 처음에는 망설이던 어머니도 나중에는 '그러면, 한번 올라가 볼까?'라면서 반승낙을 하셨다.

나는 부랴부랴 부산으로 내려갔다. 어머니와 나는 급하게 집안 살림을 정리하기 시작했는데 워낙 없는 살림이다 보니 이삿짐도 단출했다. 집주인 아저씨는 우리 사정을 듣더니 '내일이라도 당장 보증금을 빼줄 테니 아무 걱정도 하지 말라'고 했다. 이렇게 해서 우리 식구들은 얼마 안 되는 살림살이를 화물열차 편으로 부치고 서울행 야간 완행열차에 서둘러 몸을 실었다.

그날 밤. 철없는 동생들은 서울로 이사 간다는 사실에 마음이 설레 자못 들뜬 목소리로 떠들어댔지만, 어머니와 나는 마음이 너무나 무거웠다. 어머니는 일가붙이 하나 없는 천리타향에서 어린 동생들을 데리고 살아갈 일이 까마득한 표정이었다. 나는 납처럼 무거운 침묵을 묵묵히 지키고 있는 어머니를 안타깝게 바라보며 가슴속으로 뜨거운 눈물을 삼키고 있었다.

기차가 얼마나 달렸을까? 깜박 졸다가 눈을 떠보니 새벽 2시가 조금 지난 것 같았다. 바깥 날씨가 꽤 추운지 차창에는 하얀 서리가 잔뜩 끼어 있고, 이삿짐을 옮기느라 고단했던 동생들은 강아지처럼 서로 끌어안은 채 단잠에 곯아떨어져 있었다. 그런데 어머니는 아직도 잠을 못 이루고 계셨다.

어머니는 지난 1년 사이에 퍽 늙으신 것 같았다. 얼굴에 살도 더 빠지고, 눈가에는 주름도 더 굵어졌다. 두 팔을 끼고 잔뜩 움츠린 어머니는 희미한 불빛이 이따금 지나가는 차창 밖을 가만히 응시하고 있었는데, 얼굴에는 수심이 가득했다.

"어머니! 왜 안 주무세요?"

어머니는 무언가를 골똘히 생각하고 있었는지, 내가 하는 말에 깜짝 놀라는 표정을 짓는다.

"아, 아니야! 너나 푹 자거라. 나는 도무지 잠이 안 오는구나."

다시 창밖으로 시선을 돌린 어머니는 깊은 한숨을 조용히 내쉰다. 아버지가 갑자기 세상을 뜨신 후, 여자로서는 감내하기 어려운 고된 일들을 지난 5년 동안 헤쳐 나오신 어머니. 지금까지는 어머니와 내가 서로 힘을 합해 집안을 이끌어왔는데, 이제는 어머니 혼자서 그 무거운 짐을 다 짊어지게 되었으니 걱정이 이만저만이 아닐 것이다.

게다가 서울에 도착하는 즉시 무거운 화장품 가방을 들고 당장 장사를 시작해야 동생들을 굶기지 않을 판국이니, 어머니로서는 이 추운 겨울에 모든 것이 낯선 타향에서 보내야 할 앞으로의 고단한 삶이 너무나 불안했을 것이다. 너무나 불안하고 초조한 표정으로 시름없이 창밖을 바라보고 있는 어머니의 처량한 모습이 내 가슴을 너무나 아프게 했다.

'어머니, 3년 만 기다려 주세요. 제가 제대만 하면 무슨 일을 해서라도 어머니를 편하게 모시겠습니다. 그때까지만 참고 기다려주세요.'

서울에 도착한 우리 식구들은 곧 정릉천변에 있는 무허가 판잣집에 월세방을 얻어 들어갔다. 비록 보증금 10만 원에 월세 3만 원의 단칸방이었으나, 어머니는 생전 처음으로 버스정류장에서 가까운 곳에서 살게 되었다며 활짝 웃으셨다. 언제나 버스가 다니는 큰길에서 한 시간 정도 힘들게 걸어 올라가야 하는 높은 산동네에서만 살아야 했던 동생들도 큰길에서 가까운 곳에 집이 있다며 여간 좋아하지 않는다.

나는 이삿짐을 모두 옮긴 그 다음날부터 어머니를 모시고 정릉의 주택가로 나갔다. 그래서 80여 호나 되는 단골집들을 일일이 돌아다니면서 화장품 장사를 인수인계하기 시작했다.

"아니, 총각이 군대를 가요?"

"예, 그렇습니다! 앞으로는 제 어머니가 오실 겁니다. 변함없이 피어리스 화장품을 많이 애용해 주세요."

이제 입대할 날이 보름 남짓밖에 남지 않았다. 나는 동짓달 모진 추위에도 아랑곳하지 않고 단골들을 일일이 찾아다니며 어머니를 잘 좀 도와달라고 신신당부를 했다. 그리고 야간 중학교 3학년이 된 첫째 동생도 국민학교 6학년인 둘째 동생을 데리고 조그만 일자리라도 찾아보겠다며 매서운 눈보라를 맞으며 매일같이 서울 시내를 이리저리 쏘다녔다.

입영을 하루 앞둔 12월 13일 밤. 식구들과 마지막 저녁식사를 함께 하고 밤늦게 잠자리에 누웠는데, 나는 쉽게 잠을 이룰 수가 없었다. 산천초목도 꽁꽁 얼어붙은 엄동설한에 병약한 홀어머니와 어린 동생들을 객지 타향에 두고 내일 아침이면 먼 곳으로 떠나야 한다는 생각을 하니 잠이 오기는커녕 눈이 더 말똥말똥해지기만 했다. 이리저리 몸을 뒤척이며 밤늦도록 시름에 잠겨 있던 나는 살며시 일어나서 서랍에 넣어둔 영장을 다시 꺼내 보았다.

'1976년 12월 14일, 창원훈련소 입소.'

아무리 읽고, 되풀이해서 또 읽어 봐도, 그것은 틀림없는 입영통지서였다. 누런 종이를 서랍 안에 다시 밀어 넣고는 힘없이 잠자리에 누웠다. 나는 이불을 머리끝까지 푹 뒤집어쓴 채 두 눈을 질끈 감았다.

그러나 잠은 오지 않고 뜨거운 열기가 얼굴로 치받아 오르면서 가슴속이 갑자기 답답해져 왔다. 무거운 납덩어리가 가슴 한복판을 강하게 짓누르는 것 같았다. 견딜 수 없는 갑갑함에 이불 밖으로 얼른 얼굴을 내밀고는 몸을 옆으로 돌려 바로 곁에서 새근새근 잠들어 있는 막내 여동생을 천천히 바라보았다.

막내는 벌써 일곱 살이 되었다. 내년에 국민학교에 입학할 코흘리개가 어머니의 화장품 가방을 같이 붙들고 찬바람이 휘몰아치는 골목을 온종일 헤매고 다니느라 무척 피곤했는가 보다. 이 조그만 녀석이 고장난 오토바이처럼 코를 드르릉 드르릉 골며 깊은 잠에 곯아떨어져 있었다. 나는 두 손을 벌려 막내를 살며시 보듬어 안았다. 그리고 보드라운 볼에 내 뺨을 천천히 갖다 댔다.

'가엾은 녀석…….'

갑자기 밖에서 바람이 세차게 불더니 마당에 있는 커다란 물통이 데굴데굴 굴러가는 소리가 들리고, 뒤이어 슬레이트 지붕이 허공으로 날아가는 소리가 요란하게 들려왔다. 군데군데 테이프를 발라 바람을 막은 얇은 비닐창문이 요동치듯 덜컹거렸다. 그때 첫째 동생이 얼굴을 잔뜩 찡그린 채 신음소리를 냈다.

"아! 아야야야!"

동생은 다리에 쥐가 난 것이다. 나는 얼른 일어나 경련을 일으킨 동생의 다리를 급히 주무르면서 동생의 얼굴을 가만히 내려다보았다. 부산에서 야간 중학교를 다니다가 이번에 서울로 올라온 동생은 어서 일자리를 구해서 고학이라도 하겠다며 서울 시내를 온종일 걸어다닌 탓에 종아리에 알통이 단단히 배겼다.

'이 못난 형이 너무 무능하구나……. 하지만 어쩌랴. 이제, 모든 게 끝났다. 휘영청 밝은 달빛이 환하게 비치던 방범초소 안에서 꽁꽁 언 손을 호호 불어가며 열심히 외우던 영어 단어도, 한 끼의 국수값을 벌기 위해 새벽거리를 내달릴 때 내 옆구리에 실리던 어린이신문의 묵직한 무게도, 화장품 행상을 하다가 힘이 들면 정릉 골짜기로 들어가 열심히 풀던 대입 검정고시 문제집도, 모두 다 이제는 나와 아무런 관계가 없는 허무한 일들이 되고 말았구나. 자, 이제 떠나야 한다. 꿈은 사라지고 눈물만 남고 말았지만……. 이것이 내 운명이라면 아무 미련없이, 모든 것을 훌훌 털고 떠나자!'

입영전야

아쉬운 밤 흐뭇한 밤 뽀오얀 담배연기

둥근 너의 얼굴 보이고 넘치는 술잔엔 사나이 정이

정든 우리 헤어져도 다시 만날 그날까지

자~ 우리의 젊음을 위하여 잔을 들어라

자~ 우리의 젊음을 위하여 잔을 들어라

—**최백호 작사 작곡 노래**

땅끝에서 열정을 불태우다

NO PASSION!
NO DREAM!

1.
새로운 출발

　강원도 최전방에서 군 복무를 마치고 사회 생활을 재개한 지도 어언 3년이 다 되었다. 그런데도 우리 집 형편이 나아지기는커녕 오히려 날이 갈수록 후퇴하고만 있었다. 얼마 전에는 월세가 6개월치나 넘게 밀려 달동네 단칸방에서조차 쫓겨나 정릉 산꼭대기에 있는 허름한 움막집으로 이사를 해야 했다. 게다가 오늘 오후에는 무거운 화장품 가방을 들고 장사를 다니던 어머니가 길바닥에서 그만 쓰러지고 말았다.

　의사는 어머니가 심한 영양실조에 과로가 계속 겹쳐 생명이 위험할 정도로 극심한 저혈압이라고 했다. 10여 년 전에는 아버지가 고혈압으로 돌아가셨는데 이제 어머니마저 저혈압으로 쓰러진 것이다. 제대한 후 지난 3년 동안 가난한 집안을 일으켜 세우기 위해 얼마나 엄청난 노력을 퍼부었던가. 그런데도 도대체 이럴 수가 있단 말인가?

　나는 군 복무를 마치고 사회에 다시 발을 내디딘 바로 그날부터 나 자신을 더욱 엄격하게 혹사시켰다. 이 어둡고 힘겨운 인생길에서 우리 가족들을 탈출시키려면 무엇보다도 내 정신이 나태하면 안 된다는 강한 자각 때문이었다. 그래서 나는 제대한 바로 다음날에도 느긋하게 늦잠을 즐기며 쉬는 것이 아니라 오히려 군 복무할 때보다 더 일찍 잠자리에서 일어났다. 꼭두새벽인 네 시쯤에 잠을 깬 나는 자리에서 벌떡 일어나 밖으로 총알처럼 뛰어 나왔다. 그리고는 운동화 끈을 단단히 조여매고 아직 어둠 속에 깊이 잠든 정릉 골짜기로 힘껏 내달렸다.

　그후 꼭두새벽에 시작하는 나의 산악구보는 단 하루도 빼먹지 않고 줄곧 계속되었다. 소위 팔자 좋은 사람들이 말하는 건강을 위한 조깅이나 새벽 등산이 결코 아니었다. 이는 칠흑처럼 캄캄한 내 인생에서 탈출하고 싶은 가슴 절절한 몸부림이었고, 어떤 고난도 뚫고 나갈 강인한 정신력을 기르기 위해 나 스스로 행하는 극기 훈련이었다. 기필코 성공해서 다른 사람들처럼 서울의 드넓은 대지 속으로 굵은 뿌리를 다지게 뻗어 내리기 전에는 나태나 게으름 따위는 결단코 용납하지 않겠다는 엄격한 자기 다짐이요, 자기 수련이었다. 그래서 하루 세 끼 식사조차 제대로 먹을 수 없고, 야간에는 대입 검정고시 준비로 잠도 부족했지만, 두 눈에 핏발을 잔뜩 세운 채 칠흑처럼 어두운 정릉의 산길을 미친 듯이 뛰어올랐던 것이다.

한 시간 남짓 걸려 북한산 정상까지 뛰어오르면 숨은 목까지 차오르고 온몸엔 굵은 땀방울이 쉴 새 없이 흘러내린다. 저 멀리 한강이 아스라이 내려다보이는 높은 정상에서 향긋한 솔내음을 맡으며 운동을 하기 시작했다. 어린 시절 부산의 구덕산에서 아버지에게 배웠던 아련한 기억과 다희 누나에게 배운 추억을 떠올리면서 학춤과 태극권의 동작들을 호흡에 맞춰 천천히 움직였다.

이른 새벽에 기상해서 숲속에서 나홀로 학춤을 추고 무술수련을 하는 것은 아버지가 돌아가신 이후 지난 10여 년 동안 하루도 빼먹지 않고 계속해 왔다. 이미 저 세상 사람이 되어 버린 아버지를 추모하고 또 다희 누나를 그리워하는 마음의 약속이기도 했지만, 나는 학춤을 추는 순간이 최고로 행복했다.

어린 나이에 소년가장이 되어 집안 식구들을 먹여 살리느라 아무리 힘든 일을 많이 겪었어도, 아무리 괴로움이 많아도, 아무리 슬퍼도, 이른 새벽에 호젓한 숲속에 들어가 물소리와 바람소리와 새소리를 들으면서 너울너울 학춤을 추다 보면 그 모든 시름들을 씻은 듯이 잊어버릴 수가 있었다. 꽃잎 사이에 맺혀 있는 맑은 새벽 이슬 사이로 아침 햇살이 영롱하게 빛나는 시간까지 열심히 춤에 몰입하다 보면, 그 순간 나 자신이 하얀 깃털과 커다란 날개를 가진 한 마리 학이 되어 구만리 장천을 훨훨 날아오르는 듯한 황홀경에 빠지기도 했다.

학춤을 모두 끝낸 나는 그곳에서 다시 태극권 수련을 계속했다. 발차기, 한 발씩 전진하며 주먹지르기, 허리를 틀며 손바닥 치기, 제자리에서 뛰어 오르며 나뭇가지 차기……. 가뿐 호흡에 맞춰 온몸을 활기차게 움직이다 보면 어느새 여명이 뿌옇게 밝아오면서 동녘 햇살이 환한 미소를 나뭇가지 사이로 얼비추기 시작한다. 그러면 땀에 흥건히 젖은 옷을 벗어 바위 위에 올려놓고는 알몸으로 계곡의 찬물 속을 향해 풍덩 뛰어들었다.

냉수욕은 흰 눈이 펄펄 내리는 한겨울에도 쉬지 않았고, 나는 그 얼음장처럼 차가운 물 속에서 김이 모락모락 올라오는 뜨거운 몸을 씻으면서 어금니를 벼름벼름 깨물었다.

'효준아, 성공하자! 성공! 무슨 일이 있어도, 어떤 난관이 가로막아도, 기필코 성공하고야 말리라!'

나는 계곡 속에서 절치부심하면서 생의 의지를 더욱 더 강인하게 가다듬는 냉수욕을 끝낸 뒤 점점 밝아오는 정릉의 숲길을 뛰어 내려오면서 푸쉬킨의 시 「삶」을 얼마나 많이 읊조렸는지 모른다.

3년의 군 복무를 마치고 사회에 다시 나왔지만, 세상은 이미 많이 변해 있었다.

군대 가기 전에 내가 갖고 있던 기술이었던 나전칠기 붓을 만들거나, 전복 껍데기를 수집하는 일은 이미 효용가치가 없는 쓸모없는 것이었다. 그렇다고 스물다섯의 청년이 어렸을 때처럼 구두닦이나 신문팔이를 할 수도 없는 노릇이었다. 수중에 돈 한 푼 없고 배운 것도 많이 부족한 내가 선택할 수 있는 직업은 결국 하루 종일 몸을 곰바지런히 움직여야 하는 노동자의 길뿐이었다. 그래서 제대 후에 내가 얻은 첫 일자리는 아파트 공사 현장에서 막일을 하는 건설노동자였다.

그때는 아파트 건축 붐이 일어나 서울 시내 곳곳에 건설현장이 많았다. 그래서 나는 일자리를 쉽게 얻을 수 있었다. 아파트 공사 현장에 들어간 나는 온종일 벽돌을 나르고, 질통을 지고, 리어카를 끌고, 콘크리트 타설을 했다.

고된 하루 일을 모두 끝내고 집으로 올라갈 때쯤이면 해는 이미 서산으로 지고 초롱초롱한 별들이 밤하늘에 얼굴을 총총히 내민다. 가풀막진 산길을 따라 한참을 걸어 올라와서 달동네 한쪽 구석에 구기박지른 걸레처럼 처박혀 있는 낡은 판잣집 문을 삐그덕 열고 들어서면, 그야말로 온몸은 파김치처럼 축 늘어지고 두 눈은 거시시 감겨 온다.

그러나 이대로 그냥 잠들 수는 없었다. 저녁식사를 얼른 끝내고 정신이 번쩍 들게 찬물로 세수를 하고는, 책과 공책을 펴고 책상 앞에 다시 앉았다. 돈도 없고 제대로 된 기술도 없는 나로서는 공부를 조금 더 해서 학력을 높이는 방법 외에는 다른 길이 없었다. 나는 점점 무거워지는 눈꺼풀과 끙끙대는 씨름을 하면서도 새벽녘이 될 때까지 대입 검정고시 공부를 열심히 해야만 했다.

그러나 이런 생활은 6개월을 채 넘기지 못했다. 이듬해(1980년) 봄이 되면서부터는 밤에 공부하다가 코피를 줄줄 흘리기 시작했기 때문이다. 나중에는 낮에 공사장에서 일하다가도 코피가 마구 흘러내리고 현기증이 자꾸만 일어났다. 결국 나는 직업을 바꾸어야 했다. 하루에 두세 시간 밖에 못 자면서 강행군을 해야 하는 상태로는 더 이상 버티기가 어려웠던 것이다.

그해 봄에는 직장 구하기가 하늘에 별 따기만큼이나 어려웠다. 군부가 다시 정권을 장악하기 시작하면서 광주에서는 수많은 사람들이 죽고, 전국에 계엄령이 떨어져 정국이 삼엄하게 얼어붙은 시기였다. 한치 앞을 내다볼 수 없을 정도로 사회가 혼란의 도가니 속으로 빠져 들어가는 상황에서 장사가 잘 될 턱도 없고 서민들의 경기도 몹시 어려울 수밖에 없었다. 무장한 계엄군들이 도로변에 즐비하게 늘어서 있고 상가도 곳곳이 철시할 정도였다.

나는 서울 시내를 열흘 가까이 헤맨 끝에 간신히 일거리 하나를 얻어낼 수 있었다. 바로 예비군들을 상대로 문학전집을 파는 월부 책장사였다. 회사 사무실은 동대문에 있는 어느 허름한 아파트의 5층에 있었는데, 아침에 출근을 하면 예비군들의 집결지와 그들이 타고 갈 버스의 번호를 가르쳐 주었다.

나는 예비군들이 버스를 기다리는 정류장으로 달려가 그들과 함께 버스에 올라탔다. 버스가 훈련장으로 가는 동안 버스 안에 서서 컬러로 인쇄된 팜플렛을 나누어 주며 문학전집을 월부로 구입할 것을 권유했다. 그렇게 신청을 받아 2~3일내에 그들의 집으로 책을 일일이 배달했다.

새벽에는 북한산에서 학춤과 무술 수련을 하고 낮에는 예비군들을 찾아다니며 문학전집을 팔고, 야간에는 독학으로 공부를 계속하며 절치부심하던 나는 1년 후인 1981년 봄 대입 검정고시에 응시를 했다. 그러나 결과는 의외였다. 보기 좋게 낙방을 한 것이다. 밤잠을 안 자고 열심히 공부했는데도 불구하고 9과목 중에서 겨우 4과목만 합격하고 나머지 과목은 모두 떨어지고 말았다. 나의 낙심은 이만저만 큰 게 아니었다.

'역시 혼자 공부한다는 것이 어렵구나! 한 달 수입이 조금만 더 여유가 있으면 학원에라도 다닐 수 있으련만⋯⋯.'

아무리 생각해도 학원에 가지 않고 독학하는 것만으로는 합격할 자신이 없었다. 나는 결국 조금 무리가 되더라도 학원에 다니기로 결정했다. 그래서 그해 여름부터 신설동 로터리에 있는 검정고시학원에 등록을 했다. 그러나 책장사를 매일 저녁 늦게까지 해야 되기 때문에 야간반에서 공부한다는 것은 거의 불가능했다. 하는 수 없이 새벽반으로 들어가야 했다. 새벽반 교실에는 학생들이 50여 명 정도 되었는데, 10대 후반부터 50대 초반까지 다양했다. 모두들 야간반 수업도 마음 놓고 편하게 받기 힘들 정도로 열악한 환경 속에서 하루하루를 힘겹게 살아야만 하는 사람들이었다.

수업시간은 비록 새벽 다섯 시부터 여덟 시까지 세 시간 남짓 진행될 정도로 짧았지만, 모두들 남다른 열의를 갖고 이 세상 그 누구보다도 열심히 공부했다. 그곳에서 만난 친한 친구로 나와 나이가 비슷한 양 사범이 있었다. 모래내에서 쿵푸도장 사범으로 있는 이 친구는 언제나 유머가 많고 익살스러워서 자칫 축 처지기 쉬운 새벽반의 분위기를 제법 생기 있게 만들어 주었다.

내가 검정고시학원 새벽반에 들어가면서부터 나의 새벽 스케줄에도 작은 변화가 왔다. 우선 정릉 골짜기를 따라 산에 오르는 시간이 더욱 앞당겨진 것이다. 새벽 다섯 시에 신설동에 있는 학원에 도착하려면 늦어도 네 시 이십 분에는 집에서 출발해야 했다. 그러다 보니 내가 산에 가서 운동할 시간이 없어지게 된 것이다. 그러나 어떤 일이 있더라도 새벽운동을 포기할 수는 없었다.

나는 제대하던 날 몇 가지 중요한 결심을 했다. 첫째로 내가 이 사회에서 성공하는 날까지는 절대로 머리를 기르지 않고, 넥타이를 맨 신사복도 입지 않겠다는 것이었다. 그래서 제대한 지 3년 가까이 흘렀지만 머리는 여전히 현역 군인처럼 짧았고 옷도 헌 군복을 시커멓게 염색해서 입고 있었다. 둘째로 이러한 모진 결심을 쭉 지키겠다는 징표로 나는 북한산에서의 새벽운동을 단 하루도 빼먹지 않기로 굳게 마음을 먹었다. 그래서 비록 잠을 덜 자는 한이 있더라도 나의 신앙과 같은 새벽산행을 중단할 수는 없었던 것이다.

결국 나는 새벽운동을 한 시간 앞당기기로 결심했다. 새벽 3시에 일어나 칠흑 같은 어둠을 헤치면서 산길을 뛰어오르기 시작했다. 그리고 칠흑처럼 캄캄한 숲속에서 온몸이 땀에 흥건히 젖을 때까지 열심히 수련을 했다. 한 시간 정도 되는 새벽수련이 모두 끝나고 나면 나는 정릉에서 아리랑고개와 돈암동을 거쳐 신설동의 검정고시학원까지 곧장 뛰기 시작했다. 어차피 그 시간에는 버스가 운행하지 않았기 때문에 학원에 일찍 도착하려면 그저 새벽길을 달리는 것 외에는 달리 방법이 없었다.

밤하늘에 반짝이는 영롱한 샛별과 허공을 불어오는 바람 외에는 아무것도 없는 호젓한 새벽길을 혼자 달리면서, 인생은 단거리 경주가 아니라 마라톤과 같은 장거리 경주라는 생각을 했다.

'그래, 인생은 결코 단거리 경주가 아니야. 1백 미터, 2백 미터를 달리는 단거리 경주가 아니야. 인생은 마라톤과 같은 거야. 40여 킬로미터(1백여 리)가 넘는 먼 길을 쉬지 않고 내달리는 마라톤이야! 그렇다면 나는 지금 인생의 마라톤에서 어디까지 달려온 것일까?

마라톤에는 반환점이 있는데, 나는 그 반환점까지는 달려온 것일까? 아니야! 마라톤에는 되돌아가야 하는 반환점이 있지만 인생의 마라톤은 한번 출발하면 다시 되돌아갈 수 없잖아. 그러니 인생의 마라톤에는 반환점이 없는 거야. 그렇다면 나는 앞으로 얼마나 더 달려야 우승의 기쁨을 맛볼 수 있게 될까? 과연 지금 내가 가고 있는 이 길이 우승을 향한 올바른 길일까? 혹시 엉뚱한 길로 잘못 들어와 미로 속을 빙빙 돌며 방황하고 있는 것은 아닐까?

기나긴 인생길에 비하면 마라톤은 오히려 더 편한 것인지도 모르겠다. 선명하게 새겨진 이정표를 보면서 수많은 관중의 박수와 환호를 받으며 탄탄하게 닦인 아스팔트 위를 달리는 마라톤에 비하면 인생길은 얼마나 지난한 길이란 말인가? 낡은 이정표조차 없는 험하고 어두운 길에서 태산 같은 고통과 가시밭 같은 괴로움을 참아 넘기며 보이지도 않는 결승점을 생각하며 묵묵히 달려가야 하는 인생길. 자칫 잘못하면 결코 두 번 다시는 뛸 수 없는 끝없는 나락으로 떨어질지도 모른다는 불안감과 공포 때문에 우리는 인생의 갈림길에서 또 얼마나 수많은 불면의 밤을 보내야 한단 말인가?

그러나 나는 이 길을 열심히 달리겠다. 아버지가 돌아가신 후 지난 10여 년 동안 그 험하고 굴곡 많은 산길을 묵묵히 달려온 것처럼, 우승의 결승점이 보이는 그 순간까지 멈추지 않고 뛰고 또 뛰어갈 것이다.'

내가 매일 새벽 세 시에 아무도 없는 캄캄한 북한산에 올라가 운동을 한다는 사실을 알게 된 양 사범은 어느 날 이런 말을 했다.

"너 미쳤어? 잘 먹지도 못하고 코피까지 줄줄 흘려가면서 공부하는 힘든 처진데, 무슨 정성이 하늘로 뻗쳤다고 그 이른 새벽에 산에는 왜 올라가는 거야. 도대체 힘이 남아도는 거야? 왜 그래?"

두 눈을 휘둥그레 뜨며 나에게 반문을 하는 양 사범에게 나는 이런 말을 했다.

"나는 절대로 힘이 남아돌아서 산에 오르는 게 아니야. 잠잘 시간이 충분해서 그러는 것도 아니고 오히려 힘을 더 내기 위해 새벽산에 오르는 거야. 나는 그렇게라도 해야 더 힘이 솟아."

"이런 독종! 그건 오기야! 계속 그런 식으로 살면 잘못하다간 쓰러져. 네가 쓰러져 버리면 공부고 뭐고 다 그만이라구! 아무 소용없는 거야."

"그래! 맞아. 이건 오기야! 허지만 오기라도 없으면 난 지금 당장 쓰러져 죽어버릴지도 몰라. 이 오기라도 있기 때문에 내가 지금 이렇게 살 수 있는 거야……"

이처럼 열심히 노력한 덕분이었는지 나는 그해 여름(1982년 8월6일) 여의도고등학교에서 실시한 대입 검정고시에 합격할 수 있었다.

합격자를 발표하던 날 아침. 여의도고등학교 교정에서 내 수험번호인 0001번을 확인하는 순간, 나는 뛸 듯이 기뻤다. 그날 나는 고등학교 졸업장을 따냈다는 즐거움보다는 이제 대학 입학시험에 응시할 자격이 생겼다는 사실 때문에 더욱 기뻤다. 비록 다른 사람들보다는 몇 년이 늦었지만, 나도 대학생이 되어 그토록 하고 싶었던 공부를 원 없이 해볼 수 있게 된다는 기쁨에 숨이 막힐 정도였다.

나는 내친 김에 아예 대입 종합학원 야간반에 편입하기로 결심했다. 대학입시가 몇 달 남지 않았기 때문에 이젠 제대로 공부를 해야겠다고 마음먹었던 것이다. 그리고 주간에 예비군들을 상대로 책을 파는 시간을 줄이는 대신 시립도서관에 앉아 문제 푸는 시간을 많이 늘렸다.

나이가 벌써 스물여덟이니 금년이야말로 내가 대학에 갈 수 있는 마지막 기회라는 절박한 심정이 들었다. 그래서 앞으로 남은 4개월여 동안을 혼신의 힘을 다해 공부에만 매진하기로 독한 결심을 했다.

나는 1분 1초가 아쉬운 공부 시간을 조금이라도 더 얻기 위해 이 기간 동안은 신앙과도 같은 새벽운동도 잠시 쉬기로 마음먹었다. 새벽에 일어나면 산으로 오르는 대신 아침식사 전까지 영어와 수학을 집중적으로 공부했다. 아침식사를 하고 난 후에는 별다른 일이 없는 한 동대문에 있는 월부책 사무실로 출근하지 않고 곧장 시립도서관으로 향했다. 그리고 저녁에는 신설동에 있는 대입종합반에서 밤 열 시까지 수업을 받았다.

실로 오랜만에 시간 제약을 받지 않고 집과 도서관과 학원을 오가며 집중적으로 공부를 하게 되니 실력도 쑥쑥 늘고 학습능률도 많이 좋아졌다. 나는 그야말로 미친 듯이 책 속으로 빠져들었다.

그러던 어느 날. 나는 밤 열한 시가 다 되어 파김치가 된 무거운 몸을 질질 끌면서 집으로 돌아왔다. 저녁을 미처 못 먹은 나는 방으로 들어서기가 무섭게, "어머니! 밥 좀 주세요."라고 말했다. 그런데 어머니는 밥을 차려달라는 내 이야기에 전혀 반응을 보이지 않고 방 한쪽 구석에 앉아 무언가를 골똘히 생각하고 계셨다.

나는 옷을 벗으며 어머니에게 한 번 더 저녁상을 봐달라는 부탁을 했다. 그제야 어머니는 나를 돌아보며 난감한 표정을 짓더니 맥이 풀린 목소리로 말했다.

"효준아, 오늘은 수제비를 먹어야겠다."

어머니의 힘없는 음성을 듣는 순간 나는 속으로 '아차!' 하는 생각이 들었다. 얼른 부엌 구석에 있는 쌀통을 열어 보았다. 아니나 다를까, 쌀통은 텅텅 비어 있었다. 그 순간 나는 어머니 얼굴을 정면으로 바라보기가 너무나 민망했다. 장남인 내가 집안 살림에 이렇게 무신경했으니.

하기야 쌀이 떨어질 만도 했다. 금년 여름부터는 어머니 건강이 점점 나빠져 화장품 장사를 쉬는 날이 꽤 많았다. 게다가 내가 버스에서 이따금 예비군들에게 책을 팔아서 버는 돈이라고 해봐야 학원비와 책값, 버스비를 제하고 나면 반찬값을 겨우 보탤 정도에 불과했다.

동생들 역시 낮에 사무실의 사환으로 버는 쥐꼬리만한 돈으로는 한 달 학비와 차비를 충당하기에도 빠듯했을 것이다. 막내도 벌써 국민학교 6학년이 되었다. 여자 아이기 때문에 들어가는 돈은 점점 많아지는데 버는 수입은 제자리걸음만 하고 있었다.

그렇다고 해서 대학을 결코 포기할 수는 없었다. 금년이 나에게는 대학에 갈 수 있는 마지막 기회라는 절박한 생각이 들었기 때문이다.

"자, 수제비 먹어라."

어머니는 수제비 한 그릇을 힘없이 퍼주고는 밖으로 훌쩍 나가 버린다. 나는 무거운 마음으로 밥상 앞에 앉아 천천히 수제비를 떠먹기 시작했다. 그때 두 남동생이 무거운 가방을 들고 핼쑥한 얼굴로 들어왔다.

"큰형! 어머니는?"

"응, 밖에 바람 좀 쐬러 나가셨는가 보다. 어서 들어오너라."

"아이! 배고파 죽겠는데. 밥이나 좀 차려주고 나가시지."

"커다란 녀석이 꼭 어머니가 계셔야 되냐? 저기 솥 안에 수제비 있으니까, 두 그릇 떠서 들어오너라."

"아니, 왜? 밥은 없고 수제비를 먹으라는 거야?"

"응, 쌀이 그만 떨어졌단다."

내 말에 두 남동생의 입이 고릴라처럼 툭 불거져 나오더니 갑자기 씩씩거리기 시작했다.

"왜 그러니? 예전에는 수제비도 없어서 못 먹었잖아."

'쾅!' 소리를 내며 솥뚜껑을 신경질적으로 닫은 동생들은 방으로 들어오더니 자리에 앉지도 않고 내 곁에 섰다.

"큰형은 수제비가 입에 들어가나?"

"이 녀석이…… 밥이 없으면 수제비라도 먹어야지. 어떻게 하자고 그러는 거야?"

"돈을 벌어야 할 거 아냐! 돈을!"

동생이 고함을 버럭 질렀다.

"이 자식 봐라? 아무리 벌어도 안 벌리는 돈을 어떻게 벌란 말이야. 그러면, 한밤중에 남의 집 담이라도 넘어야 속이 후련하단 말이냐?"

"아니, 큰형이 돼 가지고 집에 쌀이 떨어지도록 가만히 있는다는 게 말이 되는 거야?"

"이 녀석아! 누구는 돈을 벌기 싫어서 안 버니? 네가 알다시피 낮에는 책팔러 매일 나가잖아. 그래도 책이 잘 안 팔리는 걸 어떡하란 말이야?"

나는 내가 낮에 도서관에서 공부한다는 사실을 동생에게 숨기고 이야기했다.

"낮에 책이 안 팔리면 밤에 다른 일을 해서라도 돈을 벌어 와야 될 거 아냐?"

"야! 임마! 너도 지금 야간에 공부를 하고 있으면서 말을 그따위로 하는 거야? 내가 평생 월부 책이나 팔면서 살라는 거니. 제대로 된 직장을 구하려면, 나도 대학을 가야 할 거 아냐? 대학을……."

나는 숟가락을 밥상 위에 탁 놓으며 뒤로 물러앉았다.

"뭐라고? 형이 대학을? 우리 형편에 고등학교라도 나왔으면 된 것이지, 그 나이에 무슨 대학이야? 큰형이 정 그렇게 나온다면 나도 내일부터 당장 학원 그만두고 어디 공장에라도 취직해서 돈을 벌겠어."

"네가 정신이 있는 놈이야, 없는 놈이야? 여태껏 얼마나 어렵게 공부를 해왔는데, 지금 그만둔다는 거야?"

"왜 말이 안 돼? 이런 식으로 공부해서 난들 좋은 대학에 들어갈 수 있을 것 같애? 남들은 3년 동안 머리를 싸매고 열심히 공부해도 좋은 대학에 들어가네 못 들어가네 하는데, 나는 이게 뭐야? 온종일 학원 안에서 청소하랴, 등사기로 시험지 인쇄하랴, 온갖 심부름을 다 해야 하고. 저녁때가 되어야 겨우 단과반에서 수업을 받는데, 그것도 선생님들이 수업 들어오시기 전에 마이크 설치해야지, 분필하고 지우개 준비해 두어야지, 물 떠 놓아야지, 수업 중에는 칠판 지워야지, 지우개 털어야지……, 도대체 공부가 제대로 되는 줄 알어?"

동생은 시내에 있는 대입학원에서 주간에 사환일을 보고 그 대가로 야간에 단과반에서 무료로 수업을 듣고 있었다.

"그리고 공부를 아무리 열심히 해봐야 무슨 소용이 있어? 한 달 방세 3만 원도 제대로 못내는 주제에 대학 등록금은 어떻게 마련한단 말이야? 조금 전에 골목으로 들어오다가 집주인 아줌마를 만났는데 인사를 해도 아예 모른 척하더라. 그게 다 뭣 때문인지 알아? 벌써 월세가 6개월치나 밀려서 집 보증금을 거의 다 까먹게 되었으니, 어느 주인이 우리를 좋아하겠어? 며칠 전에 집주인이 어머니한테 이달 말까지 월세를 못 내면 아예 방을 비우라고 하더라. 집안 살림이 이런 판국인데 형은 무책임하게 공부만 하면 되는 거야?"

나는 점점 할 말이 없어졌다.

"형이 우리 집의 장남인데, 군대까지 갔다 왔으면 어서 돈을 벌어서 집안을 일으켜 세워야지. 제대한 지가 벌써 3년이 다 되어 가는데 아직도 대학에 가겠다며 책을 붙잡고 앉아 있으면 어떻게 되는 거야? 도대체 큰형은 어느 세월에 대학 졸업하고, 언제 취직해서, 돈을 벌어온단 말이야. 형! 제발 정신 좀 차려라!"

나는 그만 두 눈을 질끈 감아버렸다. 사실 동생의 이야기는 구구절절 옳은 말이다. 스물여덟 살이나 된 놈이 홀어머니와 동생들 보살필 생각은 안 하고 뚱딴지처럼 대학에 가겠다고 몸부림만 치고 있으니. 나는 장남 구실도 제대로 못하고 있다는 깊은 자괴감 때문에 밖으로 슬며시 나왔다. 컴컴한 골목을 막 돌아가는데 산에서 내려오시는 어머니를 만났다.

"어머니! 어디 다녀오세요? 밤이 깊었는데……."

"응, 하도 답답해서 밖에 좀 나와 봤다. 어디 가서 돈이라도 빌려 볼까 했는데, 너나없이 모두 다 가난한 사람들이니 돈 빌려 줄 사람도 없고. 할 수 없지. 내일부터 내가 장사라도 다시 나가보는 수밖에."

그날 어머니가 땅이 꺼져 내려앉을 듯한 긴 한숨을 연거푸 내리쉬며 어깨를 축 늘어뜨린 채 집으로 들어가는 뒷모습을 바라보는 내 마음은 너무나 무거웠다. 나는 어머니에게 드릴 말씀이 아무것도 없었다.

'어머니! 정말 죄송합니다. 도대체 공부가 무엇이기에 아버지가 돌아가신 지 벌써 10여 년이 흘렀는데도 왜 난 아직도 미련을 못 버리고 이렇게 몸부림을 치고 있다는 말입니까? 도대체 내가 장차 무엇이 되려고 이토록 모진 세파에도 식을 줄 모르는 향학열로 온 정신을 시뻘

젊게 달구며 배움의 가파른 언덕길을 힘겹게 기어오른단 말입니까?'

나는 그저 공부가 좋고, 공부하는 그 순간이 즐거울 뿐이다. 아무리 세상살이가 쓰리고 고달파도 공부하는 그 순간만 되면 마음이 편안해지고 보랏빛 꿈으로 가슴이 한껏 부풀어 오르게 된다. 그러니 이 일을 어떡한단 말인가?

그날 이후에도 나는 공부를 결코 멈출 수는 없었다. 비록 가슴은 아프고 속은 쓰렸지만 새벽이면 눈을 뜨자마자 변함없이 책부터 잡았고, 낮에도 어머니와 동생들에게는 책을 팔러 나간다고 거짓말하고는 시립도서관으로 곧장 올라갔다.

그리고 저녁이면 어김없이 학원에 앉아 막바지 시험 준비에 몰두했다. 돈도 없고, 전문적인 기술도 없는 내가 성공하기 위해서는 오로지 열심히 공부해서 대학에 진학하는 길 외엔 없다고 생각했던 것이다. 나는 지금은 비록 힘들고 괴롭지만 열심히 인생을 준비해 나간다면 언젠가는 좋은 일이 일어날 것이라는 강한 희망을 갖고 있었다.

그런데 갑자기 큰 사고가 터져 버린 것이다. 토요일이라 학원 수업이 일찍 끝난 날이었다. 나는 집에 가서 공부할 요량으로 7시가 조금 넘어서 정릉으로 향했다. 어두컴컴한 골목길을 걸어 올라온 나는 부엌문을 삐그덕 밀며 집안으로 들어섰다. 그런데 여느 때 같으면 저녁식사 준비로 한창 부산해야 할 부엌이 쥐죽은 듯 조용했고 부엌 바닥에는 식구들 신발이 하나도 없는 게 아닌가? 방문을 덜컥 열어 보니 컴컴한 방안에 아무도 없다.

나는 갑자기 이상한 생각이 들었다. 어머니가 화장품 대리점에서 아직 안 들어 오셨으면 막내 여동생이라도 있어야 하는데, 방안에는 불이 꺼져 있고 막내마저 없다니.

"아이고! 이 집 큰아들 왔구먼!"

바깥쪽 부엌문이 급히 열리더니 옆방에 사는 아주머니가 불쑥 나타났다.

"큰일났어! 어머니가 길에서 쓰러지셨대…… 어서, 병원에 가봐!"

"예? 어머니께서요?"

"그래! 아까 오후에 화장품 대리점에서 급하게 연락이 왔는데, 화장품 가방을 들고 계단을 내려가시다가 갑자기 기절을 해버렸데. 동생들도 모두 병원에 가 있으니까 어서 그곳으로 가봐. 자, 이게 병원 전화번호야."

아닌 밤중에 홍두깨 같은 소리였다. 너무나 놀란 나는 버스정류장 쪽으로 정신없이 뛰어 내려갔다. 그곳에서 병원으로 향하는 내내 나는 속이 바싹바싹 타들어가는 것 같았다. 나는 이 세상 그 누구보다도 착하게 살아온 어머니에게 그저 아무런 일이 없기만을 간절히 기도하면서 병원으로 달려갔다.

병원으로 허겁지겁 들어가니 어머니는 소독약 냄새가 물씬 풍기는 응급실 한쪽 구석에 죽은 듯이 누워 계셨다. 새하얗게 질린 얼굴은 마치 해골처럼 핼쑥하게 보였고 힘없이 늘어진 팔에는 링거 주사가 생명줄처럼 꽂혀 있었다. 나는 링거를 꽂고 하얀 가운을 입은 채 응급실 침대 위에 파리한 모습으로 쓰러져 있는 어머니의 모습을 보는 것만으로도 괴로워 미칠 지경이었다.

그때 의사 선생님이 나에게로 다가오셨다.

"자네가 보호자인가?"

검은 뿔테 안경을 쓴, 나이가 지긋해 보이는 의사 선생님은 심각한 얼굴로 천천히 입을 열었다.

"자네 어머니가 쓰러진 걸 동네 사람들이 이곳으로 빨리 옮겼기에 망정이지, 조금만 늦었어도 장례 치를 뻔했네! 지독한 영양실조에다 저혈압이야. 그리고 과로도 많이 겹친 것 같아. 일단 응급조치를 취해서 위험한 고비는 넘겼지만 한동안 병원에서 경과를 지켜봐야 하네.

그리고 퇴원하면 절대 휴식과 안정을 취해야 하네. 자네 어머니를 살리고 싶으면 지금 당장 화장품 장사를 그만두시도록 하게! 아니, 저렇게 쇠약해진 몸으로 무거운 화장품 가방을 들고 장사를 하게 하면 어떡하나? 이렇게 장성한 아들이 있으면서 말이야."

나는 참담한 심정이었다. 의사 선생님의 말이 내 가슴 한복판을 비수처럼 파고들었다. 싸늘한 침대 위에 홀로 누워 실낱 같은 생명을 이어가고 있는 어머니를 바라보며 사죄의 통곡을 했다.

비통한 심정으로 한참 동안 눈물을 흘리던 나는 어머니를 덮고 있던 하얀 이불을 천천히 들어 올렸다. 이불 속에 있는 어머니의 다리. 그것은 여인의 다리가 아니었다. 툭 불거져 나온 무릎관절. 굳은살이 두껍게 박인 발바닥. 낙엽이 다 떨어진 나무등걸처럼 말라비틀어진 정강이……. 무거운 화장품 가방을 양손에 들고 산동네를 얼마나 오르내렸으면 이토록 험하게 되었을까?

'어머니, 이 아들이 죽일 놈입니다. 어머니가 이토록 혹사당하는 것도 모르고, 나는 대학에 들어가겠다며 장사도 제대로 안 나가고 생활비도 조금밖에 안 갖다 드렸으니.'

하루빨리 돈을 벌어 고생하는 가족들을 도와줄 생각은 하지 않고 대학에 들어가겠다고 설쳐댄 나의 이기적인 행동이 너무나 후회막급이었다. 사실 우리 집의 가정 형편은 아버지가 돌아가신 1970년대 초와 조금도 나아진 게 없었다.

1980년대에 접어들면서 그동안 지속된 고속 경제성장으로 인해 한국 사회는 전반적으로 풍요로워지고 가난의 때를 조금씩 벗어갔다. 대도시에는 아파트 붐이 일고, 동네 곳곳에 대형 갈비집이 우후죽순으로 들어서고, 거리에는 우리 기업들이 만들어낸 국산 승용차들이 힘차게 질주하고…….

그러나 대한민국의 경제 성장과 우리 집 경제 상황은 아무런 관계가 없었다. 오히려 반비례 하는 듯했다. 우리 삼형제가 새벽부터 밤늦도록 열심히 일을 하는데도 불구하고, 우리 집은 10여 년 전과 똑같이 산동네 빈민촌에 단칸 월세방을 얻어 살면서, 절대빈곤의 질곡 속에서 그저 생존에만 급급한 거지발싸개 같은 삶을 유지하고 있었다.

'홀어머니를 이 꼴로 만든 불효자식이 대학은 무슨 대학이고, 공부는 또 무슨 공부냐? 모두 다 배때기에 기름낀 놈들이나 하는 개수작이지……. 이제 그만 정신 차리자. 나는 돈을 벌어야 해! 돈을!

내가 지금 공부를 해서 도대체 어느 세월에 대학에 입학하고 회사에 취직한단 말이냐? 그때가 되면 어머니는 이미 돌아가시고 안 계실 것이다. 그리고 동생들도 이 어려운 환경 속에서 고학으로 검정고시 준비를 하고 있는데, 큰형인 내가 당연히 도와주어야 하는 것 아니냐?

그래! 이까짓 공부에 더 이상 미련을 두지 말자. 자칫하면 굶어 죽었을지도 모르는 환경 속에서 이 정도라도 공부했으면 나로서는 정말 최선을 다한 것이다. 이제는 더 이상 아무런 쓸모없는 자존심에 더 이상 매달리지 말고 두 팔 걷어붙이고 당장 돈을 벌러 나가자! 돈을!'

꺾인 야망

1988년 겨울, 나는 마른 먼지만 폴폴 날리는 빈 호주머니를 힘없이 뒤적이며 차가운 겨울 바람이 온종일 불어대는 얼어붙은 서울 거리를 쓸쓸하게 배회하고 있었다.

그때 나는 또다시 입대하기 전과 같은 빈털터리 처지가 되고 말았다. 그러나 이번에는 문제가 더욱 심각했다. 내가 생계를 책임져야 할 식구들이 어머니와 여동생과 두 아이와 아내까지 합해서 모두 여섯 명이었기 때문이었다. 게다가 빚까지 짊어져 사채업자의 빚 독촉이 이만저만 심한 게 아니었다. 무슨 일이 있어도 가족들의 생활비를 모두 내가 벌어야 하는데다, 갚아야 할 빚마저 수천만 원이 넘었으니 사태는 이만저만 심각한 게 아니었다.

'어쩌다가 일이 이 지경으로 꼬였을까? 도대체, 어쩌다가……'

나는 수많은 밤을 깊은 한숨과 후회어린 눈물로 지냈고, 결국 내가 사업을 하거나 돈을 버는 일에 적합하지 않은 사람이라는 결론에 이르렀다.

'그래! 나는 이런 일에 전혀 어울리지 않는 사람이었어! 내가 추구해야 할 길은 따로 있었어. 그런 것도 모르고 나는 주제넘게도 돈을 벌어서 부자가 되어 보겠다는 허황된 꿈을 갖고 있었던 거야. 내 주제에 사업은 무슨 사업이야. 나는 계속 가난하고 궁상맞게 살아야 할 사람이었어.'

나는 어깨를 축 늘어뜨린 채 서울 거리를 쓸쓸하게 배회하며 자학을 계속했다.

'가난은 나의 숙명이야! 가난은 지금 내가 입고 있는 옷이고, 내가 신고 있는 신발이고, 나를 24시간 내내 따라다니는 내 그림자야. 이 엄연한 사실을 거부하면 안 돼! 겸허하게 받아들여야 해!'

1988년의 한국 사회는 당장이라도 선진국의 문턱을 넘을 것처럼 떠들썩하기만 했다. 사상 처음으로 우리나라에서 올림픽을 치르게 되자 언론과 방송에서는 연일 올림픽에 관련된 보도를 하고, 사회 전체는 올림픽 특수를 타고 흥청망청 호황을 누리고 있었다.

넓은 아스팔트 도로가 곳곳에 새로 놓이고, 88서울올림픽이 열리는 송파 일대에는 고층 아파트가 빠르게 들어섰고, 전국 곳곳에는 최신식 콘도미니엄과 리조텔이 지어지고, 술집은 밤마다 불야성을 이루었다. 그러나 그 무렵 우리 식구들의 경제 상황은 오히려 거꾸로 진행되고 있었다. 그야말로 최악의 인생을 맞이하고 있었다.

나는 1984년 초에 결혼을 했다. 하루에도 두세 가지의 직업을 전전하면서 가족들의 생계를 위해 오직 앞만 바라보며 참으로 열심히 살았다. 그 와중에도 공부에 대한 미련을 버리지 못한 나는 방송통신대학교 국문학과에 입학했다. 비록 두 아들이 태어나 가족이 더 늘었지만, 좀 더 나은 미래를 준비하기 위해서는 반드시 대학교를 졸업해야겠다고 생각했다.

나는 총각 때와 마찬가지로 밤낮 가리지 않고 이른 새벽부터 늦은 밤까지 땀 흘려 열심히 일했다. 그러나 결과는 대단히 참혹했다. 그동안 심혈을 기울여 추진했던 일들이 모두 실패하는 바람에 내가 떠안아야 했던 거액의 사채를 갚기 위해 매일같이 허덕이고 있었고, 또한 그 와중에서도 여섯 식구의 생활비를 나 혼자 벌어야 했다. 게다가 월사금을 제대로 못낸 막내 여동생이 은광여고를 중퇴하는 바람에 신설동 고려학원의 대입 검정고시 학원비까지 매월 마련해야 했다.

사업 실패의 극심한 후유증 때문에 이중삼중으로 고통을 겪고 있던 나는 가족의 생존을 위해서라면 아무 직업이라도 가리지 않고 무엇이라도 열심히 해야 했다. 그 즈음에 나는 도둑질과 강도짓 빼 놓고는 무슨 일이라도 하지 않으면 안 될 정도로 최악이었다. 빌딩 경비원, 술집 야간 운전사, 김 행상, 포장마차…….

어느새 꽃피는 봄이 지나고 초여름으로 접어 들었지만 내 마음속은 여전히 한겨울의 시베리아처럼 꽁꽁 얼어붙어 있었다. 나는 지난 몇 년 동안 실패만 거듭하며 점점 더 절망의 구렁텅이로 빠져 들어가던 순간들을 마음속으로 떠올리며 깊은 우울 증세마저 느끼고 있었다. 그러던 중에 엎친 데 덮친 격으로 아내마저도 자꾸 시끄러운 일을 일으켜 그야말로 나를 사면초가의 지경으로 몰고 갔다.

당시 아내는 세 살과 다섯 살 된 두 아이를 키우고 있었는데, 자꾸만 밖에 나가 무언가를 배우고 싶어 했다. 처음에는 다소 무리가 되더라도 그렇게 하는 것을 허락했다. 그래서 종로에 있는 의상학원에 나가 패션을 공부하기도 하고, 문화센터에 나가 동양매듭이나 지점토, 또는 플루트를 배우기도 했다. 하지만 아내는 어느 것도 오랫동안 지속하지를 못하고 몇 달 만에 중도 포기를 하곤 했다.

금년 여름에는 자신이 국민학교만 졸업한 것이 창피하다면서, 앞으로 검정고시를 준비해서 중학교와 고등학교를 졸업하는 것은 물론이고 대학에도 진학해 보고 싶다는 것이었다. 나는 아직 아이들도 어리고 우리 집 형편도 좋지 않으니 조금만 더 기다려 달라는 이야기를 했으나, 본인의 의사가 워낙 강했다. 나 역시 못 배운 설움을 너무나 잘 알고 있었기 때문에 아내가 공부하겠다는 의지를 무작정 만류할 수만은 없었다. 결국 나는 아내를 신설동 로터리에 있는 고려학원 주간반에 등록을 시켰다.

어머니에게는 '내가 돈을 제대로 못 벌어서 집사람이 보험회사에 좀 다니기로 했다'고 거짓말을 할 수밖에 없었다. 그러자 어머니께서는

'그러면 내가 아침마다 너희 집으로 가서 아이들을 돌봐 줄 테니, 아무 걱정 말아라.' 하시면서, 매일 우리 집으로 출근해서 식사 준비와 빨래 등을 하며 집안 살림을 거들어 주셨다. 어머니에게 맞벌이한다고 거짓말을 한 나는, 부엌에서 일하는 어머니 얼굴을 볼 때마다 미안하고 죄스러운 심정이었다.

이처럼 거짓말을 해서라도 검정고시 학원을 다니는 아내가 공부라도 열심히 해주었으면 좋으련만, 얼마 전에는 오히려 더 큰 사고를 쳐서 나를 무척 곤혹스럽게 만들었다.

"얘야, 네 처가 왜 이렇게 안 들어오는 거냐? 벌써 밤 열한 시가 다 되어 가는데."

아이들을 다 재우고 거실로 나온 어머니는 불안한 눈으로 연방 벽시계를 바라보며 걱정스러운 표정을 지었다.

"도대체 보험회사에서는 몇 시에 퇴근하는데, 전화 연락도 없는 거니? 이거 혹시 무슨 사고라도 난 게 아니야?"

"회사에서 회식이라도 하면 조금 늦는 수가 있으니 너무 걱정하지 마세요. 곧 들어오겠지요."

막상 말은 그렇게 했지만, 마음속은 여간 초조한 게 아니었다. 주간반 수업이 아무리 늦어도 4시 이전에는 끝나는데 밤 열한 시가 다 되도록 귀가를 하지 않으니, 아무리 생각해도 무슨 변고가 생긴 게 틀림없었다. 도대체 이 시간까지 돌아오지 않을 이유가 없었던 것이다. 아무리 버스길이 막힌다고 하더라도 신설동에서 목동까지 두 시간이면 충분한 거리인데, 전화도 한 통 없다니.

그때 전화벨이 요란하게 울렸다. 나는 수화기를 급히 집어 들었다.

"저, 거기가 정희 씨 집인가요?"

수화기로 들려오는 것은 젊은 여성의 음성이었다.

"예, 그런데요. 누, 누구시죠?"

"저, 저는 정희 씨하고 같은 학원에 다니는 학생인데요. 정희 씨가 지금 우리 집에 있어요."

"아, 그래요? 지금 좀 바꿔주시겠습니까?"

"그, 그런데…… 전화를 바꾸기가 좀 곤란해서요. 지금 술에 너무 취해서 인사불성이거든요."

순간 나는 기가 막혀 할 말을 잃을 지경이었다. 일단은 아내가 있는 곳의 전화번호와 위치를 받아 적은 후에 곧바로 천호사거리 근처에 있다는 그 집으로 향했다.

잠시 후, 천호동에 도착해서 그 여학생 집에 들어가 보니 이건 차마 두 눈 뜨고 못 볼 정도로 가관이었다. 언니와 함께 두 여학생이 자취를 하고 있는 단칸방 안에는 술병과 담배꽁초가 어지럽게 널려 있고, 방 한쪽 구석에는 눈이 개개풀린 아내가 나를 못 알아볼 정도로 억병으로 취해서 쓰러져 있었다. 나는 술에 취해 속옷이 다 보일 정도로 널브러져 있는 아내 모습에 경악했다. 그것은 도저히 두 아이를 키우는 주부의 모습이라고 할 수 없었다. 술과 담배에 찌들어 옷매무새마저 마구 흐트러져 있는 그 모습은 흡사 술집 작부를 연상시켰다.

"이 사람이 왜 이러고 있습니까? 공부하겠다며 학원으로 간 여자가 왜 이런 모습이 된 겁니까?"

나는 애꿎은 학생들에게 분노를 터뜨렸다. 나이가 20대 초반 정도밖에 되어 보이지 않는 나이 어린 두 아가씨는 내가 고함을 치며 화를 내자 잔뜩 주눅이 든 표정이었다. 자기보다 훨씬 나이가 어린 아가씨들 앞에서 이런 추태를 보이고 있는 아내의 모습이 너무 수치스럽고 화가 났다. 부아가 잔뜩 치민 나는 술에 취한 아내를 택시에 태우고 집으로 향했다. 술 냄새가 밖으로 빠져 나가게 하려고 창문을 모두 내린 채 강변도로를 달리면서 내 마음은 몹시 착잡했다.

'어떻게 이럴 수가 있단 말인가? 지금 내가 얼마나 힘들어하는지를

누구보다도 잘 알고 있을 아내가 어떻게 이런 추태를 보일 수 있단 말인가?'

나는 아내에게 큰 실망을 했고 너무나 속이 상했다. 내가 얼마나 어려운 상황에서 자기를 공부시키고 있는지 잘 알고 있을 아내가 학원에서 열심히 공부하기는커녕 이런 일을 벌인단 말인가? 무슨 이유로 이러는지 도무지 알 턱이 없었다.

강변도로를 빠져 나온 승용차가 양화대교 쪽으로 막 들어서는데 뒷좌석에 누워 있던 아내가 꼬부라진 혀로 횡설수설하더니 창문 밖으로 뛰어내리겠다며 난리를 피우기 시작했다. 입에 담기조차 어려운 욕설을 마구 해대며 술주정을 하는 아내를 겨우 겨우 달래가며 집으로 들어서자, 어머니가 두 눈에 쌍심지를 켜고는 화를 벌컥 냈다.

"아니, 이게 어떻게 된 일이냐? 가정주부가 술에 엉망이 돼서 들어오다니."

"어, 어머니. 죄송합니다. 지금은 말씀드리기가 곤란하니 내일 말씀드리겠습니다."

"어휴! 이건 또 무슨 냄새야? 너 담배도 피웠냐? 세상이 말세구나! 말세야! 주부가 맞벌이를 한답시고 술에 취해서 새벽 두 시가 다 되어 들어오다니."

이렇게 해서 어머니에게 맞벌이한다는 거짓말을 하고 검정고시 학원으로 공부하러 다녔던 일은 그만 들통이 나버렸고, 아내는 술병이 나서 며칠 동안 누워 있어야 했다.

악몽의 세월은 계속 흘러 1990년 봄이 되었다.

어렵사리 시작한 사업이 망하는 바람에 나는 또다시 알거지가 되었다. 식구들을 모두 데리고 서울에서 가장 방값이 싸다는 신림동의 지하 월세방으로 이사할 수밖에 없었다.

목동에서 신림동으로 이사하고 나서 며칠 후. 나는 당장 갚아야 할 빚과 앞으로 식구들을 먹여 살릴 걱정 때문에 밤이 이슥하도록 잠을 이룰 수가 없었다. 이리저리 몸을 뒤척이다가 나는 잠자리에서 일어나 옆에 잠들어 있는 아내를 살그머니 깨워서 밖으로 나갔다.

문 밖은 이미 캄캄했고 시계는 새벽 두 시를 가리키고 있었다. 우리 두 사람은 미로처럼 꼬불꼬불한 골목길을 지나서 언덕 위로 천천히 올라갔다. 저 멀리 한강이 내려다 보이고 가로등이 밝혀진 강변도로 위에는 헤드라이트를 환하게 밝힌 차들이 빠른 속력으로 질주하고 있었다.

우리 두 사람은 뒤쪽 관악산에서 불어오는 산바람을 맞으며 나무 옆에 쪼그려 앉았다. 무거운 침묵이 한참 흐른 뒤에 먼저 말을 꺼낸 것은 나였다.

"여보! 이대로는 도저히 안 되겠어. 우리, 멀리 떠나자."

내 말에 아내가 어깨를 움찔거리며 내 얼굴을 말없이 바라본다.

"서울에서 이렇게 살아봐야 남의 빚을 갚는 것은 고사하고, 식구들 생활하기도 빠듯하잖아. 이러다가 만약 내가 무슨 사고라도 난다면 당신은 어린 아이들을 데리고 어떻게 살아갈 거야? 또, 어머니와 여동생은 어떻게 되겠어? 내가 하도 답답해서 며칠 전에 음성에 계시는 안 영감님께 전화를 드렸더니, 서울에서 그렇게 고생하지 말고 당장 내려오라는 거야!"

"아니, 가진 게 하나도 없는데 그까짓 시골로 내려간다고 무슨 뾰족한 수가 생긴대요?"

집에서 나올 때부터 잔뜩 심통이 난 사람처럼 입술이 불쑥 튀어나와 있던 아내가 볼멘소리를 냈다.

"음성에서 남쪽으로 30분 정도 내려가면 초평저수지가 있는데, 그곳에 가면 우리가 살 만한 시골집이 한 채 있다더군. 그 저수지는 주위 경치도 좋고 낚시꾼들도 많이 와서 민물매운탕을 끓여 파는 식당들이 제법 잘 된대. 마침 그 호수 주변에 영감님 친척이 살던 집이 비었다는 거야. 얼마 전 청주로 이사를 갔다더라고.

영감님 말씀이 그 집을 무료로 쓸 수 있게 친척에게 얘기해 놓을 테니까 나보고 잘 수리해서 매운탕 장사를 한 번 해보라는 거야. 앞으로 몇 년간 열심히 장사하면 우리 식구 생활비는 물론이고 빚도 조금씩 갚아나갈 수 있을 거래."

"그러면 나보고 그 시골에 내려가서 매운탕 장사를 하라는 거예요?"

"여보, 아직 아이들도 어리니 시골에 가서 한번 살아봅시다. 복잡하고 삭막한 여기보다는 숲과 호수를 실컷 볼 수 있는 시골이 아이들의 정서에도 오히려 더 나을 거요. 그 집 뒤쪽에는 농사지을 땅도 천여 평 있다고 하니 웬만한 채소는 가꾸면서 살 수 있을 거고.

여보, 우리는 아직 젊지 않소? 지금은 내가 이렇게 고꾸라져 있지만, 이대로 주저앉을 사람이 아니라는 것을 당신도 잘 알지 않소. 우리 시골에 내려가서 넉넉잡고 10년만 고생합시다. 그러면 그동안 열심히 노력해서 보란 듯이 재기하겠소. 여보! 아이들이 중학교 졸업할 때까지만 허리띠를 꽉 졸라매고 억척스레 노력하면, 충분히 다시 일어날 수 있을 거요. 그렇게 되면 그때 다시 서울로 이사 와도 되지 않겠소?"

아내는 아무런 대꾸도 하지 않고 심각한 표정으로 무언가를 골똘히 생각하더니, 샛별이 남쪽 하늘에서 환하게 빛나는 새벽녘이 되어서야 내 의견에 마지못해 동의를 했다.

나는 이사 갈 준비에 즉시 착수했다. 집주인에게 자초지종을 설명하고 우리 방을 될 수 있는 대로 빨리 빼달라는 부탁을 했다. 그리고 음성의 안 영감님께 전화를 해서 방이 빠지는 대로 초평저수지로 곧 내려가겠다는 말씀을 드렸다. 또 목동에 반지하실 방을 얻어서 따로 살고 계시는 어머니에게도 연락을 해서 내가 시골로 내려가더라도 생활비와 여동생 학비는 틀림없이 꼭꼭 부쳐드릴 테니 아무 염려 하지 마시라는 이야기를 전했다.

드디어 6월 초, 우리 방은 사글셋방이라서 이사 올 사람이 생각보다 쉽게 결정된 모양이었다. 집주인은 6월 중순까지 이사 갈 준비를 하라는 연락을 해왔다. 그날 나는 이사 갈 날이 일주일밖에 남지 않았기 때문에 무척 홀가분한 심정으로 퇴근을 했다.

신림동 버스 종점에서 내린 나는 아이들에게 먹일 과일과 저녁에 반찬으로 먹을 오이와 당근을 양손에 사들고 집으로 향했다.

부엌문 앞에 서서 식구들을 큰 소리로 불렀으나 아무런 응답도 들려오지 않았다. 게다가 집안에는 불까지 꺼져 있었다. 갑자기 이상한 생각이 든 나는 방안의 불을 켜고는 부엌, 화장실, 집 뒤의 장독대까지 한 바퀴 둘러 봤다.

'허참! 이상하네. 다들 어디로 갔나. 혹시, 놀이터에 갔나?'

우리 집 뒤쪽에 어린이 놀이터가 있었는데 아이들이 그곳에서 자주 놀곤 했었다. 나는 아내가 아이들을 데리고 그곳에서 놀고 있을 거라는 생각이 들었다. 편안한 옷으로 갈아입고는 슬리퍼를 신은 채 놀이터가 있는 언덕길을 천천히 올라갔다. 그러나 어두워지기 시작한 호젓한 놀이터엔 적막만이 흐르고 있을 뿐이었다. 사람의 흔적이라곤 아무

데도 없었다.

'혹시 저녁 찬거리를 사러 시장에 내려갔나? 아니면 나를 기다린다고 버스정류장에 서 있는 게 아닌가?'

이런 저런 생각을 떠올리며, 나는 다시 동네로 내려갔다. 그래서 시장, 버스정류장, 동네 가게를 기웃기웃거리며 식구들을 찾기에 여념이 없었다.

어느새 밤 열 시가 훌쩍 넘어버렸다. 동네 골목을 고샅고샅 다 뒤져도 식구들을 찾지 못한 나는 결국 혼자 집으로 터벅터벅 돌아왔다.

나는 아내의 친정집, 친구집, 친척집으로 열심히 전화를 걸기 시작했다.

밤 열 시 반이 조금 넘어서 인천에 사는 처형과 통화가 되었다. 내 목소리를 알아본 처형의 음성은 조금 떨리고 있었다.

"혹시 집사람 거기에 없습니까?"

"여, 여기 있어요……."

"거기 있어요? 그러면 아이들도 함께 있어요?"

반가운 마음에 나도 모르게 목소리가 조금 커졌다.

"예, 여기 있어요. 아까 초저녁에 우리 집에 놀러 왔다가 너무 늦어서 그만……."

"아니, 그럼 거기 있다고 전화라도 해줘야 할 것 아닙니까? 빨리 좀 바꿔 주세요."

"그, 그런데…… 지금은 욕실에서 샤워하고 있어서 전화를 받을 수가 없어요. 아이들도 막 잠들었고요."

"그러면 샤워 끝나는 대로 빨리 전화하라고 전해 주세요."

나는 아내와 아이들이 처형집에 있다는 말에 적이 안심이 되었다. 그러나 처형의 그 말은 거짓말이었다. 다음날 아침에 눈을 뜨자마자 처형집으로 전화를 해서 가겠다고 했더니, 처형이 그제야 사실을 털어

놓는 거였다.

"사실은 아이들을 여기 놓아두고 집을 나갔어요."

"예? 집, 집을 나갔어요? 아니, 왜?"

그로부터 열흘 후. 나는 세 살과 다섯 살박이 어린 두 아들을 두고
가출한 아내를 찾기 위해 서울 시내를 구석구석 헤매기 시작했다. 누
군가 내 아내가 목동아파트 단지 상가에서 장사하던 어느 노처녀와 함
께 잠실 새마을시장 안에서 의상실을 하고 있다는 연락을 해왔다. 수
소문 끝에 그 의상실로 달려갔더니 며칠 전에 문을 닫고 다른 곳으로
이사를 갔다는 게 아닌가? 그때부터 집사람과 나의 숨바꼭질은 숨 가
쁘게 계속되었다.

4.

절망 속에서 만난 안토니오 꼬레아

1991년 2월 중순. 나는 집나간 아내를 찾아 헤매다가 어느새 내 고향 부산까지 내려오게 되었다! 그러나 부산에 한 달째 머물면서 시내 곳곳을 샅샅이 헤매고 다녔으나 도무지 종적을 찾을 길이 없었다.

지난 8개월 동안 오직 아내를 찾겠다는 일념으로 전국을 헤매다 보니 머리카락은 미처 깎지를 못해 어깨까지 내려오는 장발이었고, 수염은 산돼지 털처럼 텁수룩했다. 게다가 허구헌 날 술과 담배에 찌들어 살다 보니 건강도 점점 나빠졌고 깊은 우울증에 빠져들기 시작했다. 결국 외로움과 좌절감 속에서 몸부림치던 나는 점점 자포자기의 심정이 되고 말았다.

며칠째 잠을 못 이루고 술만 억병으로 마셔대던 나는 끝내 자살을 생각했다.

'그래, 죽자! 죽어…… 이렇게 폐인이 되어 병신처럼 사느니, 차라리 콱! 죽어버리자.'

극심한 좌절과 실망감에 결국 자살을 결심한 나는 다음날 아침 초량 뒷골목에 있는 허름한 여인숙에서 나오는 길로 곧장 함양행 시외버스를 탔다. 지리산 서북쪽의 높은 고원지대에 위치한 함양은 우리 선산이 있는 곳이었다. 그곳에는 돌아가신 조부, 증조부, 고조부의 묘소가 양지바른 수리봉 아래에 나란히 모셔져 있었다.

진주를 거쳐 함양읍에 내린 나는 시장에 들어가서 농약 한 병과 소주 세 병을 샀다. 그리고는 다시 지곡면으로 들어가는 완행버스로 갈아탔다. 버스는 도로를 따라 북쪽으로 계속 올라갔다. 30분 가까이 달려온 버스는 일두 정여창 선생의 구옥이 있는 지곡면 사무소를 지나 조상들의 묘소가 있는 수리봉 앞에 나를 내려주었다.

나는 혹시 이 동네에 살고 있는 친척들의 눈에 띌까 봐 주위를 두리번거리며 오솔길을 따라 산 위로 올랐다. 잡초가 무성한 조상들의 무덤 앞에 큰절을 올리고 풀밭에 힘없이 앉은 나는 커다란 종이봉투 속에서 술병과 농약병을 꺼내 놓았다.

나는 소주병을 들어 입 속으로 콸콸 쏟아 부었다. 도저히 맨 정신으로는 농약을 삼킬 수가 없었기 때문이었다. 나는 소주 세 병을 다 들이키고 나서 술기운이 퍼지면 농약을 마시기로 마음먹었다. 독한 소주가 식사도 안 한 빈 위장 속으로 콸콸 부어지자, 마치 전기에 감전된 것처럼 온몸이 짜릿해지며 뱃속이 후끈 달아올랐다.

나는 깊은 한숨을 길게 몰아쉬었다. 그리고는 고개를 들어 먼 하늘을 천천히 바라보았다. 푸른 하늘에는 하얀 솜털구름이 둥실 떠 있고 그 아래에는 아지랑이가 모락모락 피어 오르고 있었다. 완연한 봄이었다.

'봄. 희망의 봄! 내 인생에도 봄처럼 상큼한 희망이 있었는데…….그때는 희망이 있었기에 그 어떤 어려움도 웃으면서 참아낼 수 있었는데…….어떡하다가 그 찬란하던 희망이 모두 날아가 버리고, 이처럼 캄캄한 절망의 수렁 속에 빠져 버렸을까? 사업 실패, 거액의 부채, 가출한 아내…….나를 아는 사람들은 얼마나 나를 조소할까? 이런 꼴이 되려고 그토록 버둥질치며 열심히 살아왔단 말이야? 미친놈! 나 같은 놈은 없어져야 돼. 나 같은 놈은 이 세상에서 더 이상 살 가치가 없어.'

나는 어린 시절의 고생하던 순간들이 자꾸만 떠올라 술을 마시면서 울고, 울다가 또 술을 마시곤 했다. 그렇게 얼마나 시간이 흘렀을까? 해는 어느새 지리산 바래봉 쪽으로 서서히 기울고 있었다. 두 번째 소주병을 내려놓고 세 번째 소주병을 막 집어 들려고 할 때였다. 나는 그 옆에 놓여 있는 종이봉투를 무심코 바라보았다.

고급 아트지로 만든 봉투에는 저 멀리 이탈리아 산간 마을의 전경이 컬러 사진으로 크게 찍혀 있고, 그 위에는 '이탈리아 속의 작은 한국—알비 마을'이란 제목이 선명하게 새겨져 있었다. 그리고 그 아래쪽에는 한국 남성과 이탈리아 여인이 서로 다정하게 손을 잡고 있는 모습이 청동으로 새겨져 있는 기념비와 함께, 한국인의 후손이라는 성인 남녀 다섯 명이 미소를 지으며 서 있는 사진이 조금 작게 찍혀 있었다.

'흥! 팔자 좋은 새끼들……'

처음에는 사진에 찍힌 사람들이 부모를 잘 만나고 팔자가 늘어져서 비행기로 열두 시간이나 걸리는 이탈리아까지 유학을 간 학생들인 줄로만 알았다. 사진에 나와 있는 알비 마을도, 그곳으로 유학이나 사업을 하러 간 부유층들이 집단으로 모여 사는 휴양도시인 것으로 생각했다. 그런데 커다란 타이틀 바로 밑에 '임진왜란 때 일본에 끌려갔다 이탈리아인에게 팔려 간 한 한국인 노예의 후손 3백 명이 모여 사는 곳'이라고 되어 있는 게 아닌가?

'임진왜란 때? 그럼 지금부터 4백 년 전인데…… 그때, 한국인 노예라고? 우리 조상들이 노예로 팔려 갔단 이야기인가……. 도대체, 누가? 왜? 그 머나먼 이탈리아까지 노예로 팔아먹었다는 거야?'

나는 우리의 선조들이 노예라는 비참한 신분으로 이탈리아까지 팔려 갔고, 또 그 후손들이 이탈리아의 산간 오지에 집단으로 모여 살고 있다는 사실에 크나큰 충격을 받았다. 나도 모르게 손에 들고 있던 세 번째 술병을 풀밭에 내려놓고는 종이봉투를 천천히 집어 들었다. 그리고는 그 봉투 뒷면에 깨알같이 적혀 있는 기사를 미친 듯이 읽어 나갔다……. '이탈리아 현지 발굴 취재'라는 부제가 붙은 그 기사의 내용은 다음과 같았다.

지금부터 약 4백 년 전인 1592년 봄부터 1598년 겨울까지 계속된 임진왜란·정유재란 7년 전쟁 동안 거의 10만 명에 육박하는 조선인들이 일본의 각 섬으로 포로로 끌려갔고, 그 중에서 5만 명에서 6만 명 정도의 조선인 포로들이 노예가 되어 유럽으로 팔려 갔다.

　특히 일본열도 제일 남쪽에 있는 섬인 규슈의 나가사키 항에는 조선인들이 집단으로 모여 있는 포로수용소가 있었고, 대부분의 조선인 포로들이 그 항구를 통해 노예선을 타게 되었다.

　당시 나가사키 항으로 조선인 포로들을 사러 온 상인들은 가톨릭 국가인 포르투갈, 스페인, 이탈리아 사람들과 프로테스탄트 국가인 네덜란드, 영국 사람들이었는데 남자는 쌀 한 되 가격이고 여자는 쌀 반 되 가격으로 노예선으로 실려 머나먼 항해를 해야 했다.

　짧게는 6개월, 길게는 1년여에 걸친 오랜 항해 때문에 배 밑바닥에 짐승처럼 쇠줄로 묶여 있던 조선인들은 상당수가 괴혈병, 영양실조, 구루병 등으로 숨져 갔고 살아남은 사람들도 유럽 각국의 대형 광산이나 농장에서 모진 채찍과 감시를 받으며 일하다가 비참하게 죽어 갔다.

　그리고 그 당시 얼마나 많은 조선인들이 일본인들에 의해 노예로 팔려 갔는지 노예시장이 성업중이던 포르투갈의 리스본, 스페인의 바르셀로나, 이탈리아의 베네치아 등지에서는 노예값이 폭락하는 사태까지 일어났다.

　지금은 그 당시 끌려갔던 수만 명의 조선 노예들이 모두 죽고 없어 그 흔적을 찾을 길이 없지만, 오직 한 사람.

　이탈리아 피렌체의 귀족 카를레티의 손에 팔려 간 조선인 청년 한 사람만이 자유의 몸이 되어 아름다운 이탈리아 여성과 결혼해서 후손을 남기게 되었다.

　사진에 찍혀 있는 알비 마을은 바로 그 후손들이 살고 있는 마을이며, 그 남자의 이탈리아식 이름은 안토니오 꼬레아이다.

　그리고 놀랍게도 이러한 이야기는 당시 안토니오 꼬레아를 나가사키에서 돈을 주고 산 카를레티가 죽기 전에 저술한 『라조나멘티(동서인도여행기)』에 언급되어 있으며, 또 스페인의 유명한 궁중화가 피터 폴 루벤스가 안토니오 꼬레아로 추정되는 인물을 그린 초상화 〈한복 입은 남자〉가 지금도 남아 있다.

또한 카를레티가 저술한 그 책은 1964년에 『세계일주』란 제목으로 영문판이 발간되었고, 안토니오 꼬레아의 초상화도 1978년에 영국의 크리스티나 경매장에서 거금 4억 원에 팔렸다.

'아니, 이럴 수가!'

나는 우리의 선조들이 일본인에 의해 비참한 노예가 되었다는 사실과, 유럽의 각 나라로 강제로 팔려 갔다는 사실에 큰 충격을 받았다. 그리고 알비 마을에 살고 있는 안토니오 꼬레아의 후손들이 조상의 나라를 기념하기 위해 그들끼리 돈을 모아서 마을 한복판에 '꼬레아 광장'을 만들고, 태극기 모양의 조형물을 건립하고, '평화의 만남'이란 비를 세웠다는 사실이 너무나 감동적이었다. 더구나 그들은 이탈리아에서도 경제적으로 가장 낙후되었다는 남부 이탈리아의 산간 오지에 사는 사람들이었다.

'지금부터 4백 년 전이라면, 조선은 보수적인 성리학자들이 나라를 다스리던 뿌리 깊은 유교 국가가 아니던가? 그때는 일반 백성들까지도 서당에서 글을 배우고 삼강오륜을 부르짖으며 예의범절을 시시콜콜 따지던 그런 시대가 아닌가? 바로 그때, 조선 청년이 수만 리 바닷길을 항해해서 낯설고 물 선 이탈리아까지 팔려 갔다니…… 그가 받았을 문화적 충격과 인간적인 좌절감이 얼마나 컸을까?

그는 이탈리아인들과는 서로 말도 통하지 않았을 것이고, 짐승보다도 못한 푸대접과 질시를 당했을 것이고, 두 번 다시는 고향땅을 밟을 수 없다는 절망에 빠져 날마다 피눈물을 토했을 것이다. 그 조상에 비하면 나는 얼마나 행복한 사람인가? 나는 내 나라 말로 의사표현을 할 수 있고, 속이 상하면 넋두리나 하소연을 마음대로 늘어놓을 수도 있지 않은가. 그리고 비참한 노예도 아니지 않은가. 게다가 나는 언제라도 마음만 먹으면 기차나 버스에 몸을 싣고 그리운 고향땅으로 달려갈 수 있지 않은가.'

그의 이야기는 타락하고 피폐해진 내 영혼을 때리는 커다란 오도송이었다. 여기까지 생각이 미친 나는 그 자리에서 벌떡 일어섰다!

"그래! 바로 이거야!"

나보다 몇 십 배나 더 암담하고 처절했을 역경의 세월을 힘차게 이겨내고 머나먼 이탈리아의 산간 오지에 삶의 뿌리를 억척스레 내린 투혼의 사나이…… 그 순간 내 머릿속에는, 비록 일본 병사들에 의해 이역만리로 팔려 가는 말하는 짐승이 되었지만, 온갖 고초를 굳건히 이겨내고 불사신처럼 다시 일어선 그 조상의 모습이 마치 영화처럼 생생하게 떠올랐다.그리고 그분이 겪었을 엄청난 분노와, 비탄과, 좌절과, 가슴속 깊이 간직했을 꿈과, 사랑에 대해서 생각했다.

그 순간 내 귀에는 지난 8개월 동안 겪어온 나 자신의 나약함과 용기없음을 크게 자책하는 소리가 들려왔다. 그리고 그분이 겪은, 불꽃처럼 뜨거운 삶의 이야기를 온 세상 사람들에게 알려야 한다는 강한 의지가 활화산의 용암처럼 뜨겁게 용솟음치기 시작했다.

'그래, 서울로 올라가자! 안토니오 꼬레아의 일대기를 소설로 쓰자. 3년이 걸리든, 5년이 걸리든 그분의 이야기를 열심히 써서 꼭 책으로 펴내자. 그래서 우리의 조상 중에 이처럼 훌륭한 의지의 사나이가 있었다는 사실을 온 세상 사람들에게 반드시 알리자!'

나는 마시던 술병과 농약병을 언덕 아래로 세차게 집어 던지며 두 주먹을 힘차게 움켜쥐었다. 그리고는 그날 저녁 버스를 타고 다시 서울로 올라왔다.

5.
안토니오 꼬레아에 미친 3년

안토니오 꼬레아의 이야기를 쓰기 위해 먼저 상세한 자료 조사부터 시작해야 했다. 16세기 말의 이탈리아를 배경으로 소설로 쓴다는 것은 정말 방대한 작업이었다. 무엇보다도 당시 이탈리아의 역사, 문화, 관습, 종교 등에 관한 자료를 모으는 것이 무척 힘이 들었다.

각 대학 도서관, 고서점, 언론사, 이탈리아 대사관, 일본 대사관 등을 일일이 찾아다니면서 책과 기사와 논문 등을 수집해서 당시 이탈리아의 역사와 상황을 공부했고, 일본으로 끌려간 조선인의 실태에 대해서도 조사했다. 차츰 내 머릿속에는 안토니오 꼬레아의 모습이 구체적으로 그려지기 시작했다. 당시 이탈리아와 일본, 그리고 안토니오 꼬레아가 살았던 조선에 대해 미처 모르고 있던 것들도 알게 되었다.

우선 이탈리아는 지중해를 중심으로 해서 북쪽은 유럽 각국과, 남쪽은 아프리카 북부에 살고 있는 무슬림 국가와, 동쪽은 소아시아 국가와 부단히 영향을 주고 받았다. 특히 프랑스, 스페인, 터키는 이탈리아와 오랫동안 교류와 전쟁의 역사를 반복하면서 이탈리아의 문화, 종교, 관습 등에 지대한 영향을 끼친 나라들이다.

게다가 이탈리아는 우리나라처럼 중앙집권적인 단일국가를 오랫동안 유지해 온 것이 아니라 근대에 이르기까지도 도시국가로서 명성을 떨쳤던 나라다. 즉, 이탈리아는 하나의 국가라기보다 반도 안에 로마, 나폴리, 피렌체, 베네치아, 밀라노, 시칠리아라는 소국가들이 따로 존재한다고 보아야 한다. 그래서 이탈리아 역사를 공부하려면 각 도시국가들이 유럽, 아프리카, 소아시아의 국가들과 교역을 하고 전쟁을 치른 역사까지 모두 공부해야 한다.

결국 이탈리아를 알기 위해서는 복잡하게 얽혀 있는 유럽 전체의 역사를 알지 않으면 안 되고, 더우기 16세기 말의 이탈리아는 더욱 복잡했다. 그 당시 이탈리아는 14세기에 시작된 르네상스가 16세기가 되면서 거의 끝나고 종교개혁, 신대륙의 발견, 신항로의 개척, 무역 환경의 개편 등으로 인해 급격한 변화를 맞이하고 있었다. 조선이 일본의 침략을 받아 괴로워하던 그 무렵에, 이탈리아 역시 국토 대부분이 스페인의 식민지가 되는 비운을 맞아야 했다. 일본과 스페인이 가해자였다면, 우리나라와 이탈리아는 침략의 피해자였던 셈이다.

일본에 관해서는 일본 대사관에서 근무하는 미치코 양이 큰 도움을 주었다. 일본 여성인데도 한국말을 유창하게 구사하는 그는 내가 일본 대사관을 처음 방문했을 때 나를 무척 친절하게 맞아 주었다. 그리고 16세기 말 일본과 유럽의 무역 실태, 중국의 마카오나 인도의 고아 등지로 팔려 나간 조선인 포로의 숫자, 임진왜란·정유재란이 일본의 문화 발전에 끼친 영향 등에 관한 상세한 자료들을 꼼꼼하게 챙겨 주었다. 어쩌면 한국인에게는 별로 보여주고 싶지 않은 자료일 텐데도 불구하고 끝까지 미소를 잃지 않고 상냥하게 대해 주고, 혹시 더 좋은 자료가 나오면 꼭 연락하겠다고 할 정도였다.

그 후 다시 연락을 해온 그는 나에게 일본에 가면 나가사키의 오무라수용소를 꼭 가보라고 일러 주었다. 오무라수용소는 불법 체류한 재일 한국인들을 감금해 두는 장소였다.

"제가 갖고 있는 자료를 보니까, 그 자리가 원래는 '호오코바라'라고 불렸답니다. 호오코바라는 '호랑이를 풀어놓은 장소'라는 의미인데, 임진왜란·정유재란 때에 조선에서 잡아온 호랑이들을 수용했던 장소입니다. 그런데 바로 그곳에 조선인 포로수용소가 있었던 것 같아요."

그는 고대 역사에 대한 중요한 정보도 제공해 주었다.

"규슈의 고산지대에는 '수험도'라고 불리는 규슈 고유의 산악신앙이 오랫동안 존재했었고, 그 수험도를 신봉하는 사람들을 '수험자'라고 불렀답니다. 그런데 제가 이번에 찾아낸 자료를 보니까 수험도가 바로 고대 조선에서 신봉되던 단군신앙이라는 거예요. 그러니까 고대 조선에서 건너 온 수많은 조선인들이 일본 규슈의 내륙지방으로 진출해서 단군신앙을 퍼뜨린 거지요."

"미치코 양. 그게 어느 시대 때 이야기인가요?"

"고고학 자료를 보면 일본의 구석기와 신석기 시대인 조몽(즐믄)문화와 야요이(미생)문화 때부터 고대 조선인들이 바다를 건너 온 것 같아요. 그리고 일본에서 가장 오래된 역사서인 「고사기」와 「일본서기」를 보면 단군조선 시대에 강원도에 살던 섬야노란 무장이 많은 조선인들을 거느리고 규슈로 건너 온 것으로 되어 있어요. 그후에도 가야인, 신라인, 고구려인, 백제인들이 수없이 이주해 왔죠.

그래서 최근 홋카이도 대학의 어느 교수님이 조사한 자료에 의하면 규슈 인구의 80% 이상이 고대 조선인의 피를 이어 받은 후손이라는 거예요. 규슈에서 산악신앙의 성지로 유명하며 지금도 그 유물들이 잘 보존되어 있는 곳이 히코산인데, 한문으로는 꽃부리 영(英)에 선비 언(彦)으로 쓴답니다. 그런데 그 뜻이 무언인지 아세요?"

"꽃부리 영에 선비 언이면, 꽃 같은 선비…… 아! 화랑(花郞)이 아닙니까?"

"그래요. 신라시대에 유명했던 바로 그 화랑이에요. 아시다시피 신라의 화랑들은 산악신앙을 가진 청소년 단체였기 때문에 명산대찰을 다니면서 하늘에 제사도 올리고, 또 그곳에서 무리지어 심신을 수련하기도 했잖아요? 더 재미있는 사실을 하나 더 말씀 드릴게요. 히코산을 일명 '일자산'이라고도 한답니다."

"일자산요?"

"네. 날 일(日)에 아들 자(子), 그러니까 하늘의 아들이 머무는 산이란 뜻이죠. 한국인들은 고대부터 하늘님의 아들을 누구라고 믿었죠?"

"하늘님은 환인이고, 그분의 아들은 환웅이라고 하죠. 나중에 웅녀와 결혼해서 단군을 낳은 분이죠."

"히코산에서는 바로 하늘님의 아들인 환웅을 모시고 있답니다."

"아니, 그게 정말입니까? 일본인들이 환웅을 모시고 있다뇨?"

"정말이에요. 히코산에서 환웅을 섬기는 분들은 환웅을 닌니쿠라고 부른답니다. 닌니쿠는 마늘을 의미해요. 웅녀가 환웅과 결혼하기 위해서 열심히 먹었다는 바로 그 마늘 말이에요."

나는 우리 선조들을 노예로 팔아버린 일본인들이 오히려 환웅을 모시고 우리 민족의 시조인 단군신앙을 신봉한다는 사실이 너무 놀라웠다. 그렇다면 고대 일본을 건설한 것은 일본 원주민들이 아니고, 우리 조상들이었다는 말이 된다. 한때는 규슈 인구의 80%가 우리 조상들의 피를 이어 받은 후손들이었다니……. 그렇다면 임진왜란 · 정유재란을 일으킨 일본은 결국 자기들의 조상을 노예로 팔았단 말인가? 얼마나 어처구니없는 역사의 아이러니란 말인가?

나는 무엇보다도 안토니오 꼬레아의 고향을 찾아봐야겠다고 생각했다. 그래서 남해안으로 내려가는 시외버스에 몸을 실었다.

이탈리아에서 건너 온 카를레티라는 귀족이 나가사키에서 안토니오 꼬레아를 산 때는 1597년이었는데, 그때는 임진왜란이 끝나고 정유재란이 다시 시작된 때였다.

임진왜란 때는 부산에 상륙한 일본 30만 대군이 세 길로 나뉘어 서울까지 북진했기 때문에 주로 영남, 충청, 경기 지방이 큰 피해를 보았다. 그러나 정유재란 때는 전쟁의 양상이 달랐다. 그때는 한반도 전체를 정복하려는 것이 아니라, 한강 이남의 4도만 차지하는 게 목적이었다. 그래서 20만 일본군은 영호남의 남해안으로 상륙작전을 개시했고, 특히 남해안에서 내륙으로 들어가는 지름길인 섬진강 주변의 하동·광양·구례·남원·함양 등이 많은 피해를 보았다. 이곳은 모두 다 지리산의 남서쪽이다. 나는 외할아버지의 고향이 소설 『토지』의 무대인 하동군 악양면이고, 친할아버지의 고향이 일두 정여창 선생의 구옥이 있는 함양군 지곡면이었기 때문에 무척 친근한 지역이었다.

나는 함양에 들러서 일가 친척들을 만나본 후 남원, 구례, 광양을 거쳐 하동으로 들어왔다. 쌍계사 입구에 있는 마을에서 민박을 하면서 여러 가지 자료들을 조사하고 있는데, 마을 한가운데 있는 커다란 정자에서 어느 탁발승을 만나게 되었다.

첫눈에도 연세가 70이 훨씬 넘어 보이는 그 노승은 탁발을 다니느라 다리가 아픈지 정자로 들어와 다리를 주물렀고, 마침 그곳에 먼저 와서 자료를 읽고 있던 나는 그분과 이런 저런 이야기를 나누게 되었다.

"지리산 일대에서 살다가 일본군에게 포로로 끌려간 조상이라면, 반드시 산청엘 가보도록 하게."

"산청에 가면 무슨 좋은 자료라도 있습니까?"

"자네는 임진왜란이 일어났을 때 조선이 조총 한 자루 없으면서도 나라를 잃지 않고 굳건히 지켜낸 힘이 무엇인지 알고 있는가?"

"그건 조정에서는 당쟁을 일삼으며 전쟁에 무관심했지만, 바다에서는 전쟁 준비를 철저하게 한 이순신 장군이 막강한 해군력을 갖고 있었기 때문이고, 육지에서는 향리에 은거하던 수많은 선비들이 의병을 일으켰기 때문이죠."

"그런데 의병을 일으킨 선비들이 주로 누구의 제자였는지 아는가?"

"누구의 제자라뇨?"

"임진왜란이 일어나자마자 경남 의령에서 가장 먼저 의병을 일으킨 망우당 곽재우 장군은 알겠지? 그분의 스승이 바로 남명 조식 선생

(1501~1572)이시네."

"남명 선생이라고요?"

나는 예전에 고등학교 국어 교과서에서 그분의 시조를 언뜻 읽은 적이 있는 것 같았다. 그러나 그 외에는 아는 것이 거의 없었다.

"조선의 유학을 커다란 집이라고 한다면 그 집을 받치고 있는 굳건한 기둥이 네 개가 있다네. 퇴계학, 율곡학, 다산학, 남명학이지. 그런데 우리들은 퇴계 이황, 율곡 이이, 다산 정약용 같은 분들은 잘 알면서도 남명 조식은 잘 모르고 있지. 조식 선생께서는 폭군 연산군이 물러나고 중종이 등극하던 어지러운 시기에 합천 삼가면에서 태어나셨지. 집안이 빈궁해서 변변한 스승도 모실 수 없었으나 혼자서 독학으로 수천 권의 책을 읽으면서 학문을 깨우치셨다네."

노스님은 남명 조식에 대해 많은 이야기를 들려주었다. 그의 학문 세계가 높았을 뿐 아니라 수차례 조정의 부름을 받고도 이를 거절할 정도로 청빈하기 이를 데가 없었다고 했다. 지리산을 무척 흠모해서 '지리산 노자'라고도 불리었던 남명 선생은 환갑을 맞이하던 60세에 아예 덕산마을로 이사를 와서 천왕봉을 매일 바라보며 살았다. 그는 덕천강가에 산천재라는 서당을 짓고 십여 년 동안 수많은 제자들을 길러냈는데, 그들이 바로 의병을 일으켜 왜적과 싸운 것이다.

당시 조정은 너무나 혼미한 상황이었다. 희대의 폭군 연산군은 밀려나고 중종이 즉위했지만 개혁적인 이상정치를 추진하던 조광조가 남곤 같은 보수적인 수구파에게 죽임을 당하는 기묘사화(1519)가 일어났고, 왕실 종친이자 소윤의 우두머리인 윤원형이 대윤의 우두머리인 윤임 일파를 척살한 을사사화(1545)가 일어났다. 그때 많은 선비들은 갈피를 못 잡고 우왕좌왕거리고 있었다. 그래서 율곡 이이가 이런 혼란을 틈타서 왜병들이 공격해 올지 알 수 없다며 10만 양병설을 주장했지만 듣는 사람들이 아무도 없었다. 그러나 바다에서는 이순신 장군이, 육지에서는 남명 조식 선생만이 왜군의 침략을 예견하고 많은 준비를 한 것이다.

남명 선생은 다른 딸깍발이 선비들처럼 하루 종일 글공부만 시키는 것이 아니라, 우리의 전통무예를 수련시키고 고구려 때부터 전래되어 오는 여러 가지 병법들을 제자들에게 직접 가르쳤다. 그때 산천재에서 길러낸 선비들이 백여 명이 넘는데, 임진왜란이 일어나자 가장 먼저 의병을 일으킨 망우당 곽재우, 김면, 초계의 전치원, 함양의 조종도 같은 의병장들이 모두 그분의 제자들이었다. 그분들 말고도 각자 향리에서 의병을 일으킨 남명 선생 제자들이 60명에 이른다고 하니 얼마나 훌륭한 일을 한 것인지 짐작할 만하다.

"프랑스의 나폴레옹을 워털루전투(1815)에서 패배시킨 영국의 웰링턴 장군은 자신이 승리한 원동력을 이튼고등학교에서 배운 이튼정신에서 나왔다고 했다는데, 임진왜란·정유재란 당시 우리 선조들이 의병을 조직해서 나라를 지킨 원동력은 바로 조식 선생이 가르치신 남명 정신에서 나왔다고 해야 마땅할 걸세."

스님은 이렇게 말하면서, 어쩌면 포로로 끌려간 그 조상도 남명 선생과 관련이 있을지도 모르겠다는 말을 덧붙였다.

나는 지리산 일대를 다니며 여러 가지 자료 조사를 좀더 하고 나서 서울로 올라왔다. 그리고는 짐을 싸들고 다시 음성으로 내려갔다. 넓은 숲 사이로 논밭이 띄엄띄엄 보이는 음성의 산골에 조그만 방 한 칸을 마련한 나는 그곳에서 『풍류남아─안토니오 꼬레아』란 제목의 역사소설을 쓰기 시작했다.

나는 이 소설을 쓰기 전에 몇 가지 기본적인 원칙을 먼저 세웠다.

첫째는 안토니오 꼬레아의 부친을 임진왜란이 발발하기 20년 전 (1572) 산청군 시천면에서 돌아가신 남명 조식 선생의 제자로 묘사하여 조선 성리학의 빛나는 보석인 남명의 사상과 학풍을 독자들에게 널리 알리기로 했다.

두 번째는 안토니오 꼬레아를 보수적이고 고루한 책상도령이 아니라 고구려의 조의선인이나 신라의 화랑처럼 문무를 겸비한 이상적인 선비로 묘사하기 위해, 한국의 국기인 태권도의 뿌리이자 전통무술로는 유일하게 국가지정 무형문화재(76號)인 택견의 달인이자 학춤의 달인으로 서술할 생각을 했다.

세 번째는 안토니오 꼬레아가 이탈리아의 8개 도시(타란토, 레체, 바리, 베네치아, 나폴리, 로마, 바티칸, 피렌체)를 방랑하는 것으로 묘사해서 르네상스가 거의 끝나고 바로크 시대가 막 시작되던 이탈리아의 화려한 문화와 웅장한 역사를 독자들에게 널리 알리기로 했다.

마지막으로, 지리산에서 태어난 조선의 선비였던 주인공이 전쟁포로, 노예, 폭풍우로 인한 노예선의 파선, 검투장의 검투사 등 온갖 역경을 겪으면서도 강인한 정신력과 불굴의 투지로 그 모든 것을 이겨내고 마침내 자유의 몸이 되어, 자기의 소중한 생명을 구해준 아리따운 이탈리아 여성과 결혼해서 이탈리아 알비 마을에 삶의 뿌리를 다기지게 내리는 '투혼의 한국인'으로 묘사하려고 했다.

이러한 네 가지 기본원칙을 마음속에 세운 나는 2백자 원고지를 한 자씩 한 자씩 메워 나가기 시작했다. 훌륭한 소설을 쓰기 위해서는 감동과 정보와 재미도 뛰어나고 독특한 문체, 꽉 짜인 구성, 강렬한 주제의식도 필요했지만 무엇보다도 나는 작품 속의 인물에 몰입해야 한다고 생각했다. 그래서 나는 매일 밤 독특한 행위를 했는데, 그것은 기(氣) 수련이었다.

나는 기거하는 방의 동쪽에는 일본 규슈섬의 지도를, 남쪽에는 지리산 지도를, 서쪽에는 이탈리아의 지도를 붙여 놓고, 밤이 되면 결가부좌를 하고 반듯하게 앉았다. 전등불을 끄고 캄캄한 어둠 속에 홀로 앉으면 깊은 산골의 적막함이 방안 가득히 밀려든다. 창호지를 바른 미닫이문 틈으로 이름 모를 풀벌레들의 울음이 들려오고 울창한 숲속에서는 산새들의 울음이 울려 퍼진다. 밤하늘에 높이 뜬 별빛 외에는 방문을 두드리는 이 하나 없는 늦은 밤에 허리를 곧추 세우고 앉아 마음속의 타임머신을 타고 4백 년 전의 조선시대로 거슬러 올라갔다.

나 자신이 소설 속의 주인공이 되어 지리산 넓은 숲속을 마구 뛰어다니고 해맑은 섬진강 가를 조용히 산책했다. 왜군들의 포로가 되어 바다를 건너가기도 하고, 나가사키에 있는 조선인 포로수용소에 갇혀 온갖 고생을 하기도 하고, 포로수용소를 탈출해서 규슈의 산간 오지를 헤매다 사무라이와 닌자들의 추격을 당하기도 하고……. 어떤 때는 이러한 기(氣) 수련이 두세 시간 정도로 끝나기도 했고, 또 어떤 때는 여명이 환하게 밝아올 때까지 밤새 계속되기도 했다.

나는 낮이나 밤이나 안토니오 꼬레아에게 미쳐 있었다. 4백년 전의 안토니오 꼬레아에게 완전히 몰입해 버린 것이다. 낮에 글 쓸 때는 물론이고 밥 먹을 때도, 산책할 때도, 일할 때도, 잠자리에 들면서도 나는 오직 안토니오 꼬레아만을 생각했다. 그러다 보니 어떤 날은 꿈 속에서 내가 정말로 안토니오 꼬레아가 되어 온몸이 쇠사슬에 묶인 채 머나먼 이탈리아로 비참하게 끌려가는 일을 마치 현실처럼 생생하게 겪기도 했다.

소설을 쓴 지 석달 정도 지난 후. 나는 우리의 전통무예인 택견에 대해 여러 가지 묘사를 하면서 몇 가지 아쉬움을 느끼기 시작했다. 그것은 택견에 대한 자료만 보고 주인공이 택견하는 모습을 묘사하려니 아무리 생각해도 글에 생동감이 없는 것 같았다. 이래저래 미진함을 느끼던 나는 작품을 좀더 박진감 있게 쓰기 위해서는 아무래도 내가 직접 택견을 해보아야겠다는 결심이 섰다.

나는 택견을 가르치는 분을 수소문하기 시작했다. 백방으로 알아보았더니 택견 자료집에 나와 있는 인간문화재 송덕기 옹과 신한승 옹은 이미 돌아가시고 안 계셨다. 그 대신 그분의 제자들이 여기저기서 활동하고 있었는데, 송덕기 옹의 제자인 도기현 씨는 미국에 유학을 가 있었고, 신한승 옹의 제자인 정경화 씨는 충주에 있었고, 송덕기 옹과 신한승 옹으로부터 태견을 전수받은 이용복 씨는 부산에 있었다.

일단 부산에 있는 태견도장 전화번호를 먼저 알아내 그곳으로 시외전화를 걸었다. 전화를 받은 사람은 여덕이란 여성 택견사범이었는데, 마침 부산에 있는 사단법인 대한택견협회가 다음 달이면 서울의 강남구 신사동으로 이사를 가게 되었으니 택견을 배우고 싶으면 그쪽으로 오라는 것이다.

이렇게 해서 나는 한 달 후 서울로 올라가게 되었다. 대한택견협회 본부 전수관에서 상임부회장인 이용복 선생을 만난 나는 민족무예인 택견을 배우려고 하는 나의 의향을 상세하게 설명했다. 그러자 걸걸한 음성에 대단한 무골이었던 이 선생께서는 호탕하게 웃으면서 주말마다 도장에 나와서 택견을 열심히 배우라는 격려를 해주었다. 그때부터 평일에는 음성에서 소설을 쓰고, 주말이면 서울로 올라와 신림동에서 살고 있는 가족들도 만나고 신사동의 본부 전수관에서 택견도 수련하는 바쁜 생활을 계속했다.

그해 여름이 다 가고 가을이 시작될 무렵, 나는 소설을 쓰는 도중에 미진한 부분을 또 하나 발견하게 되었다. 그것은 기(氣)에 관한 문제였다.

즉, 조식 선생에 관한 여러 가지 자료를 통해 그분에 대한 묘사를 접하다 보니 그분이 여간 뛰어난 기인(氣人)이 아니라는 점을 깨달았다. 물론 예의범절을 엄격히 따지고 학문을 열심히 공부하는 도학자인 선비의 신분으로 칼을 차고 다니고, 무예수련을 하고, 병법을 제자들에게 가르쳤다는 사실만으로도 너무나 파격적인 일이었다. 그러나 그분은 이런 행동 외에도 개인적으로 기 수련을 열심히 쌓은 탁월한 기인이었다.

그분은 성리학 외에 불경이나 주역에도 통달했으며, 송도의 삼절이며 유명한 도학자였던 화담 서경덕이나 토정비결의 저자로 널리 알려진 토정 이지함 같은 분들과도 많은 교류를 갖고 있었다. 그러고 보니 남명 선생의 제자들 중 뛰어난 기 수련자들이 많았다. 특히 그분의 제자였던 망우당 곽재우 같은 분은 임진왜란이 끝난 뒤 조정에서 큰 벼슬을 내렸지만, 세속적인 모든 것들을 사양한 채 자신의 향리로 내려가 솔잎과 물을 마시며 기 수련에 정진할 정도였다. 그렇다 보니 소설 속에서 기에 관한 언급을 안 할 수가 없었다.

그런데 여기에도 문제가 있었다. 상고시대부터 우리나라에서 전래돼 오던 수많은 기 수련법들이 수많은 외침과 몸 움직이는 것을 천하게 여겼던 유교의 영향 등으로 인해 거의 망실되고 남은 것은 별로 없다는 것이다. 자료에 의하면 퇴계 이황 선생께서 '활인심방'이라는 우리 고유의 기 수련을 닦았다고 해서 좀더 조사를 해보았더니 사실과 달랐다. 즉, '활인심방'은 중국인이 저술한 기 수련에 관한 책을 이퇴계 선생이 필사해 놓은 것이었다.

이런 저런 궁리를 하며 하루하루를 보내던 어느 날. 나는 아침에 일어나자마자 운동복으로 갈아입고 뒷산으로 뛰어 올라가 운동을 시작했다. 오솔길을 한 바퀴 뛴 다음 아름드리 노송들이 에두르고 있는 공터로 내려가 택견을 연습했다.

품밟기와 활개치기로 가볍게 몸을 푼 후 제기차기, 앞차기, 내차기, 째차기, 옆차기, 복장지르기, 뛰어차기 등의 발차기를 열심히 했다. 한바탕 발차기를 끝내고 곧이어 택견의 기본 품세인 '본때 열두 마당'을 수련하기 시작했다. '본때 열두 마당'과 택견의 약속대련인 얼러메기기와 마주메기기를 혼자서 연습을 끝낸 나는 가쁜 숨을 잠시 진정시킨 뒤, 천천히 단전호흡을 하면서 기를 단전(丹田)으로 모으기 시작했다. 단전호흡을 수련하면서 온몸의 경락을 천천히 오므렸다가 길게 펴주는 동작을 반복했다.

그런데 나무 아래에서 무언가 이상한 낌새를 느끼게 되었다. 공터를 에두르고 있는 노송 사이에서 누군가 나를 주시하고 있는 시선을 뜨겁게 느낀 것이다. 나는 즉시 단전호흡을 중단하고 그쪽으로 천천히 다가갔다. 소나무의 어웅한 그늘 속에 서서 나를 바라보고 있는 사람은 백발노인이었다.

노인은 내가 그쪽으로 다가가자 공터 안으로 천천히 걸어 나왔다.

"자네, 헛지랄하는구만!"

노인은 대뜸 이렇게 말했다. 언뜻 보아도 70은 훨씬 넘어 보이는 노인이지만 아무렇게나 내뱉은 말에 나는 잠시 당혹스러웠다. 백발이 성성한 그 노인은 상투를 높이 틀고 하얀 무명으로 된 한복을 입고 있었는데, 나를 바라보는 눈길이 예사롭지 않았다.

"그런 짓 그만하고 차라리 춤을 배우게! 춤을! 춤 속에 모든 게 다 있어."

"춤, 춤이라고요?"

나는 잠시 머릿속이 혼란스러웠다.

'도대체 무슨 춤을 배우라는 건가? 카바레에서 빙빙 안고 돌아가는 블루스나 지루박을 배우라는 건가, 아니면 탱고를……? 근데 춤 속에 무엇이 있다는 말인가.'

"자네, 기 수련의 3대 요체가 무엇인지 아는가?"

"3대 요체라면?"

"첫 번째는 한없이 부드럽고 유연한 동작이야. 두 번째는 깊고 느린 단전호흡. 세 번째는 세상의 온갖 번뇌를 다 털어내고 무념무상의 상태로 들어가는 영혼의 정화지. 그런데 이 모든 것을 합한 게 무엇인지 아는가? 바로 우리의 전통 춤이라네! 우리의 전통 춤이 이 세상에서 가장 훌륭하고 아름다운 기 수련법이란 사실을 정작 춤추는 사람들도 모르고 있었다니. 답답한 노릇이지."

"전통 춤이라면 저도 몇 가지를 배웠습니다. 어려서 부산에서 학춤도 배웠고, 얼마 전에는 봉산탈춤과 송파산대놀이도 배워 보았는데."

"어허! 그렇게 빠른 춤들은 아니야. 느린 춤을 춰야 돼, 느린 춤을."

"그 이유는 무엇입니까?"

"빠른 춤들은 기를 모으는 게 아니라, 오히려 기를 몸 밖으로 발산하는 거야. 기를 모으려면 느린 춤을 춰야 돼, 승무나 살풀이처럼."

"근데, 어르신께서는 어떻게 그런 걸 알고 계십니까?"

노인은 내 물음에 대답은 않고 먼 하늘을 바라보며 너털웃음을 크게 터뜨렸다.

그는 성이 권씨였는데, 나중에 알고 보니 해방 후 서울에서 전통무용을 하던 무용계의 원로였다. 한때는 학교에서 무용을 가르치기도 했지만 6·25 때 좌익활동을 했다는 이유로 무용계에서 배척당한 뒤, 평생을 파란만장하게 사셨다. 얼마 전 교도소에서 출소한 뒤 고향으로 돌아온 그분은 부모님의 묘소가 있는 숲 근처에 초가를 하나 짓고 혼자 살고 있었다. 이렇게 해서 인연을 맺은 나는 매일 아침 그에게 전통 춤을 배우게 되었다.

오랜만에 말상대를 만난 권선생은 70이 넘은 나이라고는 도저히 믿어지지 않을 정도로 활기차게 전통 춤사위를 한 동작 한 동작 세밀하게 가르쳐 주었다.

"자네는 자꾸만 춤을 박자에 맞추려고 하는데, 진정한 춤은 박자에 맞추는 게 아니야! 춤은 자신의 내면에 흐르는 기의 흐름에 맞춰 신명나게 추는 거야. 흥에 겨워 신명나게 춤을 추려면 온몸의 기가 잘 통해서 뜨거운 불처럼 확확 돌아가야 돼! 기가 막혀 있으면 신명이 날 리가 없지. 춤은 예술이야. 예술은 끼가 있어야 하구. 자신의 끼를 최대한 발휘하려면 기가 잘 통해야 하는 거야. 온몸으로 기를 느끼고, 기의 흐름에 몸을 맡겨보게."

매일 아침 전통 춤을 배우고, 낮에는 글을 쓰고, 주말에는 서울로 올라가 택견을 수련하고, 또 일주일에 2~3일 정도는 생활비를 벌기 위해 동네로 내려가 논밭 일을 거들어야 하는 생활이 여간 고달프지 않았다. 그러나 나는 작품을 제대로 쓰기 위해서는 오직 이 길밖에는 없다는 절박한 마음으로 외로운 시골 생활을 무던히도 잘 견뎌 나갔다.

내가 음성에서 새롭게 시도한 또 하나의 일이 있었다. 그것은 내가 그동안 추었던 학춤을 기의 원리에 따라 재구성하는 연구를 하기 시작했고, 결국〈건강학춤〉이라는 새로운 학춤을 창안하게 된 것이다.〈건강학춤〉은 순수예술인 기존의 학춤에 한의학의 원리를 접목한 것으로 심신의 건강 증진을 목표로 하는 새로운 수련법이다. 나는 그곳에서〈건강학춤〉를 열심히 수련했고, 또 이를 통해 심신의 건강도 점점 더 좋아지기 시작했다.

세월은 빠르게 흘러갔고, 소설을 쓰기 시작한 지 어느새 2년이 훌쩍 지나갔다.

1993년 봄. 나는 그동안 공들여 쓴 원고지 3천여 장을 보자기에 싸 들고는 서울로 향했다. 작품을 출간해 줄 출판사를 수소문한 끝에 세검정에 있는 다나출판사 사장을 만나게 되었다. 원고지를 갖다 주고 나서 일주일 만에 다시 만난 출판사 사장은 이런저런 설명을 하면서 소설을 세 권 분량으로 늘려 달라고 했다.

나는 출판사 사장의 설명을 들으면서 조금 맥은 빠졌지만, 어쩔 수 없었다. 그의 요청대로 작품을 세 권으로 만들려면, 시간과 정열을 더 투자할 수밖에 없지 않은가? 결국 나는 원고지 뭉치를 들고 다시 음성으로 쓸쓸히 내려왔다.

그러나 나는 더 이상 계속해서 소설을 쓸 수가 없었다. 지금까지는 경제적으로 궁핍한 속에서도 이를 악물고 오기로 작품에만 몰입했지만, 이제는 더 이상 이런 생활을 지탱할 여력이 없었던 것이다.

일주일에 두세 번 정도 논밭 일을 도와주는 것만으로는 내 생활비 충당하기도 빠듯했기 때문에 신림동에 있는 가족들 생활비를 제때에 보내기가 너무나 힘들었다. 또한 가족들이나 친구들도 사업에 쫄딱 망하고 아내마저 집을 나가고 없는 판국인데, '빨리 돈을 벌어서 재기할 생각은 안 하고 쓸데없이 시골에서 책이나 쓰고 있다'며 성화가 여간 아니었다.

가까운 친구들은 나를 찾아와 설득을 하기도 했으나, 이미 내 마음은 안토니오 꼬레아에게 완전히 기울어져 있었다. 생과 사가 갈라지는 극한 인생길에서 나와 운명적으로 만났던 안토니오 꼬레아! 좌절의 깊은 수렁 속에서 허우적거리던 나에게 죽음을 접어두고 삶의 새로운 좌표를 설정하도록 만들어준 안토니오 꼬레아! 그의 일대기를 소설로 써서 우리 선조 중에 이러한 투혼의 사나이가 있었다는 사실을 세상 모든 사람들에게 널리 알려야 한다는 자각과 사명감이 골수에까지 절절이 흐르고 있었기 때문에, 가족이나 친구들의 충고가 전혀 귀에 들어오지 않았다.

그러나 시간이 지나면서 내 고집만 내세울 수는 없었다. 명색이 가장인 내가 가족들을 굶주리게 하면서까지 소설을 완성할 수는 없는 노릇이니까. 두 다리를 받치고 있는 냉혹한 현실과 가슴속에 품고 있는 터무니없는 이상 사이에서 무수한 갈등을 느끼며 심각한 고민을 거듭해야 했다. 결국 나는 서울로 다시 올라왔다.

원고지 뭉치를 보자기에 꼭꼭 싸서 신림동 지하실 방 한구석에 처박아 두고는 직장을 알아 보러 나갔다. 오랜만에 서울에 올라와 이 사람저 사람을 만나던 중 아는 지인으로부터 강남역 사거리 코너에 있는 자신의 가건물을 무료로 사용해도 좋다는 승낙을 받아냈다.

나는 그곳에 조그만 꽃가게를 차렸다. 그곳은 강남역 사거리의 지하도 2번 출입구에 있었기 때문에 출근시간에 꽃이나 화분이 잘 나갈 거라는 생각이 들었다. 새벽에 반포터미널 지하 꽃상가에서 도매로 받아다 꽃을 팔고, 손님이 별로 없는 낮부터 저녁 퇴근 무렵까지 열심히 글을 썼다. 글은 보통 하루에 여덟 시간 정도씩 썼는데, 글이 '얼음판에 박 밀 듯'이 쭉쭉 잘 써지는 날에는 가게에서 밤을 꼬박 새우기도 했다.

밤늦게 집으로 들어가서 이불 속에 코를 박고 강아지처럼 서로 부둥켜안고 잠들어 있는 두 아들을 보면 가슴이 메어지고 눈물이 앞을 가릴 때가 한두 번이 아니었다. 그러나 그러한 감정들은 모두 다 속으로 삭이면서 소처럼 묵묵히 할일을 해나갔다. 나는 글을 쓰면서 가슴속에 있는 모든 슬픔과 원한과 증오를 모두 다 두꺼운 원고지에 파묻어 버리기 위해 안간힘을 다했다.

그러기를 또다시 1년. 1994년 8월 드디어 원고지 5천 장이 완성되었다. 다나출판사 사장이 부탁한 대로 소설책 세 권 분량이 다 만들어진 것이다. 아무도 없는 가게에 홀로 앉아 책상 위에 가득 쌓인 수천 장의 원고지를 바라보던 나의 두 눈에 갑자기 눈물이 핑 돌았다.

나는 정말 감개무량했다. 그 오랜 시간을 무던히도 잘 참아냈다고 생각하니 가슴이 벅차오르고 숨이 가빠왔다. 나는 남모르는 한과 땀이 켜켜이 밴 원고지를 분홍색 보자기에 소중하게 싼 뒤에 다나출판사로 전화를 걸었다.

마침 사장이 직접 전화를 받았다. 반가운 마음에 내 이름을 먼저 밝히고 작년에 말한 대로 소설을 세 권짜리로 수정했다는 이야기를 했다. 그런데 이게 웬일인가? 출판사가 얼마 전에 부도가 나서 지금은 출판이 도저히 불가능하다는 게 아닌가.

그 순간, 나는 온몸에 맥이 풀리는 것 같았다. '실망하지 말고 다른 출판사를 알아보라'는 말에, 나는 힘없이 전화를 끊었다. 그렇다고 이대로 물러설 수는 없었다. 나는 30여 군데의 출판사 주소를 확보한 후 이번에 완성한 작품에 대한 상세한 내용을 장문의 편지로 써서 발송했다. 그리고 연락이 오기를 기다렸다.

하루가 지나고 이틀이 지나고 보름이 다 지나가도록, 단 한 군데서도 전화가 오지 않았다. 속이 탄 나는 출판사로 일일이 전화를 걸었다. 그러나 안타깝게도 내가 쓴 작품에 대해 관심을 보이는 출판사는 단한 군데도 없었다.

출판 담당자들에게 내가 쓴 작품의 개요와 줄거리를 따로 적어 팩시밀리로 보내주면서 열심히 설명도 해보았지만, 그들의 반응은 몹시 냉담했다. 나처럼 이런 식으로 책을 출간하겠다고 찾아오는 사람들이 너무 많기 때문에 자기들이 일일이 관심을 기울일 수가 없다는 것이다. 속이 더욱 탄 나머지 나중에는 원고 뭉치를 들고 출판사를 직접 방문하기도 했지만, 무명작가인 나는 매번 문전박대만 당했다.

나는 너무나 허탈했다.

'나를 죽음의 목전에서 구해줄 만큼 감동적이었던 안토니오 꼬레아의 이야기가, 저 사람들에게는 진지한 토론의 대상도 안 될 정도로 가치 없는 이야기란 말인가? 나는 지난 3년여 동안 허송세월을 했단 말인가?'

밤늦은 시각에 아무도 없는 텅 빈 가게에 홀로 앉아 하루 종일 걸어다니느라 퉁퉁 부어 오른 발을 매만지던 나는 너무나 화가 났다.

'그래! 나는 미친놈이야! 지난 3년 동안 미친 짓만 한 거야. 사업에 망해서 빚을 지고 마누라까지 도망간 놈이, 돈을 벌어야지. 소설은 무슨 말라 비틀어진 소설이야!'

나는 인생이 파탄 나는 와중에 한줄기 빛처럼 내 영혼을 감동시켰던 안토니오 꼬레아의 일대기가, 출판 담당자들에게는 단순한 가십거리도 못 된다는 허망한 현실 앞에서 그동안 참았던 울분이 그만 터져버리고 말았다. 욱한 마음에 감정이 격해진 나는 내 앞에 놓여 있는 원고지를 보따리에 주섬주섬 싸기 시작했다.

'아무 데도 쓸모없는 것. 이까짓 거 아예 불사질러 버리고 깨끗이 잊어버리자.'

원고지 보따리와 성냥통을 들고 자리에서 일어선 나는 마치 나 자신을 화장시키는 것 같은 비통한 심정이었다. 모든 것을 다 포기하기로 결심하고 가게 뒤편 공터로 걸음을 옮기기 시작했다.

그런데 바로 그때였다. 갑자기 전화벨이 요란하게 울려왔다.

전화를 한 사람은 어느 출판사의 사장이었다. 내가 쓴 작품에 대한 이야기를 들었다면서, '오늘 저녁이라도 당장 만나고 싶다'는 거였다. 그 순간 나는 지옥의 문전에서 천사의 음성을 들은 느낌이었다. 흥분된 심정을 가까스로 진정시킨 나는 한 시간 뒤 원고지 보따리를 들고는 강남역 뒤에 있는 조그만 일식집으로 나갔다. 그곳에서 만난 사람은 30대 초반의 젊은 사장이었는데, 이름이 별로 알려지지 않은 작은 출판사를 운영하고 있었다.

그는 다른 사람과 출판사를 동업으로 운영하다가 독자적으로 출판업을 하고 싶어서 최근에 출판사를 따로 차렸다고 말했다. 작품 내용이 괜찮으면 다음 주에라도 계약을 체결하고 금년 여름에 책을 출간하겠다고 했다. 그날 단 몇 초만 늦었어도 불속의 재가 되고 말았을 그 원고지 보따리를 젊은 사장에게 넘긴 나는 기도하는 심정으로 일주일을 보냈다.

드디어 일주일 뒤. 애타게 기다리던 전화가 걸려 왔다. 소설을 발간하기로 결정했으니, 오늘 저녁에 정식으로 계약을 체결하자는 것이 아

닌가? 그날 저녁에 지난번에 만났던 강남역 뒤의 일식 집에서 다시 만
난 우리는 소설 발간에 대한 계약을 정식으로 체결했고, 그날 저녁에
나는 정말 오랜만에 만취할 정도로 술을 많이 마셨다.

나는 안토니오 꼬레아의 이야기가 세 권의 소설책으로 출간된다는
사실이 믿기지 않을 정도로 좋아서 입에서는 연신 웃음이 터져 나왔
다. 일단 계약을 마치자 일은 순조롭게 진행되었고, 초가을에 막 접어
들던 9월 중순에 내 작품은 세 권의 역사소설로 출간되었다. 볼품 없
는 원고뭉치가 아름다운 표지에 싸인 세 권의 단행본으로 바뀐 것을
본 나는 무척 감개무량했다. 게다가 책이 출간되자 조금씩 바빠지기
시작했다. 몇몇 언론사에서 인터뷰 요청이 왔고, 지방의 대형 서점에
서도 '독자와의 만남' 행사를 주선했다. 서울에서는 고맙게도 종로1가
에 있는 대형서점인 종로서적에서 나를 초청해 독자들과 만날 수 있는
특별한 행사를 마련해 주었고, 대전은 교보문고에서, 광주는 일신문고
에서 행사가 개최되었다. 나는 책을 조금이라도 많이 홍보하기 위해서

대전 교보문고에서 '저자와의 대화' 행사에 참석한 저자.

이러한 행사에도 적극적으로 참여
했다.

책은 순조롭게 판매되기 시작했
고, 권당 7천 부씩 해서 도합 2만 1
천 부를 초판 발행했던 출판사에서
는 재판 인쇄에 곧 들어가게 되었
다. 그런데 심각한 문제가 출판사
내에 발생하기 시작했다. 출판사 사
장이 동업으로 운영하고 있던 다른
사업체가 갑자기 부도가 나 버린 것
이다. 그렇게 되자 젊은 사장은 자
금의 압박을 받는 바람에 내 작품을
본격적으로 홍보하기도 어려운 지

광주 영신문고에서 '저자와의 대화' 행사를 하
고 있는 저자.

경이 되고 말았다. 마침내 몇 달 후 이쪽 출판사마저 결국 부도를 내고
말았다.

책이 서점에 나온 지 채 6개월도 안 돼서 출판사가 없어지고, 사장
도 연락 두절이 되고, 홍보도 할 수 없는 최악의 지경에 빠지자, 나는
너무나 기가 막혔다. 또다시 찾아온 실패에 그저 할 말을 잃어버리고
말았다.

6.
춤추는 학

부산에서 중국 기공체조를 가르치던 선배에게서 연락이 왔다. 이번에 내가 쓴 책을 읽어 보았더니 택견과 춤을 응용한 우리 고유의 기공 (氣功)에 대한 이야기가 많이 나오던데, 부산 초량에 있는 자신의 도장에 내려와서 그런 것을 가르쳐 볼 의향이 없느냐는 내용이었다. 자포자기한 심정으로 거의 기력이 빠져 있던 나는 무조건 내려가겠다고 승낙을 했다. 그날 밤 집에 가서 옷가지를 대충 정리한 나는 다음날 아침에 당장 부산으로 내려갔다.

도장은 초량에 있는 침례병원 건너 대로변 4층 건물에 있었는데, 면적이 50평 정도 되었다. 도장 안에 짐을 푼 나는 그곳에서 80여 명의 회원들을 대상으로 운동을 가르치기 시작했다.

처음에는 내가 그동안 연구한 〈건강학춤〉을 가르쳤는데, 한달쯤 지나자 배우기가 너무 어렵다는 이야기들이 들려왔다.

그래서 〈건강학춤〉을 마치 기공체조처럼 더욱 쉬운 동작으로 다듬어서 〈학춤기공〉으로 만들었다. 그러자 사람들의 반응이 상당히 좋아졌고, 배우는 제자들도 점점 늘어 갔다. 역사소설을 세 권 발표한 내가 부산에 내려와서 직접 창안한 〈학춤기공〉을 가르친다는 소문이 점점 나자, 부산일보와 국제신문에서 취재를 나왔고 라디오 방송과 TV 방송에서도 나를 소개하기 시작했다.

이렇게 되자 부산에 있는 여러 기업과 단체에서도 강의 요청이 조금씩 들어왔고, 학교에서도 특강 요청이 들어왔다. 이때부터 나는 점점 바빠지기 시작했고, 그해 가을부터 다음 해 봄까지는 해운대에 있는 리베라백화점 문화센터에서 주부들을 대상으로 '살빼기 학춤기공교실'을 운영하기도 했다. 활동영역이 이처럼 점점 늘어나자 서대신동에서 부민국민학교와 대신국민학교를 함께 다녔던 어린 시절의 친구들도 만나게 되었고, 동대신동의 성심고등공민학교에서 검정고시 공부를 함께 했던 동창생들도 다시 만났다. 사춘기에 고향을 떠나서 지난 20여 년 동안 객지를 휘적휘적 떠돌며 세상에 따로 떨어진 외톨이처럼 외롭게 지내던 나는 오랜만에 훈훈한 고향의 인정을 맛보며 즐겁게 지냈다.

이듬해(1995) 봄, 나는 또 하나의 전기를 맞게 되었다. 지난 6개월 동안 리베라백화점 문화센터에서 주부들과 함께 '살빼기 학춤기공교실'을 운영한 경험을 기초로 해서 『춤도 추고 살도 빼자』라는 책을 한국일보에서 운영하는 한국문원출판사에서 출간했는데, 그것이 서울에서 큰 반향을 일으킨 것이다. 서울에 있는 각 일간지와 스포츠신문 등에 기사가 크게 나가고, 각 TV 방송국은 물론이고 케이블 TV 방송국에서도 출연 의뢰가 계속 들어왔다. 결국 나는 그해 봄에 또다시 서울로 올라갈 수밖에 없었다.

서울에 올라오자, 양 관장에게서 만나자는 연락이 왔다. 오랫동안 쿵푸도장을 열어 제자들을 가르치던 양 관장은 그동안 원주의 치악산에서 쭉 머무르고 있었다. 그곳에 어느 노스님을 만나 침, 뜸, 부황, 활법, 추나 등을 배우고 거의 10여 년 만에 하산한 양 관장은 MBC TV의 〈보통사람 보통무대〉라는 프로에 출연한 뒤 일약 스타가 되어 있었다. 일명 '장풍도사'라는 닉네임까지 갖게 된 양 관장은 나를 만나자마자 반갑다며 서로 얼싸안았다. 체육대학을 졸업하고 이제 어엿한 교수가 되어 대학에서 대체의학을 가르치는 그는 풍채도 예전보다 훨씬 좋아 보였다.

"하하! 이제 양 교수라고 불러야 되겠네? 풍채도 굉장히 좋아졌구

나. 교수가 되면 다 그렇게 풍채가 좋아지는 거니."

"얼마 전에 네가 쓴 소설을 다 읽어 보았는데, 공부 엄청나게 했더구나?"

"아니야, 공부는 뭐…… 그냥 미쳐서 쓴 거지."

"그 책을 읽어 보고 내가 느낀 것인데, 그 내용을 뮤지컬이나 영화로 만들면 딱 좋겠더라."

"뮤지컬이나 영화로?"

"그래! 조금 기다려 봐. 지금 내 주위에 문화예술인들이 많이 있는데, 적당한 기회를 봐서 한번 소개해 줄게. 그 정도로 스케일이 큰 소설이면 뮤지컬이나 영화로 만들어도 충분히 승산이 있을 거야."

그때 양 교수는 사회활동을 대단히 왕성하게 하고 있었다. 국악계의 거목인 김영동 대금연주자, 사물놀이를 만든 이광수, 연극배우 장 두이, 누드화가 남유수 화백, 소리꾼 장사익, 드럼 연주자 김대환 씨, 소설가 이외수 씨 등과도 깊은 교분을 쌓고 있었다. 그리고 수 년 전에는 흑룡강성 TV 방송국의 초청으로 중국으로 건너가서 중국인들에게 오히려 기공을 지도하고 기공대사라는 칭호를 받고 돌아왔다.

또 최근에는 일본의 후지산케이 그룹의 총수가 초청해서 일본 도쿄로 건너가 일본의 유명한 기업인들과 일왕의 일족들 앞에서 의료기공 치료 시범을 보이고 돌아오기도 했다. 그래서 대학에 강의를 나가는 틈틈이 대기업의 CEO나 단체장들을 만나서 기공을 개인지도하고 있었고, 강남에 〈한민족 氣연구소〉를 개설해서 여러 가지 임상실험도 하고 있는 중이었다.

"그리고 『춤도 추고 살도 빼자』도 봤는데 기공(氣功)에 대해서는 언제 그렇게 연구를 한 거야? 그 '학춤기공'을 어떻게 만들었어?"

"3년 전에 필동에 있는 한국의 집에서 인간문화재 김용 선생에게 궁중무용인 '처용무'를 배웠어. 그런데 그것만 갖고는 상당히 부족해서 꽤 어려움을 느끼고 있었는데 운좋게도 음성에서 어느 기인을 만나는 바람에 춤의 세계에 깊이 빠져든 거야. 그때 만난 선생님이 나보고 사람이 만든 학춤은 그만 배우고 진짜 학이 추는 춤을 배워보라고 하셨어. 그래서 경기도 김포는 물론이고 학이 많이 날아오는 강원도 철원까지 올라가서 학춤을 직접 연구했지."

"애 많이 썼구먼! 이제는 우리나라 사람들도 빠르고 격렬한 서양식 운동만 열심히 할 게 아니라, 부드럽고 유연한 우리 고유의 운동법을 배워야 돼. 나도 그동안 먹는 것에 대해서만 신토불이를 외칠 것이 아니라, 운동에도 신토불이가 필요하다고 생각했었. 그래서 우리 고유의 몸 움직임에 대한 연구를 많이 했지. 물론 학춤이나 택견에도 우리 고유의 몸짓이 많이 담겨 있지만, 나는 우리 전래의 토속적인 민속놀이나 민속생활을 주시했었어."

"민속놀이나 민속생활?"

"그래, 나는 우리의 생활이 달라지면서 우리의 몸짓도 달라졌다고 생각한 거야. 흙길 대신 아스팔트가 닦이고, 걷는 대신 승용차를 타고 다니고, 초가집 대신 아파트가 들어서고, 계단을 걸어 올라가는 대신 엘리베이터나 에스컬레이터를 사용하고. 이렇게 되면서 우리 고유의 몸짓이 점점 사라져버린 거야. 그래서 나는 서서히 사라지고 있는 전래의 토속적인 민속놀이나 민속생활 속에 들어 있는 우리 고유의 몸 움직임을 찾아내서, 그것을 토대로 '토속기공'이란 프로그램을 만들었어."

"토속기공이라고? 이름이 참 정겨운데……."

"응, 그렇지? 그래서 이번에 내가 생각한 건데, 너하고 나하고 큰 사고 하나 치자구."

양 관장은 '잃어버린 우리 몸짓 찾기'란 슬로건을 내걸고 내가 만든 '학춤기공'과 자신의 '토속기공'을 같이 발표하자는 제안을 해왔다. 그가 절친하게 지내는 하나은행 은행장에게 부탁해 장소를 협찬받아 해보자는 거였다.

"그래 장소 문제만 해결되면 얼마든지 해볼 수 있지."

이렇게 의기투합한 우리는 얼마 뒤 윤병철 하나은행장의 도움을 받아 소공동 롯데백화점 앞에 있는 하나은행 본점 강당에서 '신토불이 건강법 발표회'를 열게 되었다. 일요일 오전과 오후에 걸쳐 두 차례 개최된 합동발표회는 수백 명이 몰려들 정도로 성황을 이루었다. MBC-TV에는 우리를 주부들이 많이 시청하는 생방송 토크쇼인 〈한선교 허수경의 생방송 아침만들기〉에 출연시켰고, 영국 로이터통신에서도 ENG 카메라로 촬영해서 홍콩에 있는 CNN지사를 통해 해외 각국에도 보도했다.

첫 행사가 이처럼 성공적으로 끝나자 크게 고무된 우리들은 인근에 있는 학교 강당을 급히 빌려서 그날 행사에 참석한 사람들을 위한 단기 강습회를 열었다. 일주일간의 단기 강습이 끝나자 많은 사람들이 '학춤기공'과 '토속기공'을 꾸준하게 계속 배우고 싶다면서 상설 수련장을 차릴 것을 권유했다. 그러나 그것은 역부족이었다. 지하철역 부근의 건물에 50평 정도의 수련장을 마련하기 위해 자세히 알아보았더니 적어도 1억 원 정도의 돈이 필요했다. 1억 원은커녕 단돈 1백만 원도 쉽게 내놓기 힘든 나로서는 그런 수련장은 꿈조차 꿀 수도 없었고, 양 교수 역시 형편이 넉넉지 못했기 때문에 수련장 마련은 불가능한 일이었다. 행사도 성공했고 우리들이 만든 신토불이 기공을 배우겠다는 사람들도 많이 생겼지만 수련장을 마련하지 못한 우리들은 더 이상 일을 진척시키지 못해 몹시 의기소침해 있었다.

그런데 그때 LG전자 홍보실에서 연락이 왔다. LG전자 사원들의 건강 증진을 위해 '학춤기공'을 보급해 달라는 내용이었다. '학춤기공' 보급이 지지부진해서 낙심하고 있던 나는 홍보실 담당자를 만났고, 그

제안을 흔쾌히 승낙했다.

그로부터 일주일 뒤에 나는 홍보실 담당자와 함께 전국에 흩어져 있는 LG전자의 사업장을 향해 출발했다. 약 3개월 예정으로 사업장을 일일이 찾아다니는 '학춤기공 순회강습회'가 시작된 것이다. 나는 LG전자의 지방 연수원이나 여관 등에서 숙식을 하면서 수천 명의 사원들에게 '학춤기공'을 열심히 가르쳤다.

그러는 도중에 서울에서 좋은 소식이 하나 날아왔다. 그것은 TV 방송국에서 작년에 내가 발표했던 『풍류남아—안토니오 꼬레아』를 미니시리즈로 만들고 싶으니 한번 만났으면 좋겠다는 이야기였다. 비록 출판사는 부도가 나서 책은 서점에서 사라지고 말았지만 내 작품을 영상으로 제작하겠다고 하니, 나로서는 시커먼 재 속에서 다시 불이 활활 피어오르는 것을 보는 것처럼 기뻤다. 그래서 즉시 서울로 올라온 나는 올라가 방송국의 미니시리즈 담당자들과 여의도에서 만났다.

내가 가져간 안토니오 꼬레아에 대한 자료들을 받아 쥔 방송 담당자는, 지금 내 작품의 영상화 문제를 적극적으로 검토하고 있으니 결재만 나면 정식으로 저작권 문제에 대한 계약을 체결하자고 했다. 이렇게 해서 다시 가슴이 부푼 나는 설레는 심정으로 하루하루를 기다리게 되었다. 어느새 세월은 흘러 내가 LG전자와 계약한 3개월이 거의 다 지나갔다. 곧 좋은 소식을 주겠다며 조금만 기다리라고 했는데 석 달이 다 되도록 아무 연락도 없자, 몹시 애가 탄 나는 방송국으로 전화를 걸었다. 그러나 그의 대답은 다시 나를 맥 빠지게 했다.

"아무래도 제작비가 너무 많이 들 것 같아 보류되었어요. 먼저 일본 규슈에 조선인 포로수용소를 크게 지어야죠, 그리고 일본에서 이탈리아까지 항해하는 대형 노예선을 건조해야죠, 또 지중해에서 해적선하고 싸우는 전투 신을 찍어야죠. 게다가 폭풍우를 만나서 선박 두 척이 모두 뒤집히는 장면도 찍어야 하고, 검투장의 군중들과 함께 검투 장면도 찍어야 하고, 이탈리아 내에서도 8개 도시를 야외 로케로 촬영을 해야 하지 않습니까? 그러니 돈이 어마어마하게 들어가게 생겼어요. 아시다시피 방송국이 돈 쓸 데가 어디 한두 군데입니까? 그래서 윗사람들도 이렇게 돈이 많이 투입될 것 같으면 제작을 하지 말라면서 뒤로 나자빠져 버리는 겁니다. 제가 작품이 하도 아까워서 영화계에 있는 친구에게 연락을 해봤습니다. 그런데 이 친구 의견도 우리하고 비슷해요. 작품의 소재도 좋고 내용도 영상화하기에 적합하지만 문제는 돈, 돈이에요! 보통 우리나라에서 영화 한 편 만드는 데 10억 원 이상 들어요. 그리고 좀 잘 만든다는 영화도 15억 내외랍니다. 그런데 정 선생의 작품은 거의 5백억~6백억은 들어야 하는 대작이랍니다. 그러니 미국의 할리우드에 있는 영화사라면 몰라도 국내에 있는 영화사로는 아예 제작이 불가능할 거 같아요."

잔뜩 부풀어 있던 기대가 무참하게 깨어져 버리자, 나는 몹시 허탈하면서도 은근히 오기가 생겨났다.

'뭐, 미국의 할리우드에 있는 영화사가 아니면 안토니오 꼬레아의 이야기를 영화로 만들 수가 없다고. 그렇다면 할리우드 영화사에서 제작하도록 여건을 만들면 되지 않는가? 전 세계의 수많은 소설들이 미국 자본을 통해서 영화로 제작되고 있는데, 왜 한국의 소설은 안 된다는 건가?'

부아가 치민 나는 며칠 후 언론계에 근무하는 선배를 만났다. 그리고 그 선배를 통해 미국 영화계에 대한 상세한 정보를 들었다. 선배의 말에 의하면, 미국 영화계는 출판사와 긴밀한 협조체제가 형성되어 있어서 영상화하기 좋은 작품이라면 출판되기도 전에 기획단계에서 미리 영화제작사와 판권 계약이 이루어질 정도라고 했다. 그래서 미국인 독자들에게 호평받는 소설이라면 영화로 제작될 가능성이 아주 높다는 것이다.

그런데 외국 출판시장에서 반응을 얻기 위해서는 작품을 한번 더 수정하는 게 좋을 거라는 말도 들었다. 소설 내용이 좀더 국제성을 가져야 하고 영상화하기에 적합한 내용이어야 하기 때문이었다. 그러나 원고지 5천 장에 이르는 작품을 다시 수정하려면 앞으로 1년이 걸릴지 2년이 걸릴지도 알 수가 없는데, 무엇보다도 가족들이 문제였다. 이제는 어머니도 연세가 많이 드셨고, 아이들도 모두 학교에 다니고 있기 때문에 가장인 내가 생활비를 제대로 벌어야만 했다.

'내가 생활비도 제대로 벌지 않고 소설 쓰기에만 매달린다면, 당장 가족들의 생계가 어려워질 텐데……. 나도 소설을 쓰려면 밥은 먹어야 하고, 하다못해 원고지 살 돈이라도 있어야 하지 않는가? 벌써 내 나이가 40이 넘었는데, 불혹의 나이에 돈 벌 생각을 하지 않고 또다시 원고지를 끼고 앉으면 주위 사람들이 또 나를 얼마나 비난할까.'

나는 마음이 무척 답답했다. 소설 쓰기에만 전념하면 당장 생활이 어려워지고, 생활비를 벌게 되면 소설을 쓸 수가 없으니. 이럴 수도 저럴 수도 없는 엉거주춤한 상태에 빠진 나는 여러 날 동안 고민에 고민을 거듭했다.

'어떻게 해서든지 소설을 꼭 쓰고 싶은데…….'

나는 안토니오 꼬레아의 이야기를 반드시 완성하고 싶었다. 그것은 너무나 강렬한 바람이었다.

'나는 4년 전 아버지의 묘소 앞에서 입에 막 넣으려던 농약병을 산산조각 내면서 무슨 결심을 했었나? 무슨 일이 있어도 안토니오 꼬레아의 이야기를 세상 사람에게 널리 알리겠다고 굳게 약속하지 않았는가? 그분이 노예가 되어 이탈리아로도 끌려간 지 4백주년이 되는 1999년에는 그분의 무덤이 모셔져 있는 알비 마을에서 그분의 영혼을 위로하는 제사를 올리겠다고 결심하지 않았는가? 그러기 위해서는 어떻게 해서라도 그분의 일대기가 소설로 널리 출간되어야 하고, 또 영

안토니오 꼬레아를 모델로 한 루벤스의 그림 〈한복 입은 남자〉 전시회장 앞에서.

화로도 만들어 져야 한다. 이 세상 그 누구도 안토니오 꼬레아에게 관심을 보이지 않더라도, 나만은 그래서는 안 된 다. 그분과 나는 4백년이란 세월을 초월해서 죽음을 목전에 둔 절대절 명의 순간에 만나지 않았던가? 그분의 한많은 영혼을 내가 앞장서서 위로해 주지 않는다면 도대체 누가 그런 일을 한단 말인가?'

나는 생활이 아무리 어렵고 힘들더라도, 허리띠를 졸라매서라도 소설을 기필코 완성시키기로 결심을 굳혔다. 당시 기공에 대한 책이 발간된 후, 기업체에서 강의 요청이 들어오고 있었다. 그래서 그 돈으로 최소한의 의식주를 해결하고, 나머지 시간에는 소설을 개작하는 일에 전념하기로 했다. 이렇게 해서 나는 95년 여름부터 또다시 지하실 방 한쪽 구석에 조그만 밥상을 놓고 그 앞에 쪼그려 앉아 나 혼자와의 외로운 싸움을 시작했다.

내 인생에서 무척이나 길고, 지루하고, 고독한 싸움이 또다시 시작된 것이다.

7.
내 인생의 벼랑 끝

IMF는 나에게도 찾아왔다. 그동안 잘 나가던 강연도 뚝 끊겨 버리고 나는 다시 경제난의 수렁 속으로 빨려 들어가기 시작했다.

1998년 12월. 그해 겨울은 유난히 춥고 힘들었다. 어두운 방 한쪽 구석에 힘없이 쪼그려 앉은 나는 백짓장처럼 창백한 얼굴을 두 무릎 사이에 힘없이 파묻고는, 폐허가 된 절터 안 마당에 아무렇게나 내동댕이쳐진 낡은 불상처럼 처연한 모습으로 벽을 응시하고 있었다.

거미가 집을 지을 것처럼 마구 자란 더벅머리. 초점이 맞지 않는 퀭한 두 눈. 생기라고는 전혀 느껴지지 않는 미이라처럼 파리한 몸. 나는 마치 잡초가 무성하게 우거진 어느 폐사지의 한쪽 구석에 반쯤 부서진 채 힘없이 쓰러져 있는 녹슨 불상 같았다.

일흔을 바라보는 홀어머니가 벌써 한 달째 시난고난 앓아누웠는데도 가장인 나는 약 한 첩 살 돈이 없어 쩔쩔매고 있었다. 게다가 열 달이나 넘게 밀린 월세 때문에 한강마저 꽁꽁 얼어붙은 엄동설한에 방을 비워달라는 매몰찬 통고가 집주인으로부터 와 있었다.

더욱 기막힌 것은, 어미 없이 불쌍하게 키우던 두 아들 중에 작은아들이 집 아래 미끄러운 눈길에서 넘어져 그만 이마를 크게 찢어 수십 바늘을 꿰맨 채 아산병원 응급실에 고통스럽게 누워 있는 것이었다. 이마가 처참하게 깨어져 머릿속이 허옇게 보이는 작은 아들을 품에 안은 채 119구급차를 타고 병원 응급실로 내달릴 때, 나는 금방이라도 심장이 멎는 것만 같았다. 이제 초등학교 6학년밖에 안 되는 어린 아들을 부둥켜안은 나는 온몸이 부들부들 떨려 아무 말도 할 수 없었다.

당직의사의 도움으로 응급수술을 마친 아이를 병실로 옮긴 나는 겨울밤을 하얗게 지새우고는 새벽녘에 다시 집으로 들어왔다. 두 눈이 실핏줄이 다 터질 정도로 충혈되고 입술은 허옇게 벗겨지고, 파김치가 된 몸은 깊은 나락으로 한없이 떨어지는 것처럼 엄청난 피로가 엄습해 왔다. 그러나 나는 도무지 잠을 이룰 수 없었다. 병원에 누워 있는 둘째 아이의 병원비가 문제였다.

그 당시 나는 1년 가까이 거의 실직 상태였다. 1997년 연말에 온나라에 불어 닥친 IMF 환란 때문에 기업연수교육의 교양강사였던 나는 대부분의 강의가 취소되어 버렸다. 기업의 부도, 대량 실직, 강제 인수와 합병 등으로 인해 엄청난 타격을 입게 된 기업들은 나처럼 외부에서 초청한 교양강사들의 강의를 대부분 없애 버렸다. 우리 네 식구가 최소한의 생활을 유지하기 위해서는 적어도 매월 20회 정도는 강의를 해야만 했다. 그러나 나는 1/10이나 대폭 줄어든 월 2~3회가 고작이었다.

나는 강의를 하나라도 더 따내기 위해 기업의 교육 담당자들을 분주히 만나고 다녔다. 그러나 '국가 부도 상황'이라는 IMF 환란의 영향은 상상을 초월할 정도로 거셌다. 한반도를 급습한 초대형 경제 태풍으로 인해 거대한 기업들도 뿌리째 뽑혀 나뒹구는 판인데 나 같은 일개 개인이 버틴다는 것은 애시당초 불가능한 일이었다. 기업의 교육 담당자들은 강의를 하나라도 더 따기 위해 맹물로 배를 채우고 찾아간 나의 애절한 눈동자를 차갑게 외면했고, 나는 깊은 한숨을 내쉬면서 무거운 발길을 힘없이 돌려야만 했다.

그런데 나쁜 일은 연이어 찾아온다고 했던가? 병원에 누워 있는 둘째 아이에 대한 걱정과 미처 구하지 못한 병원비에 대한 걱정으로 지난밤을 하얗게 새우고 돌아온 나에게 집배원이 편지 한 장을 건네 주었다. 은행에서 재산 압류 통지서를 보낸 것이다.

십여 년 전 사업의 실패로 나는 신림동의 작은 지하실 방으로 이사를 가야만 했었다. 지하실 특유의 퀘퀘한 습기와 탁한 공기로 인해 연로한 어머니와 어린 아이들은 잦은 호흡기 질환으로 많은 고생을 했다. 게다가 어느 여름날에 마당으로 내린 장맛비가 하수구를 타고 역류해 들어와 방이 침수되는 바람에 온 식구가 한밤중에 일어나 고약한 악취가 진동하는 하수도 물을 밤새 퍼내느라고 야단법석을 떨어야 했다.

그때 크게 놀란 나는 지하실 방에서 이사를 나가기로 결심했고, 결국 공기 맑고 조용한 남한산성 아래로 이사를 했다. 따뜻한 햇살이 밝게 비치는 2층 방을 얻기 위해 돈이 턱없이 부족했던 나는 교양강사로 강의 중이던 신용보증기금의 도움을 얻어 은행에서 가까스로 2천만 원을 대출받을 수 있었다.

작년 겨울에 그 대출금을 갚아야 하는 만기가 돌아왔다. 그때는 은행으로 찾아가 딱한 사정을 이야기해서 겨우겨우 상환 연기를 받았다. 그러나 이번에는 달랐다. IMF 환란으로 인해 은행마저도 하루아침에 문을 닫는 판국이라 어쩔 수 없다면서 일부라도 상환하지 않으면 얼마 남지 않은 월세 보증금마저 압류하겠다는 연락을 해온 것이다.

나는 그저 머릿속이 터질 것만 같았다. 내게는 끝도 알 수 없는 한없는 절망뿐이었다. 아무런 희망도 보이지 않는 처절한 좌절이었다. 그리고 살을 저미며 오는 가슴시린 고독이었다.

내 숨통을 옮죄어 오는 3중 4중의 고통 앞에서 나는 거의 탈진 상태였다.

"도대체 이 일을 어떻게 풀어야 한단 말인가?"

나는 머릿속의 모든 혈관과 신경들이 심하게 헝클어진 것 같은 극심한 절망 속에서 넋을 잃은 표정으로 이 말만 계속 되뇌고 있었다.

그때 갑자기 머릿속을 섬광처럼 스쳐 지나가는 생각의 끈이 하나 있었다. 그것은 바로 고향이었다.

"그래, 고향! 고향으로 돌아가는 거야."

부산! 내 고향 부산. 이름만 들어도 그만 눈물이 어리는 내 고향 부산. 그러나 나는 맥없이 고개를 아래로 떨구어야 했다. 고향이라고 해서 살길이 열리는 것도 아니라는 생각이 스쳐갔다. 무일푼인 나를 받아 주기나 할까? 누구 하나 거들떠보기나 할까?

지금 나한텐 그곳으로 내려가서 허름한 방 한 칸 얻을 돈조차 없지 않은가? 생각이 여기까지 미치자 크게 낙심한 나는 그만 깊은 한숨을 다시 토하고 말았다.

어두운 방안에는 또다시 옛무덤 속처럼 무거운 적막만이 흘렀다. 이따금 청량산 산줄기를 타고 내려온 한겨울 소소리바람만이 낡은 문풍지를 거칠게 물어뜯는 소리가 들려올 뿐이었다. 그 순간 내 얼굴은 고통으로 크게 일그러졌다. 그 바람 소리가 흡사 내 귀에는 벌거벗은 내 몸뚱아리에 선명한 생채기를 만들며 세차게 내리치는 긴 채찍소리처럼 들렸기 때문이다.

나는 무릎 속에 얼굴을 파묻고는 한참 동안 미동도 하지 않았다. 아무 생각도 하고 싶지 않았다. 얼마나 시간이 흘렀을까? 퍼뜩 떠오른 생각에 나는 머리를 번쩍 쳐들었다.

"갈 데가 고향만 있는 건 아니잖아."

나는 미친놈처럼 중얼거리면서 벽 쪽으로 얼른 다가갔다. 그리고 책장 사이에서 낡은 지도 한 장을 꺼내 방바닥 위에 주섬주섬 펼쳤다. 커다란 지도 곁으로 바짝 다가간 나는 두 눈을 크게 뜨고는 손가락 끝을 따라 고개를 아래로 천천히 내리기 시작했다. 손가락 끝이 부산에 가서 뚝 멈추었다. 거기에서 다시 왼쪽으로, 위로, 다시 아래로, 왼쪽으로 이동하면서 이리저리 왔다갔다를 반복했다. 그러다가 드디어 오른손이 정지되었고 손가락 끝이 가르키는 곳으로 시선이 집중되었다.

내 두 눈 속으로 두 글자가 선명하게 들어오는 거였다.

토말(土末).

땅끝.

"벼랑 끝? 벼랑 끝."

나도 모르게 작은 소리로 이렇게 읊조리고 있었다. 나는 자세를 얼른 고쳐 앉으면서 두 눈에 잔뜩 고인 뜨거운 눈물을 얼른 손등으로 훔쳤다. 그리고는 다시 지도를 응시했다. 그곳은 전라남도 해남군에 있는 '땅끝'이란 곳이었다.

"그래. 이곳이 우리 땅의 벼랑 끝이란 말인가? 벼랑 끝. 나도 지금 '내 인생(人生)의 벼랑 끝'에 서 있는데!"

내 머릿속에는 수없는 생각이 교차하며 빠르게 스쳐 지나갔다. '땅끝'에 한번 가보고 싶어졌다.

백척간두(百尺竿頭).

그곳은 얼마나 참담한 곳일까?

그곳은 얼마나 외로울까?

그곳은 얼마나 슬픔에 겨운 곳일까?

지금의 나처럼 목 놓아 통곡하고 싶을까?

미치도록 고함을 지르며 울분을 토하고 싶을까?

아니면 모든 것을 포기한 채 검푸른 파도 위로 온몸을 그냥 던져 버리고 싶을까?

그 순간, 나는 그 자리에서 벌떡 일어섰다.

"그래! 가자! 나를 닮은 저 불쌍한 땅 끝으로."

아득한 옛날부터 쥐라기 시대의 공룡들이 살았던 땅.

겨울이 찾아오면 먼 길을 떠나는 철새들이 쉬어 가는 땅.

외로운 신하들이 원통한 눈물을 비 오듯 뿌리던 유배와 귀향의 땅.

수많은 시인과 묵객들이 피눈물을 흘렸던 절망과 한숨의 땅.

땅끝! 그곳으로 가자!

8.
역발상으로 만든 〈해남 땅끝축제〉

서울에서 출발한 버스를 네 번씩이나 갈아타면서 해남 땅끝마을에 도착하니 벌써 어두컴컴한 저녁 무렵이 되었다.

땅끝마을은 내가 서울에서 상상했던 것보다 훨씬 더 작고 초라한 곳이었다. 바다를 매립해 만든 포구 주변에는 매운탕과 회를 파는 식당들이 촘촘하게 늘어서 있었고, 군데군데 민박집과 작은 가게들도 간간이 보였다. 그러나 식당이나 가게에는 손님들도 거의 없고 인적마저 드물어 국민관광지라고 하기에는 너무나 을씨년스러워 보였다.

해남읍에서 출발한 작은 군내버스가 한 시간을 달려 땅끝마을의 버스 종점에 도착 했을 때, 버스 안에는 승객이 나 혼자밖에 없었다. 먼저 버스 종점 옆에 있는 작은 가게로 들어간 나는 컵라면으로 허기를 잠시 면한 뒤, 소주 두 병을 사들고는 동네 뒤쪽에 있는 언덕 위로 올라갔다. 칡이 많이 나서 '갈두'라고도 부른다는 마을 뒷산으로 오르는 길은 경사가 꽤 가파르고 굴곡이 심했다.

10여 분 정도 걸었을까? 점점 어웅해지는 어둠 속을 헤치며 산길을 오르노라니 등에 진 무거운 배낭 때문에 차가운 겨울 날씨인데도 불구하고 순식간에 땀이 등에 배기 시작했다. 이윽고 갈두산 언덕 위에 오르니 불 꺼진 '땅끝전망대' 건물이 차가운 겨울바람을 맞으며 외롭게 서 있고 아래쪽에는 남해가 짙은 어둠 속에 잠겨 있다.

정상에 서서 잠시 두리번거리던 나는 작고 초라한 땅끝비 옆으로 난 좁고 가파른 산길을 따라 조심조심 바다 쪽으로 걸어 내려갔다. 희붐한 달빛을 보며 아래쪽으로 한참을 내려가니 바닷가 절벽 쪽에 낡은 군막사가 보였다. 가까이 다가가 확인해 보니 군인들이 살지 않는 버려진 군막사였다. 동해안에서 군 복무할 때 이러한 해안막사에서 생활했던 적이 있었다. 나는 고향의 옛 친구를 만난 것처럼 친근한 느낌이 들었다.

밤바다가 잘 보이는 막사 한쪽 구석에 배낭을 막 내려놓는데 어둠 속에서 무언가가 푸드득 소리를 내면서 허공으로 날아오른다. 새였다. 깜짝 놀라 잠시 머뭇거리고 있던 나는 그곳에 배낭을 천천히 풀어 놓았다. 그리고 추위를 피하기 위해 침낭 속에 두 다리를 넣고는 등을 벽 쪽으로 기대어 앉았다.

저 멀리 보이는 캄캄한 밤바다 위에 떠 있는 배 불빛이 작은 등불처럼 아른거린다. 어두운 밤하늘에 높게 뜬 별들은 쌀쌀한 북풍을 맞으면서 차가운 냉기를 뿜어내고 있다. 납처럼 굳은 얼굴로 그 광경을 묵묵히 바라보고 있던 내 입에서 나도 모르게 깊은 탄식이 흘러나온다.

중학교 2학년이던 15세에 소년가장이 된 후 구절양장처럼 파란만장했던 인생길을 정말 숨 가쁘게 달려왔는데. 비록 그때는 눈물겹도록 힘들고 고통스러웠지만 그래도 나에겐 희망이 있었다. 언젠가는 이 지긋지긋한 가난 속에서 반드시 벗어날 것이라는 희망. 언젠가는 나도 정말로 하고 싶은 일을 선택해서 마음껏 뜻을 펼칠 날이 올 것이라는 희망. 언젠가는 나도 좋은 가정을 꾸려서 행복하게 살 수 있을 것이라는 희망.

'그런데, 지금은 그 모든 희망이 깡그리 사라지고 말았다. 부도난 사업. 갚을 길 없는 부채. 출판마저 불가능한 소설 원고 뭉치. 풍비박산 난 가정. 병원에 누워 있는 내 아들. IMF 외환 위기로 인해 중단된 기업연수강의.'

이런 생각에 나는 또다시 절망스러운 한숨을 길게 토해냈다.

'이제 어떻게 해야 한단 말인가?'

나는 한치 앞도 보이지 않는 캄캄한 절망이 너무나 막막해서 깊은 나락 속으로 한없이 빠져드는 느낌이었다. 비록 그때는 고생스러웠어도 나에겐 싱싱한 젊음이 있었다. 그리고 투지도 있었다. 그러나 지금은?

나는 소주병을 입에 대고 깡술을 마시기 시작했다. 술기운이 오르기 시작하자 그동안 숨죽이고 있었던 오만 가지 상념이 물꼬 터진 도랑처럼 쏟아져 나오기 시작했다.

'내 인생이 이렇게 처절한 밑바닥으로 추락할 줄은 정말 생각도 안 했는데. 정말, 도대체, 무엇이, 어디서부터 잘못되었단 말인가?'

그날 밤. 나는 칠흑처럼 캄캄한 밤에 짙은 안개가 잔뜩 몰려와 길이 전혀 보이지 않는 백척간두에서 망연자실한 표정으로 홀로 서 있는 내 영혼을 보았다.

'여기가 바로 내 인생의 벼랑 끝이란 말인가?'

한 발만 앞으로 내디디면 차가운 파도와 날카로운 바위가 나를 삼키려고 기다리고 있는 내 삶의 마지막 여정. 이제 내 인생의 실패를 비로소 인정하고, 아무도 알아주지 않는 소설 원고를 저 캄캄한 바닷속으로 아무 미련 없이 던져 버려야 한단 말인가? 그동안 살기 위해 몸부림쳤던 그 모든 순간을 기억의 저편으로 넘겨 버리고 인생이란 치열한 전쟁터에서 소리 없이 사라져 가야 하는가?

그때 갑자기 내 눈에서 뜨거운 눈물이 주루루루 흘러내리기 시작했다.

'내가 이 꼴을 보려고 그토록 열심히 살았단 말인가?'

나는 칠흑처럼 어두운 땅끝마을의 벼랑 끝에 홀로 앉아 얼마나 울었는지 모른다. 지나간 삶이 너무나 분해서, 너무나 억울해서, 너무나 서글퍼서, 너무나 불쌍해서. 나는 술을 마시다가 때로는 울부짖고, 때로는 통곡하고, 때로는 하늘을 바라보며, 구질구질하게 살아온 내 인생을 마구 저주했다. 그러다가 나중에는 큰 소리로 마구 웃기까지 했다. 사람이 이러다가 미치는 것일까? 실성하는 사람의 심정이 이런 것일까?

"어머니! 어머니도 저처럼 인생이 너무 힘들어서, 너무나 막막해서, 빛 한 줄기조차 보이지 않는 캄캄한 무덤 속처럼 너무나 절망스러워서 실성하셨던 겁니까?"

그날 밤 땅끝마을의 벼랑 끝에서 나는 한겨울의 북풍을 온몸으로 맞으며 짐승처럼 울부짖는 광인(狂人)이 되었다. 등에 지고 살아온 삶의 무게가 너무 무거워 어찌할 바를 몰라 처절하게 몸부림치는 광인 말이다. 나는 그렇게 몸부림치다가 언제 잠이 들었는지도 모르게 쓰러지고 말았다.

얼마나 시간이 흘렀을까?

침낭 속에서 문득 눈을 떠 보니, 바로 옆에는 낡은 등산배낭이 마구 풀어 헤쳐져 있고 빈 술병 두 개가 아무렇게나 나뒹굴고 있었다. 천천히 몸을 일으키는데 심한 두통이 느껴졌다. 나는 가느다란 신음을 내뱉으며 천천히 바위 옆으로 비틀거리며 다가갔다.

간밤에 마신 술 때문에 두통과 함께 심하게 현기증을 느낀 나는 바위 위에 천천히 걸터앉았다. 추위 때문에 몸을 오들오들 떨던 나는 기지개를 크게 켜며 고개를 높이 들었다.

바다였다! 아직 잠이 덜 깬 내 눈앞에 나타난 것은 넓고 푸른 바다였다. 마치 고향 바다를 만난 것처럼 반가운 마음이 들었다. 나는 바위 위에서 드넓은 남쪽 바다를 응시했다.

은빛 갈치처럼 싱싱한 새벽 바다에는 고깃배들이 아직 어둠이 묻어 있는 그물을 깊은 물속에서 천천히 끌어올리고 있었고, 저 멀리에는 작은 섬들이 실비단처럼 부드럽고 엷은 안개를 온몸에 휘감고 있었다.

이때였다. 동녘 하늘 위로 붉은 기운이 점점 진해지더니 수평선 위로 아침 햇살이 순식간에 올라오기 시작한다.

일출이다!

파르스름한 해우가 낮게 깔린 여명의 바다 위로 진홍색 태양이 서서히 솟아오르자 아직 군데군데 남아 있던 어둠의 장막이 일시에 사라져 버린다. 그리고 죽은 듯이 누워 있던 잔잔한 수평선이 활화산에서 분출된 붉은 용암처럼 뜨겁게 약동하기 시작한다. 파도가 온통 진홍색깔이다.

잠시 후, 수평선 위로 위용을 드러낸 눈부신 태양이 황금빛 햇살을 온 사방에 흩뿌리자 겨울 바다의 잿빛 새벽이 마치 마술이라도 걸린 것처럼 싱싱하게 살아 움직이기 시작하는 게 아닌가. 꽁꽁 얼어붙어 미동도 하지 않을 것 같이 보이던 크고 작은 섬들과 기암괴석들이 태양의 세례를 받자마자 찬란한 미소를 띠기 시작하고, 어둠 속에서 수만 리 바닷길을 쉬지 않고 달려왔을 검푸른 파도는 투명한 유리구슬처럼 반짝이며 환희의 노래를 부른다.

어젯밤의 그 절망은 모두 다 어디로 사라진 걸까? 잠 못 이루던 그 고뇌와 탄식은 또 어디로 가버린 걸까?

한숨과 슬픔에 젖어 있던 절망의 땅끝자락에, 어느새 희망의 새아침이 밝아오고 있었던 것이다.

어쩌면 나는 그동안 인생을 잘못 살아온 게 아닐까? 오직 높은 곳만 바라보며 미친 듯이 달린 나. 성공(成功)이란 단어만을 오매불망 가슴 속에 새기며 숨 가쁘게 살아온 나. 낮은 곳으로 추락하는 실패자가 되지 않기 위해 오직 위만 쳐다보고 열심히 뛰어온 나. 그러나 지금은 돈도, 명예도, 사랑도 모두 잃어버린 헛헛한 빈털터리의 모습으로 가장 낮고 가장 초라한 땅끝에 섰다.

그런데 이토록 신비롭고 아름다운 세상이 내 눈앞에 펼쳐지다니! 이

땅에서 가장 낮은 곳에 섰는데, 오히려 이 땅에서 가장 넓은 바다가 내 품에 들어와 안기다니! 저 높은 곳을 향해 위로 달려가기만 할 때는 결코 볼 수 없었던 아늑하고 푸근한 넓디넓은 바다가 내 앞에 펼쳐져 있다.

겨울 바다의 장엄한 새벽 일출을 바라보며 새로운 감흥에 젖어 있던 나는, 그 순간 강한 전기가 전신을 관통하는 듯한 강렬한 전율을 느꼈다. 도저히 주체할 수 없을 정도로 엄청난 감동이 내 가슴속으로 쏟아져 들어오며 수많은 시상이 마구 떠오르기 시작한 것이다.

나는 군막사 쪽으로 부리나케 달려 들어갔다. 원고 보퉁이 속에서 공책과 볼펜을 급히 꺼내 들었다. 그리고는 시를 적어 나가기 시작했다. 마치 신들린 사람처럼 차가운 바닷바람이 세차게 불어오는 벼랑 끝 바위 옆에 쪼그리고 앉아 가슴속에 떠오르는 글자들을 미친 듯이 휘갈겨 썼다.

얼마나 시간이 지났을까? 하늘에는 어느새 태양이 높이 떠 있었고 빈 공책에는 10여 편의 시가 가득 적혀 있었다.

땅끝에서 부르는 노래

1.
파란 하늘이 까맣게 내려앉고
황토빛 대지가 티검불처럼 하얗게 바스라질 때
지금 하는일 너무 힘들고 어려워
그 자리에 털썩 주저앉아 마냥 통곡하고 싶을 때면
모든 걱정을 훌훌 털어버리고
이곳으로 내려오세요.
여기는 이 땅의 마지막 – 땅끝마을!

삶에 지치고 영혼이 슬픈 사람들이
모두 찾아와 휴식을 취하는 아름다운 곳이랍니다.

2.
붉은 태양이 잿빛으로 빛을 잃고
매서운 눈보라 세차게 몰아쳐 눈앞에 보이지 않을 때
가야 할 인생길 너무 멀고 험해서
이 세상에 나 혼자라는 고독과 절망으로 숨이 막힐 때면
모든 근심을 탁 놓아 버리고
이곳으로 달려오세요
여기는 이 땅의 마지막 – 땅끝마을!
삶이 외롭고 영혼이 아픈 사람들이
모두 찾아와 새 힘을 찾는 평화로운 곳이랍니다.

나는 깊은 탄식과 절망 속에서 죽음의 문턱을 두드리며 세상의 벼랑 끝으로 내려갔다가 오히려 그곳에서 10여 편의 시와 삶을 향한 새로운 투지와 희망을 안고 서울로 다시 올라왔다.

IMF 외환 위기 속의 서울은 여전히 암울하고 혼란스러웠다. 특히 연말을 맞아 그동안 서울 하늘 아래에서 공룡처럼 우람한 위용을 자랑하던 대기업과 은행들이 부도나고, 수많은 하청기업들이 줄줄이 도산하고, 시내 곳곳에는 수많은 노숙자들이 살을 에는 칼바람을 맞으며 거리를 방황하고, 신문과 TV에서는 파산을 맞은 수많은 사람들의 눈물겨운 사연들이 매일같이 소개되고 있었다.

그러나 나는 이미 사흘 전의 내가 아니었다. 사흘 전에 어두운 방구석에 혼자 웅크리고 앉아 망연자실한 표정으로 방바닥이 꺼질 듯한 긴

한숨을 연거푸 몰아쉬던 내가 아니었다. 땅끝마을의 낭떠러지에 혼자 앉아 불운한 내 인생을 마음껏 저주하며 울분과 한탄 속에서 죽음을 생각하던 못난 내가 더 이상 아니었다.

나는 이미 변해 있었다. 나는 손돌바람이 휘몰아치는 12월 엄동설한에 죽음의 극한까지 다가서는 영혼의 여행(Soul's Tour)을 통해 새롭게 태어나 있었다. 나는 지금 이 순간 생생하게 살아서 숨 쉬고 있다는 이 사실 하나만으로도, 무척이나 행복하고 힘이 나고 삶을 향한 뜨거운 열기로 가득한 희망의 전령사가 되어 있었던 것이다.

'내 인생 최악의 벼랑 끝에서 못난 내 영혼을 절망의 구렁텅이에서 끌어올렸던 가슴 벅찬 감동들을 이 사람들과 함께 나누자! 이 사람들도 나처럼 끝을 알 수 없는 캄캄한 좌절을 딛고 일어서 가슴 벅찬 희망의 새벽을 맞이할 수 있다면 얼마나 기쁠까?'

이렇게 결심한 나는 지난 섣달그믐에 지옥 같았던 불면의 밤을 보내고 남해의 일출을 바라보며 미친 듯이 썼던 10여 편의 시를 들고 정풍송 작곡가를 찾아갔다. 경남 밀양이 고향으로 부산에서 젊은 시절을 보냈던 정풍송 작곡가는 내가 가져간 시들을 찬찬히 읽어 보더니 '글이 참 마음에 든다'며 흡족한 표정을 지었다. 그래서 더욱 용기를 얻은 나는 이번 여행 중에 내가 느꼈던 점과 이러한 시를 쓰게 된 배경을 차분하게 설명하고 '절망에 처한 많은 사람들에게 용기를 줄 수 있는 노래를 만들 수 있으면 정말 좋겠다'는 의사를 조심스럽게 이야기했다.

정풍송 작곡가는 '이 어려운 때에 많은 사람들에게 희망을 줄 수 있는 일을 한다는 것은 아주 보람 있는 일'이라면서 흔쾌히 무료 작곡을 약속했다. 게다가 가수 설운도에게 직접 전화를 걸더니 '절망의 벼랑 끝에서 희망의 노래를 부르는 보람찬 일에 동참하자'며 함께 만날 날짜를 정하는 게 아닌가? 이렇게 해서 정준 작사·정풍송 작곡·설운도 노래 〈땅끝에서〉가 만들어지게 되었다.

나는 다음날 서영훈 선생님(전 적십자 총재)을 찾아뵈었다. 그 당시 (사)신사회 공동선 운동연합의 상임대표로 계셨던 서영훈 선생님은 경황없이 찾아간 나를 인자한 미소로 반갑게 맞아 주었다.

"그래. 전남 해남에서 '희망의 땅끝축제'를 만들고 싶다고? 왜 하필이면 그렇게 먼 전남 해남에서 하려고 하는가?"

80이 가까운 한평생을 청소년 적십자운동과 시민운동에 매진해 오신 서영훈 선생님께서는 처음에는 의아한 표정을 지으셨다.

"사람들이 한평생을 살아가다가 너무 힘들고 어려운 때를 겪게 되면 흔히 푸념하듯이 내뱉는 말이 바로 '내가 지금 인생의 막다른 벼랑 끝에 서 있다'는 말이지 않습니까? 그런데 지금은 '국가 부도'라는 위기를 맞이해서 한 개인이 아니라, 우리 민족 전체가 바로 '경제적 벼랑 끝'에 서 있습니다. 그렇기 때문에 저는 IMF 외환 위기라는 '경제적 벼랑 끝'을 상징하는 특정한 장소가 반드시 있어야 한다고 생각합니다. 우리 민족 모두가 경제적 벼랑 끝을 상징하는 바로 그 장소로 내려가 '국가 부도라는 비극적인 파국을 이대로 허망하게 맞이할 것인가, 아니면 다시 성공할 수 있다는 희망을 안고 재기의 의욕을 뜨겁게 불태울 것인가'를 심각하고 진중하게 성찰하는 기회를 가져야 한다고 생각하는 겁니다."

"하지만 그러한 '벼랑끝 정신'을 새길 수 있는 의미 깊은 장소는 굳이 그토록 먼 곳까지 가지 않더라도 얼마든지 있지 않을까? 옛 역사를 상고해 보면 백제의 궁녀들이 신라 군사들의 공격을 피해 강으로 뛰어들었던 부여의 낙화암, 임진왜란 때 최초의 전투가 벌어져 부산첨사 정발 장군과 성안의 군사들이 전멸했던 부산진성, 신립장군이 죽음을 각오하고 배수진을 쳤던 충주 탄금대, 몽고의 침입 때 삼별초가 장렬하게 전사했던 진도의 남도석성도 있지 않은가. 게다가 병자호란 때 청태종이 이끄는 12만 대군의 공격을 받은 인조 임금이 삼학사(오달

제·윤집·홍익한)를 비롯한 수많은 신하들과 함께 그야말로 백척간두에서 항전을 했던 경기도 광주의 남한산성도, 서울에서 불과 한 시간도 채 걸리지 않는 가까운 거리에 있지 않은가?"

역사에 해박한 지식과 경험을 갖고 계신 서영훈 선생님의 말씀은 사통팔달 막힘이 없으셨다.

"하지만 우리 국토에는 상징적인 장소들이 여러 곳에 있습니다. 포효하는 호랑의 꼬리를 상징하는 포항의 호미곶, 한반도의 막내를 상징하는 동해의 독도, 말의 귀를 상징하는 진안의 마이산. 그런데 IMF 경제 환란을 이겨나가기 위해서는 우리 국토에 새로운 상징이 될 만한 곳을 다시 만들 필요가 있다는 생각이 듭니다.

저는 한반도에서 가장 높은 봉우리가 있는 북쪽 백두산이 우리 민족이 지향해야 할 '성공의 정점'을 상징한다면, 가장 남쪽에 있는 해남의 갈두산을 '실패의 벼랑 끝'을 상징한다는 의미를 부여하자는 겁니다. 물론 한반도의 최남단은 제주도 남쪽에 있는 마라도입니다만 그곳은 일반인들이 쉽게 접근하기 쉽지 않은 섬이라는 특수한 장소입니다.

그런데 해남은 육지의 최남단이고 실제로 토말(土末)이란 지명을 갖고 있는 마을이 있습니다. 게다가 해남과 강진 일대는 서울과 워낙 먼 곳이어서 옛날부터 많은 선비들이 귀양과 유배를 떠났던 곳이기도 합니다. 그처럼 한없는 좌절과 절망의 땅이기도 했던 그곳을 IMF 경제 환란을 맞아 고립무원의 위기에 빠진 우리 민족의 '경제적 벼랑 끝'이란 의미를 부여하고, 이대로 경제적 파산이란 깊은 나락으로 떨어져 거친 파도 속에서 수장당할 것인지, 아니면 다시 용기를 내어 백두산 산상봉처럼 성공이란 높은 목표를 위해 힘차게 뛸 것인지를 결정하는 정신적인 의식을 치루는 장소로 만들자는 것입니다."

"정신적인 의식이라고? 그렇다면 그 행사를 어떤 형식으로 치를 계획인가?"

"저는 그 의식을 '영혼의 여행'으로 진행하려고 합니다."

"말처럼 쉽지 않을 거야. 지금은 국가 초유의 경제적 비상시국이야. 국가가 부도가 나느냐, 아니냐 하는 기로에 서 있지 않은가. 여기저기서 온통 사업이 망하고, 회사가 부도나고, 가게가 문닫고, 강제 퇴직자들이 거리로 쏟아져 나오는 판국인데. 사람들이 무슨 경황이 있어서 그 먼 곳까지 여행을 떠나겠는가? 옛 속담에 '광에서 인심이 나온다'고 했는데, 무슨 돈이 있다고 그런 행사에 참여하겠는가?"

"제 소견으로는 오히려 이런 때일수록 이러한 여행이 더욱 필요하다고 생각합니다. 특히 제가 기획하고 있는 여행은 소비적이고 사치스러운 '물질적인 여행'이 아니라 용기를 내고 희망을 심어 보자는 '마음의 여행'입니다. 만약 이러한 여행을 통해서 슬픔을 이겨내는 힘을 얻고, 절망을 극복하는 신명의 힘을 배우고, 의기소침해진 마음을 희망으로 가득 채울 수만 있다면 이보다 값진 여행은 아마도 없을 것입니다. 그리고 이처럼 값진 여행을 대규모 축제로 발전시킬 수 있다면 그야말로 금상첨화라고 생각합니다.

축제는 무엇보다도 사람들을 흥겹고 신나게 만들지 않습니까? 저는 지금 한국인들에게 가장 필요한 것은 높은 기상과 힘찬 기백이라고 생각합니다. 지금 우리 사회는 경제적 위기 상황에 실제 이상으로 지나치게 짓눌려 있는 것 같습니다. 그래서 모두들 현실의 무게에 너무 주눅이 들어서 숨도 제대로 못 쉴 정도로 어깨가 축 처져 그저 땅바닥만 내려다보면서 한숨만 내리쉬고 서로 눈치만 보고 있죠.

저는 우리 사회에서 정말로 심각한 것은 현재의 경제적 위기 상황보다는 오히려 이러한 정신적 위기 상황이라고 생각합니다. 그렇기 때문에 의기소침해진 사람들의 가슴을 탁 펴서 원기왕성하게 만들어 주는 이러한 희망의 축제는 반드시 필요하다는 생각이 드는 겁니다"

"자네의 심중은 충분히 알겠네. 옛글에 회룡고조(回龍顧祖)라는 가르침이 있네. '끝이 곧 새로운 시작'이라는 뜻이지. '위기가 곧 또 다른 기회'라는 말과 일맥상통한다네. 또 이러한 것들은 동양 고유의 태극사상과도 같은 것이지. 태극기에 나오는 태극도형을 자세히 보면 푸른색이 끝나는 지점에서 붉은색이 새롭게 시작되고, 붉은색이 끝나는 지점에서 푸른색이 다시 시작되는 모습으로 그려져 있지. 자네가 지금 생각하고 있는 그 여행 축제는 바로 우리 민족이 자칫 잊어버리고 살아온 희룡고조의 태극사상에서 비롯된 것이야. 태극사상의 현대적 이벤트라고 할 수 있겠군."

서영훈 선생님께서 음성을 가다듬어 "정군!" 하면서 내 어깨에 손을 얹었다. 어깨에 얹은 손이 무척 따뜻하게 느껴졌다.

"나는 일평생 동안 적십자운동과 시민운동에 일로매진해 왔네. 그동안 나는 민족과 국가를 위해 좋은 일을 할 수 있는 동량들을 뒤에서 많이 돕고 지도도 해왔어. 지금 자네의 가슴속에 세운 그 뜻을 열심히 추진해 보게. 내가 적극 도와줄 테니. 알겠나?"

이렇게 해서 한국 사회의 원로이신 서영훈 선생님의 후원 약속을 받은 나는 용기백배해서 천년의 마지막 해인 1999년 1월부터 새천년이 시작되는 2000년 1월 1일까지 1년 동안 전남 해남군 송지면 갈두리의 토말(土末)에서 진행된 〈희망의 땅끝운동 1999〉를 진행하기 시작했다.

1999년 1월 첫번째 토요일.

나는 낡은 등산백을 등에 매고 전남 해남으로 내려가기 위해 다시 집을 나섰다. 토말로 가기 위해 또다시 버스를 네 번씩이나 갈아 타면서 10시간을 줄곧 달려가야 했다. 한겨울의 세찬 칼바람을 뚫고 남쪽으로 내려간 버스가 땅끝마을에 나를 내려놓은 것은 늦은 오후였다.

해남읍에서 군내버스에 올라 탈 때는 승객이 10여 명이었는데, 종점인 땅끝마을에 도착하자 내리는 사람은 역시 나 혼자뿐이었다. 역시 그곳은 인적이라고는 하나 없이 황량하기만 했다. 나는 공중화장실 옆 공터에 놓여 있는 컨테이너 박스 안으로 들어갔다. 먼저 텅 비어 있는 컨테이너 박스 안에 흩어져 있는 잡동사니 쓰레기들을 깨끗이 치운 뒤 커다란 종이박스 몇 장을 바닥에 깔기 시작했다. 쇠로 만든 컨테이너 밑바닥에서 올라오는 싸늘한 냉기를 막기 위해서였다.

잠시 후, 컵라면으로 허기를 때운 나는 작은 촛불을 하나 켜고는 낡은 원고뭉치를 꺼냈다. 지난 5년간 매달려온 역사소설 『안토니오 꼬레아』를 개작하기 위해서였다.

한 시간 남짓 지났을까? 나는 더 이상 글을 쓰기가 어려웠다. 옷을 잔뜩 껴입고 있었지만 차가운 공기 때문에 코끝이 시리고 손가락이 자꾸만 굳어져서 도저히 더 이상 볼펜을 움직일 수가 없었다. 결국 글쓰기를 포기한 나는 아른거리는 촛불을 끄고는 침낭 속으로 차갑게 굳은 몸을 뉘였다. 열여덟 살 때 처음 서울에 올라와 잠 잘 곳이 없어서 정릉 주택가의 어두운 구석에 세워져 있던 낡은 초소 안에서 누워 자던 때가 불현듯 떠올랐다.

"그때도 참 막막했었는데."

그 당시는 한창 피 끓는 청춘이었다. 그러나 지금은 이미 40대 중반. 나는 중년의 나이에 잠 잘 곳을 마련할 돈이 없어 얼음장처럼 싸늘한 냉기만 감도는 텅 빈 컨테이너 박스 안에 홀로 누워 있는 내 모습이 너무나 한심했다.

"그때는 그래도 서울에 있었는데. 그러나 이곳은 서울에서 가장 먼 땅끝이 아닌가?"

육지의 최남단인 땅끝에 홀로 누워 파도소리를 듣고 있다는 사실에 외로움이 밀물처럼 밀려와 뼛속까지 저리게 만들었다.

그날 밤 온기 하나 없는 차가운 컨테이너 박스 안에 누운 나는 뼛속까지 스며드는 추위와 외로움 때문에 밤늦도록 잠을 이룰 수가 없었다.

다음날 새벽. 잠자리에서 눈을 떠 시계를 보니 여섯 시가 다 되어 가고 있었다. 물을 마시려고 앞으로 손을 뻗으니 그릇 속의 물이 꽁꽁 얼어 있는 게 아닌가? 오한이 뼛속까지 느껴지고 헛헛한 뱃속 때문에 시장기가 심하게 느껴졌다. 나는 침낭 속에서 재빨리 빠져나와 석유버너에 불을 지피고 물을 끓이기 시작했다.

잠시 후, 뜨거운 라면 국물로 차가운 뱃속을 따뜻하게 데운 나는 문을 열고 컨테이너 박스 밖으로 나갔다. 밖으로 나오니 차가운 해풍이 얼굴을 세차게 때린다.

츄리닝 위에 긴 목도리를 단단히 두른 나는 캄캄한 어둠을 뚫고 땅끝비가 있는 사자봉으로 뛰어올랐다. 코끝이 맵싸해지는 차가운 새벽 공기를 가르며 가파른 언덕길을 오르다 보니, 20여 년 전 서울에 처음 갔을 때 꼭두새벽마다 북한산 숲길을 뛰어가던 생각이 불현듯 떠올랐다.

"결국 내가 20여 년 전 그때로 돌아온 거구나! 사회의 밑바닥에 내동댕이쳐져 오직 우리 식구들의 생존을 위해 끝없이 몸부림치던 처량한 그때 그 모습으로. 가난이란 모진 운명의 굴레에서 벗어나기 위해 그토록 열심히 뛰었건만 다람쥐 쳇바퀴 돌듯이 처음의 그 자리로 되돌아오고 말았어."

가쁜 숨을 연거푸 몰아쉬며 언덕 위에 오르니 깊은 어둠의 장막이 길게 드리워진 새벽 바다가 멀리 보인다. 작은 별들이 차가운 북풍을 맞고 있는 캄캄한 밤하늘에는 오리온좌의 삼태성이 유달리 밝은 빛을 내고 있었다.

나는 어둠 속을 잠시 응시하다가 가슴을 크게 벌여 차가운 새벽 공기를 한번 들이마셨다. 그리고는 몸을 풀기 시작했다. 처음에는 한겨울의 추위를 이기기 위해 빠른 동작 위주의 택견을 시작했다. 한참 동안 허공을 향해 두 팔을 휘휘 내젓고, 주먹을 내지르고, 두 발을 번갈아 가면서 차올렸다. 그러자 온몸이 훈훈해지면서 이마에는 굵은 땀방울이 조금씩 맺히기 시작했다.

어느 정도 전신의 근육과 관절이 유연하게 풀어졌다고 생각한 나는 두 번째로 태극권을 하기 시작했다. 태극권은 내가 좋아하는 48식 태극권이었다. 양가 태극권의 부드러움과 진가 태극권의 강함을 어느 정도 겸비한 태극권이었다. 처음의 기세에서 백학량시와 운수를 거쳐 마지막 수세까지 모든 초식을 두 번 반복하고 나니 몸에 기운이 느껴지면서 뱃속의 단전이 따뜻해졌다..

곧이어 나는 세 번째로 건강학춤을 추기 시작했다. 단전에서 올라오는 뜨거운 기운을 두 발로 보내 커다란 날개를 만들고, 가슴의 단중에서 올라오는 시원한 기운은 위로 보내 목을 길게 뻗었다. 그리고 한 마리 학이 되어 훨훨 춤을 추었다. 마치 아무 거침 없이 모든 것이 탁 트인 구만리장천을 천의무봉으로 자유롭게 날아오르는 우아한 학처럼.

그 순간 나는 모든 것을 잊어버렸다. 그곳이 땅끝마을의 벼랑 위라는 사실도. 그날이 차가운 겨울 바람이 매섭게 몰아치는 1월 첫번째 일요일이란 사실도. 그리고 내가 라면 몇 봉지만 달랑 들고 '희망의 땅끝운동'을 준비하러 온 한심하고 처량하기 짝이 없는 미련곰퉁이란 사실도.

땅끝마을의 벼랑 끝에서 1인무로 춘 건강학춤이 거의 끝날 즈음에 서서히 해가 떠오르기 시작했다. 나는 지난 달에 땅끝의 낡은 군막사에서 일출을 바라보며 느꼈던 그 감동을 다시 되새기며 시 「땅끝에서 부르는 노래」를 암송했다. 그리고는 해안선을 따라 해가 떠오르는 동쪽으로 달리기 시작했다.

"이곳에서 동쪽으로만 계속 달리면 어디가 나올까? 내 고향 부산이 나올까? 어린 시절 아버지를 잃고 눈물 속에서 떠났던 내 고향. 반드시 성공해서 꼭 찾아오겠다고 맹세했던 내 고향. 지금 이 꼴로, 부끄러운 이 모습으로는 결코 너를 만날 수 없다. 나는 다시 일어나겠다. 이

벼랑 끝에서 반드시 일어서겠다! 그리고 자랑스러운 모습으로 너를 만나러 가겠다. 기필코……."

1999년 1월에 첫발을 내디딘 〈희망의 땅끝운동 1999〉는 그렇게 시작되었다. 한겨울의 바닷바람이 전신을 엄습하는 강추위 속에서, 아무도 관심을 기울여 주지 않는 육지의 최남단 땅끝마을의 조그만 벼랑 끝에서, 인생의 막바지에 몰린 한 남자의 울분에 찬 눈물과 서러운 탄식 속에서.

온 나라를 무겁게 덮고 있는 IMF 경제 환란의 어두운 그림자 때문에 더욱 을씨년스럽고 춥게만 느껴지던 1999년 첫 겨울. 비록 처음에는 아무도 동행하지 않는 나 혼자만의 행사였지만, 〈희망의 땅끝운동 1999〉를 개최하기 위해 나는 매주 땅끝으로 떠났다. 변함없이 불씨 하나 없는 텅빈 컨테이너 박스 안에서 서러운 잠을 청하고, 라면으로 외로운 속을 달래고, 오기로 땅끝 언덕 위로 뛰어올랐고, 무념으로 건강학춤을 추었고, 희망으로 일출을 맞았고, 신념으로 시를 낭송했고, 투혼으로 해안도로를 달렸다.

1999년 매주 끝 없는 투지 하나로 해남 땅끝마을을 달린 저자.

왜 그랬을까? 무엇이 나를 매주 땅끝으로 달려가게 만들었을까? 그 머나먼 길을.

그것은 약속 때문이었다. 서영훈 선생과 한 약속, 해남 군민과 한 약속, 정풍송 작곡가와 한 약속, 그리고 더욱 중요한 것은 나 자신과 한 마음의 약속 때문이었다. 인생의 벼랑 끝에서 이대로 포기하지 않고 꼭 다시 일어서겠다며 나 스스로에게 한 굳은 약속.

나는 매주 일요일 새벽마다 땅끝마을의 언덕 위에 올라가 빛나는 바다의 일출을 바라보며 수없이 되뇌었다. 모든 것을 포기하고 이대로 주저앉아 땅끝 벼랑 아래의 새하얀 포말처럼 사라지고 싶은 내 마음을 제발 붙잡아 달라고. 절망의 깊은 탄식 속에서 점점 야위어 가는 지친 영혼의 불꽃을 다시 되살릴 수 있는 힘을 나에게 달라고. 그곳에서 나는 나의 나약함과, 나의 게으름과, 나의 박약한 의지와, 나의 끈기 없음을 수없이 한탄하며, 마음껏 고함을 지르고 서러운 눈물을 토하고, 또 기도를 올렸다. 그것은 내 영혼의 씻김굿이었다. 못난 나를 내버리고 새로운 나를 찾는 내 영혼의 정화의식.

처음에는 아무도 알아주지 않던 나 혼자만의 땅끝운동에 관심을 보인 것은 언론이었다. 그 당시 스포츠조선에서 영남 출신인 정풍송 작곡가와 설운도 가수와 내가 해남의 땅끝마을을 소재로 한 호남의 찬가를 만들었다는 기사를 게재하고, 매주 일요일마다 '새출발! 1999. 땅끝에서 다시 뛰자'는 슬로건이 적힌 머리띠를 이마에 두르고 해안도로를 달리는 내 모습이 사진으로 나가게 되자 사회 각계 각층에서 많은 연락이 오기 시작했다. 게다가 광주일보 사회면에 '호남 출신도 아니고 직업적인 마라토너도 아닌 작가가 해남을 전국적으로 알리기 위해 매주 땅끝을 찾아온다'는 기사가 크게 보도되자 전라남도에 사는 많은 분들도 나에게 앞 다투어 연락을 해왔다.

이렇게 해서 그 다음 주부터는 전국에서 나를 찾아온 수많은 사람들과 함께 〈희망의 땅끝운동 1999〉를 진행하게 되었다. 이러한 소식은 해남 군청에까지 전해졌고 나는 해남군청의 도움으로 그해 봄에 수천 명의 해남 군민들과 함께 〈희망의 땅끝축제〉를 성대하게 치르게 되었다.

그날은 참으로 기쁜 날이었다. 서울에서는 팔순이 가까운 고령임에도 불구하고 서영훈 선생님께서 먼 길을 내려와 주셨고, 정풍송 작곡가와 설운도 가수도 바쁜 스케줄에도 불구하고 밤새워 내려와 주었다. 그리고 전국에서 참가한 관광객과 해남 군민들 앞에서 설운도 가수와 '해남 어머니 합창단'이 무대 위에 올라가 내가 작사한 〈땅끝에서〉를 노래했다.

내가 깊은 회한과 탄식 속에서 눈물로 만들었던 짧은 시가 아름다운 노래가 되어 땅끝 해변에 울려 퍼지는 광경을 보니 가슴이 뭉클해지기도 했다. 그날 한복을 입고 무대에 오른 나는 땅끝을 찾아온 분들 앞에서 건강학춤을 멋지게 공연했다.

제1회 해남 땅끝마을 축제에서 해남 어머니 합창단과 함께 〈땅끝에서〉를 부르는 가수 설운도 씨.

모든 행사가 끝난 뒤 무대로 올라온 서영훈 선생님은 나를 나오라고 하더니 뜨거운 격려의 말씀을 해주셨다.

"오늘의 이 행사는 일회성으로 끝나는 게 아니고 금년 1년 동안 꾸준히 진행될 것입니다. 그렇게 되면 해남의 땅끝은 전국적인 명소가 될 수 있을 것이고 많은 관광객들을 불러모을 수 있을 것입니다. 그리고 이곳에 민간자본도 유치될 것이고 중앙정부에서도 여러분들을 재정적으로 돕게 될 것입니다. 지금 제 옆에 서 있는 바로 이 사람은 해남과는 아무런 연고가 없는 부산 사나이입니다. 하지만 이 목표를 달성하기 위해 온갖 어려움 속에서도 매주 〈희망의 땅끝축제〉를 열고 있는 겁니다."

이러한 내용들이 중앙언론을 통해 전국에 알려지게 되자 그 다음 주부터는 땅끝을 찾아오는 관광객들이 갑자기 급증하기 시작했다. 어떤 날에는 내 인터뷰가 실린 신문기사나 라디오 인터뷰를 들은 외국 관광

제1회 해남 땅끝마을 축제에서 격려의 말을 하고 있는 서영훈 전 적십자 총재.

객이나 해외 교포들까지 나를 만나기 위해 땅끝까지 먼 길을 찾아오기도 했다.

이렇게 해서 매주 일요일 아침에 진행되던 〈희망의 땅끝축제〉가 어느 정도 자리를 잡게 되자 나는 두 번째 프로젝트를 준비하기 시작했다. 그것은 〈땅끝 여름 캠프〉였다. 나는 해남을 전국적인 관광지로 좀더 확실하게 홍보하는 가장 좋은 방법이 무엇인가를 진지하게 고민하던 끝에 내린 결론은 '땅끝을 테마로 한 여름 여행 행사'를 만드는 것이었다.

나는 서울과 수도권에 있는 관광객들의 시선을 끌기 위해 땅끝을 좀더 매력적으로 보이게 할 수 있는 인근의 문화 역사적인 자료들을 찾기 시작했다. 그래서 결정된 것들이 영암 월출산 자락에 있는 왕인박사 유적지, 해남읍과 보길도에 있는 고산 윤선도의 유적지, 강진에 있는 다산 정약용과 영랑 김윤식 시인의 유적지였다.

나는 땅끝마을과 이러한 유적지들을 차례로 방문하는 2박 3일의 여행 프로그램을 만들어서 광화문에 있는 교보문고 담당자들과 협의를 시작했다. 그러자 그들은 '이 어려운 IMF 경제 환란 기간 중에 많은 사람들에게 희망과 용기를 북돋워 줄 수 있는 참신한 기획'이라면서 행사 후원을 약속했다. 때맞춰 교보생명에서도 이번 행사에 후원을 약속해 주었다. 이렇게 해서 교보문고에서는 하기휴가가 시작되는 8월에 '땅끝과 보길도로 떠나는 여름 문학기행'이란 제목의 광고를 신문에 내기 시작했다. 그러자 평소에 땅끝에 대해 많은 호기심을 갖고 있던 관광객들로부터 문의가 쇄도했다.

나는 이렇게 해서 전국에서 모인 관광객들과 함께 2박 3일간의 땅끝 여행을 모두 여섯 차례 진행하게 되었다. 비록 행사 중간에 경기도 북부지방에 큰 수해가 나고 남해에서는 태풍이 올라와 몇 가지 어려운 일들이 있었지만 여행은 별 탈 없이 순탄하게 진행되었다. 전국에서 모인 수백 명의 관광객들은 여러 대의 버스에 나누어 타고 나와 함께 전남 해안을 구석구석 돌면서 때로는 감탄하고 때로는 감동했다.

그중에서도 관광객들이 가장 좋아했던 프로그램은 운치 있는 해송 숲과 작은 조약돌로 유명한 보길도의 예송리 해수욕장에서 저녁시간에 진행한 〈학춤건강 특강〉이었다. 솔향기가 그윽하게 풍기고 밤 파도 소리가 철썩거리는 해변가에서 한복 차림으로 건강학춤을 추고, 건강학춤의 기본 동작을 가르치고, 건강학춤에 얽힌 전설 같은 건강 이야기를 들려주자 참석한 관광객들은 무척 좋아했다. 그동안 서울에서 도장을 낼 돈이 없어 건강학춤을 가르칠 수 없었던 나는 여름의 바닷가에서 관광객들을 대상으로 마음껏 가르치는 기회를 가질 수 있었다.

약 한 달 동안 진행된 모두 여섯 차례의 〈땅끝 여름 캠프〉를 모두 끝내고 나자 땅끝마을은 더욱 유명해졌다. 이렇게 되자 일요일 아침마다 진행되던 〈희망의 땅끝축제〉는 더욱 성황리에 진행되었다.

이제 내가 준비한 세 번째 프로젝트는 〈밀레니엄 땅끝 마라톤 대회〉였다. 그 대회는 1999년 1월부터 2000년 1월까지 진행된 〈희망의 땅끝축제〉의 대단원을 의미하는 행사였을 뿐 아니라, 해남 군민들이 땅끝을 홍보하는 축제를 스스로 만들 수 있는 기초를 좀더 확실하게 다지는 의미도 있었다.

그해 겨울 찬바람이 부는 차가운 날씨 속에서 서울과 해남을 부지런히 오가며 행사 준비를 하던 나는 TV 방송사로부터 반가운 소식을 전해 듣게 되었다. 그것은 새로운 천년의 아침이 시작되는 2천년 1월 1일 아침 일출시간에 맞춰 MBC TV에서 전국적인 생중계를 하기로 결정했다는 낭보였다. 그리고 각 라디오 방송국에서도 나와 인터뷰를 하겠다면서 전화 연락이 왔다.

드디어 1999년 12월 마지막 날 밤.

그날도 나는 변함없이 땅끝마을의 컨테이너 박스 속에 있었다. 그날 밤 나는 잠을 이루기가 쉽지 않았다. 가슴 벅찬 감동 때문이었다. 내 머릿속에는 지난 1년 동안 겪었던 수많은 일들이 주마등처럼 흘러가고 있었다. 때로는 땅끝까지 내려올 차비를 구하지 못해 두 발을 동동 구르던 일. 때로는 생라면을 씹으면서 땅끝을 오르내리던 일. 억수같이 쏟아지는 한여름의 장대비를 온몸으로 맞으며 〈땅끝 여름 캠프〉를 진행하던 일. 주말이면 전국 각지에서 나를 만나러 온 분들이 따뜻하게 건네주던 수많은 격려들.

땅끝마을은 지난 1년 동안 참으로 많이 변했다. 지난 1998년 12월 하순에 내가 혼자 찾아왔을 때처럼 쓸쓸하고 을씨년스러운 곳이 아니었다. 대한민국의 모든 관광지가 썰렁한 IMF 경제 환란 기간 중에도 오히려 관광객이 가장 급증해 유명 관광지로 변모했다. 불과 1년 만에.

그날 밤 밖에는 더 이상 주차할 수 없을 정도로 엄청나게 많은 차량들이 그곳에 와 있었다. 게다가 다음날 아침에 나와 함께 땅끝 일출을 보면서 땅끝 해변을 함께 달릴 관광객들 수만 명이 밤을 새워 가며 전국에서 모여들고 있었다. 그리고 컨테이너 박스 안에도 행사를 돕기 위한 자원봉사자들이 함께 잠자고 있었다.

이제 나는 더 이상 외롭지 않았다. 더 이상 슬프지도 않았다. 지난 1년 동안 나는 이곳에서 마치 돈키호테처럼 지냈다. 그러나 그것은 처절한 절망의 순간에 희망의 노래를 만들었던 그 감동과 환희를 좀더 많은 사람들과 함께 나누기 위해서였다. 이 어려운 시기에 사람들에게 필요한 것은 희망과 투혼이라고 생각했다. 내가 세상의 벼랑 끝에서 가슴 절절히 느꼈던 희망과 투혼을 그들과 공유하고 싶었던 것이다. 그래서 나는 돈키호테처럼 달리고 또 달렸다. 그런 생각을 하자, 갑자기 눈물이 핑 돌면서 코끝이 찡해진다.

'이제 땅끝도 내일이면 이별이구나. 내 인생의 가장 어렵고 힘들었던 시기에 나와 함께 눈물과 땀과 한숨을 같이 했던 땅끝. 비록 내일이면 이곳을 떠나지만 결코 너를 잊지 않겠다. 영원히⋯⋯.'

9.

백만 명이 모인 〈함평 나비축제〉

2000년 1월 1일에 〈땅끝 밀레니엄 마라톤 대회〉를 성공적으로 치르고 서울에 올라온 나는 또 다른 축제를 준비하게 되었다. 그것은 바로 〈함평 나비축제〉였다.

사실 나는 함평이 어느 곳에 있는지조차 전혀 모르던 사람이었다. 호남의 중심인 광주와 목포까지는 이따금 강의를 다닌 적이 있었지만 그 아래쪽으로는 가볼 기회가 전혀 없었기 때문이다. 그러던 내가 함평과 깊은 인연을 맺게 된 것은 땅끝축제를 진행하기 위해 매주 해남을 열심히 오가던 1999년 4월 말경이었다.

그날도 땅끝에서 행사를 끝마친 나는 서울행 버스에 몸을 실었다. 편안하게 잠을 자지도 못하고 잘 먹지도 못한 상황에서 매주 강행군을 하다 보니 내 몸은 많이 수척해져 있었다. 이미 몸무게가 10킬로그램이나 빠져 있었고 두 무릎에는 뛸 때마다 간헐적으로 통증이 찾아왔다. 그래서 서울에서 해남으로 내려가는 토요일에는 그런 데로 기력을 회복해서 내려갔지만, 행사를 끝내고 서울로 다시 올라오는 일요일 오후에는 기진맥진해서 거의 탈진한 상태로 의자에 누워 있어야 했다.

해남을 통과한 버스가 나주를 향해서 빠르게 올라가던 그날 오후. 덜컹거리는 버스 뒷자리에 비스듬히 기대어 핏기 없는 얼굴로 바깥 경치를 물끄러미 바라보고 있는 그 순간이었다. 도로변에 높이 매달아 놓은 현수막 하나가 언뜻 내 눈에 보였다.

'제1회 함평 나비축제'

1999년 5월 4일부터 일주일 동안 진행된 첫번째 나비축제를 알리는 홍보 현수막이었다. 나는 그 현수막을 보는 순간 갑자기 가슴이 뭉클해졌다.

'아! 그래. 나비……'

나는 삭막한 도시 생활을 하면서 오랫동안 잊고 살았던 나비가 돌연 생각이 나면서 어린 시절의 여러 추억들이 문득 떠오르기 시작했다. 아버지가 살아계시던 시절에 가족들과 함께 행복하게 지냈던 날들을 회상하면서 눈시울을 붉히던 나는 불현듯 나비가 보고 싶어졌다. 그리고 나비로 상징되는 60년대의 어린 시절로 되돌아가고 싶어졌다.

그리고 나서 일주일 후. 〈함평 나비축제〉가 열리는 하천변 언덕 위. 나는 그 언덕 위에 서 있었다. 그날 내 눈길을 사로잡은 것은 길게 뻗은 함평천변을 가득 메운 눈부신 꽃의 향연이었다. 맑은 물이 흐르는 함평천 옆으로 노란 유채꽃과 분홍색 자운영 꽃이 넓게 펼쳐져 있고 그 사이로 울긋불긋한 원색의 옷을 입은 사람들의 행렬이 길게 이어지고 있었다. 나는 시골의 할아버지 할머니들이 손자손녀들과 함께 꽃향기가 향긋한 들길을 거닐면서 파안대소하는 모습을 보면서 어린 시절의 즐거웠던 추억들을 언뜻 언뜻 떠올렸다.

그러다가 문득 가수 김정호의 노래 〈하얀 나비〉가 생각났다. 그날 행사장이 잘 보이는 언덕 위에 앉아 청소년기에 좋아했던 김정호의 〈하얀 나비〉를 부르다가 나비를 소재로 소설을 쓰고 싶은 마음이 불현듯 들었다. 그래서 나는 매주 머나먼 해남을 힘겹게 다녀야 하는 악전고투 속에서도 남모르게 소설을 쓰기 시작했던 것이다.

드디어 2001년 봄.

나는 인고의 고통 속에서 소설 『나비처럼 날다』를 완성했다. 약 2년여에 걸쳐 소설 원고를 퇴고한 나는 '씨앗을 뿌리는 사람들' 출판사로 원고를 넘기기 전에 먼저 함평으로 내려갔다. 행여나 소설의 주요 무대인 함평에 대해 잘못 표현한 부분이 있으면 인쇄에 들어가기 전에 마지막으로 수정하기 위해서였다. 그런데 이러한 나의 의견을 들은 함평군청에서 오히려 뜻밖의 제의를 해왔다. 소설 『나비처럼 날다』를 천여 권 구입해서 축제에 참석하는 함평 군민들에게 무료로 나눠 주겠다는 것이다. 그리고 2001년 5월에 개최하는 제3회 함평 나비축제의 초대작가로 초청할 테니 축제기간 동안 관광객들을 대상으로 하는 사인회를 진행해 달라는 것이다. 또한 함평군청에서는 이러한 일들을 공식적으로 진행하기 위해 나를 '제3회 함평 나비축제 홍보대사'로 임명하겠다는 것이었다.

이렇게 해서 함평군과 새로운 인연을 맺게 된 나는 그해 4월부터 홍보대사로 공식적인 활동을 시작하게 되었다. 내가 그 일을 시작하면서 가장 주력한 사항은 세 번째로 개최되는 〈함평 나비축제〉의 인지도를 전국적으로 높이는 일이었다.

〈함평 나비축제〉는 함평군에서 대단한 의욕을 갖고 시작한 아름다우면서도 의미 깊은 생태축제였다. 이를 전국적으로 홍보하기 위해 심사숙고를 거듭한 끝에 나는 기차를 활용하기로 결정했다. 그때는 아직까지 서해안 고속도로가 개통되기 전이었기 때문에 서울에서 버스를 탈 경우 왕복 10시간 남짓 소요되었기 때문이다. 그래서 서울을 포함한 수도권 주민들의 접근성을 높이는 것이 축제 홍보의 관건이라고 판단했던 것이다.

나는 철도청이 있는 대전의 정부종합청사로 향했다. 그때 나는 마침 철도청에 근무하는 공무원들을 대상으로 하는 건강강의를 진행하는 중이었다. 그래서 나는 제법 편안한 마음으로 철도청의 담당 공무원들과 만날 수 있었다. 그러나 막상 담당자들과 회의를 하게 되자 여러 가지 어려움에 직면하게 되었다.

지난 IMF 경제 환란를 겪으면서 철도청에서도 수익을 내지 못하는 기차 운영은 과감하게 억제하는 정책을 쓰고 있었던 것이다. 그렇기 때문에 철도청의 담당 공무원들은 '인구가 채 5만 명이 되지 않는 지방의 작은 지자체에서, 게다가 축제를 시작한 지도 이제 겨우 3년에 불과한데, 과연 기차표가 다 팔릴 것인가?'란 의문을 제기했다.

그러나 나는 획기적인 제안을 하나 내놓았다. 그것은 철도청 최초로 생태를 테마로 하는 나비기차를 운영해 보자는 것이었다. 즉 단순히 명칭만 '나비기차'가 아니라, 실제로 기차 안팎을 아름다운 꽃과 나비로 아름답게 장식한 명실상부한 나비기차를 만드는 것이다. 그러자 영업본부의 이천세 여객과장은 '나비기차 운행을 적극적으로 지원해 주겠다.'고 약속하는 게 아닌가?

이렇게 해서 철도청의 이천세 여객과장과 의기투합한 나는 그 약속을 지키기 위해 다시 함평군으로 내려갔다. 이 계획을 들은 군청에서는 예산 3천만 원을 지원해 주었다. 그리고 함평에 거주하는 꽃 예술가 이하나 씨의 헌신적인 도움으로 열흘 후에 환상적인 나비기차를 완

아름답게 꾸며진 나비기차 앞에 두 아들과 함께 선 저자.

성할 수 있었다. 아름다운 나비기차는 즉시 서울역으로 이동되었다. 그리고 이 기차를 4월 중순부터 일주일간 서울역에서 전시하는 이벤트가 시작되었다.

아름다운 나비기차의 출현을 서울 시민들에게 알리는 전시회 첫날. 서울역에서는 성대한 행사가 열렸다. 서울역장, 함평군수, 이낙연 국회의원 등의 축하객들을 모신 가운데 나비기차 전시회를 알리는 테이프 커팅식이 화려하게 시작되었다. 축하 음악이 연주되고, 폭죽이 터지고, 오색의 고무풍선이 휘날리면서 그날부터 시작된 나비기차 전시회는 일주일 동안 성황리에 진행되었다.

서울역을 찾아온 수많은 시민들은 향긋한 꽃과 나비로 아름답게 치장된 나비기차를 구경하면서 찬사를 아끼지 않았다. 이러한 노력에 힘입어 기차표 예매는 순조롭게 진행되었고, 어린이날을 하루 앞둔 2001년 5월 4일 밤 열 시 삼십 분에 나비기차는 드디어 첫 운행을 시작하게 되었다.

나는 나비기차가 수원을 통과하는 밤 열한 시경부터 약 한 시간 남

짓 동안 소설 『나비처럼 날다』에 얽힌 이야기를 중심으로 문학 강연을 진행했다. 그리고 기차 안에서 잠시 잠을 청한 후 새벽 다섯 시경에 함평역에 내렸다. 그리고는 그곳에서 대기하고 있던 10여 대의 관광버스에 올라탄 나는 관광객들을 인솔해서 새벽 바다가 보이는 돌

머리 해수욕장으로 이동했다. 다시 한복으로 갈아입은 나는 해무가 자욱하게 낀 새벽 바다를 배경으로 '건강학춤'을 공연했다. 그리고 밤새 기차를 타고 오느라 찌뿌둥한 관광객들의 몸을 풀어주기 위해 해변을 함께 걸으며 건강학춤의 기본 동작들을 열심히 가르쳤다. 마치 지난 1999년에 해남 땅끝마을에서 했던 것처럼. 그리고 돌머리 해수욕장 주변의 음식점에서 아침식사를 하고 나서 관광객들과 함께 제3회 나비축제가 열리고 있는 함평천으로 이동했다.

나는 관광객들을 대상으로 소설 사인회, 축제 안내, 언론 인터뷰 등의 바쁜 시간을 보내야 했다. 그리고 오후 네 시에 다시 관광객들을 인솔해서 함평역으로 갔다. 함평역에서 모든 인원을 점검한 뒤에 기차는 출발했고 우리는 밤 아홉 시경에 다시 서울역으로 돌아왔다.

관광객들을 모두 배웅한 나는 기차 안에서 한 시간 남짓 휴식을 취한 뒤, 밤 열 시 삼십 분부터 나비기차에 탑승한 새로운 관광객들을 대상

나비기차 탑승자들에게 돌머리 해수욕장에서 건강학춤을 가르치는 저자.

으로 똑같은 프로그램을 또다시 진행해야 했다. 나비기차가 처음으로 운행되기 시작한 5월 4일 밤부터 마지막 기차가 운행된 5월 10일 밤까지 총 7일 동안 모든 행사를 주관하다 보니 여간 힘든 게 아니었다.

특히 무박 2일로 운행되는 나비기차여행을 잠시 동안 쉴 여유조차 없이 연속으로 계속 진행해야 했기 때문에, 나는 7일내내 달리는 기차 안에서 온몸이 흔들리는 불편한 잠을 자야 했다. 그리고 이른 새벽에 함평에 도착해서 밤늦게 서울로 다시 돌아올 때까지 단 한순간도 긴장을 늦출 수가 없었다.

결국 나는 코피가 터지고, 입술이 부르트고, 온몸이 파김치처럼 축 처지기 시작했다. 지독한 몸살에 걸린 것이다. 그러나 '내 인생에서 두 번째로 맡게 된 이 축제를 어떻게 해서라도 성공시키고 싶다'는 강한 의욕이 있었던 나는 엄청난 피로감이 밀물처럼 밀려왔지만 꿋꿋이 버텨 나갔다.

이런 정성과 노력이 통했는지 생각지도 못했던 좋은 일들이 행사기간 중에 생기기 시작했다. 남태평양에서 '이건나비'라는 학명을 가진 새로운 품종을 발견한 (주)이건창호에서 천만 원의 협찬을 해주었다. 그래서 나비축제장을 찾아온 관광객들에게 예쁜 나비엽서를 무료로 선물할 수 있었다.

그리고 각 언론, 잡지, TV 매체에서 이번 행사에 대해 많은 취재와 보도가 이루어져 전국적인 홍보가 되기 시작한 것이다. KBS-TV, MBC-TV의 9시 뉴스에 보도가 나가고 SBS-TV의 8시 뉴스에까지 나비축제가 특집으로 소개되자 그 반응은 가히 폭발적이었다. 특히 5월 5일 어린이날에 출발한 기차는 신청자가 너무 많아서 나비기차를 하루에 두 번이나 운영해야 할 정도였다. 게다가 뉴스를 본 수많은 관광객들이 관광버스와 승용차를 타고 전국에서 몰려드는 바람에 7일 예정으로 진행하던 행사가 갑자기 8일간 더 연장해서 보름 동안 하게 되는 초유의 사태까지 벌어지게 되었다. 결국 2001년에 개최한 〈제3회 함평 나비축제〉는 함평군청 공식 집계로 1백만 명 이상의 관광객이 방문한 최고의 성공사례로 기록되었다.

행사가 끝난 뒤 나비축제를 헌신적으로 준비했던 함평군청 공무원, 철도청 공무원, 진행요원들은 모두 다 입술이 터지고 온몸이 물먹은 솜처럼 힘들었지만 마음만은 참으로 뿌듯하고 감격스러웠다. 그리고 모두들 너무나 좋은 교훈을 배웠다. 그것은 '아무리 어렵고 힘든 과제일지라도 모두 합심해서 불굴의 투지로 열심히 노력하겠다는 뜨거운 열정만 있으면, 기발한 상상력과 새로운 창의력으로 반드시 새로운 돌파구를 만들어낸다'는 것이다.

가장 절망적인 순간에 극적으로 만들어졌던 땅끝축제와 나비축제를 성공적으로 끝내고 서울로 올라온 나는 다시 세 번째 축제를 준비하게 되었다. 지난 두 번의 축제는 서울에서 목포로 내려가는 호남선 주변의 지역들을 널리 알리는 축제였다.

이번에 기획하는 축제는 서울에서 여수로 내려가는 전라선 주변의 지역들을 홍보하는 축제였다. 지도를 들고 현지를 샅샅이 답사한 나는 소설 『토지』의 무대인 하동, 산수유의 고장인 구례, 소설 『태백산맥』의 무대인 벌교, 낙안읍성의 순천, 한려수도의 종착지인 여수를 지나는 여행 코스를 결정했다.

나는 서울로 올라와 교보문고 홍보 담당자들을 다시 만났다. 여러 차례의 회의와 토론 끝에 내가 제안한 내용은 '교보문고 개점 20주년 기념행사'의 하나로 채택되었다. 이렇게 해서 2001년 여름에는 교보문고와 철도청이 공동주최하고 하동군·구례군·보성군·순천시·여수시가 후원하는 〈남도문학 기차여행〉을 진행하게 되었다.

그해 여름, 나는 2박 3일 동안 계속되는 〈남도문학 기차여행〉을 총 4회 진행하기 위해 뜨거운 여름내내 그곳에 머물러야 했다. 함평 나비

축제 이후 피곤한 몸을 미처 추스르지도 못한 채 한여름의 뙤약볕과 폭우 속에서 전라남도 곳곳을 누비고 다녀야 했지만 나는 행복했다. 그것은 축제를 통해서 수많은 사람들이 새로운 곳에서 함께 만나 색다른 경험을 나누고 새로운 감동을 느끼는 모습이 참으로 즐거웠기 때문이었다.

이렇게 해서 관광버스와 기차를 이용하는 세 번의 축제를 모두 끝내고 나서 나는 또 자동차를 이용하는 새로운 축제를 기획하기 시작했다. 자동차를 이용하는 로드축제였다. 그것은 여행에 대한 고정관념을 깨는 새로운 시도였다.

기존의 여행사에서 국내 여행상품을 기획할 때 관광객들의 이동 수단은 관광버스나 기차였다. 그런데 지금 한국에는 관광버스나 기차보다 훨씬 더 많은 교통수단이 존재하고 있다. 바로 승용차다.

현재 한국에는 거대한 규모의 자동차 기업이 모두 다섯 개나 있다. 현대 자동차, 기아 자동차, 삼성 르노 자동차, GM 대우 자동차, 쌍용 자동차. 게다가 수입자유화 정책의 바람을 타고 벤츠, 도요타, BMW, 혼다, 아우디, 볼보, 폭스바겐, 크라이슬러, 포드 등의 수입차들도 앞다투어 대도시의 도심을 질주하고 있다. 그러다 보니 한국은 이미 승용차 보유 대수가 천만 대를 넘어서게 되었다.

승용차가 한국에서도 대중적인 교통수단으로 자리 잡은 것이다. 나는 거리를 질주하는 수많은 승용차들을 축제의 주인공이자 축제 장소로 이동하는 최적의 교통수단으로 삼아야겠다고 생각했다.

나는 현지답사를 하기 위해 강원도로 떠났다. 그것은 20여 년 전에 강원도에서 군 복무를 할 때 나를 매료시켰던 수려한 동해안의 경치를 결코 잊을 수 없었기 때문이었다. 비록 세월이 많이 흘렀지만 젊은 날의 가슴을 흥분시켰던 동해안 최북단의 화진포 호수, 송강 정철의 「관동별곡」에 나오는 고성의 청간정, 양양의 의상대, 강릉의 경포대, 삼척의 죽서루, 울진의 망양정과 월송정, 가을 단풍길이 너무나 아름다운 구룡령과 운두령을 온갖 매연과 소음 속에 묻혀 있는 도시인들에게 모두 보여주고 싶었다. 조금이라도 더 감동적인 자동차 여행축제를 만들기 위해 강원도를 구석구석 답사한 나는 결국 여행 코스를 결정지었다.

드디어 2003년 10월 3일. 나는 제헌절인 그날부터 2박 3일 일정으로 떠나는 〈제1회 코리아 오토 투어 축제〉를 개최했다.

축제 첫날에 서울을 출발한 우리들은 1차 집합 장소인 강원도 원주의 치악산으로 향했다. 쾌청한 날씨 속에서 시원한 바람을 가르며 치악산 아래에 있는 농촌 마을에 도착한 관광객들은 그 마을에서 정성껏 준비한 향토 음식으로 점심식사를 끝낸 뒤 다양한 농촌 프로그램을 체험했다.

그날 저녁에 2차 집합 장소인 강릉의 경포대 해수욕장으로 이동한 관광객들은 경포호수변의 무대 앞에 앉아 강릉시에서 정성껏 준비한 문화공연을 감상했다. 그리고 강릉 경포대에서 취침을 했다.

축제 둘째 날에는 양양의 바닷가로 나가 어촌문화를 체험하고 오후에는 양양읍에서 열리고 있던 〈제6회 양양송이 축제〉를 참관했다. 그날 취침은 솔내음이 향긋한 양양 낙산사에서 했다.

축제 셋째 날에는 구룡령에서 운두령으로 이어지는 환상의 단풍길을 달린 후 경기도 광주의 곤지암으로 들어가 〈제7회 광주도자기 축제〉를 참관했다. 그리고 광주의 남한산성 단풍지대에서 조촐한 뒷풀이를 하면서 〈제1회 코리아 오토 투어 축제〉를 마무리 지었다.

이렇게 해서 새롭게 창안한 자동차 축제까지 성공적으로 끝낸 나는 2004년부터 축제 기획가의 길로 본격적으로 들어서게 되었다. IMF 경제 환란이 한창이던 1998년 겨울에 해남 땅끝마을로 내려간 것이 인생의 새로운 계기가 되어 어느새 축제 기획가로 인정받게 되자, 전국의 지자체와 기업에서 또다시 강의 요청이 들어왔다. IMF 이전에는 건강강사로서 전국의 강의처를 다니던 내가 이제는 축제 기획과 성공에 대한 강의를 하게 된 것이다.

그러자 내 강의를 들은 중앙 부처나 지자체들 중에는 직접 축제 기획을 의뢰하거나 직책을 맡기는 곳도 점점 늘어났다. 강원도 정선군에서는 4계절 축제 기획을, 충남 태안군에서는 해양웰빙축제 기획을, 경남 하동군에서는 웰빙휴양도시 기획을, 경북 영주시에서는 선비축제 활성화 방안에 대한 기획을 의뢰해 왔다. 그리고 전남 진도군에서는 진도 홍보대사로 위촉을 해왔고, 해양 수산부에서는 남해안의 어촌 마을 관광을 홍보하는 〈남해안 자동차 여행 축제〉를 의뢰해 와서 총기획과 진행을 맡기도 했다.

드디어 2005년, 나는 강원도 동해시에서 큰 프로젝트를 하나 맡게 되었다. 바로 동해 〈천년 학춤축제〉를 기획하는 것이었다.

이것은 그해 봄, 강원도 동해시에서 요청받아 진행한 특강의 결과였다. 그때 나는 약 30년 전 동해안 경비 사령부에서 군 생활하던 추억을 떠올리며 설레는 마음을 안고 동해로 향했다. 동해시청에 도착한 나는 공무원들의 안내를 받으며 강의장으로 들어갔다. 약 2백여 명의 공무원들이 앉아 있는 강의장으로 입장한 나는 2시간 동안 내가 기획했던 땅끝축제와 함평 나비축제의 성공전략에 대한 특강을 했다. 그리고 강의 말미에 동해시 축제 성공을 위해 천년 학춤축제 아이디어를 제시했다.

동해시 시민축제에서 건강학춤을 공연하는 모습.

　강의가 끝난 뒤에는 학춤이 무엇인지 잘 모르는 공무원들을 위해서 즉석에서 건강학춤을 추었다. 건강학춤 시연이 끝나자 동해시 공무원들은 커다란 박수와 환호를 함께 보내 주었다. 그러자 제일 앞자리에 앉아서 내 강의를 경청한 김진동 동해시장은 감동한 표정으로 나를 시장실로 안내했다. 그날 내 강의와 학선무 시연을 보고 크게 감명 받은 동해시장은 나에게 "천년학춤 축제 프로젝트를 직접 맡아서 운영해 주면 좋겠다"고 제안했다.

　이렇게 해서 나는 그해 봄부터 매 주말마다 동해시에 머물면서 가을에 개최할 동해 천년학춤 축제를 준비하게 되었다. 처음에는 매 주말마다 동해시로 출장을 갔는데, 동해시 공무원들과 함께 준비해야 하는 일들이 점점 늘어나서 여름부터는 아예 동해시 해변가에 작은 방을 하나 얻게 되었다. 그리고는 동해와 삼척시 곳곳을 답사하면서 자료조사를 열심히 했다.

　그러던 어느 날 밤. 문득 1999년 여름방학 기간 중에 교보문고 후원으로 진행했던 〈땅끝 보길도 문학 캠프〉가 마음속에 떠올랐다. 그때 나는 매 주말마다 땅끝 마을로 내려가 〈희망의 땅끝축제〉를 주관하고 있었는데, 그해 여름에 교보문고에 〈땅끝 보길도 문학 캠프〉를 진행하자고 제안했다. 그래서 나는 여름방학 기간 동안 2박 3일 캠프를 모두 10회 진행하기로 하고 문학 캠프 프로그램을 기획했다. 그때 나는 조선시대 시인이자 가사문학가인 고산 윤선도를 테마로 해서 행사를 기획했다. 그런데 이 테마가 대단한 성공을 거두게 되었다. 경기도 연천이 큰 수해를 입을 정도로 엄청난 장마가 왔는데도 불구하고 그 먼 땅끝까지 수천 명의 사람들이 내려온 것이다.

나는 10여 년 전의 그 모습을 떠올리다가 문득 송강 정철을 생각했다. 왜냐하면 강원도 동해안에 수많은 발자취를 남긴 송강 정철은 해남의 남해안에 발자취를 남긴 고산 윤선도보다 훨씬 뛰어난 가사문학가였기 때문이다. 소설『구운몽』의 저자인 서포 김만중이 '조선의 참된 문장은 (송강 정철의) 사미인곡, 속미인곡, 관동별곡 외에는 없다'고 말할 정도로 송강은 조선의 탁월한 시인이요, 위대한 가사문학가였다.

송강의 가사작품 중에서 유일한 기행 가사인『관동별곡』은 괴테의『이탈리아 여행기』처럼 한번 읽은 사람이면 누구나 작품의 무대인 동해안을 가고 싶은 열망을 느끼게 하는 조선 최고의 절창이다.

게다가 동해안은 한반도에게 가장 아름다운 해변이 아닌가? 동쪽으로는 푸른 해송과 새하얀 모래사장이 드넓은 동해안을 따라 끝없이 이어지고, 서쪽으로는 한반도의 등줄기인 백두대간이 거대한 공룡의 능선처럼 우람한 위용을 뽐내는 경치는 동해안이 아니면 결코 볼 수 없는 별천지이다. 그래서 조선의 선비들은 관동8경을 보면서 동해안을 두루 유람하는 것을 반드시 치러야 하는 필수 교양과목으로 생각했었다. 이런 이유 때문에 수많은 시인과 묵객들이 동해안을 유람하면서 많은 시와 그림을 남겼던 것이다. 고려시대 안축이 한문으로 된「관동별곡」을 쓴 것도, 조선시대 경제 정선과 단원 김홍도가 관동8경 그림을 그린 것도 이러한 오랜 역사와 전통이 있었기 때문이다.

이중에서 가장 백미는 단연코 송강 정철의 「관동별곡」이다. 송강은 대부분의 선비들이 한문으로 문학 활동을 하던 그 시대에 우리말의 감칠맛 나는 표현을 한글로 절묘하게 나타난 군계일학처럼 탁월한 천재 시인이었다. 게다가 송강 정철이 강원도 관찰사였던 선조 13년(1586년)에 쓴 「훈민가」 16수는 지금의 청소년들에게 참으로 교육적인 가치가 높은 시가 아닌가?

어버이 날 낳으시고
어머니 날 기르시니
두 분이 아니시면
이 몸이 생겼을까
평생에 고쳐 못할 일은
이뿐인가 하노라

이고 진 저 늙은이
짐 벗어 나를 주오
나는 젊었거니
돌인들 무거우랴
늙기도 설워라거든
짐을 조차 지실까

여기까지 생각이 미친 나는 송강의 문학세계에 대한 공부를 더욱 열심히 하기 시작했고, 「관동별곡」의 무대인 동해안의 아름다운 해안길을 다시 답사하기 시작했다. 그래서 기회가 오면 해남의 땅끝마을에서 했던 것처럼, 송강의 문학세계를 알리고 「관동별곡」의 무대인 동해안의 아름다운 길을 국내외 여행자들에게 널리 알리는 문화기획을 꼭 하겠다고 결심했다. 그리고 이 일은 30여 년 전에 강원도 고성의 바닷가에서 군 복무를 할 때 생각했던 작은 꿈이기도 했다.

　나는 1979년에 제대한 이후 앞만 보며 정신없이 살다가 기억도 제대로 못할 정도로 아련히 잊고 살았던 30년 전의 내 모습을 떠올렸다. 그리고 전깃불 하나 들어오지 않던 최전방의 깊은 계곡에서, 캄캄한 밤하늘에 눈부신 별들이 황홀하게 빛나던 밤바다에서, 총을 든 내 가슴속에 뭉게구름처럼 피어올랐던 젊은 날의 아름다운 꿈을 다시 생각하기 시작했다.

송강 정철을 테마로 하는 〈관동별곡 8백리 길〉의 탄생

(사)세계걷기운동본부 사무총장인 나는 박세직 전 88서울올림픽 조 직위원장의 사망이란 어려움 속에서도 〈제2회 관동별곡 8백리 걷기 행사〉를 대한민국의 유명한 걷기 전문가이자 걷기 작가인 김효선 씨 를 홍보대사로 해서 2010년 7월 30일~8월 15일까지 경북 울진군 월 송정과 강원도 고성군 화진포에서 무사히 개최하였다. 그리고 〈관동 별곡 8백리 길〉은 중앙 3개 부처인 행안부, 국토부, 문화부로부터 모 두 〈녹색명품길〉로 선정되었고, 길 관련 사업비로 2백여 억 원의 국비 가 강원도 고성군에 배정되었다.

2010년 가을에는 내가 최초로 아이디어를 낸 11월 11일 〈세계 걷기 의 날〉이 대한민국 정부가 법적으로 제정하고 기념하는 〈보행자의 날〉 로 승격되었다. 그래서 (사)세계걷기운동본부에서는 서울 광화문에서 정운찬 전 국무총리와 국토해양부 김희국 차관이 참석한 속에서 본 행 사를 성공적으로 개최하고, 청계천 걷기 대회도 진행하였다.

2011년 5월 28일~29일에는 정운찬 전 국무총리가 참석한 가운데 강원도 고성군의 유서 깊은 절 건봉사와 화진포 해변에서 〈제3회 관동 별곡 8백리 걷기 행사〉를 성공리에 개최했다. 그리고 '대지 위를 직립 보행하는 숫자' 11이 유일하게 3회 반복되는 해인 2011년 11월 11일 에 '걷기와 자전거 타기에 쾌적한 친환경 도시 만들기'에 관심이 높은 국내외 지자체 대표, 걷기동호인, 대학생들이 참여하는 〈세계 와이크 시티 연맹 서울총회〉를 서울 조선호텔에서 개최하였다. 이 행사에는 전 GE코리아 회장을 역임했고 지금은 CEO컨설팅그룹 회장인 강석진 회장께서 세계 와이크시티 연맹 이사장을 맡아 많은 수고를 해주셨다.

2012년부터는 이만의 전 환경부 장관이 제3대 세계걷기운동본부 이 사장으로 취임해서 강원도 화천군과 공동으로 〈제1회 세계평화기원 화천 DMZ 걷기 행사〉를 개최했고, 고성군과 공동으로 〈제4회 관동별 곡 8백리 걷기축제〉를 성공적으로 개최했고, 나는 황종국 고성군수로 부터 그동안의 공적을 치하하는 감사패를 받았다.

또한 나는 송강 정철에 대한 애정과 관동별곡 8백리 길 개척에 대한 지난 5년 동안의 노력을 결산하는 책 『송강 정철과 함께 걷는 관동별곡 8백리』를 송강 서거 420주년인 2013년에 출간했고, 이 책은 책 읽는 대 한민국을 만드는 독서 르네상스 운동본부로부터 '올해의 동해안 여행 책'으로 선정되었다. 이렇게 해서 UN 반기문 사무총장과 박세직 전 88 서울올림픽 조직위원장 두 분이 지난 2008년 5월에 함께 논의한 소중 한 약속은 수많은 역경과 난관 속에서도 결국 지켜졌다.

나의 장성한 두 아들은 새로운 인생을 개척하기 위해 모두 집을 떠 났고, 평생토록 힘겨운 정신질환에 시달리던 어머니는 결국 정신요양 원에 입원하셨다.

그후 2013년 9월에 나는 이완섭 서산시장과 함께 '대한민국 성곽도 시 모임'을 발족하고, 문화관광포럼을 개최했다. 이 기획에 대한 중앙 정부와 지자체의 반응은 아주 뜨거웠고, 나는 새로운 열정으로 불타올 랐다. 이 아이디어를 최초로 내고 기획안을 만든 나는 이완섭 서산시 장님과 함께 앞으로 대한민국의 산성과 읍성에 새로운 문화와 예술의 옷을 입히는 창의적인 일에 뜨거운 열정으로 또다시 도전하고 있다.

그리고 2013년 10월에는 최명현 제천시장의 후원과 한국관광공사 의 후원으로 충북 제천시 청풍호반에서 〈제2회 세계슬로우 걷기축제〉 를 개최했다.

1998년.

새로운 밀레니엄이 찾아온다고 지구촌의 모든 사람들이 가슴 설레 던 그 순간.

우리 한국인들은 가슴이 철렁해지는 또 다른 순간을 맞이하고 있었 습니다.

그것은 바로, IMF 외환 위기였습니다.

그때 우리들은 처음으로 알았습니다.

국민의 돈을 맡아 주는 영원한 금고지기로 알았던 은행도 망할 수 있고, 대한민국의 경제를 떠받치는 굳건한 기둥으로 알았던 대기업도 망할 수 있고, 우리 삶의 터전인 대한민국이라는 국가도 부도가 날 수 있다는 사실을……

그리고 그 아비규환 속에서 우리 국민들의 소중한 삶도 송두리째 뿌 리가 뽑혀 온갖 오물을 잔뜩 뒤집어쓴 마포걸레처럼 아무렇게나 내동 댕이쳐질 수 있다는 사실을 뼛속 깊숙이 깨달아야 했습니다.

그리고 엄청난 위기의식을 느낀 우리들은 전 세계에서 그 유래를 찾 아보기 힘든 '온국민 금 모으기 운동'과 뼈를 깎는 눈물겨운 노력 끝에 IMF 외환 위기를 극복했습니다.

그런데 2007년이 되면서 새로운 경제 위기가 또다시 우리를 찾아왔 습니다.

2007년에 미국에서 서브 프라임 모기지 사태가 일어나더니, 2008년 에는 미국의 투자은행인 리먼 브라더스가 파산하면서 국제 금융위기가 거대한 쓰나미처럼 전 세계를 뒤덮기 시작한 것입니다!

저는 두 아들이 계속되는 오랜 경제 침체 속에서 고된 아르바이트를 전전하고, 대학 등록금을 힘겹게 대출받고, 정규직 직장을 구하지 못해서 두 발을 동동 구르는 안타까운 순간들을 옆에서 생생하게 지켜보았습니다.

"아! 이래서 가난이 또다시 대물림되는구나!"

저는 천정부지로 뛰어오르는 집값을 처연한 심정으로 바라보면서, 장차 저의 두 아들이 결혼을 하려고 할 때 전세는커녕 단칸 월세방도 제대로 구하지 못하는 가난 속에서 절망하고 비통해 할 것을 생각하고는 참으로 가슴이 먹먹하고 아려 왔습니다.

"이러다가 자신의 꿈을 이루기는커녕, 인생의 꿈을 이루기 위해 힘차게 달려가는 뜨거운 열정마저 시나브로 사라지는 것은 아닐까?"

결국 이 아비는 다시 펜을 들기로 결심했습니다.

그리고 정신병에 걸린 홀어머니를 모시고 15세에 소년가장이 되어야 했던 이 아비가 인생의 숨 가쁜 고비들을 어떻게 헤쳐 나오며 문화기획가가 되었는지, 또 제가 만났던 이 사회의 원로들께서 얼마나 지독한 역경과 난관을 극복하며 살아왔는지를 진지하게 들려주기로 했습니다.

그리고 그분들과 저의 지나온 삶 속에서 위기를 '기회'로 바꾸고, 자살을 '살자'로 바꾸고, 힘들 때 나오는 탄식인 '아이고'를 힘차게 전진하는 의미의 'I GO'로 역발상을 하며 살아온 보석처럼 빛나는 '삶을 향한 뜨거운 열정의 불(passion's fire)'을 발견하기를 간절히 기원했습니다.

이제 세상은 상상을 초월할 정도로 빠르게 변하고 있습니다.

그리고 이 세상은 마치 거대한 유기체처럼 하나로 연결되어 있다는 사실도 우리는 잘 알고 있습니다.

그런데 이처럼 빠르게 변하고 하나로 연결된 21C의 지구촌은 우리 모두에게 새로운 가능성과 새로운 열정과 새로운 용기를 요구하는 거대한 미지의 신대륙입니다!

저는 다시 한 번 믿습니다.

일제식민지배의 온갖 수탈과 6·25전쟁의 잿더미 위에서 우리의 선배들께서 힘겨운 산업화의 기틀을 다졌고, 6·25전쟁 이후에 태어난 우리 베이비 붐 세대들이 수많은 역경 속에서도 무역입국의 대한민국을 만들었듯이, 뛰어난 IT 실력과 한류 문화로 무장한 우리의 젊은 세대들이 삶을 향한 뜨거운 열정과 세상을 압도하는 무한한 상상력으로 이 모든 난관을 이겨내고 대한민국을 또다시 업그레이드 할 수 있을 것이라고…….

열정 청춘 I GO!

열정 대한민국 WE GO!

2013년 12월 22일
한류관광지인 서울 청계천 광장 소라탑 앞에서
송강 정준